中国工商管理

CHINA BUSINESS ADMINISTRATION

案例精选

SELECTED CASES

第五辑

中央财经大学商学院/MBA 教育中心　组织

王瑞华　主编

贾晓菁　王玉霞　副主编

中国财经出版传媒集团

中国财政经济出版社

图书在版编目（CIP）数据

中国工商管理案例精选．第五辑/王瑞华主编．—北京：中国财政经济出版社，2016.11

ISBN 978－7－5095－7019－7

Ⅰ.①中…　Ⅱ.①王…　Ⅲ.①工商行政管理－案例－中国
Ⅳ.①F203.9

中国版本图书馆 CIP 数据核字（2016）第 242984 号

责任编辑：杨　骁　　责任校对：杨瑞琦
封面设计：九州迅驰　　版式设计：董生平

中国财政经济出版社 出版

URL：http：//ckfz.cfeph.cn

E－mail：ckfz@cfeph.cn

社址：北京市海淀区阜成路甲 28 号　邮政编码：100142

营销中心电话：010－88190406　北京财经书店电话：010－64033436、84041336

北京财经印刷厂印刷　各地新华书店经销

787×960 毫米　16 开　29.5 印张　455 000 字

2016 年 11 月第 1 版　2016 年 11 月北京第 1 次印刷

定价：70.00 元

ISBN 978－7－5095－7019－7/F·5619

（图书出现印装问题，本社负责调换）

质量投诉电话：010－88190744

打击盗版举报热线：010－88190492，QQ：634579818

前言

改革开放三十多年来，随着中国经济的快速发展，不仅带来了国民经济总量的大幅度增长，而且也越发凸显中国工商管理人才的匮乏和短缺，中国工商管理教育市场的庞大需求给中国的管理教育带来了更大的机遇和挑战。在全球化的背景下，如何才能有效地培养符合时代要求、掌握前沿理论、具备国际视野、通晓国际规则、具有职业经理人素质的管理人才成为所有关心中国管理教育事业的人士共同关注的话题。

随着1991年我国设置第一个专业学位——工商管理硕士专业学位（MBA）以来，美国哈佛商学院的案例教学法被引入中国，且获得了工商管理教育人士的广泛认可。运用案例教学方法培养学生实际管理能力，增强学生的独立客观分析、判断能力和积极的进取精神，实现学生知识结构实用化和能力结构实践化，提高我国应用型人才培养质量已经成为教育界的共识。

庞大的市场需求导致了对案例教学的需求，但是，在培养过程中，我们发现能反映中国企业管理实践的教学案例严重匮乏、不能满足日益发展的中国管理教育需要。而随着中国经济改革开放逐步深入，中国不仅有一大批国有企业跻身世界百强行列，同时还有腾讯、百度、阿里巴巴、华为等一大批民营企业也如雨后春笋般从无到有、迅速成长壮大，这些企业为我国的管理案例研究提供了丰富的素材。这些企业成功的经验值得我们总结和推广，失败的原因更值得我们去挖掘、反思、以避免重蹈覆辙。如何才能解决中国管理案例匮乏的现状，如何才能将中国本土的鲜活的企业管理案例进行开发和研究、让学生们坐在课堂上通过案例分析就能达到提升管理水平目标，也已成为 MBA 案例教学工作的重中之重。

为了提高我国专业学位教学案例质量，满足我国专业学位案例教学需求，推动专业学位研究生培养模式的改革与创新，促进专业学位研究生培养质量的提高，中央财经大学每年都定期组织教师案例编写培训、案例教学研讨、案例教学现场观摩；组织 MBA 学生案例学习大赛等相关活动，用各种激励政策来促进工商管理教学案例的编写和案例教学水平的提高。本辑案例即是中央财经大学 2014 年、2015 年案例教学研讨会及 2015 年度 MBA 学生案例创作大赛应征、遴选出的优秀工商管理教学案例。入选案例涵盖了全国 MBA 教育指导委员会规定的核心课程和中央财经大学特色课程领域，入选案例都是中央财经大学师生注重中国管理实践、走进企业、深入研究中国企业管理的实际问题基础上，凝练出的具有中国特色的管理问题、管理思想、管理理论的原创案例。

本案例集是 MBA、EMBA 学员理想的课堂讨论和课外读物，也是所有对中国企业的成长和实践有兴趣的人士的学习读物，通过阅读这些案例，不仅可以了解中国本土化的企业成长与问题、成功与经验，而且还可以了解支持这些实践背后的逻辑和理论。

出版此书，是中央财经大学商学院/MBA 教育中心进行管理案例开发研究的阶段性成果展示，我们愿为发展中国特色工商管理教育、为推进中国企业管理案例开发和案例库建设贡献一己之力。

祝愿我国工商管理学科的明天越来越好！

王瑞华

中央财经大学商学院　院长/MBA 教育中心　主任

2016 年 7 月

目 录

战略管理

市场营销

人力资源与组织行为

公司治理

运营管理

金融证券

财务审计

税　务

企业伦理与社会责任

战略管理

十字路口的P公司①

[案例摘要] 本案例描述了P光盘复制公司在面临行业发展放缓、竞争加剧时的决策困境。近年来，随着技术进步，特别是互联网技术的不断发展，光盘复制行业面临着众多替代品的威胁。行业内部的竞争也越发激烈。作为行业内较强有力的在位者，P公司面临着转型压力。转型的方案之一是进行横向扩张，建立行业内的绝对地位，在此基础上丰富产品线，从而提升企业的市场竞争力；方案之二是进行新产品开发，进入新兴的大数据存储领域，不过这一领域刚刚起步，面临着较多发展不确定性。P公司该如何进行决策？当前，光盘行业激烈的竞争格局将迫使P公司尽快作出最终决定。

2015年3月，春天的北京还有几分寒意。P公司的W总走出了某出版社的大楼。他的车停在出版大楼前，短短的一段路却让他觉得步履维艰。在刚刚结束的产品订购会上，虽然光盘订购仍是这次订购会的主题之一，不过很明显，和去年相比，光盘的订购量再次下滑——出版社未来将考虑提供较大规模的线上资源下载，而不是光盘。P公司的同行们也很清楚地意识到了这一点，为了抢占本来就已经缩小的市场，P公司的老牌竞争对手W公司更是一下子把价格拉到了坡底，这让W总觉得几乎没法再进行投标。

长期以来，P公司一直从事着光盘生产和销售的工作，不过近年来随着技术进步，光盘的可替代产品越来越多，传统光盘的市场需求下降得非常快。虽然公司近年来实际上也一直在研讨未来的战略转型，不过一直没

① 本案例由中央财经大学商学院的林嵩老师、MBA研究生王昊撰写。本案例只供课堂讨论之用，并无意暗示或说明某种管理行为是否有效。由于企业保密的要求，在本案例中对有关名称、数据等作了必要的掩饰性处理。本案例已入中国管理案例共享中心案例库，并经该中心同意授权引用。

有什么实质性的行动。但是，这次订购会所面临的空前压力如同一剂清醒剂，让 W 总不得不认真思考企业的当前局势和未来战略。“不转不行了！”他用力地关上小车的门，似乎也想把寒意关在车外。

一、P 光盘复制公司背景

P 光盘复制公司由大型央企投资，成立于上个世纪末。2003 年公司在某城市开发区购置 20 亩工业用地，自建了生产厂房。截至 2014 年 12 月，公司配备了 2 条母盘线、18 条子盘线（24 个注塑头）、10 部印刷机，光盘日生产能力超过 40 万片，年生产销售光盘超过 1.2 亿片。在福州、深圳、青岛等地设立了办事处。目前，P 公司总资产约 1.3 亿元，员工总数 500 人。

P 光盘复制公司主要从事光盘复制和技术研究，在行业内率先通过了 ISO9001 质量体系认证、ISO14001 环境管理体系认证、GB/T 28001 职业健康安全管理体系认证。P 公司的产品种类也非常丰富，目前提供 CD－ROM、CD、VCD、DVD－ROM、DVD5、DVD9、DVD10 光盘的专业大批量复制、母盘生产、丝网和胶版印刷、节目创意及制作、包装及设计等一系列与光盘相关的服务，光盘规格包括 120mm、80mm、名片盘和异型盘。P 光盘复制公司 2014 年产品分布图如图 1 所示。

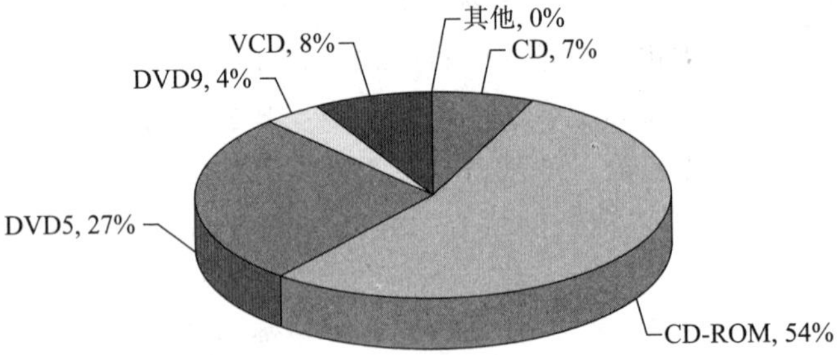

图 1　P 光盘复制公司 2014 年产品分布图

近年来，P 公司的产品订单逐渐由音像、IT 产品向教育类产品过渡。2005 年公司 IT 光盘产品订单占订单的总量 80%，教育类产品只占 10% 左右。2008 年教育类光盘产品订单占总份额增加到 50%，IT 光盘产品缩减到 40%。2014 年教育类产品已经达到订单总量的近 80%。2014 年全年，P

光盘复制公司共有客户 177 家，其中前 5 位大客户均为出版社，订单金额占全部客户订单总金额的 48%。

最值得注意的是 P 公司的研发能力。自建立伊始，P 公司就认识到科技是企业发展的原动力，专门成立独立的研发部门进行新产品与新技术的开发工作，聘请一位专业的技术人员 A 总任研发部领导。在 A 总的带领下，2001 年，P 公司就被北京市科学技术委员会认定为高新技术企业，并获得北京市科学技术委员会颁发的自主创新产品证书。P 公司曾先后为行业制定产业、产品标准 15 项，获得国家专利 10 项，还与国内光盘行业专家和研究机构建立了密切的合作关系，包括与某大学光盘国家工程研究中心合作成立的数码技术联合实验室，与某集团有限公司国家工程研究中心合作成立的生物芯片研究与开发中心。

到目前为止，A 总所带领的研发团队所开发的技术创新成果充分应用于 P 公司的生产活动。以 DVD 光盘为例，P 公司是国内第一家生产高质量 DVD9 光盘的企业，是第一家按国际 DVD 标准格式，拥有自己知识产权并全程制成某著名电影 DVD 光盘的企业，也是第一家与美国同步制作出某 DVD 大片的企业。其系列产品也曾多次获得中国出版政府奖（印刷复制奖）。

近年来，随着市场拓展和开发在企业经营中越来越重要，公司销售部门在公司内部的地位日益提高。销售部门的负责人 B 总原来在另一家光盘企业任职，长期从事光盘相关的市场销售推广活动，直到 5 年前被 W 总挖过来。之后，B 总果然不负众望，带领销售部门的员工陆续拿下了几个大型的出版社和知名外企的订单，使得 P 公司一跃成为市场上最有影响力的公司之一。

二、光盘行业：网络时代的转型压力

我国光盘复制行业从二十世纪八十年代开始起步，在九十年代中后期逐渐发展，经历了一个产品单纯以音像为主到音像、娱乐、软件等并存，不断满足信息存储需求的变化过程。经过十多年的努力，我国光盘复制业凭借劳动力成本相对较低和市场需求增长较快的优势，逐步从无到有、从小到大；从无序到规范；从主要以国有投资到国有、民营、外资并存；从主要生产 LD、CD、VCD 到生产 DVD 和高清蓝光 BD；从满足国内市场需求到逐步扩大海外市场份额，我国光盘复制业牢牢抓住了经济发展和科技进步带来的难得机遇，获得了飞速发展，是全球最大的光盘复制加工基地之一。

不过，近年来，我国光盘复制业市场需求逐渐萎缩，企业经营困难，产业发展的困难和问题凸显，很多光盘厂的开工率不足一半，甚至有的光盘厂已经停产倒闭。

根据来自国家新闻出版广电总局（光盘复制行业的行政主管单位）的数据，近年来光盘复制企业的数量以及利润逐年下滑，统计数据显示，光盘复制企业注册数量由 2008 年的 129 家减少到 2012 年的 109 家，其中，有 13 家单位在 2012 年内未开展光盘复制生产经营活动，实际减少比例超过 1/4，总利润 -1.59 亿元，较 2008 年下降了 239.60%。光盘产品总体市场正在逐年萎缩，很多光盘厂纷纷采取价格战来争夺市场份额维持生存，自 2008 年起，逐渐有厂商退出光盘复制行业，以北京地区为例，鼎盛时期光盘厂 12 家，2014 年仅余 6 家。2008 ~2012 年不同种类光盘产量变化如图 2 所示。

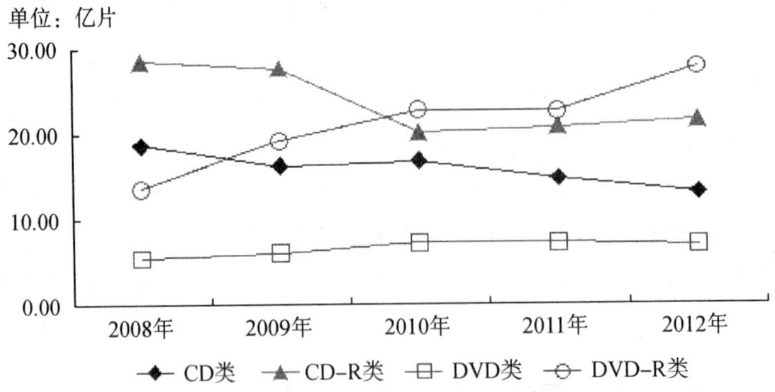

图 2　不同种类光盘产量变化图

数据来源：新闻出版广电总局印刷发行司光盘工作委员会。

光盘行业的衰退主要是由于网络视频、数字音乐等替代产品对于光盘产品的冲击所引起的。

网络视频：用于记录视频的光盘产品正在不断受到网络视频的冲击。网络视频作为一种网络新媒体，由于其丰富的信息表达形式和快捷的信息传递渠道，正吸引着越来越多的用户。一方面，随着网络的普及、带宽的提高、网费的逐步下降，网络视频的观看越来越便利；另一方面，在众多互联网巨头的强劲加入下，网络视频资源也更加丰富，更能满足大众需要。数据显示，我国互联网视频用户规模从2006年的0.8亿人增长至2014年的5.1亿人，年均复合增长率高于同期互联网网民增长率。2014年，中国在线视频市场规模为239.7亿元，同比增长76.4%。在不远的未来，随着大屏幕智能手机、网络机顶盒、PAD和电脑的普及，广大互联网用户会更多地选择通过网络观看在线视频或下载视频收藏。很显然，网络视频相比光盘而言，在经济性和便捷性方面有着巨大的优势，会持续对DVD光盘制品造成影响。

数字音乐：光盘的另一个重要应用领域——音乐CD也在不断萎缩。受到数字音乐下载冲击，继2009年10月宣布停产卡带Walkman随身听之后，索尼公司在2010年又关闭了其全球最大的CD生产厂。20世纪60年代，该工厂开厂之际生产的主要是黑胶唱片，随后在1988年顺应潮流生产CD唱片，已经拥有50年的运营史。黄金时期，这个占地仅仅50万平方英尺的工厂，每月的CD产量高达1 800万片，在2009年产量仅为1.1万片。实际上，索尼CD工厂的关闭只是唱片工业环境变化的一个缩影。CD唱片业的衰落趋势已然难改。2009年3月，位于美国纽约时报广场的维京唱片城旗舰店关门歇业，随后该公司在美国仅存的其他5家连锁店也陆续关门。而全球第二大唱片市场日本，以及曾凭借“韩流”明星风靡全亚洲的韩国，同样避免不了传统唱片没落的命运。近年来，随着内容售卖业务的兴起，苹果、亚马逊等企业纷纷推出内容零售商店。这些商店下载量的上升，更令碟片市场每况愈下。因为传播介质的变化，音乐CD的市场很可能像当年的音乐磁带一样持续缩小，乃至灭亡。

在线资料传播：光盘的另一主要产品形式——资料记录和传播也在不断受到在线资料下载的冲击。随着网络技术的快速发展，人们可通过各类终端随时随地获得图书、软件等各类文化内容，相应的配套服务也随之发生改变。IT类产品厂商逐步将产品说明、驱动程序等内容预置在设备中或通过网站发布。一个数据显示，2012年，我国产品说明类只读光盘6.65亿片，较2011年减少了约20% ~25%。值得注意的是，在传统的教育领域应用广泛的课程资料复制光盘方面，近年来随着PAD、超极本等无光盘驱动器的便携电脑的推广，也在不断失去市场。套用苹果公司的一句广告语可以说明这一点："有了 iPad，你的课堂教材不再局限于教室的方寸之内。"随着移动终端的日益普及和无线网络的迅猛发展，特别是在国内一对一数字化学习和"电子书包"项目的快速发展，将 iPad 之类的移动终端及相关应用运用于学校教育实践之中，已经成为基础教育领域发展最为快速的领域之一。这导致目前光盘复制占比最大的教育类客户需求也开始出现下滑。

电脑和网络存储：2014 年，电脑硬盘已经进入 10TB 时代，已经上市的 U 盘和 SD 卡最大容量也已达 1TB 和 512GB。不过这还没有到达极限，技术进步将很快使得更高容量的产品迅速问世。硬盘和闪存容量提高的进程远超光盘，其读取速度也飞速提高，而价格却不断下探，很多用户已经放弃使用刻录光盘的方式备份资料。与此同时，近年来，随着网络存储的方式开始流行，光盘存储的市场进一步受到侵蚀。虽然网盘存在数据安全和隐私曝光等问题，但在生活中确实方便很多。这种网络存储的方式甚至对 U 盘的市场也造成了冲击。

受到上述因素的影响，近年来，P 公司的销售受到了很大的影响。其中，CD、DVD 音像光盘市场受网络和新存储媒体快速发展和普及的冲击，呈现明显的价量齐跌形式；电脑、手机和数码产品配套驱动软件光盘市场由于各类产品本身市场竞争激烈，客户普遍要求降低光盘进货价格，甚至直接停用光盘；教材教辅配套光盘则由于前两部分市场萎缩的影响，很多同行业厂家加入教育客户的竞争中，从而导致销售成本上升、利润下降。

在 P 公司成立之初，光盘行业回报率非常高。但是随着技术进步，生产效率的提高，一张盘的价格从十五六元降到七八元，再到目前仅一元左右。北京地区的光盘厂由原来的 12 家减少到 6 家，能够盈利的企业则更少，有很多工厂已连续几年亏损。光盘复制企业的市场集中度处于较低水平，2012 年光盘复制产值过亿的单位共有 12 家，占全国光盘复制企业数量的 11.01%；光盘复制总产量 35.64 亿片，占全国 50.64%；销售收入 31.18 亿元，占全国 53.27%；总产值 33.64 亿元，占全国 57.79%。在这种情况下，市场竞争较为激烈，也容易引起价格战。一些厂商为了争取更多的订单，使用二次原材料降低生产成本，降低光盘售价，降低产品质量及资料存储年限，在这种恶意竞争环境下，P 公司的光盘平均售价比行业平均售价高出 5%，价格劣势明显。2008～2014 年 P 光盘复制公司的接单价格与接单数量趋势如图3、图4所示。

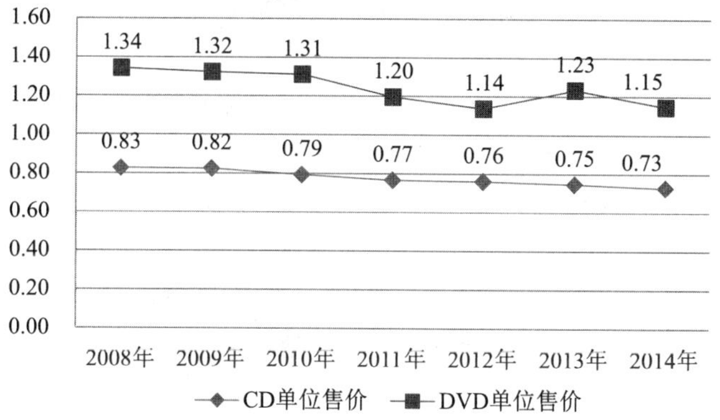

图3　P光盘复制公司接单价格趋势图（单位：元）

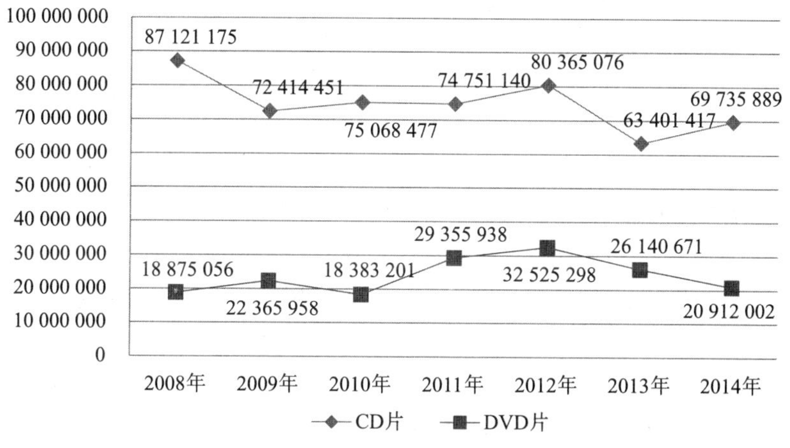

图4　P光盘复制公司接单数量趋势图（单位：片）

三、P公司的十字路口

在企业转型的压力越来越大的同时，W总也对P公司过去的发展思路进行了反思。在成立初期，P公司主要是通过对已有产品和已有市场开展市场渗透战略，通过在销售价格、销售服务等方面加以改进，以吸引竞争者的客户等手段实现自身的业务增长。在获得初步的发展之后，P公司很快推进了市场拓展策略，在各地建立了自己的办事机构，将现有光盘产品从华北地区拓展到全国乃至海外，进一步提高了企业的经营业绩。目前，公司执行积极的产品创新策略，也就是在现有市场上用原有的渠道，通过改造产品和服务，提供比竞争对手更能满足客户需求的产品，来增加公司订单。

不过，上述几种方式，在当前都遇到了发展瓶颈。在光盘这种总体上趋于衰减的行业，P公司该如何进行战略转型？

W总很快在公司高层中进行了讨论。销售部的B总提出了一个方案，那就是在行业处于低迷状态的时候，实施横向整合，扩大规模，同时，又可以借此降低生产成本，提高竞争能力。随着讨论的深入，很多高层管理，特别是拥有销售经验、与同行打过交道的管理人员逐渐开始认同B总的观点。

首先，并购是企业在最短的时间内实现资本快速扩张、生产规模扩大以及市场占有份额提高的方式，合并后的公司能凭借双方优势在光盘行业激烈的市场竞争中胜出，从而发展为行业的龙头企业。第二，公司的合并，符合国家对整个文化产业以及印刷复制行业提出的政策导向，从而可能在发展资金、产业政策、管理措施、进口设备等方面获得国家新闻出版广电总局的大力扶持。第三，合并可使双方资源配置达到最优化的程度。合并双方可以互相弥补管理与技术团队、生产、营销及管理经验等的不足，与此同时，合并后的公司产能大幅提高，也解决了P光盘公司在承接大客户订单时存在的产能限制的瓶颈。双方合并有利于有效地整合双方人力、物力及各种资源，在最大程度上实现双方优势互补。第四，合并后公司生产规模的扩大，有利于其降低生产成本，提高资源的有效利用率，从而创造出更大的规模经济效益。同时由于竞争优势增加，可以增加对客户的选择和议价能力，也可以适当提升价格。所以公司合并可以有效地规避由于成本与价格波动造成的风险。这一点正是当前P公司所面临的主要挑战。

过去P公司的主要产品在行业内相对高端，这也使得他们在面临价格战的时候比较被动。如果公司能够进行横向拓展，也能够丰富企业的产品线，甚至将公司的经营重点转移到相对低端的产品上，这样企业也有可能获得市场的绝对优势。

就在大家逐步开始认同横向整合以降低成本的方案的时候，来自于P公司研发部A总的一项报告送到了W总的案前。这份报告提出P公司应当向一个新兴领域——光存储进行转型。

随着计算机和网络等技术的迅猛发展，数字化信息量呈爆炸性增长，人类社会已进入一个大数据时代。近年来，我国许多专家和学者也已经意识到大数据的重要性，建议将大数据上升为国家战略。但是，数据只有保存下来才能持续发挥作用，快速增长的海量信息存储，使现有存储技术面临严峻挑战，是大数据时代面临的最重要的技术障碍之一。

根据功能和应用范围不同，大数据保存需要不同种类的存储器。按使用的频度，数据可分为热数据、温数据和冷数据。访问最为频繁的热数据，目前多采用易失性存储介质、非易失的固态存储器（如由闪存构成的固态盘和固态存储系统）、新型非易失性存储器（如 PCRAM，RRAM，MRAM 等）；需要经常访问的温数据一般采用高速硬盘及多磁盘阵列作为存储器。不经常访问的冷数据一般由低速硬盘、磁带和光盘来保存。研究表明，在所有保存的数据中，冷数据所占比例达到 90%，保存该类数据所占用的存储器所需资源最大。不同大数据存储介质速度与成本比较如图 5 所示。

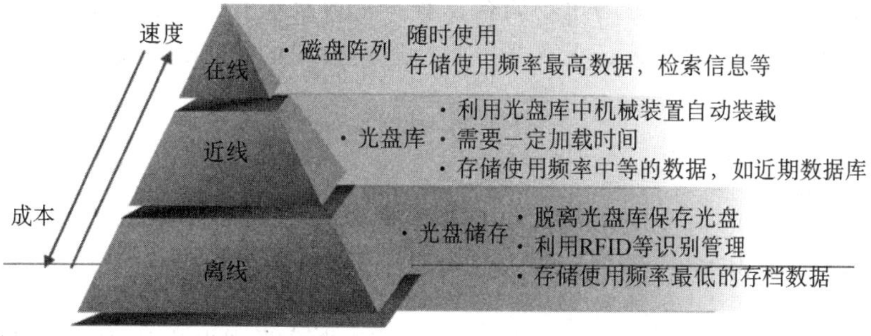

图 5　大数据存储介质速度与成本比较图

和传统存储方式相比，光存储特别适合于大数据的长期安全保存。首先，光存储具有抗自然灾害、抗磁暴、抗人为数据删改的优点。其次，光存储在保存信息时几乎不消耗能量，仅在读写时耗能。根据美国帆船集团的分析报告估计，在长期保存（如 12 年）的情况下，光存储的能耗只有硬盘存储的 1/500；第三，光存储有利于长期安全保存信息。消费类光存储介质可靠保存时间为 30 年以上，高质量的光存储介质可到 50 年以上。目前国外研究的玻璃光盘，理论寿命可极大延长。第四，半导体存储器、硬盘、磁带以及光盘等几种存储介质中，光盘具有单位存储容量成本低的显著优势。现有的硬盘存储技术已经逐渐达到存储密度极限；而光波的特性使得光存储可以采用其他介质难以实现的多层、多阶、多维、纳米超分辨等多种存储技术手段，存储密度会显著提高。

多年来P公司在光存储研究领域已经拥有一定的技术积累，未来如果能够在这一领域加大投入，有可能开发一套更好的光盘库方案来制定自己的标准。以光盘库为载体实现用户数据资源的离线、近线存储，通过管理软件平台进行积累、整合，以实现用户对数据资源的管理。从经济性和安全性的角度，在光盘复制行业未涉足过的专业存储市场上寻求与磁存储介质的差异化，引领这一重大的新兴应用技术和朝阳产业方向。显然，这一方案是对P公司原有经营领域的颠覆，在前期的投入方面，P公司需要投入较大额的资金。

这两套方案在公司内部引起了巨大的反响和争议。无论朝哪个方向发展，都需要大量的资金，也都存在一定的不确定性，这也正是P公司迟迟没有行动的原因。是否把A总和B总都找过来好好谈谈，从中选择一个方案，还是再次展开充分的市场调查，看看企业有没有新的第三条路。W总一直在思考。不过今天，在离开出版社返回公司的路上，W总想：也许应该作出决断了。

附录：

一、光盘行业的补充资料

生产光盘最主要的原料是PC料，PC料的采购成本达到整张光盘的一半以上，PC料的供应商市场集中度非常高，且以外商为主，曾经发生过两次PC料的大幅度涨价，致使光盘复制企业的生产成本大幅上升，很多光盘复制企业难以为继。PC料（聚碳酸酯），英文名Polycarbonate，简称PC，是一种具有很高机械、光学、电气和热性能的热塑性工程塑料，是光盘生产最主要的原材料，由于是从石油里提取的，所以它的价格和国际油价直接挂钩。PC料是光盘产业最重要的原材料，其价格高低将影响光盘复制企业的获利多少。目前全球PC料供应商仅有拜耳、沙比克、帝人、三菱、太化出光、奇美六家厂商，供货商可轻易调涨原物料价格，使光盘复制企业毫无招架之力。

另外，光盘复制企业的光盘复制生产线，全部依靠从国外进口，国内企业没有能力生产，而光盘复制生产线的生产厂家比 PC 料生产厂家更少，生产线的配套设备、易耗品、零配件的采购也只有从设备供应商处取得，甚至生产线的售后服务、重大升级改造都来自设备供应商的高级技术人员，采购和服务的价格很高。

2014 年，国内只读类光盘复制企业 62 家，较 2008 年减少了 27%；总产量 18.2 亿片，较 2008 年减少了 25%；总产值 18.6 亿元，较 2008 年减少了 27%。截至 2014 年底，全国共有只读类光盘复制生产线 603 条（960 个注塑头），年复制产能约 38.31 亿片。2008 年至 2014 年我国只读类光盘年产量和年产值变化趋势如图 6、图 7 所示。

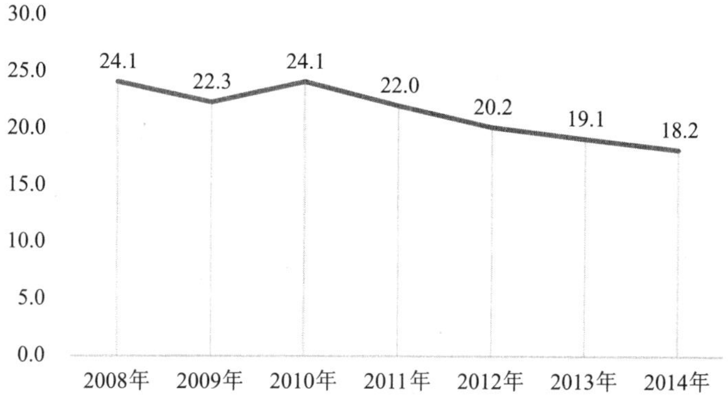

图 6　我国只读类光盘年产量变化趋势图（单位：亿片）

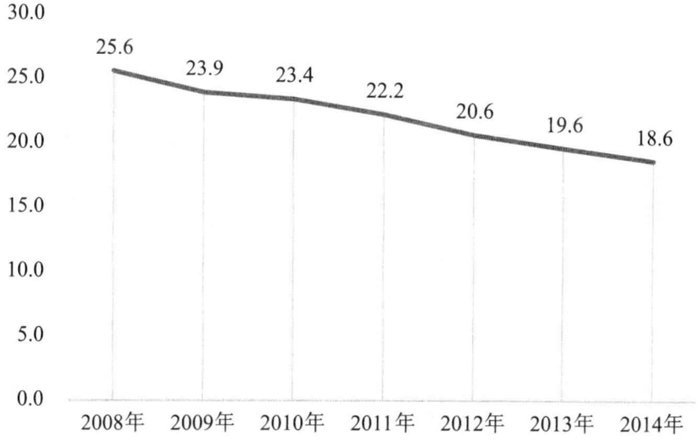

图 7　我国只读类光盘年产值变化趋势图（单位：亿元）

二、P 公司的财务数据

截至 2014 年底，P 光盘复制公司总资产 1.1 亿元，全年实现销售收入 9 003 万元，实现税前利润总额 709 万元，净利润 602 万元，已还清全部股东贷款。公司始终保持着一定规模的现金，近年来现金占总资产比例未低于 20%。银行信用等级为 AAA 级。P 光盘复制公司历年现金占资产比重如图 8 所示。

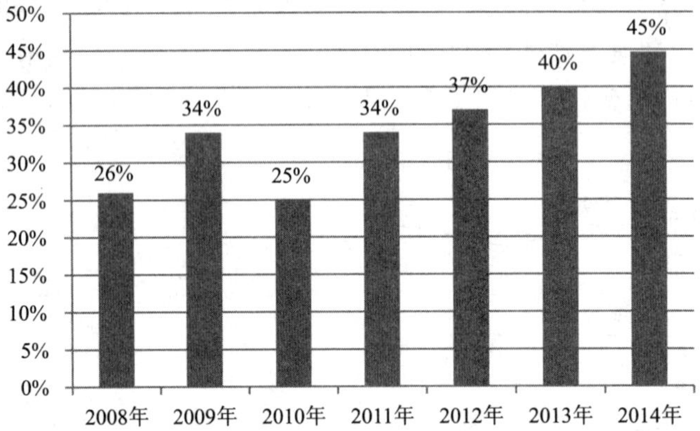

图 8 P 光盘复制公司历年现金占资产比重图

从 P 光盘复制公司与同行业平均销售利润率比较中可以看出，即便是在近年来光盘复制行业亏损的状态下，与行业平均水平相比，P 光盘复制公司也始终保持着明显的领先，如图 9 所示。

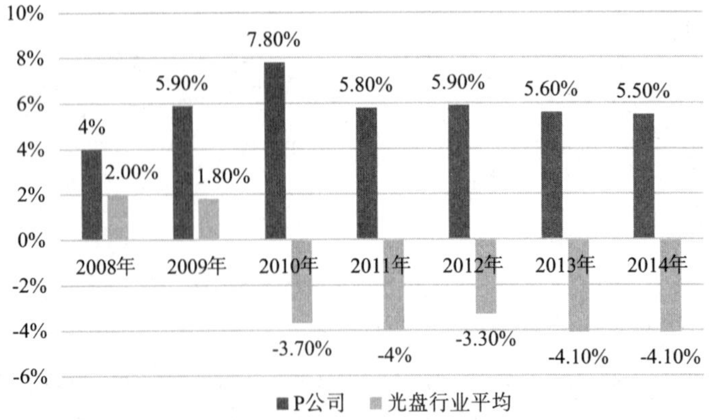

图 9 P 光盘复制公司与行业平均获利能力对比图

P光盘复制公司的资产负债表如表1所示：

表1　　P公司财务报表　　单位：万元

项目	金额	比例	项目	金额	比例
货币金额	6 064.48	44.68%	有息负债	0	0.00%
应收账款	831.49	6.13%	其中：金融机构债务	0	0.00%
其他应收款	197.21	1.45%	股东借款	0	0.00%
存货	3 506.52	25.83%	预收账款	437.36	3.22%
投资性房地产	0	0.00%	其他负债	4 638.20	34.17%
固定资产	2 185.76	16.10%	负债合计	5 075.56	37.00%
其他资产	788.74	5.81%	所有者权益	8 498.64	62.61%
资产总计	13 574.20	100%	负债和所有者权益总计	13 574.20	100%

三、大数据光存储资料

大数据提振光存储

马文方　中国计算机报　2014.05.15

互联网与云存储已在很大程度上改变了用户观看视频和存储数据的方式，也让由DVD光驱等支撑起来的光存储市场陷入低迷。

然而在大数据时代，对大数据安全、低耗能、长期存储的苛刻要求，为光存储带来了新的希望。

现有主流的存储技术难以满足大数据时代对海量数据长期、安全、高效存储的要求。这是4月23日在国家信息中心举办的“第三届大容量光存储技术研讨会暨中国大数据光存储产业联盟发起大会”上与会专家的共识。

大数据让光存储重新发光

以硬盘和磁带为代表的磁存储技术，由于存储速度快、存储量大和使用方便，成为当今主流的存储技术，被广泛应用于数据中心乃至企业中。

但在极端的应用场景下，磁存储技术的优势可能不复存在。而这种极端场景将伴随大数据而来。根据IDC的预测，全球数据总量在2011年便达到1.8ZB（1 021字节），并以每两年翻番的速度发展，到2020年将达到35ZB。

谈及大数据时代对存储的挑战，人们往往想到的是爆炸性增长的数据量和数据格式的多样化，却往往忽视了数据长期存储给现有存储技术带来的挑战。

中科院院士干福熹在研讨会上表示："大数据时代存储面临的第一个挑战是如何对数据进行安全保存，即数据在存储后不能被篡改，而目前的磁存储技术无法满足数据安全保存的要求；第二个挑战是现有的存储技术能耗很大；第三个挑战是数据要长期保存，很多数据要求保存 50 年甚至上百年，而现有的商用硬盘寿命不超过 10 年。"

今年 2 月，Facebook 宣布将采用蓝光光盘库建设冷数据中心，将 PB 级数据存入单一机柜的系统之中，数据保存时间长达 50 年。从此，人们又开始重新审视光存储技术。

干福熹认为，光存储的主要优势有三个：一是基盘由坚固、耐久的材料制成；二是光存储的非易失性；三是可长期保存。光存储技术发展至今，其安全、能耗低、寿命长和单介质数据容量增加快的特点，使之在大数据时代满足对数据长期、安全、高效存储需求上具有独特的优势。

但是，光存储技术本身首先必须摆脱光学衍射极限的束缚。所谓衍射极限，通俗地说，就是光学分辨率受光波长的限制，并与之成反比。因此蓝光光盘备受关注，因为蓝光波长更短，分辨率更高，光盘中两个信息点的距离更近，可以在一张盘片上存储较多数据。

但值得注意的是，从 DVD 容量的几 GB 到蓝光 DVD 容量的几十 GB，存储容量仅提高了 1 个数量级。而从 1GB 到 1PB（1 015 字节），相差 6 个数量级。显然，只有突破衍射极限才能实现光存储密度的大幅提升。

澳大利亚科学院院士顾敏介绍，他与其研究团队采用双光束激光全息技术，在突破衍射极限方面取得了显著的进展。他们采用玻璃作为基材，将超稳定、超高密度的存储介质密封在玻璃基片中，从而使得光盘的数据存储寿命延长到 50 ~ 150 年。

"我们计划在 3 到 5 年内完成单片容量为 100GB ~ 1TB（1 012 字节）光盘的实用化研发。"顾敏说。

院士联名提振光存储

鉴于新一代光存储技术发展在大数据时代的重大意义，由国家信息中心和中科院上海光机所联合发起，干福熹院士牵头与 20 位院士联名提出了

《迎接大数据挑战，开展我国安全、节能、长寿命和高密度信息存储技术研发和应用》（简称《院士建议书》）的建议。这21位院士中，有10位来自中科院信息学部，3位来自数理学部，5位来自中国工程院信息与电子工程学部，还有来自海外的澳大利亚科学院院士顾敏和美国工程院院士张翔。

干福熹院士在大会演讲中介绍，《院士建议书》建议基于《国家中长期科学和技术发展规划纲要（2006～2020年）》，站在国家战略高度，充分发挥中国集中力量办大事的优越性，果断决策，进行前瞻性总体部署，由财政部设立专项基金，尽快启动“大数据光存储研发与应用”国家科技专项计划。

就国家科技专项计划实施，《院士建议书》提出三点建议：一是进行产学研联合攻关研究，集中优势力量，解决几个关键核心技术；二是进行工程化开发，集中研发关键设备、工艺、数据存储中心管理系统和数据传输系统；三是以建设“中国大数据冷库示范工程”为抓手，进行产业化示范、推广和大规模应用，推动现代数据中心产业升级。

《院士建议书》建议分三期来完成转型计划：第一期，以国内已掌握的技术为基础，尽快掌握单片容量为100GB的光盘、光驱，以及容量为1PB的光盘库与数据中心技术，并实现示范应用；第二期，掌握单片1TB的光盘、光驱，以及容量超过100PB的光盘库与数据中心技术，并实现示范运用；第三期，掌握单片10TB的光盘、光驱，以及容量超过10EB（1018字节）的巨量光盘库与数据中心技术。

为了响应《院士建议书》，并抓住新一代光存储技术带来的发展机遇，国家信息中心、武汉高科国有控股集团、中国华录松下、中科院上海光机所、清华大学光盘国家工程研究中心、华中科大武汉光电国家实验室、中国电子视像行业协会、中国高清光盘产业联盟，联合发起共建“中国大数据光存储产业联盟”倡议。

这8家发起单位决定，联合一切可以联合的产学研力量，共同推动大容量光存储技术进步和产业发展，共同推动“中国大数据冷库示范工程”项目建设，共同推动“光谷大数据港”和“大数据光存储产业园区”建设，共同推动融合磁光电存储技术的现代数据中心产业发展，共同推动中国信息化建设的进步。

需求与挑战

十多年前，VCD 和 DVD 的普及，成就了我国的光存储产业。如同苹果的 iPod 对唱片工业带来的巨大冲击，互联网的普及，特别是云存储的兴起，对光存储市场带来很大的冲击，光存储产业发展陷入低谷。

大数据带来了一个有别于以往的市场。“光存储的市场前景在于数据中心、档案系统等的数据存储，它要求数据的完整真实和长期可读。它是大数据技术领域的基础技术之一。”清华大学光盘国家工程中心教授潘龙法认为。

应该看到，我国光存储产业在过去十多年间进行了大量的基础研究和产业化实践，为冲击新一代光存储技术打下了良好的技术和产业化基础。

Facebook 的蓝光光盘库采用的就是苏州互盟信息存储技术有限公司的 PB 级蓝光光盘库产品。

而据中科院上海精密光学机械研究所研究员王阳介绍，他们已经研发了 100GB 可录式超分辨率光盘的核心技术，其中包括薄膜材料和光盘技术，并积累多项技术专利。

大数据时代对数据长期安全存储的需求，造就的是新的企业级市场，而非个人消费市场。新的需求必定带来新的挑战。

华中科技大学武汉光电国家实验室教授谢长生表示，未来光盘库建设应注意四个问题：一是机电系统的寿命问题，玻璃光盘寿命超过百年，但光驱寿命有限，如果光驱市场需求不高，光驱企业如何生存？二是兼容性问题，在光盘 50 年的生命周期里，可能会出现 10 代以上光盘格式，该如何实现完全兼容；三是协议一致性问题，现在用户数据放在光盘里，有些元数据却放在服务器中，元数据一旦丢失，光盘数据则无法读出；四是相关软件，如光盘库系统管理软件，数据备份和归档协议转换软件，磁光电混合的热数据、温数据、冷数据调度管理软件，光盘库数据管理与快速查询软件等的发展问题。

展望光存储技术的发展，顾敏认为，光存储阵列技术具有“5 个超”，即 EB 级别的超大容量、节省超过 99% 能耗的超高节能、超高安全性、长达 100 ~ 1 000 年的超长寿命和超高的数据吞吐能力。

案例使用说明

（一）教学目的与用途

1. 适用课程与教学对象

本案例适用于战略管理、创新管理、项目管理等课程的讲授，教学对象为 MBA 或 EMBA 学生。

2. 教学目标

（1）掌握企业战略变革的基本驱动要素和实施方案，并且能够使用相关理论进行企业战略变革分析。

（2）掌握项目开发和管理的基本原理，并且基于数据分析工具对于项目的投入产出进行分析。

（3）掌握企业并购和横向一体化的基本原理，并且能够使用相关理论和数据分析企业并购的成本收益。

（二）启发思考题

1. 企业战略变革的驱动要素有哪些？在不同的驱动要素下，企业应当实施什么变革方案？

2. P 公司应当选择哪一种战略方案？在不同的方案下，P 公司的具体实施措施是什么？

3. 影响新产品开发的产出效益的影响有哪些？如何规避新产品开发中的风险？

4. 企业横向拓展的主要风险是什么？如何分析企业横向一体化的成本和收益？

易宝蓝海之旅："支付—金融"梦[①]

[**案例摘要**] 北京通融通信息技术有限公司（品牌名：易宝支付 YeePay，以下简称：易宝）2003 年 8 月成立，总部位于北京，是中国领先的独立第三方支付公司。2011 年 5 月易宝获得了中国人民银行颁发的首批支付牌照。为了避开支付服务手续费的恶性竞争，2012 年易宝提出"支付—金融"的发展战略，并推出"信用支付"金融服务，以此作为向金融服务类企业转型的出发点。本案例通过描述易宝转型过程中的战略决策与实施，分析易宝如何通过价值创新、打破支付市场边界、超越用户的支付需求等方式，摆脱支付行业"红海"，探索金融服务"蓝海"之路。

2013 年 1 月，易宝在位于北京西三环的北京京都信苑饭店举行公司年会。为准备年会演讲，公司 CEO 唐彬一大早就来到了京都信苑饭店。2013 年，对易宝和唐彬来说将是变革的一年。这次年会就是开启本年度变革的钥匙，唐彬将向公司近 1000 名员工阐述"支付—金融"的发展战略，并提出"信用支付"就是战略转型的第一步。唐彬和他的管理团队从 2012 年初开始酝酿公司战略转型，已经有一年时间。

年会伊始，等待唐彬演讲的员工们其实五味杂陈，这源于 2012 年易宝交出一份令人担忧的成绩单：公司利润急剧下滑，出现首次年度亏损；大批骨干员工纷纷离职；更有公司即将搬离 CBD 的传言。看着台下表情凝重的员工，唐彬回顾了公司始创时的激情，回忆了易宝发展历程中所历经的种种坎坷；在谈及去年公司的经营状况后，他顺势引出了酝酿已久的转型计划——"支付—金融"的战略目标和"信用支付"的金融创新服务。唐

---

① 本案例由中央财经大学会计学院的卢闯、北京航空航天大学经济管理学院的邓路、万俊军撰写。本案例系国家自然科学基金（批准号：71202014）的阶段性成果。本案例只供课堂讨论之用，并无意暗示或说明某种管理行为是否有效。本案例荣获"全国百篇优秀管理案例"，已入中国管理案例共享中心案例库，并经该中心同意授权引用。

彬向全体员工勾勒出了公司未来的发展前景，慷慨激昂的演讲好比冬天里的一把火，把员工们低落的士气重新点燃。

春节前的北京，外面车水马龙，到处是奔波的人流，充满着欢乐的气氛。年会结束后，唐彬望着窗外，心中踌躇满志。他深知，2013 年是易宝关键的一年，“信用支付”是易宝“支付—金融”战略的第一步，只有把“信用支付”推广下去，易宝“支付—金融”的战略转型才能成功，这将会为易宝带来新的辉煌，并为公司今后更长远的规划打好坚实的基础。

一、创业发展梦

1973 年出生的唐彬是易宝的创始人兼 CEO，曾获南京大学物理学士学位和美国斯坦福大学电子工程硕士学位，回国之前在美国硅谷多家公司担任重要开发和管理职位。2003 年 8 月，唐彬创建易宝，致力于为广大商家和消费者提供“安全、简单、快乐”的专业电子支付解决方案和服务。公司成立初期，易宝主要以互联网电话、手机充值业务为主。2006 年以前，做此类业务的企业并不多，与其他互联网企业相比，易宝的利润空间相对较大，唐彬因此挖到了公司成立以来的第一桶金。

随着互联网行业的发展，不断有竞争对手加入互联网充值业务，利润空间相对有所下降。2005 年唐彬就判断互联网充值业务将面临激烈的竞争，从那时起，唐彬就有意识地将公司业务转型，不断尝试新的业务模式，最终选择了支付服务业务——通过把互联网、手机、固定电话整合在一个平台上，推出电话支付业务，为航旅，游戏、网上购物、教育考试等行业提供专业支付解决方案。

随后，易宝陆续推出网上在线支付、非银行卡支付、信用卡无卡支付、POS 支付、基金易购通等创新产品，先后为数字娱乐、航空旅游、电信移动、行政教育、保险、基金、快消连锁、电商物流等众多行业提供量身定制的行业解决方案，在航空旅游、数字娱乐、行政教育等多个领域保持领先地位。易宝从创业初期的互联网充值服务企业，成功转型为多行业全面支付解决方案与服务提供商。完成转型后，善于居安思危的唐彬并没有就此停下来，继续思索着易宝的未来发展方向，以及如何完成易宝“交易服务改变生活”的使命。

二、第三方支付行业状况

第三方支付是指具备一定实力和信誉保障的独立机构，采用与各大银行签约的方式，提供与银行支付结算系统接口的交易支持平台的网络支付模式。在第三方支付模式中，买方选购商品后，使用第三方平台提供的账户进行货款支付，并由第三方企业通知卖家货款到账、要求发货；买方收到货物，并检验商品进行确认后，通知第三方企业将款项转至卖家账户。第三方支付作为目前主要网络交易手段和信用中介，最重要的功能是在网上商家和银行之间建立起连接，实现第三方监管和技术保障的作用。

（一）行业兴起

第三方支付是伴随着互联网经济兴起而产生的全新行业。虽然其出现仅有十余年的时间，但发展速度很快。目前，国外较知名的第三方支付机构有美国的 PayPal、英国的 Moneybookers 等。其中，创办于 1998 年的 PayPal 是最早从事第三方支付的企业之一，也是迄今为止全球最成功的第三方支付机构。目前该平台拥有 7 亿活跃用户，在全球 190 个国家和地区支持多达 24 种货币的交易。统计数据表明，2009 年 PayPal 的交易量已超过 630 亿美元，年度业务收入达到近 28 亿美元，约占全球电子商务总交易额的 18%，而且其业务量还在不断高速增长。

国内第三方支付服务兴起于 20 世纪 90 年代末，1999 年首信易推出网关支付平台，标志着我国第三方支付平台的正式产生。依托于电子商务的繁荣，第三方支付服务掀起了跨越式的大发展。根据艾瑞咨询的数据，2003 年，第三方支付服务的市场规模不到 10 亿元；2004 年达到 74 亿元；从 2005 年起，该市场进入爆发式增长阶段。2009 年非金融机构支付市场规模达到 3 万亿元；2012 年第三方支付业务交易规模达 12.9 万亿元，同比增长 53.6%，预计到 2016 年，整体市场交易规模将突破 50 万亿元。2009 ~ 2016 年中国第三方支付市场交易规模如图 1 所示。

（二）政府监管

随着支付市场不断发展，从事支付服务的企业也越来越多。为了加强对第三方支付行业的监管，规范行业市场秩序，2010 年 6 月中国人民银行（以下简称央行）发布了《非金融机构支付服务管理办法》，其中规定非金

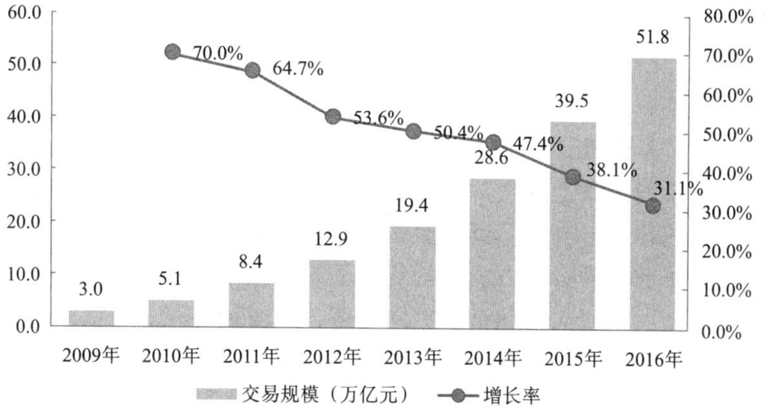

图1　2009～2016年中国第三方支付市场交易规模

数据来源：根据艾瑞咨询《2012～2013年中国第三方支付行业发展研究报告》整理

融机构提供支付服务应当依据本办法规定取得《支付业务许可证》（也叫支付牌照），成为支付机构。支付业务包括网络支付、预付卡的发行与受理、银行卡收单及央行确定的其他支付服务。第三方支付企业的收入来源于其所提供服务带来的手续费收入、客户备付金的利息收入及主营业务配套的其他衍生收入。

央行的这一举措给支付行业带来了巨大的震动，标志第三方支付行业结束了原始成长期，被正式纳入国家金融监管体系，并开始拥有合法的身份。唐彬反复学习央行的新规，认为易宝走到了一个重要关口，新规必将引起第三方支付行业重新洗牌，易宝转型已势在必行。公司必须改变以往的单一依赖获取支付服务手续费的收入模式，进一步拓展业务收入来源，否则就有可能在第三方支付行业洗牌过程中被其他公司吃掉。

为了获得行业准入资质，第三方支付企业陆续按照央行的要求申请支付牌照。2011年5月，央行颁发了首批27张支付牌照。截至2013年5月，央行共发放支付牌照223张。这标志着第三方支付市场格局已基本形成，国家对第三方支付行业的金融监管也步入了正轨。

（三）行业格局

从运作模式分析，第三方支付机构可分为以银联商务体系为代表的具有官方背景类机构，以支付宝和财付通为代表的依托于淘宝、QQ等相关电子商务平台类机构以及以易宝、快钱、汇付天下等为代表的独立支付类机构三大类。

其中，凭借其强大的政府背景及科技实力，银联商务及其关联公司先后推出了线下收单、在线支付、认证支付、快捷支付等产品，并依托其传统金融机构背景优势，拓展了铁路、航空等行业票务的主要相关交易。支付宝借助淘宝网海量的客户群体，一直处于第三方支付领域的绝对优势地位，并通过收购安卡支付等资本运作方式，进一步开拓航空等传统领域的市场。相比于前两类第三方支付机构，易宝、快钱和汇付天下等独立支付类机构主要面向行业应用和企业定制服务，一方面专注于为各类电子商务企业提供专业化的网络购物与商旅支付，另一方面逐步向传统金融、直销、物流等行业拓展，向用户提供行业解决方案。

2012 年，整体支付市场中，中国银联依然占据核心地位，全年交易规模达 7.76 万亿元；互联网支付企业迅速崛起，支付宝、财付通交易规模分别达到 1.86 万亿元、0.74 万亿元；主营收单的杉德支付、通联支付交易规模也分别达到 0.92 万亿元和 0.32 万亿元；而以综合支付平台代表的易宝交易规模也达到 0.28 万亿元，正在尝试线上和线下业务相结合的方式，试图迅速壮大。2012 年中国第三方支付核心企业交易规模如图 2 所示。

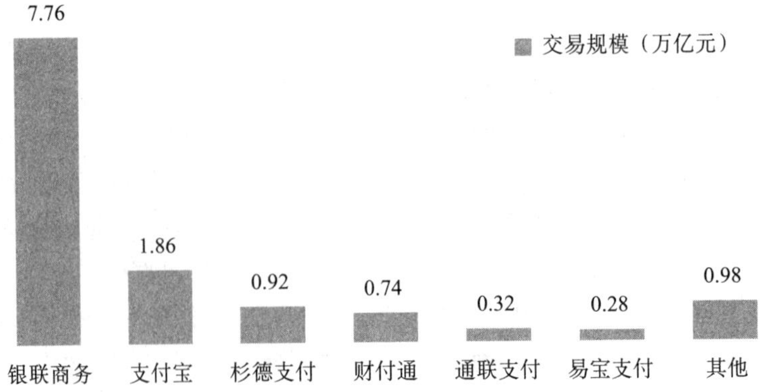

图 2　2012 年中国第三方支付核心企业交易规模

数据来源：根据艾瑞咨询《2012～2013 年中国第三方支付行业发展研究报告》和易宝内部资料整理。

三、"支付—金融" 战略

央行发布《非金融机构支付服务管理办法》后，易宝董事会一致认为应该尽快申请支付牌照，获得市场准入资质。经过近 1 年的准备工作，2011 年 5 月，易宝成为首批获得央行支付牌照的 27 家企业之一。

（一）易宝困境

获得支付牌照后的半年时间里，易宝有过短暂的竞争优势：签约银行有所增加，银行通道也得到升级完善，支付成本显著下降。由于易宝是首批获得支付牌照的公司，更容易得到用户的接受与认可。配合企业宣传与资源拓展，易宝签约了不少大型企业用户，交易规模、收入和利润都有大幅度提升。

但好景不长，随着获得支付牌照的企业增多，第三方支付行业的竞争越来越激烈。由于第三方支付公司与银行之间普遍采用的是纯技术网关接入服务，这种支付网关模式容易造成市场严重同质化，挑起行业内激烈的价格战。那些后来获得支付牌照的公司为了抢占市场，纷纷以较低的价格拓展市场，拉开了行业价格战的序幕。易宝为了保住已有交易规模和业务收入，被迫通过降低支付服务价格来迎合市场。价格战让易宝损失惨重，利润急剧下滑，大批骨干员工被竞争对手挖走，更有传言公司即将搬离 CBD。

（二）困中求变

价格战打响后，第三方支付全行业出现了“利润下滑快过收入增长”的情况。面对这样的竞争格局与易宝所处的行业地位，唐彬为公司的前景感到忧虑。经过反复思索，唐彬认为易宝目前可以采用低成本和价值创新两种战略打破公司目前的瓶颈。低成本战略需要与银行加强合作，提高公司支付服务效率，降低公司整体运营成本。价值创新战略需要公司上下齐心协力，发挥主动创新精神，推出具有价值创新意义的产品和服务，超越用户需求，为易宝开辟新的市场发展空间。战略方向的选择，将决定易宝未来的发展方向和前途命运。

为了确定战略方向，唐彬反复研究国内外第三方支付行业的发展历史，试图从中寻找灵感。在研究欧美的行业发展史时，他发现欧美的第三方支付行业是在自由竞争的市场环境中，通过不断完善信用体系，向用户提供金融类服务，逐步把支付与金融相结合，最终成熟发展起来的。金融服务是欧美第三方支付行业突破传统支付业务，结合产品、业务和服务创新的必然选择。全球最成功的第三方支付机构 PayPal 也通过与银行、世界范围内发卡机构合作，向用户提供金融服务。于是，“支付—金融”的雏形在唐彬的脑海中逐渐浮现出来。

唐彬认真分析了易宝的资源情况：易宝长期专注行业应用和企业定制服务，在数字娱乐、航旅、保险、教育、行政、物流、快消、电信、基金等行业积累了大量的企业用户，对公司来说这是很好的资源，也是易宝独特的优势。再结合国外第三方支付行业的发展历程，唐彬逐步理清了自己的思路：为企业用户提供支付服务和解决方案的时候，易宝为什么不向他们提供相关的金融服务，解决他们的资金融通问题呢？易宝是否可以通过为企业用户提供金融服务，拓宽市场边界，增加支付交易规模？能不能通过创新金融服务与银行保持更紧密的合作呢？唐彬在心中反复思考这些问题，尽管低成本战略对易宝来说相对稳妥、“支付—金融”战略具有一定的风险，但低成本战略不是长久之计。当前支付行业正处于亟需价值创新、重建市场边界和超越现有客户需求的关键时期，这是第三方支付行业发展的必然趋势，何况此时的易宝正处于收入增长缓慢、利润下滑、人心思变的境地，已经没有退路，必须大胆放手一搏。

（三）明确战略

2012 年 1 月，易宝召开了关于公司向金融服务类企业转型的董事会，核心议题就是讨论“支付—金融”的发展战略。

会议伊始，唐彬阐述了自己的“支付—金融”理念。这个当时看来还有些遥远的构思经过唐彬的描述，在董事会上引起了不小的震动，各位董事纷纷低头议论，消化着唐彬的大胆想法。

负责产品和风险管理的副总裁邓凯第一个发难表示反对，他认为易宝应该选择低成本战略而非重新开疆扩土。“易宝刚获得支付牌照时间不长，向金融服务类企业转型风险实在是太大！”话音未落，负责银行合作的副总裁陈志华也接茬道，“对，我觉得老邓的说法很正确。目前是第三方支付市场高速发展时期，机会难得，公司应该从丰富银行支付通道、降低产品和服务成本，增强竞争力、扩大交易规模和市场占有率入手，实现收入与利润的增长。这才是我们最擅长的老本行啊！”

这些多年合作的老战友纷纷站出来表示反对，本就是唐彬意料之中的事情。他们说的虽然有一定的道理，但是并未拿出有力的证据来否定“支付—金融”战略实施的可行性。在这种情况下，如果给予充分的解释以打消反对者的顾虑，自己的战略还是很有可能获得大家的支持。唐彬深吸几口气，理清思路，镇定地看着所有董事会成员，拿出事先自己作功课时准备的材料，向大家分析第三方支付行业的发展趋势和易宝的现状。“虽然第三方支付市场发展迅速，但最近几年的增长速度明显放缓，获得支付牌照的企业已然很多，以后还会更多，第三方支付企业之间的竞争势必越来越激烈。僧多粥少，行业整体利润将会下滑”，唐彬扫了一眼大家的表情，继续说道：“难道大家忘了去年惨烈的价格竞争给公司带来的恶果吗？易宝已经在面对行业的价格肉搏战了！”

听完唐彬的解释，有的董事仍心存疑虑。财务总监李贞子说道：“去年易宝利润下滑的主要原因是公司与银行合作的深度还不够，银行收取的交易费用太高，公司应该与银行进一步加强合作，通过更大的业务量获得更优的支付通道和更低的支付成本。”

唐彬耐心地解释：“只有易宝能给银行带来更大的交易规模和资金沉淀，银行才能给予易宝更好的合作政策。我们和银行的关系就像是先有鸡还是先有蛋的关系。一味地要求银行降低成本不是长久之计，何况这样还会使易宝过多地依赖银行，受制于银行。”

这时，一直未动声色的高级副总裁余晨离开座位走到台前，他主管市场和创新部门，是易宝的联合创始人。无论从国外留学到国内创业，一直是最理解唐彬经营理念的人。易宝走到今日，唐彬和余晨两人，一文一武、一动一静的组合构成一种异常和谐稳定的关系，推动着公司稳步向前发展。余晨在唐彬身边站定，坚毅地望着大家，“我同意唐彬的观点，为了公司的长远发展，我们应该利用自己独特的资源和优势，突破现有局限性，向新的市场空间扩展。”唐彬接过话尾，“通过实施‘支付—金融’战略，公司可以向金融服务类企业转型，避开支付行业激烈的同质化竞争，在金融服务领域寻找新的发展空间！”

经过董事会的激烈讨论，最终认可了唐彬的“支付—金融”战略，确定易宝不仅应该坚持差异化和低成本策略，更需要进行产品创新，实现价值创造；通过为用户上下游渠道提供超越传统支付的金融服务，为易宝带来新的发展空间，以成为支付行业领导企业为目标。

四、“信用支付”的价值创新

董事会虽然确定了做支付行业领导企业的目标，明确了“支付—金融”的价值创新战略，但公司战略和目标的实现必须落地到一系列的具体产品和服务上。经过大量的调查研究，唐彬和他的管理团队发现“信用支付”可以为用户带来全新价值，能使易宝避开支付市场的同质化竞争，获取新的市场空间。易宝的“信用支付”是在传统信用支付基础上的价值创新，在交易过程中，易宝充当第三方的角色，为买卖双方提供资金服务。

（一）打破支付市场边界

随着第三方支付市场的成熟发展，易宝面对的竞争对手除了其他第三方支付公司外，各大商业银行也直接投身支付服务领域，与易宝形成了直接的竞争关系，打破了双方以往单纯的合作关系。传统的竞争策略是通过提高支付交易量，增加沉淀资金规模，以获取与银行谈判的先决条件，才能向银行申请更优的支付通道，满足用户低成本的要求。2012 年初，公司董事会已经确定易宝在执行低成本策略的同时，实行“支付—金融”战略，把优势资源投入到开发价值创新的产品上。

与银行合作过程中，唐彬发现银行因无法全面了解企业的经营状况，基于风险控制考虑，无法向很多“轻资产”的优质企业发放贷款。但是，易宝与银行不同，易宝在为企业用户提供支付服务时，实现了企业的订单数据与支付信息的匹配，可以实时了解企业用户的经营状况，同时还掌握了他们多年的历史业务数据和支付信息。因此，唐彬认为易宝应该做“信用支付”，在银行和企业之间搭起一座桥梁，解决银行发放贷款的风险评估问题。

（二）超越用户的支付需求

经过对易宝目前经营活动的分析，唐彬发现，公司为了保住市场份额将注意力一直集中在有支付需求的用户，很少关注“非用户”。正是由于公司目前的做法，导致易宝提供的支付服务仅停留在满足现有客户需求的水平上，无法创造新的价值。

最近几年，金融危机的冲击使得更多企业面临资金压力。易宝的企业用户主要集中在数字娱乐、航旅、保险、教育、行政、物流、快消、电信、基金等行业，这些行业的上下游企业资金结算周期差异大，普遍存在较大的资金缺口。易宝对其企业用户进行市场调研，显示接近80%的现有用户支持“信用支付”，如果易宝向他们提供“信用支付”服务，他们愿意使用并支付一定的费用。

“信用支付”打破了第三方支付企业只为用户提供单一支付服务的传统观念和做法，在帮助企业解决资金压力的同时，易宝不仅有资金收益，而且还可以提高传统支付服务的竞争力，扩大市场占有率。通过发掘用户深层次需求，为他们提供价值创新的“信用支付”服务，易宝意在回避支付行业激烈的同质化竞争，增强传统支付服务用户的黏性，确保支付服务价格敏感的用户不流失，同时把原先对第三方支付企业持怀疑态度的用户一并吸纳进来成为新用户。

（三）借助银行解决资金问题

虽然“信用支付”有一定的市场需求，能给公司带来比较可观的预期收益，但是做“信用支付”需要有大量的资金做支撑，以易宝目前的资金规模来看，根本不足以满足需求。同时，受制于信贷市场环境和央行对第三方支付公司融资政策，易宝短期内很难筹集到大量资金。

2011年7月央行出台的《支付机构客户备付金存管暂行办法》（征求意见稿），明确指出备付金必须由第三方支付公司的备付金存管银行监管，第三方支付公司不能挪作他用。虽然只是征求意见稿，但如果使用备付金来做“信用支付”有一定的政策和法律风险，不是长远之计。为了解决资金问题，唐彬想到了商业银行，由银行提供“信用支付”的资金，易宝与银行共享收益。虽然把银行拉进来一块做“信用支付”会摊薄易宝的收益，但现实情况让唐彬没有其他选择。

唐彬首先想到了与易宝的备付金存管银行和备付金合作银行共同实现“信用支付”，这些银行与易宝长期保持着良好的合作关系，对易宝的业务和资金状况都比较了解，合作会更加顺畅。唐彬最初的想法是，让易宝最大程度地扮演金融服务者的角色。唐彬向银行提出：由易宝为银行提供企业的业务数据，银行给易宝整体授信；易宝再根据企业的状况和业务特点，确定给企业的授信额度和授信期限。唐彬给出的理由是易宝能掌握企业实际业务交易的数据，对企业的业务状况有比较全面的了解，能比较准确地判断企业在不同时期对资金的实际需求，灵活给予授信额度和授信期限。同时，银行的资金压力也不会太大，因为易宝用户的资金可以在这些银行形成短期的沉淀，这些沉淀资金也可以成为银行提供授信资金来源。相对于银联只为银行提供数据转接功能，易宝的“信用支付”业务不仅可以为银行带来客户，还能为银行提供资金授信，为银行带来收益。

银行对易宝的“信用支付”业务表现出了浓厚的兴趣，只是合作模式与唐彬的设想不同。银行方面认为，易宝是一家轻资产重服务的公司，资产规模太小，无法向易宝提供足够的授信额度。但如果易宝能向银行提供企业的业务数据，易宝承担授信的担保责任，银行可以直接向企业授信。虽然银行的方案并不符合唐彬对易宝金融服务角色的设想，但为了得到银行的资金支持，尽快推出“信用支付”，唐彬只能暂时妥协，被迫接受银行方面提出的方案。

与银行多次谈判后，易宝与银行最终达成合作意向，确定了“信用支付”的合作模式。易宝的企业用户如果使用“信用支付”，需要与易宝、银行签订三方协议。易宝向银行提供企业的历史业务数据，银行由此确定企业的授信额度和授信期限；授信资金由银行通过易宝平台提供给企业，企业承担偿还资金的责任，易宝作为担保方承担担保责任。企业需要支付银行的资金利息和易宝的服务费用，所有费用由易宝统一收取，易宝再与银行做结算，银行资金利息＝实际使用金额×日利率×使用天数，日资金利率为0.15‰～0.2‰不等。

（四）确定目标行业

通过与银行合作，唐彬解决了“信用支付”资金问题。接下来摆在唐彬面前的问题是，如何选择“信用支付”的目标用户？向哪些用户提供“信用支付”服务？

2013年2月春节前，唐彬组织召开了部门经理级别的公司研讨会，本次会议的目的是确定“信用支付”的目标行业客户。易宝的业务部门是根据行业划分的，主要包括数字娱乐、航空旅游、电信移动、行政教育、保险、基金、快消连锁、电商物流等部门。为“信用支付”确定目标行业客户，其实也就是明确“信用支付”在哪个业务部门优先推出。各部门的负责人心里很清楚，“信用支付”是非常有竞争力的产品，如果能在本部门优先推出将大大提高自己部门的经营业绩，带来更为广阔的市场和相当可观的利润，有利于完成本部门全年的业绩指标。因此各行业部门负责人都希望在本部门首先推广易宝“信用支付”。

结合行业的经营特点和支付模式，易宝最终决定首先在航旅代理和快消渠道两个行业试水，开展“信用支付”的服务。航旅代理和快消渠道的上游企业都需要快速回笼资金，而最下游的代理商和批发商往往资金回笼较慢，从而产生了较大的资金缺口。经过对成本、风险等方面的综合考虑，易宝确定“信用支付”的价格为：实际使用金额×日利率×使用天数，日资金利率为0.25‰~0.3‰不等。

五、结束语

从2012年1月唐彬提出“支付—金融”战略、2012年6月董事会通过“信用支付”方案，到2013年2月易宝正式推出“信用支付”服务，前后历时1年多，易宝取得了向金融服务类企业转型的实质性进展。2013年3月初，易宝与一家航旅代理公司签署了第一份“信用支付”合作协议。自此，易宝“信用支付”正式投入使用。同时，为了摆脱银行的制约，配合“信用支付”业务的开展，2012年易宝成立了天津保理业务公司，易宝的小额信贷公司也在筹建中。

然而，易宝并未止步于“信用支付”。在追寻金融梦的蓝海征途中，唐彬将如何应对前行中的艰难险阻，让我们拭目以待。

案例使用说明

（一）教学目的与用途

1. 本案例主要适用于《战略管理》、《市场营销》等课程中有关蓝海战略等相关理论的教学。

2. 本案例适用对象是MBA、EMBA和企业培训人员以及经济类、管理类专业的本科生、研究生。

3. 本案例的教学目的：依托互联网蓬勃兴起的第三方支付行业已成为当前中国发展迅速的行业之一。北京通融通信息技术有限公司（品牌名：易宝支付YeePay，以下简称：易宝）作为一家独立的第三方支付企业率先实施向金融服务类企业的战略转型，通过开展全新的“信用支付”业务，为特定客户提供差别化服务。通过对本案例的研究和分析，帮助学员理解和掌握以下重要知识点：(1) 蓝海战略的基本特征与原则；(2) 蓝海战略的分析工具与框架；(3) 蓝海战略与红海战略的异同。

（二）启发思考题

1. 第三方支付行业的现状如何？易宝为何要转变公司的发展战略？你能否分析易宝目前在行业内的地位？

2. 在易宝寻求蓝海的过程中，做了哪些准备工作？为什么最终选择“支付—金融”作为战略转型的目标？

3. 易宝在确定“支付—金融”战略后，为什么选择“信用支付”作为其战略实施的第一步？易宝从哪几个方面落实了该战略的实施？

4. 易宝在执行战略时，面临着哪些困境？银行方面给易宝施加了哪些压力？易宝是如何通过谈判，确定与银行的最终合作模式？

5. 易宝选择“信用支付”首批目标客户的主要依据？对于这些目标客户来说，他们目前已经获得的服务是哪些？易宝的“信用支付”满足了他们哪些新的需求？

6. 回顾易宝实施战略转型的过程，是从哪几个维度逐步实现企业战略转型目标？如果你是易宝的CEO，你将如何继续推进易宝的蓝海战略，为易宝寻求更大的发展空间？

鹏起走向何处[①]

[案例摘要] 本案例以鹏起公司为背景，描写了该公司在面临市场需求放缓、市场竞争加剧的行业背景下，通过开发新产品、发掘行业新客户，并寻求行业合作伙伴等一系列措施进行战略调整和组织变革。尤其以寻求行业内的合作伙伴为近期突破点，以取得关键市场准入资质，实现市场资源、生产能力与无形资源的优化组合。但鹏起公司是否真的应该选择战略合作？几个潜在的合作伙伴如何选择？针对现有的市场状况，如果独立发展又该如何做呢？本案例知识涉及中小企业的战略制定与选择、企业兼并重组以及大客户营销方案等。

引言

2014 年深秋的夜晚，天气转凉，鹏起公司的石总刚刚结束了北京的出差洽谈行程回到上海，从高铁站自己打车回家。京沪高铁的开通使往返于京沪两地工作的人们多了一种选择，不用担心飞机延误造成的麻烦。可这丝毫改变不了近来一直困扰他的一系列头疼的事情，他已记不清这是今年第几次去北京和合作伙伴洽谈股权合作的事情了，而更为头疼的是，这次对方开出的条件十分苛刻。创业八年来，石总第一次遇到这样的困境。公司今年上半年的销售额不及去年同期的一半，货款回收也只有去年同期的三分之一。由于中国南方电网有限责任公司（以下简称“南网”）招标量的减少，鹏起公司从 2013 年至今一直没有获得南网的供货合同。公司里更是因为业务量的减少，不断传出公司要搬家的传闻，弄得大家人心惶惶。

① 本案例由中央财经大学商学院耿勇老师、MBA 研究生张敬颂撰写。本案例只供课堂讨论之用，并无意暗示或说明某种管理行为是否有效。由于企业保密的要求，在本案例中对有关名称、数据等作了必要的掩饰性处理。

一、公司背景

鹏起公司成立于2006年，研发基地位于上海，生产基地位于广东佛山，是一家从事电气自动化设备、电力自动化保护设备开发、生产与服务的中小企业。公司创业之初正值中国“十一五规划”时期国内电网建设的高峰，电气自动化产品需求旺盛，凭借几位股东在技术、生产和市场方面丰富的行业经验，鹏起公司挺过了三年——中小企业的生死关，在2009年获得了上海市科技型中小企业技术创新资金项目资助。2011年，鹏起公司将生产基地搬迁至上海，从此改变了上海和佛山两地经营的局面，并通过了南网的供应商考察，正式成为南网的合格供应商，次年初即中标南网广西的两个项目。

鹏起公司的主要产品是消弧线圈控制器，该产品是消弧线圈自动控制及接地选线成套装置（以下简称“成套装置”或“消弧成套”）的一部分。消弧成套具有自动跟踪测量系统电容电流、补偿单相接地故障①产生的对地电容电流、查找故障线路等功能。消弧成套属于输配电设备中的一次设备②和二次设备③相结合的电力电子综合类设备。消弧线圈控制器属于二次设备，其技术核心主要在内部控制逻辑的设计能力。

鹏起公司的股东之一庄总通过自己多年的技术积累独立开发了拥有自主知识产权的消弧线圈控制器，该产品在市场上以优质、低价和多功能的特性受到客户的欢迎，主要客户为一次设备制造商。成套装置的一次设备主要包含消弧线圈和接地变压器，这类产品属于变压器产品下的子类别，国内变压器企业超过1 000家，技术较为成熟。但是由于前期建设成本较大，鹏起公司一直没有投入资金自行建设一次设备生产线。所以，公司的主要产品仍以消弧线圈控制器为主，同时也以外购方式采购一次设备组装

---

① 单相接地故障：单相接地是10kV（35kV）小电流接地系统单相接地，该故障是配电系统最常见的故障，单相接地不仅影响了用户的正常供电，而且可能产生过高电压，烧坏设备，甚至引起相间短路而扩大事故。

② 一次设备：在电网中直接承担电力输送及电压转换的输配电设备，如电缆、高压开关、变压器、互感器等。

③ 二次设备：为了保护输配电一次设备正常运转及电网监控调度的各种保护、监测及自动控制设备

生产消弧线圈成套装置，但这类产品由于没有取得国家电网公司（下简称“国网”）认可的资质，一直没有取得国网的中标资质，因此一直以给大型企业 OEM 为主。成套装置的最终用户主要是电网公司，在国内主要是国家电网公司①和中国南方电网有限责任公司②，这两大客户占据国内消弧线圈成套装置需求市场的 90% 以上，国网占其中的 80% 以上。

石总从事电力设备销售工作十余年，2005 年，他已经是国内最大的民营电气设备企业华南区销售总监，年薪高达 120 万元人民币，可他还是选择了离开原来的公司，与几位行业内的朋友创立了鹏起公司。鹏起公司几位创始人均有多年电气行业从业经验。庄总主要负责产品研发，另一位股东负责华南区域的几个大客户的销售工作，还有从国内大型电力企业聘请的、有丰富现场经验的李工任车间主任，石总任总经理，同时兼任销售总监，手下的小陈和小曾负责市场一线的销售工作。

2012 年，随着公司几个大客户的需求量的急剧增加，石总一直在考虑是上马一次设备生产线，还是专注做大企业的 OEM 供应商。

二、市场骤变

2013 年，鹏起公司的生产线依然忙碌，一线的员工常常为了赶项目进度而加班加点。生产基地的员工大部分都是周边地区来上海打工的，多赚钱是他们的第一目的。鹏起公司的装配强度并不大，所以加班不是很累，又有加班工资，生产线的员工都希望多加班，多收入。

研究发现，生产部门的忙碌是因为 2012 年的订单延迟交货所致。由于变电工程建设受资金、土地和政策等多方面因素影响，订单延迟是常有的事。由于客户主要为国网和南网及其下属公司，客户相对强势，鹏起公司和所有的输配电设备制造企业一样，在商务中处于弱势，在一定程度上都要面对应收货款和存货压力。

国网方面对于供应商的要求较南网更加严格，尤其在业绩方面的要求尤为突出。鹏起公司虽拥有丰富的设计、生产与现场服务经验，但大部分

---

① 国家电网公司：中国最大的电网企业，前身为包括全国电网和所有发电厂的原“国家电力公司”，控制着国内大部分地区的电网建设与运营。

② 中国南方电网有限责任公司：公司经营范围为广东省、广西壮族自治区、云南省、贵州省和海南省五省（区），负责投资、建设和经营管理南方区域电网，经营相关的输配电业务。

是为大型公司 OEM 的产品，直接以自身名义中标的项目数量有限，这就陷入一个悖论：没有业绩的企业不能中标，不能中标也就不能产生业绩。由于国内 90% 以上的需求都在国网和南网，鹏起公司想要突破业绩瓶颈的难度非常大。

2013 年国内电力建设速度放缓，很多项目延期或取消，源头的国网和南网项目进度放缓后，鹏起公司客户们的需求也随之放缓，本以为已经成为南网合格供应商可以大有作为，但是自 2013 年起，南网招标量大幅缩减，原来每次五个以上的分包采购量缩减为三个，国内近十家电力自动化企业参与竞争。订单量大幅下降的同时，回款周期不断延长，回款质量大幅下降。鹏起公司为了尽快回收货款也只能接受信用证形式，还要付出一定的财务费用。回款的压力传导至供应商处，自身资金流动性的降低导致供应商的回款大幅延迟，原本可以货到后月结的客户变成了款到发货，这样的恶性循环在一点点加剧。

石总在 2012 年的时候就已经预感到市场的变化，但是没想到 2013 年的情况如此糟糕。他也一直在寻求机会，试图改变这样被动的局面。

三、如何改变？

石总和技术负责人庄总、车间主任李工、一线销售人员小陈与小曾多次开会交流，还多次拜访行业内的专家，汇总了自己从客户和生意伙伴处了解到的各种情况，希望从自身产品技术特点、客户的需求和行业技术发展的角度为公司发展选择最为合适的发展战略。

（一）立足原来？

鹏起公司的主要产品是消弧线圈自动控制及接地选线成套装置、小电阻接地选线装置、小电流接地选线装置和配网系统电容电流测试仪。上述产品中，消弧线圈自动控制及接地选线成套装置占公司收入的 90% 以上，但其中只有消弧线圈控制器是鹏起公司自行生产制造，占成套装置成本 70% 的一次设备（消弧线圈和接地变压器）需要外购。其他产品主要依靠代理其他公司产品为主，销售业务十分零散，基本上一年能只有一两单。如果公司要继续走原来的老路，继续专注做消弧线圈产品，就需要投资建设一次设备生产线。石总请行业内的朋友给出了一次设备生产线的报价，如表 1 所示。

表 1　　一次性设备生产线配置与报价

初期设备名称	需求数量	预算价格（元）	备注
5T 绕线机	6 台	70 000	3 台空心、3 台铁心
20T 绕线机	1 台	500 000	大容量空心产品用
小烘炉	1 个	150 000	
中烘炉	1 个	200 000	
真空浇注罐	1 个	700 000	
铁饼剪切机	1 台	150 000	
吊机	1 台	150 000	10T
吊机	1 台	250 000	20T
缠绕、滚筒机	1 套	80 000	
工装、模具	2 套	300 000	包括空心、铁心
生产配套用具	1 套	100 000	
试验设备	1 套	1 200 000	
合计		4 200 000	

420 万的设备投资报价和石总预想的差不多，虽然通过多年的关系可以买到价格合适的二手设备，但总价也不会少于 300 万。原有的产品已日渐成熟，市场上已经有十家竞争对手，主要以区域制造和销售为主，各自有其优势市场。自 2010 年起，国网对消弧线圈成套装置进行了集中招标，原有的地方优势统一到一个平台竞争，标准化的招标模式导致价格战日趋激烈。2008 年一套 1 000kVA 的消弧线圈成套装置售价将近 50 万，在人工和原材料成本不断上涨情况下，2012 年时集中招标价不过 20 万左右，产品利润大幅下降。

考虑到公司销售量的减少、销售回款的压力以及竞争对手和产品等问题，石总在考虑这时候进行大笔的设备投资，上马一次设备是不是太冒险了？

（二）另寻生机？

开发新产品无疑是另一个出路。消弧线圈成套装置是电网为了提高供电连续性，减少无计划停电次数而选用的。供电连续性是衡量电能质量①

① 电能质量：电能质量的主要指标有电压、频率和波形。电能质量问题可以定义为：导致用电设备故障或不能正常工作的电压、电流或频率的偏差，其内容包括频率偏差、电压偏差、电压波动与闪变、三相不平衡、瞬时或暂态过电压、波形畸变（谐波）、电压暂降、中断、暂升以及供电连续性等。

关键要素。如果将公司的产品定位在提高电能质量这个角度，涉及的产品范围将大大增加：小电阻接地保护装置①、无功补偿装置②、电能质量在线监测装置等都是相关产品。

开发新产品需要人员、技术和资金多方面资源，对鹏起公司而言，能快速解决这几个问题的办法或许只有通过兼并或引进的方式创新产品，向老客户提供新产品。可应该先选择生产哪种新产品呢?

小电阻接地保护装置是可以最快上马的产品。该产品与消弧线圈成套装置功能相似，只是由于其是一次性保护产品，更多地为工矿企业用户选用。由于不用复杂的自动控制原理和设计，技术方面几乎没有瓶颈，车间主任李工非常熟悉该产品的生产工艺和技术，只要对一线员工稍加培训即可。新产品上线也可以让员工的工作积极性得到提升。资金方面，产品生产线投资约 30 万元，加上产品初期试验的费用不超过 50 万元。市场经验表明，容易切入市场的产品，竞争也更激烈。鹏起公司进入这个市场或许面临的竞争局面和消弧成套的一样，又是一片红海。

无功补偿装置和小电阻接地保护装置相比是另一个极端。该产品技术难度大，投资资金大，但市场需求量在近几年呈现不断上升趋势。

开发电能质量在线监测装置产品的设想来自庄总的大学同学周博士。周博士正在主持该项目的研发，目前已经到了样机阶段。该项目的着眼点在于，现今对电能质量非常敏感的基于计算机的控制设备和电子装置大量投入使用，这些设备一旦不能正常工作将会对生产生活造成不可估量的影响，故对电能质量的要求大幅提升。该项目采用智能仪器对电能质量进行动态监测，提高用电稳定性，并具有节能效果，市场应用前景很大，但主要用户是用电企业。这与鹏起公司原有的客户群体鲜有交集。如果投产这个产品，就要面临向新客户卖新产品的难题。

---

① 小电阻接地保护装置：中性点经电阻接地就是在电网中性点与地之间串联接入某一电阻器。适当选择所接电阻器的阻值，不仅可以泄放单相接地电弧后半波的能量，从而减少电弧重燃的可能性，抑制电网过电压的幅值，还可以提高继电保护装置的灵敏度以作用于跳闸，从而有效保护系统正常运行。

② 无功补偿装置：在电力供电系统中起提高电网的功率因数的作用，降低供电变压器及输送线路的损耗，提高供电效率，改善供电环境。无功功率补偿装置在电力供电系统中处在不可或缺的位置。合理的选择补偿装置，可以做到最大限度的减少电网的损耗，使电能质量提高。

鹏起公司面临三种产品的选择，需要在资金、市场和技术三个方面权衡，这让石总挠头。

（三）合作过冬?

股权合作的想法源自浙江的蒋总。蒋总是浙江衢州的铁芯供应商，和鹏起公司一样，蒋总公司的客户也是大型电力设置制造企业，并不直接面对最终客户——电网公司。面对市场的萎缩，蒋总也很焦急。一次偶然的电话，蒋总和石总聊起了合作的计划，当时石总正在开车，才说了几句，石总便说：“蒋总，您等我，我这就开车去您的公司谈”。就这样一路从上海开到了浙江衢州。

双方计划共同投资一次设备生产线，由于蒋总拥有完整的铁芯生产线，故只需要不到200万就可以上马一次设备生产线，比独立投建节约了一半。结合蒋总公司在铁芯制造的经验和鹏起公司在二次设备的技术优势，能实现“1+1>2”的协同效应。但是一旦投资建设一次设备生产线，蒋总和石总都将面临一个棘手的问题：原有客户关系将变成针锋相对的竞争关系，如果新市场没有打开局面，原来的市场也将悉数丢失。

除了蒋总，还有北京的李总也有意和石总合作。李总的企业原是电网公司的三产企业，一年前在河北固安拿到80亩土地。公司原来的主营业务技术含量较低，一直在谋求新的项目注入。和李总的合作优势明显，电网三产企业有丰富的市场资源，结合鹏起公司的产品优势，两家公司的合作可谓如虎添翼。可是李总开出的股权合作条件却十分苛刻，如果鹏起公司并入新公司后将完全丧失自主控制权，而且李总之前并未从事电力行业，完全是个外行。这时候，石总又犹豫了。

第三个提出合作意向的是广东KL公司的郭总，郭总自身经营变压器制造企业，拥有完备的一次设备生产条件，并且是国网和南网的合格供应商。和郭总合作可以轻松拥有一次设备生产能力，电网公司资质的问题也迎刃而解。郭总是加拿大籍华人，从事电力行业多年，这几年市场不好，自己也快到了退休年龄，儿女又都无心继承他的事业，他一直在找一个合适的合作伙伴，让他的企业可以更好地发展。郭总和石总通过一次合作后一见如故，聊了几次双方就谈及股权合作的意向。郭总无论在技术、商务方面都是一把抓，这制约了企业进一步的发展。所以郭总希望石总带着鹏起公司管理团队整合他的公司。

郭总拿出三年前国内 A 公司有意收购他们公司做的资产评估报告，这份报告是在他们认可的机构，花了一个多月和 46 万元做的。

郭总了解到鹏起公司的估值后，愿意拿出 20% 的股权和其交换，完全控股鹏起公司，鹏起的股东成为 KL 公司的股东。郭总还同意拿出 10% 的股权用作股权激励计划，以激发骨干员工的工作热情。研发中心和销售中心仍然设在上海，生产基地可以与 KL 公司合并。这样的合作无疑对已经在上海安家的石总是个好消息。

这么快就敲定股权合作的比例，三年前的资产评估报告还有价值吗？要不要再进行一次资产评估呢？是不是还要进行尽职调查呢？

这三条路到底该走哪一条呢？

四、尾声

此时已是凌晨，上海飞广州的飞机终于安全降落在广州白云机场。石总赶忙打开手机，拨通了郭总司机小王的电话，表达了飞机晚点的歉意。司机小王说没有关系，您是我们的贵客，我们很快或许就是一家人了。小王在机场出口接上了快步走出来的石总，边寒暄边向停车场走去。靠坐在郭总的奔驰车里，看着窗外的夜色，石总在想着这次和郭总洽谈合作的具体条款，在思考公司何去何从，是留在上海；“开车”去浙江；坐“高铁”去北京；还是“坐飞机”南下广州。

附录：

一、电力设备制造行业风险

1. 政策风险：电力行业是国民经济的重要基础产业，电力行业的发展易受国家宏观经济政策、产业发展及基本建设等因素影响。尽管长期前景是积极向上的，但受国家产业政策的影响较大，如行业发展方向、发展规模、技术水平、设备水平与选型等方面的政策指导的变化等。

2. 市场风险：以鹏起公司主要产品消弧线圈成套装置为例，所涉及的一次设备：消弧线圈、接地变压器、电容器、电抗器与互感器产品，技术和市场都相对成熟，最终客户采购方式均以公开招标方式，市场竞争激烈。

3. 客户风险：目前消弧成套客户为国家电网公司和南方电网公司及其下属公司，客户过于集中，很长一段时间客户的垄断地位不会改变。

4. 行业创新风险：由于电力行业产品涉及面广，影响范围大，专业性要求高，且行业标准日趋成熟完备，客户方集中，议价能力强，对于技术创新的需求不强，导致设备厂商创新技术创新动力不足。

二、鹏起公司财务数据

附表 1

（单位：元）

项　　目	2011	2012	2013	2014（1～8月）
一、主营业务收入	11 675 420. 35	24 764 188. 00	35 428 534. 25	15 761 025. 62
减：主营业务成本（材料成本）	4 431 733. 87	15 587 948. 99	19 529 764. 10	8 115 901. 55
主营业务税金及附加	74 029. 60	31 379. 40	77 669. 05	66 674. 90
二、主营业务利润（亏损以“－”号填列）	7 169 656. 88	9 144 859. 61	15 821 101. 10	7 578 449. 17
加：其他业务利润（亏损以“－”号填列）	0. 00	926 999. 10	0. 00	0. 00
减：营业费用	0. 00	0. 00	200 000. 00	0. 00
管理费用	7 461 522. 16	10 047 174. 06	10 481 543. 63	8 405 320. 14
财务费用	0. 00	0. 00	751 750. 00	0. 00
三、营业利润（亏损以“－”号填列）	－291 865. 28	24 684. 65	4 387 807. 48	－826 870. 97
加：投资收益（亏损以“－”号填列）	0. 00	0. 00	0. 00	0. 00
营业外收入	128 000. 00	168 264. 00	37 500. 00	0. 00
减：营业外支出	0. 00	0. 00	150 000. 00	60 000. 00
四、利润总额（亏损总额以“－”号填列）	－163 865. 28	192 948. 65	4 275 307. 48	－886 870. 97
减：所得税	3 779. 05	40 581. 70	24 676. 50	416. 65
五、净利润（净亏损以“－”号填列）	－167 644. 33	152 366. 95	4 250 630. 98	－887 287. 62

三、国内主要消弧线圈制造企业财务数据

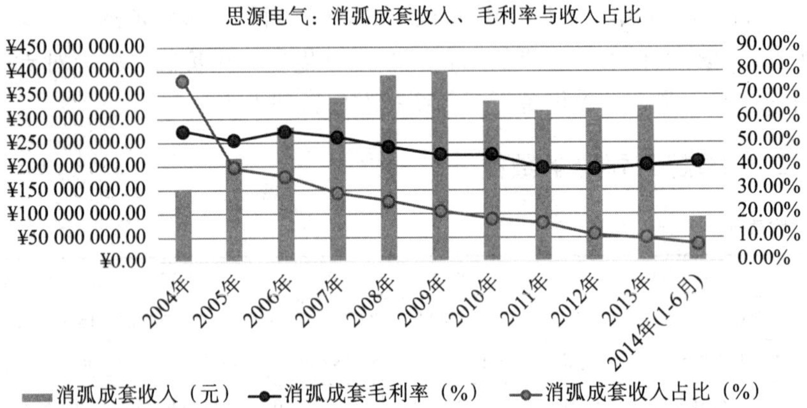

附图 1　思源电气股份有限公司（股票代码：002028）财务数据

附表 2　思源电气股份有限公司（股票代码：002028）财务数据　（单位：元）

年度	营业收入	净利润	消弧成套产品收入	消弧成套产品成本	消弧成套产品毛利率	消弧成套产品收入占比
2004	199 625 231.77	49 226 740.42	152 453 515.64	68 560 280.54	55.03%	76.37%
2005	555 634 464.18	84 150 930.08	216 749 590.89	106 615 250.36	50.81%	39.01%
2006	787 378 531.75	143 283 957.10	281 941 856.65	127 411 574.39	54.81%	35.81%
2007	1 197 866 699.66	301 599 033.79	344 238 895.82	163 632 074.27	52.47%	28.74%
2008	1 529 706 823.35	403 055 949.55	391 044 164.00	202 123 581.00	48.31%	25.56%
2009	1 888 606 184.67	950 182 400.94	400 905 978.88	221 643 335.53	44.71%	21.23%
2010	1 877 233 577.53	554 353 837.56	337 111 434.90	186 401 287.83	44.71%	17.96%
2011	1 969 854 616.05	153 816 566.41	316 667 400.00	192 579 600.00	39.19%	16.08%
2012	2 891 734 580.27	248 296 703.64	321 213 142.55	197 422 469.30	38.54%	11.11%
2013	3 385 571 190.60	346 745 689.21	326 261 191.05	194 602 287.51	40.35%	9.64%
2014（1~6月）	1 261 299 049.55	137 204 450.84	93 013 787.04	54 080 724.46	41.86%	7.37%

数据说明：

（1）思源电气股份有限公司成立于 1993 年，2004 年于深圳证券交易所挂牌上市，是国内知名的专业从事电力技术研发、设备制造、工程服务

的上市公司。思源电气最初仅拥有避雷器在线监测仪这一唯一的产品，现在拥有八家全资及控股子公司，产品线覆盖输配电一次及二次设备多个输配电技术与设备专业领域，并有能力为用户提供变电站完整解决方案。

（2）上表根据思源电气股份有限公司2004年~2014年报及半年报整理。

（3）2005年销售收入激增的原因是，思源电气股份有限公司将江苏省如高高压电器有限公司纳入了合并报表，2005年公司实现销售收入2.88亿元。

（4）2009年利润总额大幅增长的原因是报告期内公司出售了可供出售的金融资产获益。

（5）2010年利润大幅下降的原因是主要客户招标模式的变化，行业的价格竞争呈现非理性的格局，行业的整体毛利率极具下降；该年度国家电网公司实行110kV以下设备集中招标。

（6）2011年受欧债危机影响，中国国内经济增速放缓，通胀压力和从紧的货币政策压制了客户需求，输配电行业深受影响，同时市场竞争加剧，行业中主流产品水平处于历史低位。

案例使用说明

（一）教学目的与用途

1. 适用的课程和教学对象

（1）适用课程：

◆ 战略管理：企业战略环境分析、企业战略制定、兼并与并购

◆ 市场营销：营销环境分析、大客户营销战略、营销风险管理

（2）适用对象：MBA和EMBA学生

2. 教学目标

（1）使学生掌握中小企业战略转型驱动因素的理论基础，如交易成本理论和市场营销理论等，并能用理论进行转型驱动因素分析。

（2）使学生能够利用数据分析工具，如多元统计分析方法和工具，进行中小企业战略转型的数据支撑统计分析。

（3）使学生掌握中小企业战略转型路径的分析与选择方法。如中小企

业战略转型选择的影响因素分析，目标路径的选择及市场预测等。

（二）启发思考题

1. 中小企业战略转型分析的理论依据有哪些？如何利用这些理论进行中小企业战略转型驱动因素分析？

2. 鹏起该走“三条路”的哪一条？（利用前述理论、分析工具与方法、相关数据进行分析论证）以及保障这条路的战略举措？

3. 中小企业战略转型路径选择的影响因素有哪些？

鲁辽甩挂——驶往物流蓝海的新航线①

[案例摘要] 烟大滚装运输航线是连接我国东北和华北及以南地区重要的海上运输通道，其车船吞吐量及货物吞吐量占整个环渤海滚装运输总运量的70%以上，此黄金水道的发展对鲁辽两地区域经济、大物流通道建设、南北贸易等都具有重要意义。近年来，烟大滚装市场发展前景看好，但仍存在诸多问题，主要归结于现有滚装物流模式的贡献度已趋于饱和，需要新型滚装物流模式的推广。烟台鲁辽甩挂物流有限公司采用“蓝海”战略首次将甩挂运输模式运用到烟大滚装运输航线之中，从而找到一条独特的发展之路。相比于传统的运输模式，鲁辽甩挂采用陆海甩挂联运节省大量运输费用，降低运输成本，提高运输速度，降低船舶事故发生的机率。成为传统的滚装物流模式的颠覆者。烟台鲁辽甩挂物流有限公司还充分利用政策扶持及配套资源，降低运营成本，使运输价格在业内保持相对优势。但随着甩挂运输的发展，也使鲁辽甩挂面临新的挑战。

鲁辽半岛区域分别处于黄渤海海域分界线的两端，烟台、大连两市分列在渤海湾“C”字两端的两个节点上，是我国著名的海上黄金水道，在促进东北与内地的货物流通和人员流动中发挥着十分重要的作用。近年来，随着国家“东北老工业基地振兴战略”、山东省政府《山东半岛城市群总体规划》先后正式实施，环渤海经济圈逐渐形成，我国东部沿海地区经济持续高速增长，渤海湾南北两地经济交流和人员往来不断增加，客滚运输市场需求稳步增长。

渤海海峡南北两岸最短直线距离只有106公里，两端分别是辽东半岛

① 本案例由中央财经大学金融学院李建军老师、金融学院研究生李莉撰写，本案例只供课堂讨论之用，并无意暗示或说明某种管理行为是否有效。由于企业保密的要求，在本案例中对有关数据等作了必要的掩饰性处理。

的旅顺和胶东半岛的蓬莱。从烟台到大连，直线距离只有165公里（89海里），而走陆路从烟台到大连的公路里程将达到1 460公里，两者运距相差1 400公里左右。由于海峡相隔所具有的地理优势，烟台至大连航区成为渤海湾最具生命力的海上运输通道，这一区域的水路运输达到空前繁荣。

伴随着渤海湾区域经济的快速发展，区域港口发展迅猛，港口物流的规模不断扩大。水路运输在给港口、航运企业及物流公司带来丰厚利润的同时，也吸引了更多实力雄厚的竞争者加入，随着大批船舶与物流车辆投入运营，航区海陆客滚运输面临日益严峻的经营压力。

客滚运输具有前期资金投入需求高，固定资产占比大，资产专用性质强，后期退出壁垒过高的特点，很容易形成一个过度竞争的“红海”行业，致使行业内竞争日趋激烈，最终供大于求。由于行业发展过于粗放，存在长期积累的矛盾和深层次问题，面临日趋缩小的市场份额，缺乏技术创新的相关企业常选择以“价格战”的方式扩大自己的市场份额。

具体到烟大航线来看，1992～2011年该航线车运量从1992年的8万辆次增长至2011年的89.9万辆次，年复合增长率为13.3%，客运量从1992年的325万人次增长至2011年的562.1万辆次，年复合增长率为2.9%。2012年以后车运量在缓慢地增长，客运量与2011年相比有下降的趋势。但航区内船舶与物流公司的运力大幅增加，其中新上线客滚船在核定载车、载客的数量上比老旧客滚船翻两番。

最终，由于快速扩张的市场运力，改变了海上货运的需求关系，市场议价能力急剧向买方市场倾斜。在市场份额一定的状态下，各物流公司为满足实载率，在票务营销上各出新招，暗箱操作，竞相压价，最终落得两败俱伤。

如今现有滚装物流模式的贡献度已趋于饱和，市场需要新型滚装物流模式的推广。尽管鲁辽甩挂还不是渤海运输业的一条大鱼，但已经从很多方面显现出与众不同的个性，并在业内引起广泛的关注。它在渤海海陆运输中，将船务与物流结合在一起，从而将道路运输的甩挂与黄金水道上的航运有机地组织起来，形成陆海甩挂运输，就是集约了陆路的便捷、水路的低成本、短运距三大优势。它运费低廉，运行高效，安全便捷，为已习惯了传统运输方式的客户提供了一种不同以往的运输体验。别具一格的运营模式让鲁辽甩挂在自己没有广告宣传的情况下，轻松赢得了市场的青睐。

这些看上去只是运输模式的创新，但背后贯彻的是为其量身定做的“蓝海”战略，涉及目标顾客、企业选址、商业合作、内部运营、战略联盟、市场营销乃至发展路线等一系列要素内容的安排，具体到其中某一项，可能并不特别，但将它们组合成一个适合中国市场的创新型物流模式，并将其推广下去，却有可能带来海陆运输业的一场革命。

一、甩挂运输的发展

甩挂运输（Drop and Pull Transport），是带有动力的机动车将随车拖带的承载装置，比如半挂车、全挂车甚至货车底盘上的货箱甩留在目的地后，再拖带其他装满货物的装置返回原地，或者驶向新的地点。简而言之就是把一台主车连续拖带两个以上承载装置的运输方式称为甩挂运输。

在运输发展史上，如果说大型载重车辆、厢式货车以及集装箱的广泛应用实践是一次技术革新飞跃，那么甩挂运输就是在现有运输模式基础上的一次革命。这种运输模式在北美欧洲等发达国家大量应用可以追溯至 20 世纪 40 年代，起初是为了满足滚装运输多式联运和陆路驮背运输的需要，后人发现了它巨大的经济效益，而被逐渐推广到大型联网的车辆运输行业。

近年来我国物流规模增长快速，但内部存在运行效率不高的隐忧，物流成本居高不下。据 2008 年统计，我国物流成本占 GDP 的比重为 18.1%，比美、日等国高出 1 倍以上。物流成本中运输费用占 53%，而道路运输费用又占到总运输费用的 60% 左右。虽然与美国相比，我国因运价偏低致使运输费用占物流成本的比重相对较低，但库存持有费用和物流管理费用占物流成本的比例过高。

交通运输业通过发展甩挂运输，提高运输效率、集约利用资源、加快车货周转、节约牵引车购置与仓储费用，最终降低社会物流成本。与此同时，甩挂运输作为多式联运的重要基础，海上滚装运输、铁路驼背联运都需要以甩挂的充分发展作为支撑。因此，甩挂运输以其集约高效的运输形式成为现代运输业中不可或缺的一环。

现阶段国内甩挂运输尚未达到规模化发展，其中的海陆甩挂联运更是刚刚崭露头角。中国甩挂运输的市场环境还不成熟，但在渤海湾各大巨头跑马圈地格局初定之后，随着整个行业竞争的加剧，相关企业寻求模式创新，意图在客滚运输的“红海”中寻求突破。此时以鲁辽甩挂为代表的陆海甩挂联运新模式的出现，无疑为航运市场带来一道满怀期待的曙光。

二、鲁辽甩挂的历程及特点

烟台鲁辽甩挂物流有限公司的成立主要源于国家大力发展甩挂运输的政策部署。渤海航线“11.24”海难事故以后，为从源头消除客滚船的安全隐患，交通运输部提出了在渤海湾水路滚装载货汽车采用甩挂运输方式的设想和建议，以实现油—货的彻底分离，保障渤海海上运输的安全。

2006年，相关部委及科研院所对能否在渤海地区推广使用陆海甩挂联运的方式进行了实地调查。一致认为，环渤海的客滚运输虽然具有大规模市场需求，但运输经营模式单一的痼疾无法回避，行业需要一个能够给行业带来变革的创新者，这使在渤海建立陆海甩挂联运新兴运输模式的方案列入政策规划。

在国家发展甩挂运输的政策指导下，交通运输部烟台打捞局于2007年3月30日在烟台至大连航线进行了首例陆海甩挂运输尝试，最终取得了试点的成功。这是一次对甩挂运输的初步探索，却开创了物流—港口—船务集体合作的崭新模式。

为加快在渤海运输“红海”中突围，烟台打捞局于2009年注册成立了“烟台鲁辽甩挂物流有限公司”（以下简称鲁辽甩挂），从属于打捞局港务处，作为开展陆海甩挂运输的企业主体。自2009年公司成立开始自营甩挂运输业务以来，公司在经历道路运输环境、货源短缺、运力不足及公司体制机制僵化等重重困难中一步步走来。目前鲁辽甩挂公司自行接送货业务范围基本覆盖胶东、辽宁半岛，直接延伸到青岛、临沂、潍坊、丹东、沈阳等地，甩挂运输线路达到10余条，取得了意想不到的经济效益。

鲁辽甩挂与联盟单位合作，开发信息发布平台，通过将滚装船舶船期、舱位、开停航信息在平台上集中即时发布，解决了车源、货源信息缺乏、滚装船期无法确定上船等一系列困难，吸引了更多货源通过烟大航线过海运输，实现了车船的有机衔接。

通过五年多的甩挂试点运作，鲁辽甩在甩挂站场和信息平台建设、港航运输衔接、市场货源开发及甩挂运输企业组织参与等领域已经崭露锋芒。短短几年，鲁辽甩挂正以其亲民的价格、高效的运输体验成为业内不容小视的一匹黑马。

业内荣誉

2008 年 2 月被山东省交通运输厅正式确定为“渤海湾烟台至大连航线陆海甩挂运输试点项目”。

2011 年 3 月烟台打捞局被授予“国家甩挂运输试点项目”。

2012 年 4 月烟台打捞局被国家发改委和交通运输部确定为“甩挂运输试点企业”。

2013 年 6 月试点项目通过国家验收。

创新运营模式

鲁辽甩挂的具体运营模式就是由带有动力的牵引车将随车拖带的挂车甩留在目的地后，再拖带其他装满货物的挂车返回原地或前往新的地点。在甩挂运输实践中，运输企业使牵引车与挂车能够自由分离与接合，通过半挂车与挂车合理调度与搭配，缩短因装卸货物而造成的牵引车停靠时间，提高了牵引车辆利用率。

具体到在鲁辽甩挂开展甩挂运输的步骤是：把货物装箱⇨牵引车拖带半挂车驶往港口⇨牵引车将半挂车牵至滚装船相应车位⇨牵引车与半挂车分离，牵引车驶离滚装船⇨半挂车随船达到目的地港口⇨牵引车将半挂车牵引出滚装船⇨货物经陆路运输到达目的地。甩挂运输流程如图 1 所示。

图 1　甩挂运输流程图示

陆海甩挂运输与传统整车滚装运输相比，最大的不同在于牵引车与司机不随车上船，挂车在装卸货时也可与牵引车分离，从而减少了货物过海的运送成本。

甩挂运输对于成本的节省也体现在车辆投资上，由于车厢与牵引车的比例一般为4∶1，也就是说，100辆车厢只需要配备25台牵引车就满足运输业务的需要，仅此一项，就减少资金投入27万元/台乘以75台等于2 025万元。减少了购买牵引车的资金投入，也就是降低了运输成本。

与此同时，陆海甩挂运输还能够对大量散件杂货的运输争取有效的工作时间，加快车辆运力周转；减少对物品的破损和公路的占用，提高货物装载容积和吨位利用率；保证散件杂货运输过程中的防盗和防污染，实行货物堆放零库存；运行网络化、智能化信息平台调度，提升管理科学化水平等诸多优势。

手握利器，专注提升，鲁辽甩挂在渤海航运竞争激烈的“红海”中，开辟了一条驶往物流“蓝海”的新航线。

三、海陆联运的颠覆者

可能因为国内市场对甩挂运输的认识缺乏了解，也可能因为这些年渤海运输的竞争已陷入水深火热，市场有意无意地将鲁辽甩挂这一后入者的失败看作一种必然。鲁辽甩挂的团队对此非常不认可，他们认为鲁辽甩挂作为一种“另类”的创新，是一种集约化、高效的运输组织形式，既吸收了国外开展甩挂运输的经验与心得，也创造性地结合了中国的实际国情，是充分符合现有市场需求的新型物流模式。至于竞争的优势是什么？鲁辽甩挂以行动证明，其独特性就是在提供高效运输服务的基础上，满足了顾客高速流转与安全运输的需求，这是一种更胜于以往的服务体验，而其价格只需要传统物流公司报价的70%。

低消耗　高利用

鲁辽甩挂公司选择采用甩挂运输，节约车辆的燃油消耗，减少车辆的磨损，降低驾驶员过海的费用。在同业竞争者中始终保持着特有的成本优势。

由于牵引车不上船，节省了滚装船占用船舱的空间与牵引车的投资与使用。根据公司运作期间的成本测算，每车次可减少车辆过海运费及司机船票费用千余元，约占烟台到大连区间运输成本的30%。

烟大航线甩挂车辆总数将近400台，其中牵引车100台、挂车300台，牵引车、挂车数量比约为1:3，仅此一项，同等运力节省牵引车200台。试点期间，公司陆海甩挂3.7万余台，意味着节约驾驶员过海3.7万人次，节约牵引车过海3.7万台次。

最终这笔节省出来的成本以返利的形式反馈给广大车主，即使身处竞争激烈的“价格战”中，鲁辽甩挂也可凭借其独门利器傲视群雄。

零库存　高效率

对于鲁辽甩挂的客户而言，与鲁辽甩挂合作将带来不同以往的服务体验。在运输过程中，甩挂车辆可以作为仓储设施，减少了仓储、堆存和装卸等环节，降低货物破损率与物流费用，同时满足了企业生产过程中“零库存”的需求。鲁辽公司可将挂车按客户要求提前等待在生产线末端，产品在下线后，不需入库即可装车，由此成为客户可移动的仓库。待客户有发货要求时，由牵引车将挂车拖走，直接送到目的地，减少客户的仓储与叉车等配套设施。

鲁辽甩挂同时以其快捷、灵活的特点，提高生产企业原材料及产成品运送效率。

鲁辽甩挂凭借更加“亲民”的价格，更为便利高效的运输服务，即使身处受经济危机影响而市场萎靡的竞争中也可所向披靡。

有效利用空间　减少船舶空载

加强与业务关联方的合作，实现各方互利共赢也是鲁辽甩挂快速发展的独门秘籍。客滚船是渤海湾陆海联运甩挂运输的中心环节，能够得到船舶方的大力支持，鲁辽甩挂在同业竞争中无疑有了坚实的后盾。

对于船舶公司而言，由于牵引车不上船，节省了单车占用舱位的空间。同时与型号繁杂的整车相比，甩挂专用车厢更有利于规范半挂车绑扎固定。滚装船运输空间得到有效节省，在车辆运输中提高了舱位利用率。

如图2所示，使用相当于20英尺集装箱的单体货车，车辆总长度为8.096m，而使用半挂车，总长度仅为6.096m，比单体货车占用船舱面积减少33%。

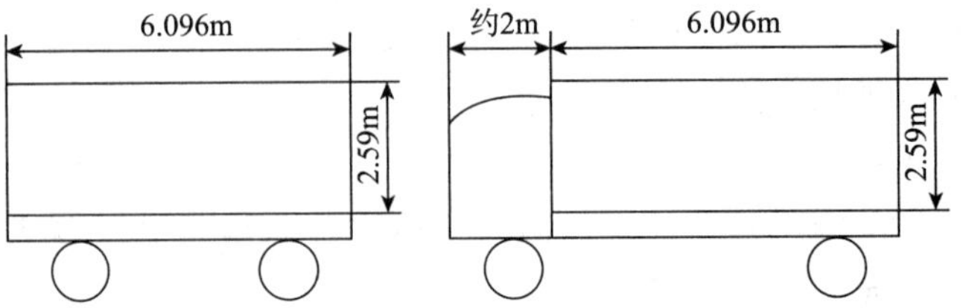

图 2　半挂车与 20 英尺集装箱汽车滚装占船舱面积对比图

如图 3 所示，使用相当于 40 英尺集装箱的单体货车，车辆总长度为 15.192m，而使用同型号的半挂车，总长度仅为 12.192m，比单体货车占用船舱面积减少 25%。由于滚装船是按车辆长度收费的，因此，在货源充足时滚装船运输公司的经济效益可提高 20% 以上。

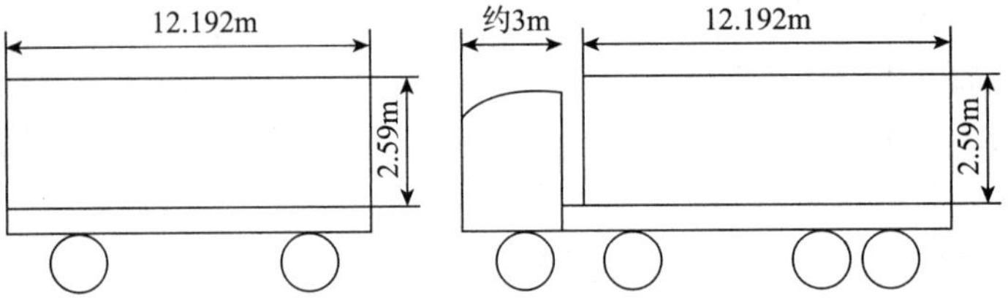

图 3　半挂车与 40 英尺集装箱汽车滚装占船舱面积对比图

另一方面，渤海湾烟大航线运营距离 89 海里，运行时间约为 6 小时。由于烟台、大连两地腹地较深，车辆下船后仍要继续运行完成陆路运输。因此随车同行驾驶员大多选择在夜间乘船，早晨到达，这样既能保障夜晚休息，又能充分利用白天的运输时间。

这一现象从船舶实载率即可充分体现。渤海湾烟大航线滚装船舶白天航班车辆年平均实载率为 52%，而晚上航班年平均实载率则高达 90% 左右，高出白天航班近 40 个百分点。烟大航线由此出现夜间航班车源多，舱位紧张，白天航班车源少，舱位空余的现象。最终带来了车多排队、压港、运输效率降低等一系列问题。

过海车辆采用甩挂运输，驾驶员不用随车同行，只需在两港间利用牵引车作业，不再受船期限制，对以整车滚装为主的船舶是一个有效的补充。由于过海成本得到有效降低，特别是费税改革后燃油成本的大幅提升，原先通过陆路绕行的货物更多地选择烟大航线滚装运输，对于船务公司而言，这无疑是一笔巨大的财富。

通过与鲁辽甩挂公司合作，船务公司获得实际利益，更加希望与甩挂公司建立长期合作关系，而鲁辽甩挂的运输车辆多选择搭乘白天航班，在舱位空闲的情况下容易获得更大的议价能力，进一步压缩运输成本。在运价已具有相对优势的鲁辽甩挂而言，这部分收入完全可以作为自己的纯利。

降低事故隐患，保证运输安全

渤海滚装运输距离与时间长，海况相对复杂，大风浪天气较多，所以客滚船的航行安全引起各级安监部门的关注，尤其是客滚船航行时·旦突遇大风，汽车舱内货车如果绑扎不牢，车上储有大量燃料的油箱俨然成为隐形炸弹。

鲁辽甩挂公司以其特有的运输模式，提高货物运输的安全性，为船舶与客户提供了一颗“定心丸”。

甩挂运输从根本上解决了过海车辆油箱存油造成的安全隐患问题，实现油与货的彻底分离，从源头上消除了这一隐患。另外，通过对标准的厢式半挂车或集装箱半挂车进行有效的系固，进一步避免滑动碰撞，降低了渤海湾客滚运输的海难事故隐患。

实现绿色运输

近几年，能源和环境问题成为世界关注的重点。甩挂运输业务之所以在国际通行，重要一点是能够大量节省能源，降低了货物的运输成本，有利于环境保护。

运输业的节能环保问题日益凸显，经过日本相关机构测算，1 吨货物通过内航海运运送 1 公里所需要的能源消费量是自用卡车的 1/20，是营业用卡车的 1/5，在节能方面的效益十分显著。按目前渤海湾烟大航线车辆流量计算，鲁辽两地全年车流量在 72 万辆以上，如果仅仅按照节省里程从而节省燃油测算，渤海湾滚装运输全年可减少二氧化碳排放 80.28 万吨，相当于节省标准煤 38.25 万吨。如果按照日本交通省拖车吨公里排放二氧化碳标准测算，可减少二氧化碳排放 443.55 万吨，相当于节省标准煤 210.4 万吨。

因此，在全球产业即将面临低碳时代大洗牌的关键时候，实行陆海甩挂运输符合当前低碳经济发展的形势。在烟大航线实行甩挂运输，相比于陆上运输，具有能耗低、污染物排放少、减少道路损坏等优点，更易获得政府的补贴与政策支持。鲁辽甩挂因而成为新闻媒体大力宣传的典型案例，这些免费而广泛的宣传报道，为鲁辽甩挂作了一场规模宏大的市场营销，业务订单与合作伙伴也纷至沓来。

四、客户体验

鲁辽甩挂现有客户40余家，多集中在汽车、啤酒、建材与农产品等领域，主要有烟台啤酒、青岛啤酒、奇瑞车灯、鹏鸿板业、上海大众、大连德堡、大连柴油机厂、东鸣金属及部分物流企业等。鲁辽甩挂对于每一个客户，不论大小，都提供最优质的服务，并得到合作企业的充分肯定。鲁辽甩挂以其独具创新的运输模式，为合作企业提供了更为高效便利的服务体验。

以烟台啤酒厂为例，该厂与鲁辽甩挂签订运输协议，利用烟大航线陆海甩挂运输模式，将生产的啤酒运往大连。鲁辽甩挂按照啤酒厂发货时间约定，将挂车甩挂在瓶装啤酒生产线末端，下线的啤酒直接装入挂车，经由牵引车送往烟台打捞局滚装船码头，按照班轮出港时间，将挂车运至船舱。当滚装船到达大连码头后，由对岸牵引车拖带挂车直接将啤酒送入超市。回程可将空瓶按原方式发送回啤酒厂。

如果烟台啤酒通过陆路绕行，车辆运行里程约为1 400公里，需消耗燃油成本2 300元左右，车辆通行费2 000元及支付驾驶员工资600元，单程的运输成本约为1 400 +2 300 +2 000 +600 =4 900元。

以往烟台啤酒通过烟大航线采用传统整车滚装运输，无需支付车辆燃油成本与通行费，但需支付车辆与驾驶员的过海费用约2 100元，驾驶员由于劳动强度下降与驾驶时间缩短，仅需支付200元人力成本，因此单车车辆的运输成本约为2 100 +200 =2 300元。

如今烟台啤酒选择通过鲁辽甩挂提供的甩挂运输服务，由于牵引车与驾驶员并不随挂车乘船过海，减少了车辆过海费用与人力成本，单程运输仅需要支付甩挂公司1 500元左右的车辆过海费用，物流成本大大降低。三种运输方式费用如表1所示。

此外，采用甩挂运输后，啤酒厂减少了库存占用和多次搬运装卸的费用。酒瓶破碎率从原来的5%下降为2%，运输费用同比下降了35%。通

表 1　　运输方式费用比较

运输方式	车辆运行里程（公里）	燃油成本（元）	通行费（元）	车辆过海费（元）	驾驶员费用（元）	总费用（元）
陆路绕行	1 400	2 300	2 000	0	600	4 900
整车滚装	0	0	0	2 100	200	2 300
甩挂运输	0	0	0	1 500	0	1 500

过与鲁辽甩挂公司的合作，烟台啤酒厂的综合效益得到提升，市场竞争力得以加强。

对于鲁辽甩挂的客户而言，山东境内济南以东区域（烟台、淄博、临沂、日照、青岛、潍坊等地）到大连的货物运输成本的节省十分突出，尤其是烟台—大连之间的企业货物运输成本有了明显的降低，由此带来烟台—大连之间的市场货运价格平均下降了约 15%。

五、财务评价与市场潜力

鲁辽甩挂一方面要维持快捷便利的运输效率，另一方面又要在业内保持一个相对“平民”的价格，并且还要有足够的利润水平，这对于公司而言是一个挑战，公司管理层为此进行了充分的财务评估论证，并合理分析现有市场潜力，以最大程度地提高收入水平。

经济效益显著

经过公司内部财务报告分析，鲁辽甩挂税后财务评价内部收益率为 13.49%，财务净现值为 1 573.53 万元，动态投资回收期为 12.16 年，静态投资回收期 7.72 年。报告还根据不同的风险因素进行了敏感性分析与风险分析，本项目净现值大于等于零的概率为 85.0%，项目投资利税率为 20.0%，投资净利润率为 11.8%。分析结果表明，鲁辽甩挂在渤海湾开展甩挂运输在经济上是可行的，并具有一定的抗风险能力。鲁辽甩挂作为具有明显外部正效益的公共交通基础设施项目，社会效益与经济效益显著。鲁辽甩挂财务评价指标如表 2 所示。

市场潜力巨大

目前渤海湾烟大航线上年滚装货物量为 2 000 多万吨，货源分布区域广大，辽鲁两地货源占 80% 左右。

表 2　　鲁辽甩挂财务评价指标

名称	财务内部收益率（%）	财务净现值（万元）	投资回收期（年）	
			动态	静态
税后	13.49	1 573.53	12.16	7.72
税前	16.93	2 546.93	8.38	6.75

目前甩挂运输货源主要来自山东东部和大连区域，大连到烟台方向的货物主要是玉米、豆粕、淀粉等农产品，也有从丹东进口转运到烟台的矿砂、机械设备、木材等货物，各类货物数量随季节变化而变化。烟台到大连方向的货物主要是啤酒、建材、农副产品、化工原料、汽车配件以及江浙一带北上的日用百货。已经开展甩挂的有烟台啤酒、欣和调味品、鲁花花生油有限公司等 10 家生产企业，其中有八家生产企业货物走烟台打捞局港口。这为打捞局港口将以上企业发展为鲁辽甩挂客户提供了便利条件。

海运需求的增长是渤海湾甩挂业务运输发展的源动力。目前烟大航线的货物量 2 000 万吨/年，日均 2 100 辆车（2009 年烟大航线滚装车辆为 78 万辆），据相关调查，目前烟大航线滚装车辆的潜在需求为 3 ~ 4 万辆/日，相当于目前实际滚装车辆数的 15 ~ 20 倍左右，即使在预测中有四分之三为各种客运车辆，每天的货运车辆应该达到 0.6 ~ 1 万辆，换言之，由于种种原因，鲁辽之间的道路货运中有 70% ~ 90% 的货运车辆没有经过烟大航线进行海运运输，因此，可以预计海陆甩挂市场容量充足，鲁辽甩挂的市场潜力巨大。

六、发展的助力

鲁辽甩挂以其创新的陆海甩挂模式，凭借高效率、低成本、更安全的服务体验，不仅在传统物流竞争者中独占鳌头，即使在同类型甩挂运输行业里依然具有独特优势。

政策扶持

鲁辽甩挂作为国家甩挂运输工作的试点单位，享有特殊的扶持甩挂运输发展政策。

鲁辽甩挂自成立以来，在开展陆海甩挂运输试点和甩挂运输站场建设上不断得到政府的政策支持，分别得到山东省交通厅 600 万元渤海湾甩挂运输场站建设补助资金、交通运输部 538 万元陆海甩挂运输试点补助资金，同时免除了二次维护竣工检测与交强险的缴纳。而在牵引车和挂车购置上，山东省政府分别按照 4 万元/台和 2 万元/台的标准给予补助。

鲁辽甩挂同时享有国家给予的专项资金补贴，主要补贴范围为甩挂场站建设、甩挂运输车辆、设备购置和信息化平台等。

到目前为止，鲁辽甩挂已经获得国家各项资金补贴合计 1 178 万元。这些资金在很大程度上缓解了公司成立初期长期亏损的窘境，使鲁辽甩挂成功渡过企业初始期的困难阶段。

得天独厚的配套资源

打捞局港口拥有长达 1 000 米的码头岸线，5 个泊位，可同时停靠滚装船 5 艘，万吨级货船 1 艘，目前为大连航运集团代理 5 艘客滚船，每日进出港滚装船各 5 艘，港口客滚船年吞吐量为：车辆 20 万辆，旅客近 100 万人次。

港口配有多种装卸机械设备，针对甩挂运输转运过程中集装箱转运装卸和甩挂运输大宗货物转运的需要，购置有多台大吨位起重机与重型叉车。缩短了甩挂运输车辆之间进行大宗货物转运的装卸货时间，提高了甩挂运输作业的车辆使用效率。

打捞局同时依托自有土地资源的优势，拥有占地面积 20 余万平方米场地。经多次投资建设，现拥有物流仓储区达 9 万多平方米，并配备了监控、避雷设施及保安人员。此后，再次投资 6 000 万元建成 7 万平方米场地作为临港制造场地。

打捞局港口拥有专业技术人员与服务人员 200 余人，具有 14 年滚装代理及港口经营服务工作经验，在滚装运输代理过程中与 20 多家大的物流运输公司建立了长期的合作关系。

鲁辽甩挂作为打捞局全资子公司，可直接共享港务处的港口资源。在货运旺季舱位紧张时，甩挂车辆享有优先登船的权利；此外通过港口，也更容易与船务公司建立合作关系，获得各种优惠，达到互利共赢。

通过享有上述得天独厚的配套资源，鲁辽甩挂可以长期与船务公司保持良好合作，保证货物运输的及时与便利，保持在同行业中的独特优势。

优越的地理区位

打捞局码头进出港交通十分便利，毗邻“同三”高速路零点立交桥，完全绕开市区限时影响，可全天候进出港区。在地理位置上，处于山东半岛与辽宁半岛的枢纽地位，烟台至大连航区是渤海湾最具生命力的海上黄金通道，两地直线距离89海里，是渤海滚装航线的典型代表，在东北与内地的货物流通和人员流动中起着重要作用，发展海上滚装甩挂运输条件得天独厚。

为配合中日韩三国自贸区建设，中韩陆海联运甩挂运输试点工作已经在山东的青岛、烟台、威海、日照四市与韩国的仁川、平泽等城市间开通运行。但由于受到各种条件的限制，运行状况不甚稳定，需要进一步调整。特别是烟台，是韩国在华加工制造业的重要基地，工业零部件、产成品以及农副产品、水产品加工及进出口贸易发达，双方物资交流频繁，尤其适合于陆海联运甩挂的运输方式。

鲁辽甩挂依附于烟台及打捞局港口的交通要塞，这是同业竞争者无法复制的无形资源。

七、未来发展方向

渤海陆海甩挂运输模式的试点，为鲁辽甩挂带来意想不到的经济效益。但如何进一步推动陆海甩挂运输的前进，如何在发展中解决问题、寻找机遇开始成为公司上下普遍关注的一个问题。

搭建信息平台

甩挂运输作为一种先进运输组织方式，其发展应用程度离不开信息化的支持。

鲁辽甩挂参与的渤海湾甩挂物流信息平台将围绕“一站三平台”（一站即环渤海物流信息网站，三平台即物流信息与电子商务平台、企业物流管理平台、政府物流管理与数据管理平台）分三期进行开发。

“一站三平台”上线运行后，货主、车主双方供需信息可实现即时发布，过海驾驶员也可通过网上、电话实现订票。

信息交易平台及物流信息网启动运营后，在全面吸纳生产企业、物流企业加入的基础上，充分利用信息交易发布厅、信息交易平台等有形、无形网络优势，将会员物流企业、货代企业、驾驶员等物流资源有机结合起来，促进鲁辽甩挂货物有序、快捷流动起来。从目前积极地从过海货物中寻找适合陆海甩挂运输的大宗货源，到日后有针对性地从货物源头的生产制造企业入手，逐步用甩挂运输代替整车滚装，推动公司业务数量与质量的同步飞跃。

做好甩挂专用船舶论证

目前，渤海湾烟大航线现行滚装运输采用客、货混装的方式，旅客不能得到有效的安全保障，且无法解决危险品无法通过客滚船运输的问题。如今鲁辽甩挂正积极寻求适合渤海烟大航线的货运专用滚装船舶。力争早日确定船舶购置方案，并进入实质运作。

日后新上线的货运专用滚装船，将专门用于甩挂运输和普通危险品车辆运输，将车客彻底分离，不受风浪天气开停航限制，在提高货物运输安全的同时，扩大甩挂可运输货物的种类，加快鲁辽甩挂向行业内全能型物流公司的发展。

建立甩挂联盟，扩大甩挂运输规模

鲁辽甩挂在与近10家甩挂运输企业合作的基础上，目前积极协调具有一定企业规模、服务质量高、经营信誉好的运输企业参与甩挂运输业务。今后要通过信息平台辐射带动作用，组建环渤海湾物流产业联盟，加大收集货源信息，整合烟大两地的资源，实现规模化经营。

信息交易平台及物流信息网启动运营后，鲁辽甩挂将在全面吸纳生产企业、物流企业加入的基础上，充分利用信息交易发布厅、信息交易平台等有形、无形网络优势，将会员物流、货物、驾驶员等资源有机结合起来，实现甩挂运输有机结合与高效运转。

同时鲁辽甩挂再次进行业务创新，计划将可回收利用、具有个性化包装特点的托盘引入到陆海甩挂运输中，根据生产制造企业不同商品配备相应托盘，直接降低企业包装成本，减少货物破损率，实现包装、运输的最优组合，以此巩固住大宗甩挂货源，进一步提升陆海甩挂运输的发展空间。

八、发展中需关注的问题

目前，我国甩挂运输的发展依然缓慢，集团性、规模性的运输组织方式少之甚少。在鲁辽甩挂发展和推动中仍存在着相关制约因素和瓶颈问题。经过5年的发展，陆海甩挂这一运营模式已经取得了市场较广泛的认可，但是其中存在的问题，关系到甩挂运输的继续发展。

甩挂舱位如何保证

随着业务量的增长，过海甩挂车辆（厢）上船难的问题日渐凸显。客滚船是渤海湾陆海联运甩挂运输的中心环节。由于甩挂车辆车头不随船走，因此单车运费比半挂整车略低。船务公司为了自身利益，常根据舱位供求状况调整分配给甩挂车辆的预留舱位。

在白天或者舱位需求不足的情况下，甩挂车辆的运输可以得到保障，而在舱位供应紧张，特别是冬季大风复航时，压缩甩挂车辆已预定的舱位，甚至不允许甩挂车辆上船，已经成为业内惯例。由此导致甩挂公司运送的货物不能按时交接，影响鲁辽甩挂公司发展的商业信誉。

“甩挂有车、过海无舱”已经成为制约鲁辽甩挂事业向前发展的瓶颈，这一问题无法解决，甩挂事业就难有大的作为和发展空间，如何巩固业务关联方的合作，如何促使双方更加遵守契约精神，这是甩挂业务在未来能否发挥品牌效应，加快步伐迈向更广领域面临的一个问题。

客滚船运输的局限如何克服

客滚船滚装运输存在固有的局限性，“大舜”和“岁月”号发生的海难事故，再次证明一旦大型车辆与旅客混装，船舶运输的安全性面临极大风险。在目前的甩挂运输中，危险品运输因此受到了极大的限制。如何使大型重载车辆与旅客分离，从而解决船舶班次时间与海况气象条件的限制与危险品运输不能通过航运的问题，目前仍在探讨阶段。

建造专用货物运输船舶或许可以在这一困局中突围。目前烟台打捞局现储备1艘滚装船运力指标，拟建造专用货滚船投入渤海湾烟大航线运营，改变目前渤海湾大型重载货车与旅客混装的客滚船运输模式，从而实现渤海湾陆海甩挂运输模式的突破。但目前此项工作仍处于前期论证阶段，交通运输部是否批复此项滚装船营运资质也尚无定论。

如何完善业务开展的配套资源，新型运输船舶启用后是否能带来预期的经济效益，这些问题值得公司乃至整个行业进行多次探讨。

如何实现规模经营

每一种运输形式都有着适宜的范围，陆海联运甩挂运输的辐射范围尤其有限。

随着甩挂设备的增加，甩挂物流仓库的投入使用，鲁辽甩挂有限公司对自己的甩挂运输线路和范围进行了大幅扩张，公司自行接送货业务范围基本覆盖胶东半岛、大连和沈阳周边地区，直接延伸到青岛、临沂、潍坊、丹东等地。鲁辽甩挂公司主要线路有10多条，烟台方面发送地和目的地主要是烟台市区、威海、青岛、潍坊、临沂等地。大连方面发送地和目的地主要是大连市区、丹东等地。

甩挂直接运输半径由烟台、大连两港50公里范围，扩大到300公里的范围。货物来源主要是生产厂家、配货站、散户等大宗货源。但甩挂运输仅在烟台、大连各自1 000公里的范围内具有比较显著的经济效益，而在过大的陆上运距则无法彰显其优势。辐射范围过小，无法实现规模经营，成为陆海甩挂能否继续发展的关键问题。

如何加快鲁辽两省的经济一体化建设，实现陆海甩挂运输的规模化经营，将是甩挂运输在渤海地区继续发展中无法回避的现实问题。

案例使用说明

（一）教学目的与用途

1. 适用的课程和教学对象

本案例适用于《战略管理》课程教学，是一个综合性的战略管理案例，可与课程中“商业模式创新”、“一般竞争战略”、“蓝海战略”、“波特五力模型”等章节和主题配套使用，亦可用于课程结束时的综合考察案例。

要求学生具备一定的准备性知识，对网络营销、服务营销、运营管理、信息管理、财务管理等专业学科有一定的了解，对战略管理学科的基本概念、宏观环境分析、行业分析、核心能力、价值链、一般竞争战略等知识有一定的理解。由于案例企业属于交通运输行业，具有一定的交通运输行业和管理咨询行业工作经验将有助于更好地分析本案例。

本案例可供MBA学生使用。

2. 教学目标

通过对案例的学习和讨论，使学生能达到下列要求：

（1）理解鲁辽甩挂作为后进入者，在成熟行业中取得竞争优势所面临的困难和问题。

（2）能将鲁辽甩挂所采取的蓝海战略与一般竞争战略理论相结合，并能清晰描述鲁辽甩挂采用蓝海战略的具体内容。

（3）能理解鲁辽甩挂如何在运营过程中采用合理的手段，从而保证蓝海战略的有效实施。

（4）能理解鲁辽甩挂的经营优势和影响盈利的关键因素，并进一步理解其商业模式的合理性。

（5）能对第八节“发展中需关注的问题”中提出的三个问题给予合乎逻辑的分析。

本案例可以帮助学生更好地理解竞争战略中所涉及的相关知识，并提高学生自主学习能力和分析综合性战略管理案例的能力。此外，本案例的分析结果是开放性的，会出现不同的分析方案，这也有助于训练学生的理解和沟通能力。

（二）启发思考题

1. 在成熟的行业中，竞争格局已经基本确定，后进入的企业如何打破僵局进行有效竞争？试述几种可行的策略。

2. 鲁辽甩挂未来的发展空间有多大？你是基于哪些理论和事实判断的？

3. 鲁辽甩挂还有哪些强化其“高效”陆海甩挂联运定位的措施？如果你是他们的咨询顾客，请给他们一些合理的建议。

4. 鲁辽甩挂所代表的“新型”陆海运输模式有没有可能作为一个品类，从而改变大众货物的运输模式。

5. 传统的货物运输模式与甩挂运输模式会不会在争夺市场份额上发生冲突？

6. 从中国现有的国情来看，引入国外竞争者会不会对甩挂运输的发展产生不利影响？

学而思的差异化战略[①]

[案例摘要] 企业在发展壮大过程中需要明确自己的发展战略，其中差异化战略往往最难实现。学而思从起步阶段就采取了差异化发展战略，包括市场定位的差异化和营销手段的差异化，并一直坚持至今。在草创阶段，学而思通过“理科”、“小班”、“培优”三个点的差异化定位开辟了中小学教培市场的蓝海；在扩张阶段，学而思坚持以直营模式和续班模式保证产品的高质量，并且通过卓越的师资选拔和巨大的科研投入等强化其“培优”的高端定位。学而思并未像其他企业一样花重金进行广告宣传，而是采取了独特的口碑营销和网络营销方式，以低成本获得了大量客户。经过十年的差异化发展，学而思已成长为一家优秀的教育企业，其差异化战略的实现值得分析学习。

一、引言

2003 年，非典突袭中国，大量学校停课，两个北大研究生开办的奥数网因此变得异常火爆。截至 2014 年 5 月 31 日，好未来教育集团的总资产已达 747.75 百万美元，拥有员工数万名，其旗下的学而思培优已成为中国 K－12 教育（从幼儿园到高中的基础教育）行业中“精英教育”的代名词。

好未来的前身为学而思集团（学而思集团于 2013 年更名为好未来），面对竞争激烈的教育培训市场，学而思从一开始就确立了自己的差异化战略：大家做英语，学而思做理科；大家做大班，学而思做小班；大家做补差，学而思做培优。通过对教育培训市场进行细分，学而思开辟了优秀学生教育培训市场的“蓝海”，其“精英教育”的市场定位深入人心。

---

① 本案例由中央财经大学金融学院的王汀汀老师、金融学院研究生赵帅霞、陈珂琪撰写。本案例只供课堂讨论之用，并无意暗示或说明某种管理行为是否有效。

2010 年在美国上市之后，学而思的规模也不断扩大。截至 2013 年 1 月 1 日，学而思在全国共建立 15 个分校，分别是：北京、天津、上海、广州、深圳、武汉、西安、成都、南京、杭州、苏州、沈阳、太原、郑州、重庆，如图 1 所示。每年，在全国 15 个城市，有 50 余万学员走进好未来的课堂，有 30 万学员通过网校获取优质的教育资源。从京城培优，到全国布局，好未来口碑营销与自建站群的网络营销也别具特色。

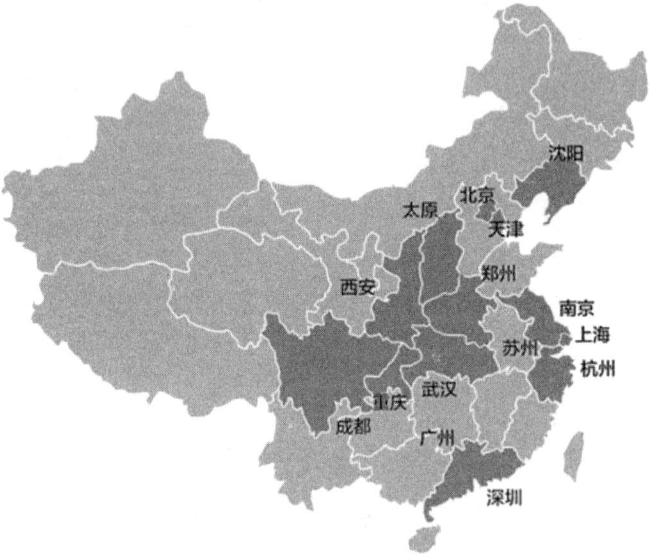

图 1　好未来分校城市分布①

短短数十年，北京市海淀区的一个补习班如何成长为市值数十亿的教育集团？学而思如何重新定义“差生补课”？企业的发展战略在其中起到了什么样的作用？接下来，我们将讲述一个教育企业不走寻常路的故事。

二、学而思的生存环境

（一）PEST 框架下的宏观环境

1. 政治环境

（1）国家在政策上支持民办教育。国家政策环境对企业的经营状况有

① 本图来自好未来集团官网：http：//www.100tal.com

着直接的重要影响，引导着企业的长期投资行为和发展趋势。具体政策如图 2 所示：

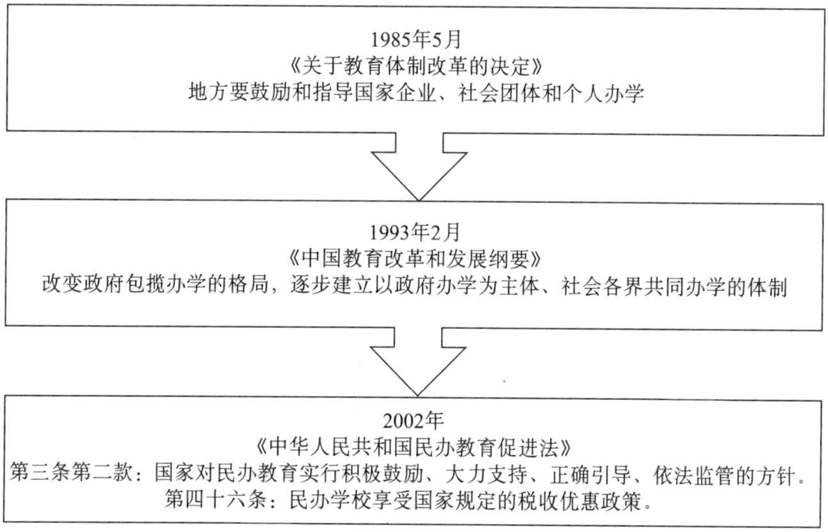

图 2　教育行业相关政策

（2）“小升初”多渠道化，激发课外辅导需求。一直以来我国小升初制度比较混乱，以北京为例：取消统一升学考试后，小学毕业生主要有四种渠道升入中学，分别是推优生、共建生、特长生以及派位生。推优生，就是指小学根据学生的身体素质、综合素质、三好学生、学业成绩等一定标准，选出一些优秀学生向重点中学进行推荐。前三种渠道一般是通向优质中学的最佳途径，向来有择校倾向的普通学生家长由此开始了对推优生资格的争取，奥数竞赛等各种拔尖教育需求激增。

2. 经济环境

首先，2005 年国内居民储蓄率已达到 51%①，除了养老、预防等因素，教育也是储蓄的主要动机之一。中小学教育是孩子成长和知识积累的关键阶段，家长更有意愿在上面花费精力和金钱。目前的趋势是家庭在义务教育和学历教育（指中专、大专、本科生、研究生等）的投入比例下

① 数据来自新浪财经。

降，在教育培训方面的投入比例逐年增加。

其次，伴随着中国经济的高速发展，居民收入水平有了显著的提高，城市居民在满足物质消费的同时，越来越注重对教育产品和服务的消费，在该方面的支出水平也不断提高，如图 3 所示。

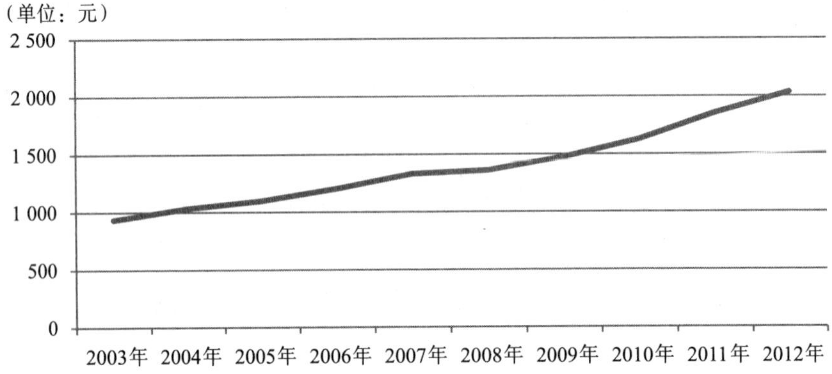

图 3　城镇居民家庭人均文教娱乐服务消费支出

3. 社会文化环境

中国教育一直以来是应试教育模式，教学内容和教学目的紧紧围绕在考试和升学，提高成绩是学生最主要的任务。另外，望子成龙、望女成凤是中国家长普遍的特点，家长对孩子学习成绩、教学质量极为关心。除了重视孩子在学校接受到的普通教育，家长还抱着补差或培优的目的，疯狂地为孩子报名各种辅导班，奥数班、作文班、英语班等成为中小学教育培训市场的宠儿。

4. 技术环境

在科技日益发达的今天，计算机技术、多媒体技术、通讯技术对远程教育系统、网络课程、资源共享系统等形成强有力的支持，能够在空间上形成教与学的分离，突破传统的教学模式。随着互联网的普及，人们利用互联网的目的也越来越多地与学习联系起来。现代科技的发展使得教育信息资源成为一种以电子网络为录存载体和传输媒介的数字化信息资源，打破教育的地域限制，也为学生按需自主选择课程、搜集信息提供了极大的便利。

（二）行业特点及竞争对手

1. 中小学课外辅导市场的特点

（1）市场需求大。2003 年全国在校中、小学生和高中生分别为：6 690.81 万人，11 689.74 万人，1 964.80 万人。2012 年，在校中、小学和高中生依然是十分庞大的群体，分别为：4 763.06 万人，9 695.90 万人，2 467.17 万人。而且在许多大中城市中，大约有近七成的小学生和将近一半的中学生利用双休日参加课外辅导，还有许多学生有参加平时家教辅导的需求。据相关估计，这一市场的前景有上千亿元，发展空间相当可观。

（2）准入门槛低，增长速度快。教育本身具有同质性，各个不同的教育机构很容易聘请到教师和专业人员，针对不同时期的学生开设相应课程，对孩子的知识进行扎实和补充。在面临巨大的客户需求情况下，课外辅导机构有很大的积极性进入该行业，从中分得一杯羹。该市场的增长速度也很可观，据艾瑞统计，中国中小学课外辅导市场从 2007 年的 1 238 亿元增长至 2009 年的 1 897 亿元，年复合增长率为 23.8%。

（3）中小学纵向时间长，客户忠诚度很重要。一般中小学生参加课外辅导，从小学或者初中开始就在一家辅导培训机构进行补习，如果补习效果比较好，家长和学生会对该机构形成持久的信任和依赖，在接下来的学习阶段，仍会持续选择它，一些辅导机构甚至成为学生的第二学校。因而，顾客的忠诚对于中小学辅导机构至关重要。

（4）对经济周期变化不敏感。中小学课外辅导服务贯穿于学生 12 年的教育时间，而且这 12 年的教育往往影响到一个学生一生的前途，家长在这一阶段的投资相对来说比较稳定，因此中小学课外辅导市场与其他民办教育服务（如大专、职业培训）相比对经济周期的变化不敏感。有关统计显示，在 2009 年经济不景气、中国整体教育市场仅有 7% 的增速的经济形势下，中小学教育辅导市场仍有 26.4% 的增长。

（5）高度分散。我国中小学人数庞大，学生地理位置分布广泛，再加上市场进入门槛低等原因，各类中小学课外辅导机构呈现高度分散的特点。目前中国市场上有超过十万家公司从事中小学课外辅导，但没有一家公司所占的市场份额超过 1%。在这种高度分散的市场中，能提供高品质服务、具有良好品牌和信誉的机构更能吸引客户。

2. 行业内竞争对手分析

面对这样一块巨大的蛋糕，行业内竞争无疑是异常激烈的，各类教育机构奋力争抢，一些大型企业在其中逐渐显露出来，广为人知的有学大、新东方和安博等。2010 年这三家公司在中小学业务上的营业收入均高达 1 亿美元左右。

三家公司中，学大最为专注中小学课外辅导这一市场，主打“线上线下相结合”的个性化教辅模式，为每个孩子和老师提供“一对一”互动教学的平台。截至 2010 年上半年，学大已覆盖 44 个城市，建立起 157 家教学中心。安博以升学和就业为核心，同时也提供中小学课外辅导，尤其是 2008 年以来，其 K－12 教育收入开始明显增加，并收购了 5 家中小学，形成了完善的基础教育业务链。而新东方作为教育行业的超级巨无霸，通过英语培训建立起强大的品牌影响力和资本实力，已经将触角深入中小学课外辅导教育市场，其非英语业务收入早已超过英语业务收入。以上三家学而思的主要竞争对手情况如图 4 所示。

学大	新东方	安博教育
•最早专注于中小学课外辅导业务，开创了中小学个性化辅导市场 •2007年获得风险投资后采取激进的扩张策略，在全国范围内广铺教学网点，目前是市场上覆盖城市最广、教学点最多的一家培训机构 •疯狂增长之后，出现了运营效率低下、利润率难以维持等问题，品牌形象建设困难	•中小学课外辅导行业的后来者 •极高的企业信誉和卓越的企业形象，拥有广阔的教学网络和先进的管理服务体系，后发力强劲 •目前，优能中学+泡泡少儿英语已经成为其重要的收入来源之一	•通过企业收购进入中小学课外辅导市场，起步相对来说比较晚 •没有新东方在英语培训中积累的优势 •目前，已收购5家中小学，基础教育业务链比较完善

图 4　学而思的主要竞争对手

对于身处中小学教育行业的一家企业来说，要想在其中稳占一席之地，一方面要与众多强劲的竞争对手抗衡，另一方面，又要应对行业本身的挑战——较高的客户忠诚度。因为中小学纵向时间比较长，如果在一家辅导机构补习效果好，家长和学生一般会对其形成持久的信任和依赖，在接下来的学习阶段，仍持续选择它。因此，从一开始就抓住客户至关重要。

中小学课外辅导市场产品质量要求高、需求广泛、价值空间巨大，但也不乏各类风险。面对这样一片困难与机遇并存的红海，学而思开启了自己的乘风破浪之旅。

三、北大研究生的课外辅导班

（一）创业从做家教出发

2002 年，寒门出生的“80 后”张邦鑫考入北京大学生命科学学院硕博连读，为了缓解经济压力，他和当时的很多同学一样开始做家教来补贴生活。在其辅导下，数学成绩原本中等偏上的学生数学考试获得很大提高，其中一个家长看到小孩进步后非常高兴，介绍了一大拨熟人的孩子给他。当然，这是机遇也是挑战，如何同时给这么多孩子做辅导并且保证辅导质量?

张邦鑫把 20 个人分成了两个小班，并且承诺学生们：一开始可以免费听，家长不放心的话还可以来旁听，正式上课后任何时候不满意，都可以随时退还剩余学费。在当时思想开放度尚不高的中国，家教补习中从来没有人做过这样的承诺，但这却成为学而思开放型课堂模式的雏形，并且在其之后的发展中一直被坚持了下来。

（二）“非典”带来机遇，从网站到线下班

2003 年春天，非典突袭中国，北京学校纷纷停课，许多家教班倒下，张邦鑫和同样在做家教班的同学曹允东也未能幸免。在停课期间，不少有自主学习性的孩子开始借助互联网来解决自己在学习中遇到的困难，张邦鑫和曹允东做的数学论坛“奥数网”因此变得异常火爆。

“非典过后，线下班需求势不可挡，在一些家长强烈建议下，我们才开始设立线下班，我们的家教学生和一些在论坛上问问题的学生成为了我们第一批线下班学生。”在后来接受采访时，学而思的元老之一刘亚超如是而言。

“借助互联网平台来做教育相关的事情，是我们一开始的兴趣和理想。”也正是因为这种喜欢，学而思在后来的发展中一直重视对高端域名

的收集。2003 年的几个大学生也不会想到，这些网站在后来的营销和分校扩张中起到了巨大的作用。

（三）差异化战略，不做第二个新东方

2003 年 8 月，张邦鑫和曹允东凑了 10 万元人民币注册了一家教育培训公司，并给它取名为“学而思”，同时奥数网正式上线运营，自此开始了创业之路。

在竞争激烈而混乱的课外辅导市场上，市场虽大，但如何做出自己的与众不同？

在当时的课外辅导市场，补习班普遍被认为是差生才需要的，一般以一对一家教或者大班形式开展，并且更多培训机构着力于外语培训。不想被主流行业思维束缚的创始人决定走一条不一样的道路，从一开始就确立了差异化战略的实施：大家做英语，学而思做理科；大家做大班，学而思做小班；大家做补差，学而思做培优。通过对教育培训市场进行细分，学而思开辟了优秀学生教育培训市场的“蓝海”，彻底颠覆了学生和家长心中“补课 = 补差”的传统观点，成功在目标客户群中树立“补习可以是补优，好学生更应当去补习”的理念，其“精英教育”的市场定位深入人心。

“只做第一个学而思，不做第二个新东方”，这句话一直伴随学而思成长。

四、起步阶段——“培优”定位的实现

学而思一直坚持着自己的“培优定位”，把学习成绩中上等但同时具有进步要求的学生作为自己的目标客户。起步阶段的学而思通过创新性的课堂体系建设和对外紧密合作来逐步树立“培优”口碑。

（一）创新性的课堂体系建设

1. 坚持小班教学模式

小班模式的坚持是学而思培优的一大特色，在保证教育质量上有很大优势，一方面教师能够对学生个体给予更多的关注，更符合每个学生的实际，是一种人性化的教育；另一方面，教师的负担也不会过重，有利于科学地整合教育资源，使各项教学设施、教学资源得到最佳的利用。

不盲目扩大班级规模，控制学员人数，才有利于对优秀生进行集中个性化的专门培训。目前学而思的小班教学模式已成为其一个巨大的盈利点，2010 年大约占总营收的 70%，2013 年第三季度达 81%。

2. 有多少老师，招多少学生

“招生第一，按报名数请老师”一直是传统教育培训机构的做法，但这常常会导致学源的庞杂和管理混乱，使机构最终陷入规模扩展太大、教学质量低劣、在未来市场失去竞争力的困境。相比之下，学而思选择的理念是“有多少老师，招多少学生”。这和学而思注重质量而非规模的原则相一致。教师是实现课堂教学效果的关键因素，尤其是对于一个培优教育机构来说，必须保持适当的师生数量比，才能帮助学生不断提升，以优质取胜。

这种理念在学而思的快速发展期也发挥了“饥饿营销”的效果，为了抢到学而思的入学名额，许多家长甚至通宵排队报名，更加提高了学而思的知名度。

3. 开放课堂，鼓励家长旁听

学而思从创办之初到现在，一直坚持开放式课堂，允许并鼓励家长旁听，并且授课效果不满意可在 2/3 课程结束之前随时按比例退费。据统计，有 83.33% 的家长是希望能够参与听课的。

学而思之所以创新性地推出这样一种课堂体验，也是和其培优理念密切相关的。因为专注培优，讲义难度一般会高于考试要求。因此学生在课堂上可能会遇到听不懂的情况，如果家长不了解实际情况，一味地怪孩子听不懂或学习不努力，都不利于对孩子的信心和学习兴趣的培养。

把选择权交给学生和家长，把退费的压力留给自己，逼自己狠抓教学质量，这也慢慢发展成为好未来的核心价值观——成就客户。

（二）对外的紧密联系及合作

学而思在中小学培优中，特别注重和当地学校及高校之间的联系，通过联合组织各类活动，让学而思的优秀学员有机会被重点学校发现和赏识。凭借出色的教学成果和对外联合，学而思获得了许多学校的推优资格。

学而思也是拥有较多参赛机会的教育机构，其目标客户本来就是学习成绩优上等的学员，参赛获奖几率也更大。它与“华罗庚金杯”、“迎春杯”、“希望杯”等各大杯赛组委会有着密切的合作，这些杯赛一等奖学员一半以上均来自学而思。优秀的升学率和学员获得的各种奖项使学而思的名声越来越大，也越来越受学生和家长的认可。

（三）先完善教育的连续性再扩大版图

在扩大目标客户群体时，学而思采取了先完善教育的连续性再扩大版图的做法。学而思起家时针对的是小学奥数，之后逐步建立了初中部和高中部。在建立起一个完整的体系后，学而思才逐渐从北京走向全国。

学而思初期在北京的小学教育培养了一批优质忠实的客户，此时它面临两种选择，如图 5 所示：

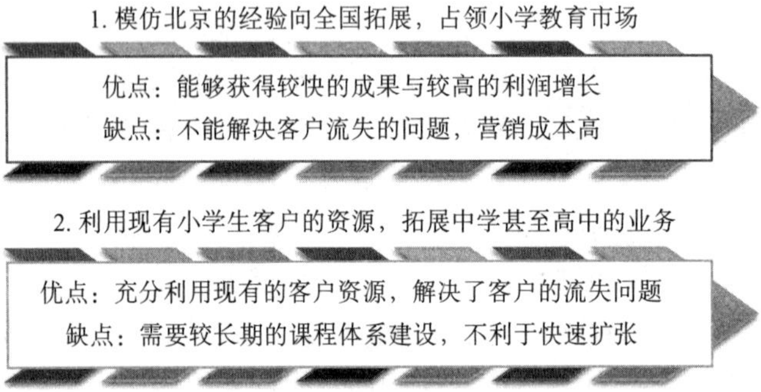

图 5　两种扩张选择

学而思并没有盲目的攻城略地，而是选择了第二种战略，对目标客户群进行了多元化发展，业务涵盖从小学到高中的全部人群。这种全覆盖 K－12 市场的客户群定位，成为其口碑营销的基础，也为其培养了许多忠诚度极高的客户。

2005 年，学而思培优成立初中部，集中进行初中数、理、化的精英训练。2007 年，创办高中理科，至此学而思培优从小学到高中的理科通道全部打通，这也为其后来设立分校过程中的“续班模式”奠定了基础。

五、扩张阶段——“培优”定位的强化

2007 年的一天，一家刚刚融资 2 000 万元的培训机构，一天内从学而思队伍里挖走了 5 个老师。这次重大的人才流失事件带走了几百名生源，给公司造成了数百万的经济损失。

塞翁失马，焉知非福。自我反思之后，学而思开始借助资本的力量加速进行全地域、全学科的扩张。半年后，学而思获得一笔千万美元的风险投资，将市场从北京市海淀区扩展到了东城、朝阳、丰台等区县，同时开通家教网和幼教网。同年，致力于高端家教服务的“智康 1 对 1”成立。

2008 年，学而思走出北京，在天津、上海、武汉建立了分校，并开发出整套虚拟课程软件系统，正式进入网络多媒体教学领域。2009 年，学而思完成上市前的第二轮融资，获得老虎环球和 KTB 4 000 万美元投资，在全面占领北京市场的背景下，进一步开拓华南地区市场，在广州建立分校。从这两笔融资的使用方向来看，主要用于增设网点、地域规模扩张和网络域名收购及新部门运营。2010 年学而思网校、E 度教育网正式上线运营。

在扩张的过程中，学而思也在不断强化自己差异化的“培优”定位。除了不断完善课程体系建设与加强对外联系，也通过严格的师资选拔、全资直营分校、续班模式与巨大的教研投入来增强公司在行业的“培优”形象。

（一）卓越的师资团队

从创始阶段，学而思就意识到，在所有影响学员成长的重要因素中，最重要的就是师资水平。

在起步阶段，学而思和很多教辅机构一样聘请兼职老师，但随着企业的成长，学而思也逐渐意识到师资稳定的重要性，逐渐加大全职老师的比例。目前的教师队伍中，36% 为公立学校兼职教师，北大清华毕业的有 200 多位，硕士以上学历的有 700 多位。

进入扩张期的学而思分别成立了培训部和师资管理部，本着对学生负责的原则，从教师选拔、教师培训、教师考核等各个方面制定严格的标准，遴选最优秀的教师。学而思的教师人才选拔及其严格，最终录用率一般不足 5% 。学而思教师选拔流程如图 6 所示。

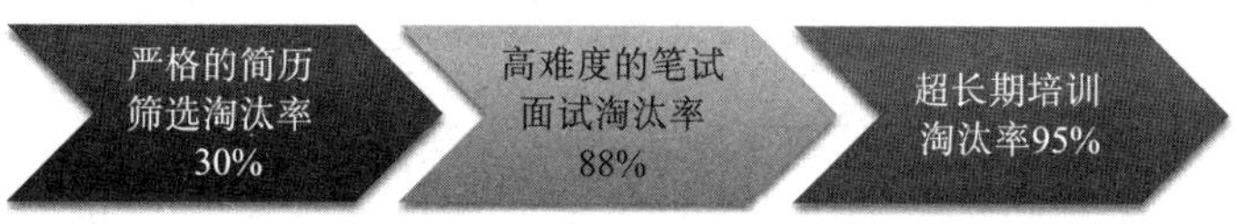

图 6　学而思教师选拔流程

学而思对教师的评价和绩效考查以相对客观的数据为标准。具体来说，以课时消耗、教研痕迹、停课激活、退费分析4项客观数据为监控要点；以学生和家长的满意率、续费率、生均课时消耗、踢退单率、拒课率、课时消耗量6大客观数据指标为依据，做出最终的综合评价。每学期学而思都会对所有教师进行排名，综合评分较差的教师则面临被淘汰的风险。

（二）全资直营控制质量，谨慎建设续班模式

目前许多教育机构均采取加盟模式来进行扩张，认为要“先做大，再做强”，然而，规模扩张过快必然带来质量难以控制的问题，进而严重影响机构品牌信誉，难以继续加盟和收购。学而思则自始至终强调精英教育，严格控制质量，直营是其主要模式。目前，学而思在国内大城市的分校及教学点均为全资拥有的直营模式，并实行关键员工总部派驻，由培训学院对师资统一进行培训。

学而思分校建立的过程也很有特色，开创了续班模式，即课程开设从低年级起步，做好之后再开设高年级课程。如最初建立时，不开设初二年级和初二以上年级的课程，要根据当地情况重点做初一年级，甚至是四、五年级的课程，招生人数和营收也有限制。一个学而思新分校的第一年往往只有百万级的营收规模，但由于全部的优质资源都会投放到初一年级，保证了教学效益，为其后续课程的建设打下基础。

（三）一流的教研产品和服务设施

学而思很早就设立了自己独立的课程研发部门，每年都投入巨额资金进行教材的研发，所有的培训教材都由自己的教师所编写，以适应中国各个城市的教学差异。

2010年10月，公司开始了新的融资模式——股市融资，发行了1 200万股美国存托股票（ADS），共融资1.2亿美元。其中3 000万用于扩大学习中心网络和服务中心网络，1 500万用于建设一个全国性的培训中心，还将大量资金投放到教育与科技的结合上。2011年6月，好未来耗资4 000万发布升级版的ICS2.0系统，在ICS教学系统和新教材开发上总投入金额达到了7 000万元。资金的运用方向也强化了学而思的“培优”定位。

学而思在每件教室都安装了高档漫反射投影仪，具有保护学生视力的作用；开发ICS智能教学系统，在课堂上，学生能够直观地接触到生动形象和立体化的音频、视频等其他教学软件，并可动手操作各类实验。教材均进行了改版，采取彩色版印刷方式，将整体教学标准化。

六、差异化营销策略：口碑营销与自建网络站群

2010年，学而思年收入超过1亿美元，成为中小学课外培训领域当之无愧的老大。不同于其他培训企业利用广告大战提高自己的知名度，学而思却鲜见媒体，而是坚持口碑营销和具有前瞻性的网络营销策略。

（一）口碑营销

教育行业具有其特殊之处，家长对于教辅课程选择非常谨慎，这也决定了口碑和品牌在这个行业中的重要性。同时，由于地域性的存在，口碑也是很好的无成本广告。学而思采取“口碑营销”的成功在于以下几点：

1. 续班模式

学而思的扩张采取了续班模式，即从低年级课程做起，做好之后再顺势开设高年级课程。新东方在高三年级建立的口碑并不容易扩散到高一高二年级乃至初中年级，学而思的模式则可以让低年级的学员把口碑逐年升级。以小学一年级为例，6年的时间即可让当地整个中学市场充分认可学而思的品牌。

2. “培优”定位

学而思从小学4年级开始就通过奥数课程留住优秀的学员，一旦习惯形成，这些尖子生便年复一年地在学而思上课，直到高三毕业。“培优”定位保证了学而思拥有优质学员群体，这些优质学员的强劲升学表现又进一步促进了口碑扩散。

3. K-12教育领域特殊性

在K-12教育领域，留住一个老客户要比开发一个新客户所得的回报要高，例如如果顾客对奥数培训产品满意的话，那么极有可能选择其外语、物理等其他学科的相关培训产品。而中小学12年的教育时间跨度也就意味着成功留住一个顾客就将意味着大量后续的重复消费。

学而思正是清楚地认识到这一点，因此一直坚持提高产品质量，关注客户需要，将大量资源投资于产品开发而非广告宣传。高升学率以及高质

量的课堂大大增强了家长对学而思的忠诚度，家长之间的口口相传也帮学而思建立了稳定且庞大的客户群。

（二）自建网络站群助力扩张

学而思虽然一直重视异地扩张，但是由于教育具有地域性问题，其异地营收占比仍在30%以下，基本都是一城一个点。不同于当时教育培训行业用重金广告费砸市场，学而思走了一条“非主流”的自建网络站群之路。随着互联网时代的到来，家长越来越依赖网络获取信息，网络广告的重要性也越来越大。

所谓自建站群就是自建网络媒体，学而思在成立之初就十分重视优质网站域名，很早就创办了奥数网（www. aoshu. com），开始了自建站群之路。针对目标客户群（学生和家长）有上网搜集学习和课程内容的习惯，学而思制定了行之有效的站群建设方案，在发展初期逐步上线了中考网、作文网、高考网等，2010年，学而思旗下的E度教育网统一各站站群正式上线，加入了育儿网、幼教网、英语网、留学网、eduu论坛等在内。

综合来看，网络营销有以下成功之处：

1. 施加品牌影响

除去各网站直接投放的针对性的广告外，E度教育网下的eduu论坛在网络营销中也发挥了重要的作用。论坛的主要栏目是学前教育、小学、中学、综合、活动推荐和报班栏目，并且提供学而思各机构和中小学学校网站的链接。值得一提的是，论坛注重学生生活的全方位服务，专门设有家庭生活栏目，家长可以相互交流，形成一个巨大的用户体验讨论群。

通过这种为客户间提供交流平台的方式，eduu论坛不仅直接对客户施加品牌影响，也间接成为了学而思口碑营销的网络载体。

2. 提供客户数据

E度教育网下的各大站群拥有着庞大的访问量，也意味着它们提供了海量的有关客户需求和偏好的数据。以eduu论坛为例，家长对于学而思的要求和建议会直接传递到相关主管部门，学生在论坛上提出的疑惑和问题也帮助学而思不断改进课堂。通过对潜在客户的需求进行分析并设计出有针对性的教育产品或者课程，学而思可以有效且低成本地实现业务开发与改进。

3. 助力对外扩张

由于教育地域性的存在，可以说所有的中小学教育培训企业都会面临本地品牌强大但对外扩张却很无力的问题。但是网络的力量却恰恰在于跨越地域的限制，实现信息的无障碍交流。利用拥有专业域名的优势，学而思可以相对容易地进行对外宣传和扩张。在入驻新的城市之前，通过对线上数据的分析，也可以减少其扩张风险。

七、差异化战略的结果

（一）入学人数不断增长，学员成绩骄人

如图 7 所示，2007 年，学而思入学人数为 67 996，2008 年为 215 080，2009 年则达到 382 505，实现了连续三年的高速增长。

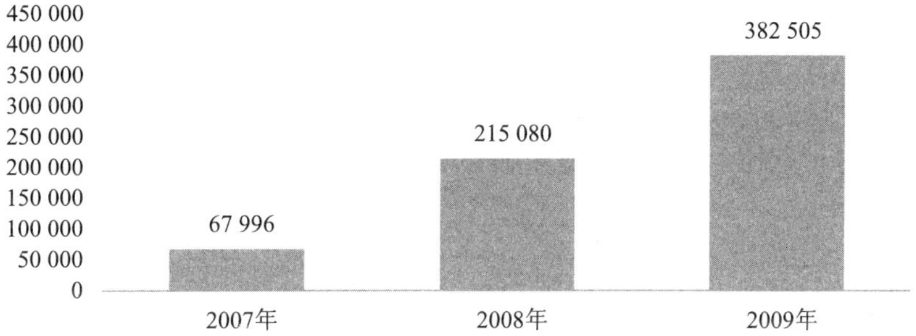

图 7　学而思历年入学人数

据学而思官方提供的数据，在 2010 年高考中，学而思 430 名高中毕业生中有 169 名考取北京大学或清华大学；同年，学而思约 5 700 名北京、上海的初中毕业生考入重点中学，升学率达 60%，比当地平均升学率高出一倍；同样在北京和上海，学而思超过 5 500 名学而思的学生进入重点初中，80% 的升学率比当地 15% ~25% 的平均升学率高出约 3 倍。希望杯、迎春杯、走美杯、华杯赛等全国性大赛中，一等奖获得者中 70% 以上均来自学而思，其学员团队在国际比赛如日本奥赛、世界奥林匹克竞赛中也取得包揽中国金牌的骄人成绩。

（二）经济绩效和员工绩效

如图 8 所示，2007 年到 2010 年，学而思的营收和利润均快速增长，营收在 2010 年高达 1. 11 亿美元，利润达到 2 404 万美元。

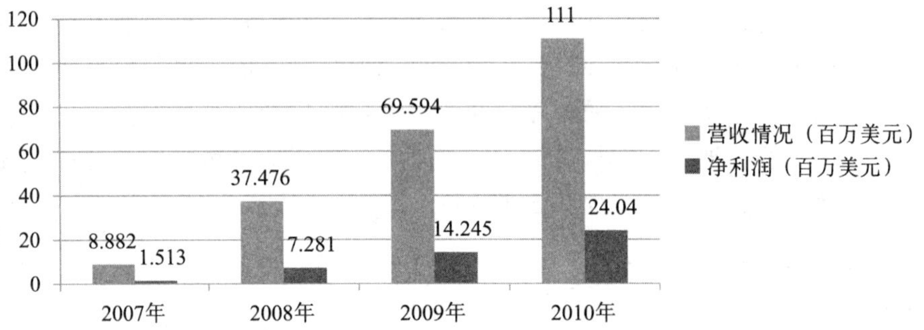

图 8　学而思历年营收与利润

在员工方面，2011 年至 2013 年，学而思员工数由 5 724 人增长到 10 447 人，增长率达 82.5%，员工培训总投入增长 55%，实现了员工对企业 84% 的满意度。①

八、放慢脚步，重新进入投资期

学而思从起步阶段就采取了差异化发展战略，并一直坚持至今。在草创阶段，学而思通过“理科”、“小班”、“培优”三个点的差异化定位开辟了中小学教培市场的蓝海；在发展阶段，学而思并未像其他企业一样高调进行广告宣传，而是采取了差异化的口碑营销和网络营销方式，使得学而思以低成本获得了大量客户；上市融资后的学而思也并未走上疯狂扩张之路，而是坚持以直营模式和续班模式保证产品的高质量，维持其“培优”的高端定位。

2013 年 8 月 19 日，学而思教育正式更名为好未来。随着在线教育领域投资的热启，更名后的好未来也加快了其互联网战略布局。2013 年 3 月，好未来对中国最大的视频公开课网站多贝网进行了 308 万美元的战略投资，拥有其 16.85% 的股份；2014 年 1 月 7 日，好未来集团宣布投资母婴网站宝宝树，投资金额为 1.5 亿元人民币，未来双方将从孕育阶段至中小学时期（0 到 24 岁）进行产品及战略接轨。

① 2013 年，在一项对教育培训行业几家标杆式企业的薪资调查中，新东方以高出同行业 40% 左右的薪资稳居员工满意度魁首，学而思、华图教育、学大也都在教育培训领域获得了极高的满意度。

目前，好未来教育集团旗下拥有五个主品牌：学而思培优、智康1对1、摩比思维馆、学而思网校和E度教育网。其中，学而思培优作为K－12高端培优教育平台，下设三个子品牌：学而思理科、东学堂语文和乐加乐英语。E度教育网是国内布局完整的中小幼教育专业门户网站群，旗下包含育儿网、幼教网、奥数网、作文网、英语网、中考网、高考网、留学网、eduu论坛、e度空间等10余个独立站点，并在全国23个知名城市运营当地的E度教育社区。具体品牌结构如图9所示：

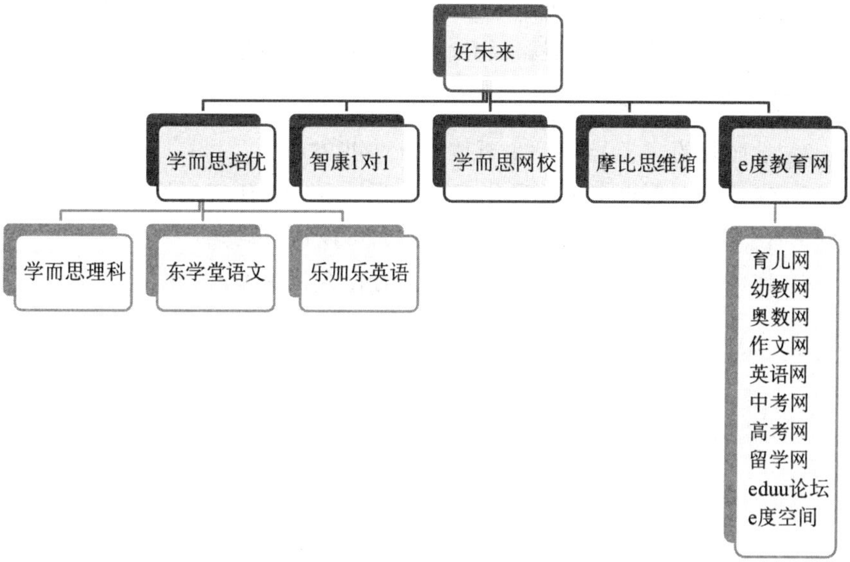

图9　好未来的品牌架构

在线教育的确是一片蓝海，但是目前却仍处于行业亏损状态。自2010年正式上线以来，学而思网校已连续亏损，每年的亏损都是千万量级。

在传统业务领域，好未来的差异化战略已经取得了成功。但是在充满未知与挑战的新兴教育市场，如何解决K－12在线教育的现有难题，将企业的差异化战略应用到在线教育行业，是公司在未来需要跨越的障碍。

案例使用说明

（一）教学目的与用途

1. 本案例主要适用于管理学、战略管理、组织行为学等课程。

2. 本案例是对学而思差异化战略发展的分析。战略制定和实施是企业发展的关键问题之一，教学目的在于使学生对企业战略目标的确立、战略定位、战略实施过程等有更加深入的了解，能够根据具体的行业背景和企业自身情况，对企业的发展路径有较为全面和透彻的认识。

（二）启发思考题

1. 学而思的“差异化”主要体现在哪些方面？

2. 你认为学而思实施差异化战略的背景有哪些独特之处？

3. 在未来，差异化战略还有哪些方面可以适当调整？

4. 你对好未来集团在线教育的发展有什么建议？

中国民营企业的发展道路研究[①]

——基于新希望集团的案例

[**案例摘要**] 从改革开放以来，中国的民营经济在曲折中不断发展壮大，目前已经成为我国国民经济发展的主要推动力。在三十多年的发展历程中，中国经济孕育了很多知名的民营企业，这些企业的成功也为中国经济的腾飞不断注入新鲜的血液。在经历了从无到有，从小到大的发展过程之后，我们需要对中国民营企业的发展道路进行总结，对成功企业发展经验的总结可以为其他民营企业提供参考经验，同时对成功民营企业发展道路的总结也能够为这些企业未来的发展道路提供相关建议。本文试图以新希望集团为例，分析中国民营企业在过去三十多年的基本发展模式，探讨以新希望集团为代表的民营企业的成功之道。

民营企业是我国经济发展的重要推动力，探究民营企业成功的原因对于引导民营经济的发展具有重要的意义。尽管每个企业都具有自己的特有属性，但民营企业在发展过程中存在一些共同特征。本文将以中国著名企业新希望集团作为分析案例，研究中国民营企业成功的一些基本因素。

一、新希望集团的发展概况分析

与我国大部分民营企业相似，新希望集团也是始于一个家族创办的小企业，1982 年刘永好和刘永言、刘永行、陈育新（刘永美）四兄弟以 1 000 元创办了以养殖鸡和鹌鹑为主的饲养场，该企业从创建之后获得快速成长，四兄弟在短短五年时间就积累了 1 000 万元，这在当时具有非常大的轰动效应，以至于在 1986 年，时任国务委员的宋健视察四兄弟创办的

---

① 本案例由中央财经大学商学院的张光利老师、商学院本科生林立鑫编写。本案例只供课堂讨论之用，并无意暗示或说明某种管理行为是否有效。

育新良种场，并题词“中国经济的振兴寄希望于社会主义企业家”，于是刘氏兄弟将自己其后创立的企业取名为“成都希望有限公司”，从此“希望”成为刘氏兄弟事业的品牌。刘氏四兄弟的企业规模不断扩大，业务结构也在发生改变，在养殖过程中，刘氏兄弟注意到饲料行业有利可图，于是他们开始进军饲料行业。希望饲料厂的饲料凭借质优价廉的优势迅速抢占了成都市场。在1992年，希望集团注册成立，刘永好任集团总裁，并且此时刘氏四兄弟开始对企业的产权进行了梳理，1995年又进行了第二次产权明晰工作，刘永好掌管南方希望公司，从1995年到1997年之间，以南方希望公司为基础，刘永好先生组建了四川新希望集团公司。新希望集团成为首批中国农业产业化国家级重点龙头企业之一，已经连续十二年位列中国企业500强，数年蝉联四川企业百强榜第一位，在海内外近30个国家拥有分、子公司超过600家，员工逾8万人，销售收入突破900亿元人民币，新希望集团控股的新希望农业股份有限公司于1998年在深圳证券交易所实现上市。经过将近20年的发展，如今新希望集团已经成为了集农牧、食品、化工、房地产、金融于一体的大型民营企业集团（如图1所示）。作为一个成功的民营企业，新希望集团的发展模式、经营理念已经成为众

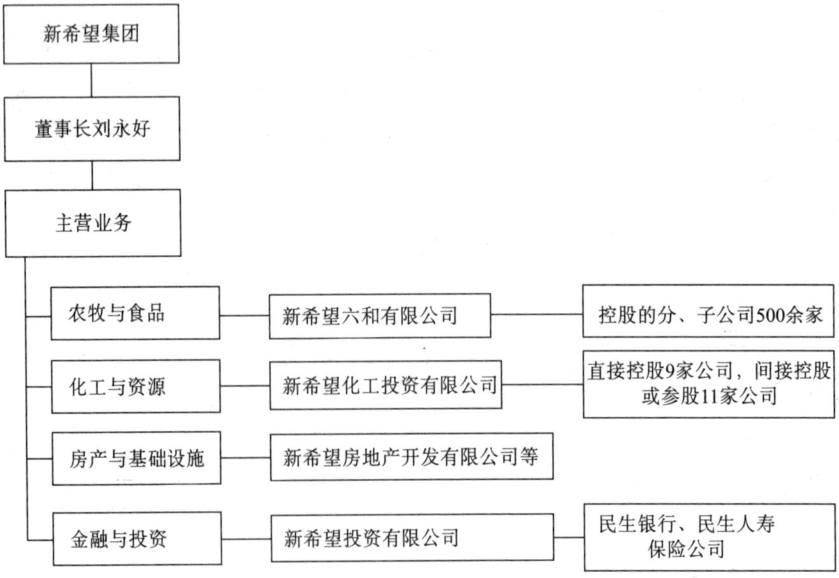

图1　新希望集团的业务结构

多民营企业发展的标杆。本案例将以新希望集团作为分析案例，分别从发展战略、治理结构、政治关联、代际传承、资本运作以及发展中遇到的问题等方面对案例进行了研究。

二、新希望集团的发展战略分析

企业的发展战略犹如大航海中船队的罗盘，正确的发展战略能够指引企业处于长盛不衰的境地。新希望集团秉承“严格的专业化管理与有限的多元化发展”的企业战略，树立起“百年新希望”的理想。中国民营企业一般的发展模式是企业家或者创业家具有对企业发展的绝对话语权，因此企业的生死存亡往往与企业家的精神和发展理念休戚相关。所以，在分析新希望集团发展战略时，需要分析企业家的企业发展理念。从改革开放之后，中国的民营企业经历了星星之火——遍地开花——倒闭潮——重组整合这几个阶段，在融资困难、政策不稳定的成长环境下，中国的民营企业平均寿命只有2.9年，因此经过大浪淘沙式的洗牌过程之后，生存下来的企业往往具有正确的发展战略和坚毅的企业精神。正是企业家的正确发展理念以及对行业的深刻解读，才能促使企业制定长远的发展战略。从相关媒体报道可以看出，新希望集团创始人刘永好先生始终秉承低调、警惕、勤勉、进取的精神，心里装着一个“准烈士”心态，在企业发展方面，坚持自己的“顺潮流、快半步”理论和脚踏实地的决策原则。俗话说“火车跑得快，全靠车头带”，在创业者良好的人格品质和发展理念推动下，新希望集团保持了稳健与进取并重的发展战略。

以新希望六和集团股份有限公司为例说明新希望集团的发展战略，公司长期坚持以“为耕者谋利，为食者造福”为经营理念，致力于打造“规范、环保、领先的世界级农牧企业，引领中国畜牧业增长方式转变”的战略发展目标。始终坚持以农牧业作为新希望集团的核心主业，在农牧业的板块中，该企业坚持以处于公司农牧产业链的最上游的饲料产业作为核心业务，并且制定了“饲料生产体系发展战略规划”来打造公司饲料品牌，创建“中国饲料行业生产体系标杆”；坚持以畜禽养殖作为公司的重要业务，主要涉及生猪和肉禽两个领域；推进屠宰及肉制品的深加工业务比重；除此之外，该企业的业务发展战略还涉及金融投资行业。但在2014年，为了更好地促进公司形成战略发展优势，企业提出了“以农业为主，逐步减少和淡化在非农产业（化工）的投资，以利于公司集中精力抓好农业产业链一体化的经营和发展”的发展战略，集中资金和精力搞好农牧产业的生产经营，公司将所持有的成都华融化工有限公司的全部股权转让给新希望集团有限公司。

三、新希望集团的治理结构

新希望集团成功的背后需要一个完善、高效的公司治理制度和组织框架作为保障，为了提高公司的运作效率，该企业一直致力于推行“组织及架构扁平化”的改革。以新希望六和有限公司为例说明新希望集团的扁平化组织架构体系，如图 2 所示，该企业保持了董事会、总裁班子直接负责各个业务部门的扁平化组织结构，总裁班子下设行政管理部、财务部、人力资源部、经营管理部、战略发展部、审计监察部六个行政部门，从组织

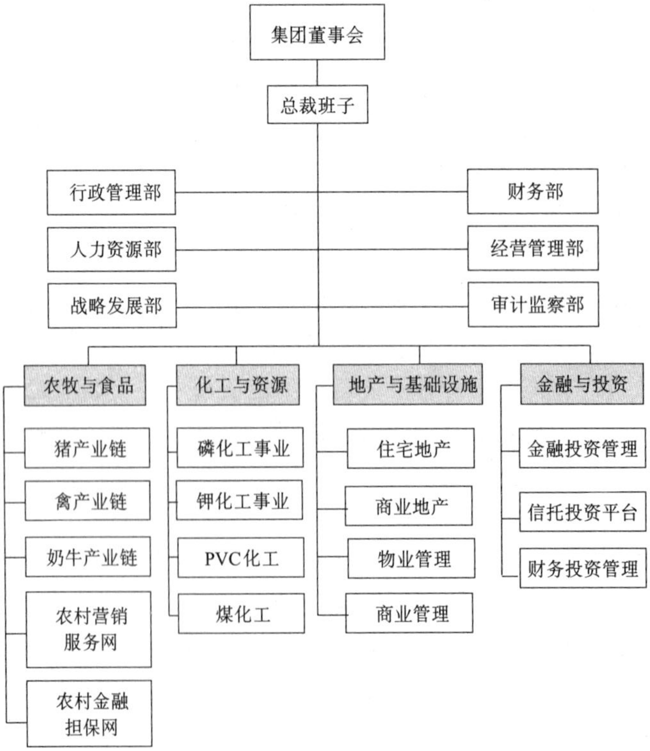

图 2　新希望集团的组织架构

架构来看，这六部门只是协助总裁班子日常工作，总裁班子的指令可以高效地传达到业务部门，这样最大限度地保持了领导层业务决策执行的高效性，实际上这种扁平化的组织架构也最大限度地保持了董事长或者总经理的权力。

从董事会结构来看，新希望六和有限公司的董事会有 7 名董事，3 名独立董事。该企业聘请温铁军等专家担任公司的独立董事，由于温铁军在农业经济领域属于权威专家，该聘任行为在一定程度上能够提高企业治理的可信程度。另一个重要的公司治理机制是企业的股权结构，1998 ~ 2014 年新希望六和有限公司第一大股东持股比例的变化情况如图 3 所示，可以看出该公司的股权集中程度在不断下降，由 1998 年的 57. 15% 下降到 2014 年的 29. 41%，股权结构集中程度下降的过程也是股权结构不断优化的过程。

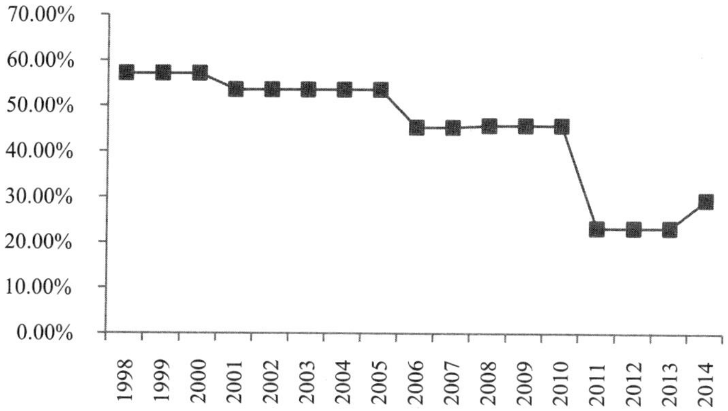

图 3　第一大股东持股比例

尽管新希望六和有限公司的实际控制权始终掌控在刘永好手中，但随着公司发展的需要，公司实际控制人的股权结构发生了比较大的变化。从该公司 2014 年公布的数据可知，实际控制人直接持股比例仅为 0. 02%，大部分股权是通过金字塔结构间接持有上市公司的股权。很多实证研究表明，金字塔股权结构的普遍存在性，特别是东亚各国（Claessens et al.，2000）。金字塔式股权结构在中国的上市公司中也非常流行，冯旭南、李心愉（2009）发现在中国，终极控制人平均拥有集团内上市公司的所有权为 33%，但大多数终极控制人的所有权和控制权并不分离，两权分离仅仅在我国家族上市公司表现明显。尽管新希望六和有限公司构建了比较完善的公司治理体系，但是仍然保留着比较明显的家族企业特征，而且家族企业特征在董事长更替的过程中更加彰显。目前，新希望六和有限公司的实际控制人刘永好主要通过南方希望实业有限公司、新希望集团有限公司、新希望化工投资有限公司等公司间接持有新希望上市公司的股权，如图 4 所示，这样的股权结构体系既保持了实际控制人的控制权，又增强了实际控制人控制金融资源的能力。

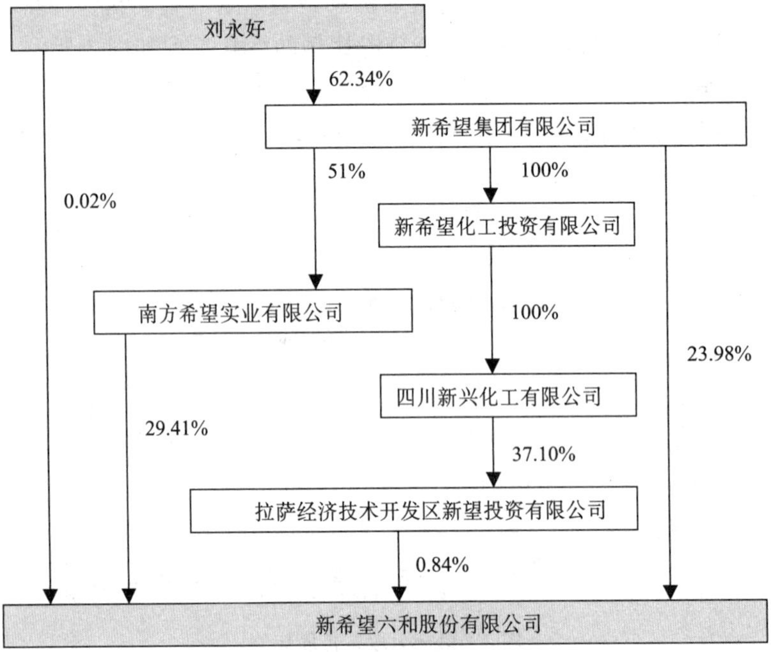

图 4　企业实际控制人的股权结构

金字塔股权结构使实际控制人的终极所有权和终极控制权分离，两权的分离产生了比较明显的代理成本，比如控股股东对公司的掏空行为（La Port et al.，2002），而且随着控股股东的控制权与所有权分离程度的提高，公司的价值损失越严重（Claessens et al.，2002）。我们对新希望六和有限公司实际控制人终极所有权和终极控制权进行了统计分析，发现在 2005 ~ 2014 年之间，该企业实际控制人的控制权均值为 47.09%，终极所有权均值为 27.34%，两权偏离程度的均值为 19.75%，如表 1 所示。陈德球等

（2011）统计发现2003～2008年之间，中国家族上市公司两权偏离程度均值为11.51%，对比可以发现新希望六和有限公司实际控制人的两权偏离程度更加严重。

表1　　终极控制权和所有权分离程度

年份	终极控制权	终极所有权	两权偏离程度
2005	53.61%	33.21%	20.40%
2006	45.26%	28.04%	17.22%
2007	45.26%	28.04%	17.22%
2008	45.70%	28.49%	17.21%
2009	45.70%	28.49%	17.21%
2010	45.70%	28.49%	17.21%
2011	45.13%	21.04%	24.09%
2012	45.13%	21.04%	24.09%
2013	45.13%	21.04%	24.09%
2014	54.25%	35.52%	18.73%
均值	47.09%	27.34%	19.75%

四、企业家的政治影响力与企业发展

新希望集团是一家典型的中国民营企业，从该企业发展的初期就与政治产生了千丝万缕的联系，比如前文所述，新希望集团的名字源自时任国务委员的题词。实际上，民营企业的政治关联或者政商关联是比较普遍的，张敏等（2010）统计发现在1999～2007年之间，中国上市民营企业占比高达39.94%。由于我国金融发展较落后、法制水平较低和产权保护不强，政治关联往往成为正式制度安排的一种替代性非正式制度。贺小刚等（2013）的研究认为相对于国有企业而言，非国有企业建立政治关联的动机更强，其主要目的是为了获得各种资源，而且民营企业也更加倾向于从事创造性生产活动。民营企业的政治关联能够帮助企业在一定程度上克服其所面临的所有制歧视，特别是信贷资源方面的歧视（张敏等，2010）。新希望集团的董事长刘永好先生从创业初期就产生了致富的明星效应，之后先后担任了全国政协常委、第十一届全国政协经济委员会副主任、全国工商联副主席、第十二届全国人大代表、中国民生银行副董事长、中国饲料工业协会副会长、中国乳业协会副会长等职务，这些具有行政色彩的职务不仅提升了刘永好先生的政治知名度，也提高了新希望集团的信誉。曾经在一次访谈中，刘永好先生也坦言这些政治职位实际上代表了政府对企业进行了信誉背书，一些事情更加容易办妥。①

可以说，中国比较成功的民营企业都与政治产生了或多或少的联系，比如复星集团、万向集团、万达集团等。新希望集团不仅通过刘永好先生的政治身份建立了比较强的政治关联，还通过积极承担社会责任，开展公益活动，巩固自身良好的社会影响力以及与政府之间的关系，比如田志龙等（2005）的研究提到，在新希望54次非市场活动中，79.6%涉及政府和媒体，18.5%涉及行业协会（例如，西部乳业协会）和公益组织（例如，中国光彩事业促进会）。而新希望涉及政府的非市场活动中，42.1%涉及中央政府，57.9%涉及地方政府；65.8%涉及的是与企业经营无直接关系的政府职能部门，34.2%涉及的是与企业有直接关系的政府职能部门。新希望集团所具备的政商关联和政治关联为企业的成长提供了比较宽松的环境，促进了企业长期的发展。

五、代际传承与企业发展

从改革开放至今，中国的民营企业也经历了三十多年的高速发展时期，从上世纪八十年代创办起来的民营企业已经到了权力交接的时期，如何将企业进行传承是所有家族企业面临的重要问题。相关数据表明，只有30%的家族企业能够生存到第二代，生存到第三代的家族企业占比仅为10%。范博宏（2010）对近20年来中国香港、中国台湾、新加坡的200宗家族企业传承案例的研究中显示，家族企业的代际传承将给企业的价值带来重大损失。为了使家族企业长久发展，很多企业很早就将权力传承问题提上日程，比如比较成功的案例是“李锦记”在代际传承过程中设立了反映家族精神的“家庭宪法”和家族成员相互交流的平台“家族委员会”制度，以使家族固守的理念稳妥地传递到下一代。如果权力交接不畅，不仅使企业经营遭受危机，还会使亲人之间的关系剑拔弩张。如曾经在新加

① http：//news. jjoobb. cn/news/3000/4845. html

坡非常著名的企业“杨协成”，由于杨氏家族的内讧阻碍了企业的经营发展，最终，一个历经94年的知名华人家族企业就此瓦解。

新希望集团也高度重视权力的代际传承问题，首先新希望集团的股权结构比较明晰，在创业初期企业经过两次股权明晰行为，创业四兄弟对集团的产权比较明确。另一方面，作为董事长的刘永好先生只有一位女儿刘畅，代际传承对象也比较明确，而且刘永好先生很早就开始为女儿制订了详细的接班人培养计划，1980年出生的刘畅16岁被送到美国读书，2002年获得MBA学位后回国，在北京广泛接触企业界名流。之后，刘畅开始以“李天媚”的名字在新希望集团任职，先后担任四川新希望农业股份有限公司办公室主任、新希望乳业控股有限公司办公室主任、四川南方希望有限公司董事、副总经理，完善的教育培养和多样的职位历练使刘畅具备了传承人的能力，在2011年，刘畅先后担任新希望集团团委书记、董事，并在2013年，出任新希望六和有限公司董事长。为了辅佐刘畅的工作，刘永好专门聘请了原六和集团总裁陈春花担任联席董事长与CEO。尽管新希望六和公司的权力交接安排比较周详，但是市场对此仍然做出比较负面的评价。由于刘永好仍然能够通过幕后辅佐刘畅担任董事长，因此这种过渡性“换帅”对企业的经营影响较小，从企业的总资产收益率可以看出，“换帅”之后企业的经营比较稳定，如图5所示。我们还对比分析了2012~2014年，相比同行业上市公司，该企业的ROE的变化情况，也可以看出该企业经营情况要高于行业水平。

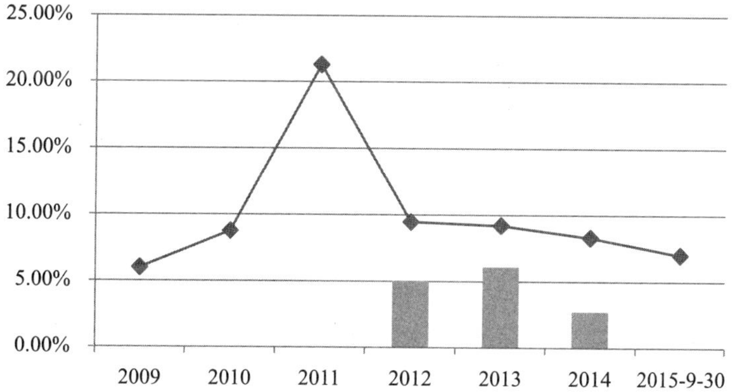

图5　“换帅”与企业经营情况

从整体而言，新希望六和有限公司的代际传承比较顺利，体现出创业者刘永好“步步为营，稳扎稳打”的经营理念，经营权力的成功传承为新希望集团的未来发展奠定了坚实的基础。

六、新希望集团的资本运作之路

资本是一个企业特别是民营企业发展的关键因素之一，为了企业发展需要以及实现企业战略布局，新希望集团很早就涉足了金融和资本市场领域，如图 6 所示，该企业在不同年度通过直接投资、并购、自建等方式进入了不同的行业。就进入金融行业而言，1993 年成为全国工商联副主席的刘永好接触了很多民营企业，发现当时民营企业最大的问题就是贷不了款。当时的银行只向国有企业贷款，贷不了款的民营企业很难进一步发展和扩张，于是刘永好想到了一个好点子：由民营企业组建一个银行专门为民营企业贷款。恰逢当时政府对民营企业开放金融业，在得到了时任国务院副总理朱镕基的批示后，1996 年 1 月 12 日，刘永好与多位民营企业家一起组建了中国第一家民营股份制银行——民生银行，新希望（当时叫南方希望）是第一大股东。由于当时民营企业贷款需求巨大，专注于民营企业的民生银行填补了这一市场空白，一成立就快速发展，为新希望带来了

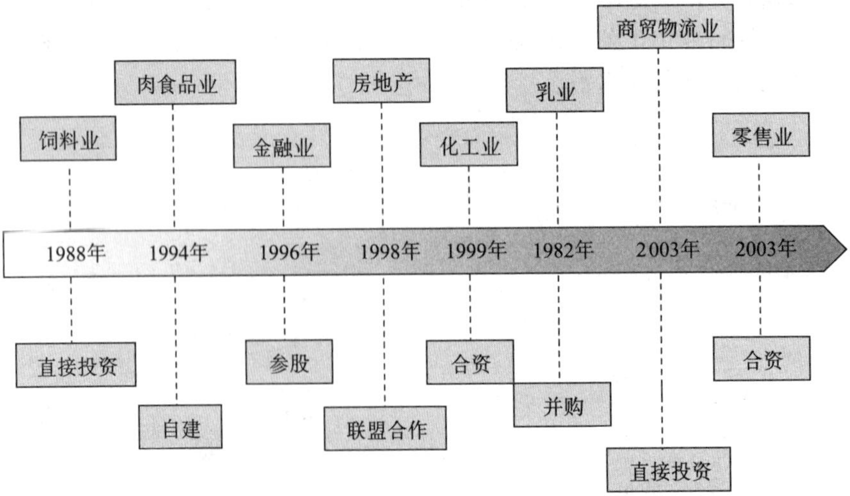

图 6　企业的投资与并购

丰厚的回报，减少了当时饲料行业竞争激烈、利润趋薄对新希望的冲击，使得新希望可以更好地发展自己的主营业务。2000 年，民生银行 A 股上市，时至今日，民生银行依然保持着良好的经营业绩。

1998 年，国内房地产行业陷入低迷，于是国家开始进行房地产改革。刘永好判断，像房地产这样的垄断行业刚刚放开时利润巨大，再加上之前成功涉足金融业的经验，于是刘永好决定进入房地产行业，新希望房地产开发有限公司随之成立。打算高调进入房地产行业的新希望第一个项目选择了与成都统建办联手开发当时成都最大的房地产项目——“锦官新城”。此后，新希望地产迅猛发展，在上海、昆明、南宁等多地开花，获得了巨大收益。

进入金融业和房地产业后，新希望继续自己的多元化进程。经过刘永好对国内外化工行业持续一年的调研后，2000 年，新希望与国际金融公司合资组建了成都华融化工有限公司，开始了自己在化工行业的发展。在金融、房地产、化工板块获得的利润使新希望资产在 1998 ~2001 年期间飞速增长。

当时的乳制品行业有着极高的总产值递增速度和企业平均利润率，因此被人们视为“朝阳产业”。2001 年，新希望开始进入乳制品行业，两年间，新希望在全国多地并购了十余家乳企。被并购的乳企大多是当地乳业排名前五的公司，这些公司在并购后利用新希望的全国优势提高了自己的知名度，增强了自己的产品竞争力。另一方面，新希望通过并购这些公司，降低了自己介入乳业的成本，快速进入了乳业市场。

经历了八年的多元化后，刘永好将精力重新放在主业上，他提出要打造大农业产业链的理念。2005 年 5 月 18 日，新希望宣布收购山东六和集团近半数的股份。两家公司强强联合后，超越了正大集团成为中国第一的饲料加工企业。同时，两家企业的抗风险能力也都得到了提高，这在高风险、低收益的农牧行业是至关重要的。并购之后，协同效应使两家企业继续发展壮大，六和也成为新希望集团利润贡献的主力。回归主业的新希望随后几年继续对自己的业务进行整合，一方面，新希望将化工、乳业等板块旗下的公司剥离出上市的新希望六和股份有限公司，另一方面，新希望继续在农业板块内投资并购，又打通了多条产业链。

七、新希望集团发展中的问题

最近几年，新希望集团的版图扩张比较明显，在高速发展的背后也出现了不少经营问题。比如并购成本较高的问题，为了能够成功并购企业，新希望在并购或竞标项目时往往会配合当地政府的要求，帮助当地政府解决一些问题。但这样也带来了一些副作用，在2001～2002年并购的乳企中有不少是国有企业，其人员结构臃肿，管理制度松散，按政府的要求，新希望接纳了所有原来的职工，也没有马上大刀阔斧地改革，但这么做的后果是这些乳企无法快速融入新希望，彼此之间甚至还出现了抢夺销售渠道的问题。新希望花了很长的时间去解决这些问题和整合这些企业，虽然后来都有了改观，但新希望也因此错过了乳业发展的黄金时期。

再比如并购六和集团，2005年新希望刚并购六和时，六和与新希望还是各自独立经营，两家公司不可避免地出现了同业竞争问题，经过6年的整合，新希望在2011年完成了资产重组，六和集团的资产注入新希望农业股份有限公司，两家公司合二为一，同业竞争问题得以解决。但随之而来的问题是，由于股权结构的变化，原来山东六和的高管也进入新希望，刘永好对于管理层的控制大大减弱，这给刘永好的继任者刘畅也留下了隐患。于是从2011～2015年，刘永好一方面引进学者陈春花任联席董事长来制衡原六和高管，另一方面，在他的授意下，原六和高管张效成、黄炳亮、陶煦相继离任，取而代之地多为能力突出的年轻人，但总体而言，通过并购实现快速扩张给企业的管理层带来了新的冲击。

产品质量是农业企业的生命线，一家大型企业可能会因为一种产品的质量问题而破产，比如“三聚氰胺”事件。实际上，新希望集团的快速发展也使产品质量很难把控，新希望集团也出现过诸如牛奶抽检不合格和“速成鸡”事件，但企业都在第一时间承认问题的存在，并下大力气改进企业的质量管理体系。

案例使用说明

（一）教学目的与用途

1. 本案例适于MBA以及商学院的研究生和本科生在学习《企业管

理》、《财务管理》等课程中使用。

2. 学习本案例的目的主要包括以下几点：

（1）从现实出发，深刻理解中国民营企业的发展道路，运用战略管理、政治经济学、财务学、投资学等方面的知识，对新希望集团的发展过程进行分析和评估。

（2）通过组织同学们讨论和分析新希望集团的发展历程，提高同学们发现问题、分析问题和解决问题的能力。

（3）通过该企业案例的讨论，提高同学们对家族企业的认识程度，特别是对家族企业代际传承问题的认识，可以启发同学们探讨更多家族企业的代际传承问题。

（二）一些值得深思的问题

1. 中国的民营企业家在把自己的企业做强、做大之后，往往积极担任政协委员、人大代表、协会主席等，除了寻找自我满足感之外，中国民营企业家积极参与政治的原因有哪些？

2. 政商关系应该如何把控。万达集团老总王健林曾坦言他对政商关系的理解：亲近政府，远离政治。在近十几年的时间中，中国至少有上百名有影响的民营企业家落马，福布斯或胡润百富榜上榜富豪至少有 23 人，被当局授予过各种荣誉的超过 40 人，身家过亿或者号称身家过亿的富豪过百人。这些企业家身陷囹圄之后，大部分企业破产，而他们的结果并非因为市场经济中的优胜劣汰，而是来自于非市场力量的政治风险。

3. 如何理解创业者的成功经验对于企业发展以及如何进行代际传承的作用。在新希望集团发展过程中，刘永好个人对农业的理解以及对企业发展的战略规划对企业经营产生了重要的影响，也是该企业成功的重要因素。如何将创业者个人特有的属性传承给下一代经营者对于企业而言非常重要，因此，可以请同学们对如何进行家族企业代际传承提出自己的观点。

小米和美的“闪婚”[①]

[案例摘要] 小米科技和美的集团宣布战略合作，双方致力于打造智能家居，一时引起业内广泛关注。格力集团董事长董明珠与小米董事长雷军的赌约还言犹在耳，雷军选择与格力的“死对头”美的合作这一行为是经过深思熟虑还是任性为之？小米作为手机领域的巨头为什么会和传统制造商美的合作？本案例描述了小米和美的合作的前因后果、合作过程以及合作优势和问题。作为中国互联网拥抱传统企业的案例历程非常值得我们探讨。

2014 年 12 月，小米公司与美的集团同时发布公告，宣布小米科技（小米旗下公司之一）将与美的集团达成战略合作，小米科技斥资 12.66 亿元入股美的集团，美的集团将以每股 23.01 元价格向小米科技定向增发 5 500 万股，募资不超 12.66 亿元。发行完成后，小米将持有美的股份 1.29%，并可提名一名高管为美的董事。此消息一出立刻一片哗然，小米与美的的“黑白配”能成为继阿里巴巴与海尔合作之后的第二个互联网拥抱传统企业的典范吗？

一、背景介绍

（一）小米和雷军

小米公司由雷军等人于 2010 年创立，包括米聊、MIUI、小米手机三款产品。目前，小米的三大核心产品是手机、电视、路由器。2011 年第一部小米手机发布会在北京举行，推出国内第一部双核 3G 手机。2011 年 9 月 5 日小米手机正式开放网络预订，半天内预订超 30 万台。2011 年 12 月

① 本案例由中央财经大学商学院王玉霞老师、商学院研究生管梦楠编写。本案例只供课堂讨论之用，并无意暗示或说明某种管理行为是否有效。

18 日小米手机第一轮开放购买，半小时内 10 万台库存销售一空。从 2011 年第一部小米手机使用线上销售至今，小米开创了一个独特的营销模式：饥饿营销。消费者要想购买最新的小米手机只有在一或两个周之前在小米官网上预订，或者在指定的时间段内抢购。

基于小米手机强大的营销手段、强大的粉丝效应、低价格策略，小米手机取得了巨大的成功。但是小米的野心远不止于此。小米除了自己的自营体系，包括小米科技、小米数码科技、小米通讯科技等，还投资了旗下的生态链企业。小米手环、移动电源、空气净化器就来自小米旗下米系企业：紫米、西米、创米。2014 年，小米先后投资了爱奇艺、优酷、金山云、迅雷等新媒体。小米生态链已初步成型。但小米把精力高度集中在产品研发和用户服务上，缺少自己的硬件加工工厂。未来还有很长的路要走。

（二）美的

美的集团是一家以家电制造业为主的大型综合性企业集团，于 2013 年 9 月 18 日在深交所上市，旗下拥有小天鹅、威灵控股两家子上市公司。1968 年，美的创业，1980 年，美的正式进入家电业，1981 年注册美的品牌。美的集团用工总数 13 万人，旗下拥有美的、小天鹅、威灵、华凌、安得、美芝等十余个品牌。美的以白色家电为主，现拥有中国最完整的空调产业链、冰箱产业链、洗衣机产业链、微波炉产业链和洗碗机产业链；拥有中国最完整的小家电产品群和厨房家电产品群；在全球设有 60 多个海外分支机构，产品远销 200 多个国家和地区。

2014 年美的前三季度的报表显示，美的净利润为 98 亿元。传统家电产业利润来源比较单一，仅仅是销售硬件产品赚取差价。但互联网的发展改变了原有家电行业的利润分配机制，上游供货商和整机制造厂商的利润正逐步向更接近用户的运营转移。未来，随着这一趋势的不断深入，家电终端销售价格将持续下降，硬件销售的利润被压缩。况且互联网时代，消费者的消费观念早已改变，互联网带来了买卖双方信息对称和透明。消费者只会为性价比买单、内容服务买单，而不为渠道成本、营销成本和品牌溢价基础上的“伪让利”买单。

传统家电市场的衰落，将家电企业推向了转型的风口浪尖，家电商们纷纷找寻出路。

二、为什么选择美的？

（一）雷军和董明珠的赌局

2013中国经济年度人物评选获奖名单揭晓，小米公司董事长兼首席执行官雷军、格力电器董事长兼总裁董明珠获奖。而在央视主持人陈伟鸿的精彩主持下、在“说好的1亿元赌局呢”的两位大佬马云和王健林的帮衬下，“柔中强”雷军与“铁娘子”董明珠当着全国人民又下赌注一枚：赌小米5年之内销售额能不能超过格力电器，而且赌资升级至10亿元。

格力董事长董明珠表示：“我是讲时代是在发展的，IT行业大数据的时代，应该随着时间在变化，我们格力在23年前，我觉得那时候拿一个大哥大，很大像奖杯一样大的手机，大家都引以为豪，但今天的手机变得很小，证明我们在变。格力在成立那个时候到今天，如果那时没有现在这么现代，就想到这样，那我们就叫腾云驾雾，空想。所以我们要脚踏实地做。到了今天大数据到来的时候，格力，像我们这样制造业的企业坚守什么、发展什么是很重要的。所以我觉得雷军做的虽然不错，雷军刚才台后就跟我杠起来了，他说我相信五年以后我超过你，我就没回应他，我现在在台上说不可能。”

接着雷军回应董明珠：“要不我还是说半分钟，刚才我的时间全被董总抢去了，所以董总绝对营销比我好。我简单总结一下，格力是我非常尊重的企业，董明珠也是我非常尊重的企业家。她在传统制造和传统的消费电子领域做的非常好。但是今天在互联网时代，用互联网的基因重新做消费电子的时代已经开始了，小米就是这个方向的典型代表。那么它的优势在什么地方呢？第一，它跟用户群最贴近，极其强调用户体验和口碑。我们为什么不做广告？最最重要的就是希望在这样的情况下，测试我们产品的品质和口碑。我觉得第二，因为它是轻模式，所以它的成长速度快。第三个，并不因为是轻模式，实际上我们有2 500人的服务团队，1 300人的7乘24小时的呼叫服务，这样的服务我们下的功夫是蛮大的。我最后总结一句，小米模式能不能战胜格力模式，我觉得看未来五年。请全国人民作证，五年之内，如果我们的营业额击败格力的话，董明珠董总输我一块钱就行了。”

但董明珠表示：“一块钱不要在这说，第一，我告诉你不可能，第二，要赌不是一亿，我跟你赌10个亿。为什么？因为我们有23年的基础，我们有科技创新研发的能力，而且我们保守了过去传统的模式，把马总请进来，世界就属于格力，你只有一半，不行的。”直接把气氛推向高潮。

（二）小米和美的的合作

而一年过去了，小米选择和格力的“死对头”美的合作，是经过深思熟虑还是任性为之？

对此，雷军表示：“很多人认为小米跟美的合作是因为我跟格力打赌。我觉得做企业不能那么任性，十几亿的人民币，我们肯定有我们的战略目的。这个与我跟董大姐之间打不打赌没有必然的关系。”

提到为什么和美的合作，雷军说：“和美的合作是我们两年前制定的智能家居战略的一个延伸。2014年年初小米和各大家电巨头沟通。花了大概八九个月时间才和美的达成战略伙伴关系。这个过程其实分了两步走，第一是自己通过智能硬件产业链的投资，投资了25家公司，使我们整个智能家居产业链初见雏形。这样我们才能说服美的，小米是有能力工作的，战略推进也是强有力的。第二步才是和美的这样的公司进行标志性的合作。合作的总体目标是构建小米手机的生态链，使这些设备都能轻松连接到小米手机上。也许需要5年时间，所有美的家电设备才能都和小米设备连接上。美的每年销售1.7亿到1.8亿台设备。如果将来能与美的达成互联，对小米的用户来说是一个巨大的作用力。美的在小家电排第一，在空调、冰箱、洗衣机都排在第二位，规模很大。我们是两家互补的公司。我们的战略构想是让家庭硬件智能化程度大规模提升，不是要构建封闭的生态链而是全开放的生态链，不排他不站队。”

公告中指出双方将以面向用户的极致产品体验和服务为导向，在智能家居及其生态链、移动互联网业务领域进行多种模式合作，建立双方高层的密切沟通机制，并对接双方在智能家居、电商和战略投资等领域的合作团队，积极探索多种合作模式，支持双方相关业务的发展。

美的和小米的合作是双向选择的结果，是面对互联网+时代的必然选择。

美的在2014年3月发布《M－Smart智慧家居系统白皮书》，全力推动智能家居战略。美的的智能家居未来包括水、空气、营养健康和智能安防四大领域。但美的的智能化需要引入更多的智能化技术、战略，对于主攻传统家电的美的来说，“单打独斗”并不现实。美的涉及的领域中唯独缺乏手机和电视，而小米的手机和电视可以弥补美的的欠缺。

美的线下拥有美的在国内有庞大的旗舰店、经销商体系，单是主攻县级市场的旗舰店今年目标就是 1 800 家，三年内开到 4 000 家；同时，还有正在“打通最后一公里”的安得物流的完善的物流配送体系。但美的家电电商所占份额只有 7.9%，小米商城虽然不及天猫、京东等电商平台，但它还是有相当的号召力的，而且有庞大的线上用户，“米粉”多是年轻人群，正好是美的希望拓展的目标客户群。借助小米的线上渠道，美的电商渠道将更加丰富，而小米的产品则可通过美的线下渠道设立体验店，大大减少了小米的成本。

小米已经在智能家居领域有了一定的尝试，小米电视、路由器、空气净化器等，但效果没有达到预期的设想。除了手机平板的硬件，其他产品的硬件是给外包给其他公司。而美的拥有完善的硬件加工厂和强大的市场的保有量，可以弥补小米在硬件方面的不足。

但这并不是小米的终极目的，小米董事长雷军更看重的还是为小米生态找一个落地的接口。

一位资深业内人士表示，做产品的公司，估值能达 10 亿元，做平台的公司，估值能破百亿元，而如果要破千亿元，一定是做生态的公司，把触角延伸到各个角落。

目前，小米在生态布局方面，已经靠自己的“互联网思维”开辟了几大核心硬件，包括小米手机、小米平板、小米电视、小米路由器。但一个现实问题是，除了小米手机，小米的其他产品引发的市场关注度并不尽如人意，没有市场规模、没有用户反馈，小米的“互联网思维”、“小米生态”就难以发挥作用。与美的合作可以为其打开突破口。美的规模已超千亿元，在家电市场的终端拥有量超过 20 亿台，和美的合作，小米生态可以延伸到美的 20 亿台终端上，无异于抢到了一个巨大的端口。

三、合作任重而道远

（一）i 青春

小米和美的在 2015 年 4 月联合发布了“i 青春”智能空调。智能空调到底有多智能，据悉，“i 青春”空调可以用小米手机或小米手环遥控，回家可自动开机，入睡空调自动进入睡眠模式，在打开窗户后即自动关空调。只要有一部小米手机就可以代替空调遥控器。

这是小米和美的婚后的第一项爱情结晶，但却被消费者吐槽并没有太多智能，而且一定要用小米手机或小米手环。在价格上也并不符合雷军“价格屠夫”的称号，2 699 元的价格消费者完全可以加几百元买一部更加智能的空调。

业内人士透露：“如果产品无法做到极致，违背了双方合作的初衷，合作就可能失败，这对小米的影响不大，顶多损失 12 亿元，但可能会陷美的于困境。美的内部同时存在互联网思维和传统思维，两股力量的冲突会让美的很受伤。”而对于小米来说，只是损失了 12 个亿，对于美的可就元气大伤。

这是国内对智能家居的第一次试水，智能家居在国内并没有统一的标准，对于消费者来说智能家居的概念也很模糊，智能家居在短时间内不会普及，小米和美的只能“摸着石头过河”。

（二）牵手“奥克斯”

2015 年 10 月，奥克斯携手小米发布了智能空调极客系列，其包含了柜机和挂机，型号分别是 X700 和 X800，而大家关心的售价也终于有了答案，4 299 元起。奥克斯表示，该空调定位为一线市场有小资情调的“80”后、“90”后年轻人。极客空调最大的亮点，莫过于机身厚度只有 130mm，这是因为采用了薄型电机，机身厚度缩减 25%，同时还采用双涡轮送风技术，采用双风道，实现 360 度上下环绕立体送风。此外，极客空调的压缩机来自日本精工稀土，同时提供去除 PM2.5 的功能，并内置小米智能家居模块，可实现用“小米智能家居”App 远程控制、故障提醒、静音、天气预报、自动关机等功能。奥克斯表示，接下来的空调产品也将全面兼容小米智能家居系统。

小米抛下美的和奥克斯合作，或许是为了更低的成本。在智能家居这个领域，没有永远的朋友，也没有永远的敌人，只有共同的利益。

四、尾声

小米和美的战略合作是传统制造业和互联网企业的碰撞交融，双方充分权衡过利弊才会选择“在一起”。雷军有建立小米生态圈的野心，美的同样可以利用小米拓宽销售渠道。然而，“在一起”以后会面临什么样的问题呢？小米和美的的进一步发展，让我们拭目以待。

案例使用说明

（一）教学目的与用途

1. 本案例主要适用于《运营管理》、《战略管理》等课程。案例适用对象：工商管理硕士（MBA）、硕士生、本科生。

2. 本案例描述了小米科技公司和美的集团的成立背景，营销模式，目前面临的瓶颈。从双方的角度讨论了小米和美的的战略合作的原因以及未来发展的前景。本案例的目的在于帮助同学们深入理解竞争战略、多元化战略、核心竞争力以及企业并购的动因及风险等。

（二）启发思考题

1. 什么是企业的核心竞争力？小米有什么样的核心竞争力？

2. 在激烈的市场竞争中，小米该如何保持竞争优势？

3. 小米选择和美的合作的目的？小米实行的是什么战略？实施这一战略会对企业带来什么影响？

亲亲宝贝商城的STP战略

——大举圈地生活服务市场①

[**案例摘要**] 本案例描述了作为率先提出B2F（服务家庭）战略的母婴行业领先者——亲亲宝贝商城，在发展历史中，积累了丰富的营销经验和同行的失败教训，面对电商行业的冲击和市场的激烈竞争，由最初的线下实体店铺，经过多次战略上的变革，发展至今，逐步走向一个成熟的母婴电商平台。目前，公司对母婴市场再次进行了细分，打破行业同质化的瓶颈，开启服务于母婴家庭的移动客户端营销战略，成为母婴市场上B2F模式的领跑者。

2015年11月4日，国内知名母婴移动电商公司亲亲宝贝“冲刺11.11暨生活服务战略签约仪式”在北京港中旅维景大厦隆重举办。仪式上，亲亲宝贝携手中青旅、58月嫂、润和微金、中影票务通、寻医问药、蛋糕叔叔、蛋糕仔仔、吾家阿姨等众多生活服务提供商，共同签订战略合作协议。此举，象征着亲亲宝贝在母婴市场生活服务版图上又一次大规模的“圈地”，这将进一步巩固其母婴行业领航者地位。

亲亲宝贝CEO刘国栋在仪式开始指出，中央新近出台的二胎政策对于母婴企业来说是一次难得的战略机会，随之而来的就是背后蕴藏的万亿级市场。细数行业历程，2003年母婴行业开始起步，2008年母婴电商行业逐渐兴起，2013年母婴已成为整个电商市场的热点。然而，在如火如荼的母婴电商市场中，母婴的生活服务领域，其实刚刚开始，亲亲宝贝恰恰站在这个战略机会点上，基于此，亲亲宝贝开展生活服务招商业务，大力拓展

① 本案例由中央财经大学财经研究院李军老师、商学院研究生张晨曦、商学院博士生孙军锋、商学院张云起老师撰写；本案例只供课堂讨论之用，并无意暗示或说明某种管理行为是否有效。由于企业保密的要求，在本案例中对有关名称、数据等作了必要的掩饰性处理。

与生活服务企业之间的合作关系。

亲亲宝贝将生活服务行业全部纳入母婴版图，缘由为何？

一、公司背景

（一）公司简介

北京市亲亲宝贝科技管理有限公司（以下简称“亲亲宝贝商城”）前身为北京市雷光商贸有限公司，创立于2003年。主要经营0至6岁婴幼儿妈妈用品、孕妇用品、孕妇装、婴儿服装、婴幼儿玩具、玩具、奶粉、尿裤、辅食、童车、童床、喂养用品、营养保健、洗护用品、居家日用等涵盖母婴全品类商品，满足孕、婴、童等不同阶段的用户需求。2005年10月，组建亲亲宝贝网上商城，开始涉足电子商务业务。2009年9月，更名为北京市亲亲宝贝科技管理有限公司。

亲亲宝贝商城依托10余年线下线上的运营经验和成熟稳健的供应链，本着“用心打造优质母婴用品，全新开创专业母婴服务”的理念，借助于互联网思维，以重构母婴需求场景、打通母婴需求的关联数据库、构建无缝链接和良好用户体验为其价值原点，逐步探索出了一种社会化母婴电商服务平台的商业模式。目前，亲亲宝贝注册会员数量超过400万，入驻商家超过3 000家，产品覆盖奶粉辅食、喂养保健、洗护清洁、孕婴服装、婴幼儿玩具、智能家居、亲子旅游、早教培训、亲子摄影等品类，合作知名品牌580多家。随着移动互联网的不断发展，亲亲宝贝推出了移动终端App，成为了国内首家B2F模式的母婴家庭购物移动平台。

（二）亲亲宝贝的发展历程

1. 立足实体店铺，发展连锁经营

亲亲宝贝的发展始于传统实体店的运作模式，后逐渐发展连锁经营。在北京，亲亲宝贝是母婴专业市场的先行者。从2003年10月，亲亲宝贝总店开业；2005年8月和9月，亲亲宝贝直营二店、三店分别开始营业；2007年6月，对外开展连锁店合作业务。2007年12月，亲亲宝贝连锁店累计26家，2009年12月亲亲宝贝连锁分店达89家。2010年底，经营线下连锁店数量达200多家。

2. 紧跟时代热点，开始网上运营

在发展实体店连锁经营的同时，亲亲宝贝开始探索线上运作模式，开始进入“直营店+加盟店+电子商务（亲亲宝贝商城）的三位一体模式”的时代。2005年10月，亲亲宝贝网上商城正式投入运营，开启了对线上营销的第一次接触；2006年9月，随着团购模式的兴起，亲亲宝贝网上商城改版成功，正式更名为亲亲宝贝团购网，并正式对外营业；2010年7月，相继关闭了全国的连锁店，结束了200多家线下店的管理，只保留了最早的一家北京天通苑总店，集中精力于网上业务；2012年，亲亲宝贝开始入驻京东、天猫、国美、1号店、苏宁电商平台。

3. 谋求战略转型，专注电商平台

随着互联网科技的不断发展，电子商务平台正在改变着人们的生活方式，将逐步取代现有的商品及服务交易模式。面对电子商务的发展趋势，亲亲宝贝又一次进行了大胆革新，告别“直营店+加盟店+电子商务（亲亲宝贝商城）的三位一体模式”，开始将目光转向线上电商平台的经营。2014年3月，亲亲宝贝商城一期改版完成上线，正式开始平台化经营。随着移动互联网的发展和电商形式的变化，亲亲宝贝开始调整竞争策略，主攻移动端。2014年12月，亲亲宝贝商城App移动端一期完成上线。2015年，亲亲宝贝迎接移动互联网技术，专注于移动端App的发展，并抓住LBS（基于位置的服务）及社区电商的机遇，开展了LBS本地生活服务和妈妈圈社区服务。

二、母婴电商市场现状

（一）母婴电商交易额持续攀升

随着二胎新政策的出台，中国已进入了人口增长的第4波高峰，母婴消费群体呈爆发式增长。分析人士预测，即使新出台的“二孩政策”未能大幅提升出生率，与婴儿有关的市场也将实现增长。据国家统计局、一米世界研究院发布的《2014中国母婴研究系列报告》显示，59%的母婴家庭消费中，宝宝消费占近一半，“富养娃”已经成为习惯。新生代父母完全培养起了在线消费习惯，毫无疑问，母婴电商交易额将会持续攀升。市场研究机构易观国际预测，2015年中国线上和线下的母婴市场将增长15%，达到2 440亿美元，并将在2020年增长一倍以上。

（二）移动端消费持续上升

移动代替 PC 是全行业大势所趋，2014 年天猫双十一 571 亿元销售额中，243 亿元由移动端支付。据苏宁红孩子销售数据显示，高峰时期约有30%交易额由移动端贡献，苏宁红孩子在业内率先推出了移动端 App，通过围绕养育的专题内容和购物指导，实现对目标用户的引流。母婴行业从PC 端转向移动端的过程中，速度更快，很多准妈妈在休假后不能使用电脑，转而使用手机。市场上消费者已经建立了移动支付的习惯。进入 2015年，这一趋势更加明显，PC 端转向移动端更加迅速，移动端或将贡献一半电商销售额。

（三）O2O 带来母婴行业新方向

如今，消费者在线消费习惯已经养成。2015 年，O2O（Online To Offline）和母婴的碰撞，加速了母婴 O2O 的进展。母婴 O2O 的线上交易，可以解决产品价格的不透明化问题、多品类的对比问题、支付环节的流程问题，同时，母婴 O2O 的线下体验可以改善产品质量、安全和对网购不信任的问题。通过这种方式，大幅度拉近母婴和消费者的距离，给母婴行业带来了新的发展方向，促进了母婴线上电商与线下实体的结合。然而并不是所有的母婴电商都能顺利地实施 O2O，资金、时间和物流成本都是 O2O 能否成功的关键。因此，在母婴 O2O 的热浪中，母婴行业正在以此为导向，开拓出更加适应母婴行业自身的新模式。

（四）竞争以价格战为主

价格战是电商的大杀器，即便是母婴领域也不例外。自苏宁京东 2012年大战以来，双方在多领域摩擦不断，2014 年 4 月，京东打出“超强奶爸节”，苏宁红孩子则针锋相对推出四月母婴钜惠活动，并在广告文案中直接挑衅京东“苏宁更便宜，奶爸你知道吗?”。从 6.18 京东店庆到 8.18 苏宁店庆，再到双 11、双 12，各家电商在母婴领域价格战不断。乐友、蜜芽宝贝、洋码头也纷纷推出属于自己的促销节日，而苏宁红孩子每年发起的7 月“疯抢 72 小时”单日销量创下母婴电商记录，成为母婴电商促销的标杆。

（五）母婴垂直电商空间巨大

2015 年第 1 季度我国 B2C 市场母婴品类交易数据显示：天猫以

50.1%的母婴市场占有率排名第一，京东20.1%排名第二，其次苏宁6.1%，排名前7的基本都是平台综合类电商，而众多的母婴垂直电商只有13.7%的份额。对于母婴垂直电商来说，这是一个不合理的分布，但同时也反映出母婴垂直电商发展的空间巨大，关键在于如何虎口拔牙？母婴垂直电商这只小蚂蚁能否绊大象呢？母婴之家、宝宝树、蜜芽、贝贝网、亲亲宝贝，谁会领跑行业呢？

“全面二孩”政策的放开，对于母婴垂直电商来说是一个难得的风口。但在复杂且多变的互联网电商领域，母婴垂直电商若只坐等二孩市场成长起来，最后伤到的肯定是自己。大环境即使变得有利，若是不能把握，只会被环境淘汰。电商市场的瞬息万变，倒逼母婴垂直电商必须利用这一机会，彻底地将自身提升至一个更高的高度。

三、亲亲宝贝商城的STP战略

对于整个母婴界来说，2014年是残酷和现实的一年。2015年1月，亲亲宝贝商城董事长张雷，召集全体高层商讨和制订2015年年度计划。面对资本对母婴行业的追捧和竞争对手的愈演愈烈，整个会议现场的气氛比以往任何一次都显得更加沉重，仿佛空气已经被冻结，大家都面无表情地低头看着自己的笔记本。此时，董事长站了起来，左右走动了一两个来回，然后对着各位高层语重心长的说：“下一步，我们需要怎样做？怎样定位自己？”

听到“定位”两个字，正在沉思的运营总监雷定禹有些按捺不住了，立马站起来，“我认为，亲亲宝贝必须重新定位，必须在市场中做到差异化，必须在细分市场中找到突破口，必须突破现在这个恶性循环的价格战！”霎时间，整个会议现场如沸腾的水，高管们开始相互交谈和议论，气氛活跃了起来。有赞同的，有质疑的。部分高管发出质疑了声音：“你倒是说出一个具体的方案出来，给大伙儿瞧一瞧。”雷经理激动不已地说到，“移动端的Business to family，这个方案我已经思考很久了……”

（一）细分母婴市场，在现有行业中寻求突破

2015年9月，亲亲宝贝商城董事长张雷在“母婴行业观察沙龙杭州站”活动中讲到，“母婴的市场去哪儿了？自京东、天猫、当当、唯品等一些综合性平台涉足母婴市场以来，以及2012年苏宁收购红孩子，母婴市场一天比一天热。城外的人进城了，城里的人想突破却自乱阵脚，甚至连

出城的方向都找不到了。然而，我们永远不能忘却母婴行业的本质：垂直、细分、专业。”母婴行业的细分已经开始，亲亲宝贝专注母婴行业12年，发现目前的市场需求已经与以前不一样了，精品和极致化的需求越来越被市场追捧。

1. “妈妈”是亲亲宝贝战略关键词

亲亲宝贝用十多年的成长经历诉说着其正品经营、服务细致的发展之路，用实际行动解决妈妈们所担忧的网购母婴产品的质量、渠道和服务等问题，并从价格上给予妈妈最安心的优惠。亲亲宝贝搜遍每一个角落，寻找每一个有眼光的妈妈，因为她们懂得亲亲宝贝用心经营之道，懂得亲亲宝贝的产品用着安心、价格公道。希望在2015年能有更多的妈妈把眼光汇聚到亲亲宝贝的平台上，体验其贴心的服务。

母婴用品的品类非常宽泛，包括从备孕到育婴这一特殊时期妈妈和婴儿的所有消费需求。如若将定位周期延长至小孩的童年时期，孕婴童用品的目标受众将更加庞大。亲亲宝贝认为，对于一位新生儿母亲而言，一个实物类商品极大丰富的电商平台是能够成功吸引她的，但是这其中还是缺一个服务类，由于妈妈涉及的是全方位的衣食住行，因此妈妈们既需要更多的服务，也提出了更高的要求。

2015年11月4日，亲亲宝贝商城运营总监雷定禹在接受记者采访时说到，“我是亲亲宝贝创始人之一，亲亲宝贝的第一家店铺是我开起来的，亲亲宝贝13岁了，比我两个孩子都大，在行业里多年的经验让我发现，实物类商品经营到现在其实同质化已经非常严重，竞争既激烈又透明，而面向妈妈们的平台非常多，她们的选择性很大，但是这其中缺少服务类平台。作为妈妈，我认为：除实物类商品需求以外，还有更多的服务类需求，目前没有一个平台能够完整地和有针对性地满足这些需求，这既是市场的缺失，也是市场的空间。”

2. 移动端成为亲亲宝贝的主攻方向

亲亲宝贝认为，移动客户端不仅是未来电商的发展趋势，而且是比PC端更便捷的一种网购模式。由于育儿阶段的时间是碎片化的，在母婴行业它将表现得更加快速，更加极致。另外，移动互联网提供的将是一个全新的生活体验，比如想要体验月嫂服务、亲子摄影、亲子旅游、早教、儿童娱乐等，完全可以通过移动网络实现。

经过前半年的准备和努力，2015 年 7 月，亲亲宝贝商城移动端的业绩就超出了预期。2015 年 8 月，董事长张雷在接受记者采访时说：“现在 95% 以上的订单全在移动端上，尽管还没达到‘大佬级’水平，但今后亲亲宝贝会将更多的精力投放在 App 客户端。”

（二）明确目标市场，在竞争中寻求差异化

经过对行业的细分，亲亲宝贝开始着手于研究移动客户端的营销。亲亲宝贝商城董事长张雷表示，亲亲宝贝有两个目标市场，即母婴实物产品市场和母婴服务市场，这两个目标市场都是通过移动端为母婴家庭服务的。

1. 立足母婴实物产品，以服务成就亲亲宝贝

母婴用品是刚需。作为一个覆盖全品类产品的母婴电商，母婴用品是亲亲宝贝商城的根基。但电商从最初的 1.0 时代已经迈进了成熟的新电商 3.0 时代，完成了从卖有形产品到“卖”服务的转变。“天下武功，唯快不破。”如今电商的服务，拼的就是高效、便捷，这成为上乘平台的不二法则。亲亲宝贝母婴商城一直在不断简化购物环节，降低运营成本，节约用户购物时间。亲亲宝贝让供应商入住商城，由供应商直接面对用户，取消中间层层费用，把实实在在的优惠落实给用户。母婴群体对产品品质要求很高，因此，亲亲宝贝电商平台在销售奶粉或辅食类产品时，对品牌、保质期等均有明确的标识，让妈妈们更放心地选购。

随着“海淘族”的规模不断壮大，亲亲宝贝设立“海外专区”，从产品和服务两方面满足“海淘族”对全球母婴产品的需求。目前，亲亲宝贝的海外货源已经拓展到美国、德国、爱尔兰、新西兰、瑞士、丹麦、英国、法国、澳大利亚、日本和韩国等 10 多个国家和地区，让海淘妈妈们轻松逛遍全球，采购母婴名品。亲亲宝贝对所有“海外专区”的货源拥有绝对的信心，在售后服务中，特别添加“7 天无理由退换货”的服务，让海淘妈妈们安心购物。

2. 新增本地生活服务，首创 B2F 模式

当众多母婴电商还在奶粉尿裤的红海厮杀时，亲亲宝贝为避开低端同质化的竞争，探索出了一条不一样的道路，开创性地推出 B2F（Business to Family）模式，即服务母婴家庭模式。随着婴幼儿的成长，孩子到三岁以后，原来的老客户需求发生了变化，培训、早教、亲子、照相等成为她们新的需求，因此亲亲宝贝新增了服务类产品。

2015年8月20日，亲亲宝贝与沱沱工社合作，并正式提出B2F模式。在发布会上，张雷表示，传递健康、安全、快乐的生活态度是亲亲宝贝的经营理念。亲亲宝贝B2F模式，将满足母婴家庭的一站式安全购物需求。沱沱工社入驻亲亲宝贝商城，拉开了亲亲宝贝B2F模式的序幕。之后，亲亲宝贝与58月嫂、中青旅、中影票务通、寻医问药、蛋糕叔叔、吾家阿姨等生活服务商签订了战略合作协议，大规模地“圈地”母婴生活服务市场。同时，新版亲亲宝贝App新增了本地生活服务模块，各商家全面入驻亲亲宝贝平台，使得亲亲宝贝服务群体与服务内容不断扩大，成为国内首家服务于母婴家庭的一站式服务平台，2016年元旦，B2F模式在全国全面展开。

（三）市场重新定位——服务母婴家庭的移动电商平台

价格战是电商竞争中的一大“利器”，为了造就快速增长的销售额，一些母婴企业不惜成本，全线降低母婴用品的价格，比如100多块钱进一包某品牌尿裤，69元卖出。面对当前的价格战，亲亲宝贝经过长时间的反思，远离价格战，提升服务能力入手，创新服务模式，力推B2F母婴发展模式，服务母婴家庭，主攻移动端。

亲亲宝贝国内首创B2F模式：“服务母婴家庭的移动电商平台”。迄今为止除了免税店、母婴大牌、童装、智能生活、原生态食品等七大实物品类，还拥有亲子游玩、早教培训、亲子摄影等一系列本地生活服务品类。用亲亲宝贝生活服务总监苏照元的话说，“我们围绕拥有0~12岁孩子的母婴家庭画了一个大圈，未来真正要实现一站式母婴家庭生活服务平台”。

亲亲宝贝董事长张雷曾讲到，“从2012年我就提出母婴生态圈，母婴生态圈到底是什么？难道给孩子买奶粉、买包纸尿裤、添置点衣服或者一些小洗护，就叫生态圈吗？伴着二孩政策的诞生，亲亲宝贝首要重任是打造全新的母婴新生态。未来的母婴新生态，就应该涵盖像中青旅、58月嫂、吾家阿姨、寻医问药等等品牌生活服务提供商，因为它们跟母婴的家庭生活息息相关，这本身就应该被纳入母婴行业的范畴。”亲亲宝贝就是抓住母婴行业发展的战略机会，为打造母婴极致家庭服务而努力，并力争成为这一领域的领跑者。

四、结束语

母婴电商行业的竞争仍在继续，行业面临着洗牌的可能。幸运的是，亲亲宝贝商城活过来了，正如亲亲宝贝商城董事长张雷在“母婴行业观察沙龙杭州站”活动中讲到：“从业 12 年，这 12 年中，开过母婴店、拓展过母婴连锁、傍过京东的大腿（官方旗舰店）、也搂过天猫的后腰（官方旗舰店）、也找过小三（苏宁、1 号店等），当然我们也有自己的幸福家庭——亲亲宝贝商城。这 12 年很庆幸，我们活过来了。”已经拿到投资的亲亲宝贝，正在全面发力做移动端，主推 B2F 模式，希望亲亲宝贝能够在母婴电商生态中找到自己的“位”，形成自己的“势”。

案例使用说明

（一）教学目的和用途

1. 本案例适用于工商管理专业《市场营销》课程中市场细分、市场目标选择和市场定位相关章节。也适合于本科阶段的《市场营销》、《网络营销》课程使用，同时也适用于电子商务等相关课程的学习。

2. 教学目的在于促使学生：（1）从线上和线下的发展模式，探讨电商平台的营销战略；（2）从 STP 战略方面，探讨市场细分、目标市场选择、市场定位的三部曲；（3）运用所学理论对相关案例进行综合分析。

（二）启发思考题

1. 怎样去分析企业所在行业现状，以及企业的发展历程，去深入剖析企业，挖掘潜在实力？

2. 企业要怎么做才能符合所在的行业发展趋势，以及自身的特点？企业如何进行战略选择？

3. 电商兴起之后，企业发展过程中遇到了什么问题，为什么要对市场进行细分？

4. 企业在做定位时，所进行的步骤是什么。如何去运用 STP 战略？

5. 定位于移动端、家庭服务式的营销方案，在目前状态的利弊有哪些？

6. 在目标市场选择时，如何在市场进行细分中找到符合企业自身特点的突破口？如何看待亲亲宝贝商城的 B2F 模式？

鲜谷农业是反转还是坚守?①

[案例摘要] 鲜谷农业自2004年创立以来，年销售额以10%速度递增。去年宏观政策变化，引发销售额明显下降，公司面临发展变局。在面临严重考验的时刻，股东们还是决定赌上一把，决定撤回上海的各项投资，减少在各种媒体上的宣传费用，集中投资在鲜谷自己的电商平台，即转换市场目标的决策，逐步培养自己的个体消费者市场，2011年初成立了北京倍多电子商务有限公司，招兵买马建立自己的电子商务平台，但凡事都不是那么一帆风顺，事与愿违，经过大家近一年的努力，销售额没有明显改变，于是2014年末，有的股东提出要求资金撤回，不再继续投资鲜谷，鲜谷将面临企业的重组，更重要的是面临资金周转的问题，使得电商平台项目不得不宣告暂停，待鲜谷重组后，他们仍然坚持要继续利用电商打开个体消费者市场，由于资金的问题，可能不能依靠鲜谷自己的力量来发展电商平台，需要借助第三方的平台来积累和培养自己的消费者。每次计划都是美好的，不知道鲜谷能否利用这次机会再造辉煌?

2015年3月10日，公司几位股东正在开会研究公司下一步的发展战略和市场的布局，本打算要在北上广站稳脚跟，然后再全国性的布局，没想到2012年以来的反腐，使得几个重要客户都纷纷不再订货，导致销售额锐减，影响了公司继续南下的战略布局。有的股东说应该暂停2010年的北上广计划，减少成本，共同度过这个突如其来的“冬季”，有的甚至提出要撤回公司在上海的所有投入。可是还有另一方的意见就是趁竞争对手过冬之际，应该抓紧时间布局自己的销售网，抢占市场，等待时机，但却遭到了其他几个股东的一致反对，认为目前发展步伐走得太快，导致每个根基

---

① 本案例由中央财经大学商学院的王俊杰老师，MBA研究生李晶晶撰写。本案例只供课堂讨论之用，并无意暗示或说明某种管理行为是否有效。

都不稳定，风险太大，如果政策短期不能好转，这样不但保不住各个分站，还会影响北京总部的发展。会议持续到晚上 9 点多，始终没有一个最终的方案，因为每个人都有充分的理由，最后只能不欢而散，而黄总独自留下来，又冲了杯浓咖啡，在空无一人的会议室里，静静地思考，到底该向前走还是……？他亲自经历了公司从设想到组建，再到发展的 10 年，一幕一幕的场景，都出现在他面前，可是没有一次会议是像今天这样，讨论了近 6 小时，最后还是没有结果，并且没有任何人妥协，大家不欢而散。

一、公司背景

（一）公司历史

鲜谷生态农业事业始于 2004 年，其愿景是通过一点一滴的长期努力，为更多的人提供健康、安全的食品。鲜谷视质量为企业生命线，鲜谷专门成立生态原产地考察组，认真考察全国各地生态、有机产地，多年先后在北京、河北、山东、陕西、江西、新疆、黑龙江、内蒙古等地精选产地生态环境好、种植经验丰富的农场建立多项有机蔬菜、水果、杂粮、禽蛋肉、山珍等供应基地。采用环保、有机、可持续的生产模式，积极推进生态种植业和生态养殖业在国内的蓬勃发展，在国家相关部门的大力支持下，积极探索新型高端农业发展之路。为实现鲜谷产品的优良品质，鲜谷严格控制产品质量，在参照美国（NOP）、欧盟（ECO）以及中国有机农业生产标准的基础上，创立了符合中国生态农业生产的标准流程，在种植、食品安全、综合利用领域结合实际操作情况，各基地又陆续完善了不同产品种植的操作规程，使不同产品的有机生产质量标准具有了可操作性。在基地管理方面，各基地都建立了完善的追踪系统，保证了产品的可追溯性。2012 年鲜谷食品科学研究院苏州阳澄湖大闸蟹研究所成立，至此，苏州鲜谷阳澄湖大闸蟹生态养殖专业合作社的蟹农们有了更专业性的养殖技术保障。研究所经过实地调研，考察阳澄湖水生环境，制定出传统加科学的大闸蟹生态养殖技术——循环生态养殖技术。研究所的技术人员发现，合作社蟹农十几年的传统养殖方式，给鲜谷大闸蟹生态养殖提供了很好的前提条件。鲜谷在团队建设、基地改善、产品质量控制和客户服务等方面都进行了不断的努力和持续的改进。鲜谷在全国推动的可持续生态农业，已经让越来越多的中国农民享受到生态农业带来的巨大好处。鲜谷已将自己的企业生态礼品服务陆续延伸至全国一、二线 400 多个城市，基本实现服务和物流全国化，让更多的高端客户享受轻松、体面的健康礼品服务。截至 2012 年 8 月，鲜谷已为 8 万多企业客户提供了配送到家服务，安全、健康、营养、美味的鲜谷生态有机食品和专业服务受到了消费者的认可。

（二）公司特点

与其他传统礼品行业不同，鲜谷不仅仅是提供给客户健康、安全、放心的优质产品，鲜谷也不仅仅是一家礼品公司，鲜谷成立了自己的食品科学研究院，对优质供应商提供科学的种植和养殖方法，协助并帮助农民，提高产品质量，引进国外先进的生产技术，聘请行业内的专家来帮助农民发家致富，并且逐渐打造鲜谷自己品牌的各种农产品和水产品，逐渐扩大自己的品牌效应；并且鲜谷所提供的产品都是直接同各生产放养基地合作，跨越了中间批发代理环节，在确保产品品质的同时，具有很高的性价比，并在全国已建立专业的全国配送体系，采取快捷灵活的配送方式，竭尽全力达到客户对配送时间的要求；又考虑到现在送礼实际问题，避免出现送出的礼品花费大、效果差的尴尬局面，一张鲜谷礼品卡就可以让收礼人在两千多种礼品中选择合适的商品，实现卡的转移代替实物礼品的转移，免去了送礼人和客户自己的提取货物中间环节。

二、行业背景

（一）中国礼品行业特征

礼品行业涉及商品种类比较多，可以这么说，只要通过礼品渠道销售，任何商品都可能成为礼品。现代礼品作为一个新兴行业，和传统工艺礼品有着根本的区别：可以批量加工、生产，成本较低。随着礼品市场的不断增长，现代礼品业已经成为一个单独的行业，但是，它还不能称为一个完整的产业，因为这个行业是以服务为主体的，特殊的渠道才是它与其他行业区别的最大标志。

1. 规模

礼品业在我国是一个新兴的行业，我国的礼品行业经历了四个阶段的发展，第一阶段是 20 世纪 80 年代初，由于国内经济的快速发展，企业以及个人在公关、福利方面对礼品的需求急剧增加，促使礼品业从众多行业中独立出来，并迅速成长。

第二阶段，20 世纪 90 年代，市场经济飞速发展，这时礼品已经进入了市场经济的各个领域，有需求就有人能抓住商机，礼品公司就应运而生了，但这些礼品公司那时候还只相当于一个简单的中介，即他们手里掌握着一定的供需渠道，通常是客户看中样品后由他们负责组织货源并交货。由于当时礼品公司的数量不多，它们所销售的产品在市面上也比较少，价格无从比较，利润相对比较高。

第三阶段，20 世纪 90 年代中后期，礼品市场的需求不断扩大，由于这个行业进入门槛低，许多投资者都开始进入这个行业。礼品公司如雨后春笋般开始大量涌现。这个时期的礼品公司专业性还不是很强，基本是客户需要什么他们就提供什么，对整体策划、客户服务、产品研发等做的还不是很到位，业务发展对人际关系的依赖性较强。

第四阶段，21 世纪，礼品业逐渐完善，现在的礼品业已经发展成为一个专业性很强的行业，内部开始细化，有的专攻广告促销品，有的专做实用性礼品，有的则开始走向了连锁加盟的模式。一些礼品公司也已经不再是简单地进行礼品买卖，而且可以融入客户的企业文化背景，针对其要求提供最佳的礼赠品解决方案、开发专属的礼品。因为竞争激烈，单纯的卖货的利润已经不高，这种高附加值的服务仍可以保持较高利润。

2. 竞争格局

经过近 30 年的发展，目前我国礼品生产企业过万家，60% 以上的礼品生产企业集中在广东、浙江、福建等沿海地区和北京这样的大城市。一些企业年产值已超亿元，其中北京地区有上千家大小规模不等的礼品企业。

3. 模式

我国礼品公司一般传统的经营模式如图 1 所示：

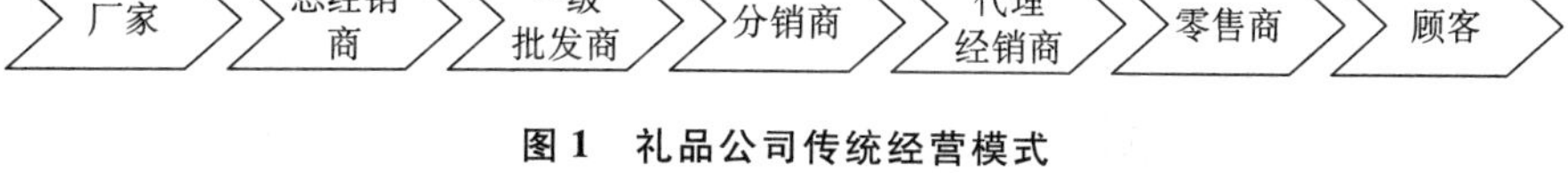

图 1　礼品公司传统经营模式

在我国礼品公司一般传统的经营模式中，一般代理商、批发商自己不生产产品，靠着与生产商良好的关系优势的进货渠道从事代理、批发业务，其团购客户较多。

4. 驱动因素

纵观礼品市场，我国礼品行业起步较晚，但发展速度很快，具有很好的发展前景和广阔的市场空间。中国人素来讲究礼尚往来，逢年过节，馈赠亲友，少不了礼品；企业搞活动犒劳员工，少不了礼品；感谢客户一年来的支持，自然更少不了礼品。市场化的中国，人际交往、公共关系作为纽带，在发展人脉、扩展社会资源、市场资源方面起到不可替代的作用，对商务合作伙伴、目标客户、顾客、资源控制者进行感情投入不可避免，这就开创出一个全新而巨大的市场——商务礼品市场。

商务送礼不仅是一种良好的交流与沟通方式，同时一份恰到好处的礼品还能为企业获取更多的商业机会。据有关部门预测，目前我国商务礼品市场有超过600亿元的市场空间，并仍在以接近20%的速度增长。商务礼品市场的礼品构成状况较之个人礼品市场显然更加复杂，很多分析人士已经开始把近年来礼品市场的异常火爆归结为商务礼品的异军突起。

（二）农产品礼品行业特征

而作为商业礼品，其中的农副产品和休闲食品礼品市场逐渐升温，近几年发展起来类似的公司很多，农产品市场很热闹，竞争很残酷。但是这个市场足够大，足够大的市场意味着，新公司仍然有机会在市场中占有一席之位。

拿坚果市场为例，可以分为三种，A：散货坚果市场；B：袋装坚果市场；C：互联网线上市场。A市场的代表是实体炒货铺，各种现炒现卖的实体铺子，其特征为：周围小区居民购买方便，由于店铺地理位置固定，购买需求较为固定；不重视品牌营销，几乎没有什么宣传和促销模式，完全靠客户的实际体验，更谈不上什么附加的服务体验，属于典型的传统销售模式。B市场的典型代表也是一个实体，例如来伊份这种在商场上和写字楼里的店。其特征为：需求稳定、严苛的综合质量要求、口味的独特性，包装的便捷和美观性要比炒货铺要好。最主要的消费者是办公室或宅人，为了打发无聊或是忙碌的时间，安慰自己的身体和心灵，其次才是满足自己的口腹之欲和补脑强身。售货员将消费者引至购买环境，通过美观的陈列、气氛营造、促销信息、导购推介、免费品尝等营造立体和亲身体验，一般体验过后，消费者都会主动购买。C市场是一种新兴的市场模式，就是借助互联网技术为依托，利用电商平台实行线上销售打开销路，这种特有的商业模式缩短了商家与客户的距离，确保让客户享受到新鲜、高品质的食品，开创了中国食品利用互联网进行线上销售的先河。

三、鲜谷的经营模式

鲜谷是在这批异军中崛起的一家礼品公司，抓住了商务礼品这块利润丰厚的市场空缺，2004年建立了自己的礼品公司，但是鲜谷并没有一成不变地按照传统的经营模式和理念去赚取中间利润，而是仔细地做了礼品市场的调研和分析，发现传统礼品公司的一些弊端后，针对这些弊端，鲜谷设计并制定了公司的发展方向和目标。

（一）发展目标和定位

规模小、门槛低是一个礼品行业公认的问题，80%以上的公司都是人员少，营业额低的小企业。据有关资料显示，在2000年的时候，北京最有影响的十家礼品公司专职的业务人员超过10人的只有三四家，大部分的营业额都低于1 000万元。而且这些公司还都是经营超过3年、甚至十年的老公司。近几年礼品业发展迅速，公司规模和人员配置比2000年要大很多，但总体来看，仍呈现一个分散小型经营的状态。这种现象与该行业特点是密切相关的，礼品业从一个较低的入门门槛进入，决定了规模小、经营灵活的小企业的大量存在。小企业的缺点是不适应现代化市场发展趋势，难以创立强势品牌，鲜谷的几位股东恰恰是看到这点，决定打造鲜谷自有的品牌，建立自有的生产养殖基地，省去代理商、经销商的中间环节，直接面向客户终端，并在前期把客户定位在高端集团客户团购群体，来增加自己企业的品牌效应，逐步将企业集团化规模化。

（二）经营理念

正是由于礼品行业的不规范，很多礼品公司不在提高自身的产品和服务上下功夫，而在低价竞争上做文章，采取对客户不负责任的态度，用质差价低的产品去冲击优质的产品，用仿冒品去冲击正品。这严重影响了整个行业的利益和形象。恶性竞争只能保持短期的小部分人的利益，给行业带来的是经营的萎缩，导致一些资金不雄厚的小公司举步维艰，不少礼品公司已退出礼品业，转向其他的行业。剩下的也被迫卷入这种和竞争对手的厮杀，用微薄的利润维持公司的生存。这种情况给鲜谷一个很好的机会，股东们决定要把鲜谷打造成一家以诚信服务客户，客户至上的诚信企业，不赚亏心钱，不做亏心事，另外，股东们一致认为鲜谷不是礼品公司，而是给客户提供健康食品、绿色食品的服务公司，不仅服务于客户，更是为广大农民和养殖户服务，帮助农民和养殖户引进国外先进的种植和养殖方法，聘请专家为农民和养殖户提供科学指导，使农户增收、企业发展、消费者得到最根本的实惠。

（三）从业人员能力

在20世纪八九十年代，礼品公司的从业人员素质较低，一般大专毕业的比较多，也没有很好的创新和研发的能力，很多企业没有自己的设计人员，产品的技术含量很低，基本就是简单地把企业的LOGO加上去。这样的产品难以获得高利润，也不可能有很强的竞争力。从业人员的素质低也导致了人员流动频繁大，殊不知人员频繁流动会大大增加企业人员成本，还会影响公司的稳固和长久发展。而缺少较高素质管理人员更会导致效率低下和成本及资源的浪费，不能够给企业带来较高效率的经营模式，使企业不能在长期的发展中保持竞争优势。鲜谷的股东都是多年从事礼品行业的资深人士，但是不足是缺少一些年轻的，高素质的管理人员和研发人员，所以鲜谷决定，虽然自己不是专家，但是在某个行业，比如生态养殖大闸蟹行业，可以雇佣和聘请专业的专家给养殖户提出专业意见，并提供更先进的养殖方法。在公司的品牌推广方面，聘请专业的设计人员，为公司的产品和包装设计自己独有的风格和标识。

（四）知识产权保护

礼品行业对新产品的推出频率要求较高，产品要有新奇的创意才能赢得市场，但是其技术含量一般都不高，这就使仿冒变得很容易，经常是一个新产品刚刚面世，仿造品就出现了，在我们调查的有产品设计的企业中，82.3%的企业都曾经被他人仿冒过，这个数字是惊人的。抄袭使得产品大量雷同，导致价格竞争剧烈，使得无论是原设计厂家还是仿冒的企业都被压低了利润，最终的结果就是使企业失去了研发的动力，形成一种恶性循环，市场混乱。在调查的企业中，不给新产品申请专利的占到64.7%，在这个新产品层出不穷的行业，每年申请专利在10项以上的企业只占23.5%，这个调查还仅仅是在有独立设计人员的礼品公司范围内，如果调查所有的礼品生产企业，这个数字将会更低。鲜谷注册了自己的品牌商标“微果”、“鲜谷”、“微谷”、“朴橙”、“五黑贡鸡”等，也对自己公司设计的礼盒包装申请了专利保护。

（五）鲜谷在农产品市场上的销售模式

供应商的选择上，非原产地的农产品不选；口感和营养不好不选；产品检测上，聘请行业专家，在自己的加工厂进行原料检验，过程品质的控制，出厂和包装的合格检验；农产品的储藏对质量很关键，鲜谷在北京设立了自己的冷藏库，并且在河北食品加工厂还有自己的冷藏库和普通仓库，在保证产品质量的同时，不用分销商，减少中间送货环节，缩短发货时间。鲜谷一直视客户体验为第一位，所以非常重视产品质量的保证，投入了大量的人力物力从选材的开始，到过程的加工，到最后环节的配送，无不体现了这一宗旨，这使得鲜谷和其他一般的礼品公司有所不同，鲜谷是从上到下完全自己来控制整个生产、销售和配送的全程，又集礼品卡的概念于一身，使得鲜谷成为一个完整的礼品行业链企业。

四、鲜谷的发展和困难

（一）目前的困难

鲜谷的公司理念和商业原则，在公司创建的初期，确实赢得了客户对鲜谷的认可，也在北京打开了自己的市场，客户群体逐渐增加，从原来的中小企业到后来的500强企业，从十几个订单，到成百上千的团购，一切似乎都是按照鲜谷设计之初的想法，很顺利地把销售额从几十万元一下子增加到500万元，甚至更多。到了2010年底，公司已经有了一定的规模，有了一些固定客户的积累，股东们决定下一步要扩大自己的经营范围，在一线城市要建设自己的分公司，然后进一步发展二三线城市，布局鲜谷全国的网点。于是鲜谷决定先攻占上海市场，在2011年组建了上海的团队，之后2012年初鲜谷食品科学研究院苏州阳澄湖大闸蟹研究所成立，同时在河北也建立了鲜谷自己的河北望都食品加工厂，上海的生意刚刚有了起色，股东们正在计划在未来一两年内去开发南方市场。不料，正在股东们还在意犹未尽地畅想未来几年鲜谷发展的时候，政府出台“八项规定”，对礼品行业的影响巨大，还没有等到2012年的春节，鲜谷的订单突然锐减，大客户都纷纷不再下订单。

（二）困难造成的影响

上海和北京都措手不及，股东们都急坏了，赶快去想各种办法并派销售人员去和客户进行沟通，得知好多企业领导为了响应国家政策“八项规定”，减少员工的福利，减少送礼的预算来缩减开支，没有这部分预算，客户们也觉得很为难。得此消息后，鲜谷立即召开了销售会议，经过鲜谷领导们的研究决定，销售总监下令，搞一些促销和让利的活动吸引一些散户，产品部立刻制定了促销方案，有的按 8 折销售，有的则是采用买一赠一等多种促销手段。过了几周，有了一些立竿见影的影响，虽然也帮忙消耗了一部分库存，但是对大订单的锐减，这点销售简直是杯水车薪，根本解决不了实质性问题。和往年一样，鲜谷为了春节准备了充足的库存，花了大量的资金进行网络广告推广和宣传，准备提高销售额，这样一来，销售额不但没有增加，反而是大量的减少，库存积压，资金也被压占，随后各种问题随之而来。由于刚刚成立上海公司，上海的一些费用开支，基本上都是由北京这边来拨款，但目前的情况，北京公司的资金周转不开，无法再给上海做补给，使得上海的运营很难开展下去。股东们赶紧调回上海负责人，2013 年 3 月初，开了政策后第一次股东大会，讨论该如何应对目前的情况。

（三）引入电商

股东们当时对公司还是很乐观的，毕竟鲜谷也经历了多年的摸爬滚打，不会这么容易被击垮。当时有人提出，鲜谷的产业链很完善，但是唯独客户群定位太单一，只是聚焦在大型的团购企业上，忽略了个人消费市场，所以要细化目标客户，依托互联网技术，利用电商平台，发展终端消费者，虽然已经有很成功的线上销售的一些竞争对手，但是个人消费者市场还是很大的，如果能够发展终端消费，那也将会是一个很好的前景，同时降低在各种媒体网络上的宣传费用，减少各项开支，维护好老客户。于是想利用早些年成立的北京倍多电子商务有限公司，准备做电商，攻个人消费这块市场。

当时公司匆忙决策，没有做充分市场调研，在 2013 年，当时的电商市场已经很饱和，并且电商平台被几大家电商垄断市场，如京东、淘宝、1 号店等，小的电商根本无法打开自己的市场，甚至在短期内无法实现盈利，就这样，引进电商的想法，在经过近一年的尝试中，没有收到应有的效果，甚至说很失败。在2014年这一年里，公司几乎是入不敷出的，并且北京还要承担上海的大部分开支，股东眼看前几年赚的钱每天都在给公司补洞，几乎没有赢利。

（四）再次陷入僵局

于是在2015年3月中旬，鲜谷再次召开股东大会，这时有的股东要求撤回上海的人力和物力，暂时把所有的精力放在北京，要全力保住北京大本营，过了这个“冬季”再谈发展。上海负责人极力反对，因为上海的一切都是刚刚起步，如果突然撤回，那么相当于之前的投入都白白浪费了，并且现在都是困难时期，竞争对手也不好过，并且这次危机会自动清理一些小规模和不正规的小公司，这样一来，也是对鲜谷的一个很好机遇，建议股东再次集资，看好时机，赶紧布局自己的销售市场，但是却遭到了大部分股东的反对，所有股东无法达成一致的意见，股东大会没有讨论出任何结果，此时有的股东甚至提出要退股。上海负责人也只能妥协，从上海撤回北京，遣散了上海的员工，转移上海库存到北京仓库。但是即便是这样，在5月份，还是有股东提出退股，现在鲜谷面临企业的重组。公司人员也大量流动，管理上已经处于无人管理状态，错过了中秋和国庆的黄金时期，可以说公司此时处在最困难时期。

（五）改变销售策略

虽然企业处于最困难时期，但是上海负责人仍然相信，他自己的战略部署是正确的，目前公司还在股权重组，他和另外一个股东打算收回所有的股权。他还是想继续引进电商，依托互联网技术，进行线上销售，打开个人消费市场。虽然现在再做电商有点为时过晚，但是可以借助大的电商平台去展开宣传，不一定要大量投资建立自己的平台，借助巨人的肩膀，让自己飞翔起来，因为目前大企业团购的客户很难预测什么时候能恢复到政策前的状态，鲜谷不能只是坐以待毙，什么都不做，如果要发展，必须要转型，将目标客户锁定在个人消费者。淘宝也是面对个人消费，但是在双11一天的销售额能达到900亿元，证明个人消费者的购买潜力还是很大的，鲜谷只有找到适合自己的方法和方式才能度过这困难时期。

鲜谷对供应商管理以及仓库管理已经步入正轨，现在由于政策的原因，使得目标客户不再适合鲜谷的发展策略，鲜谷需要重新制定新的策略来开发新的目标客户群体——个人消费者。在产品上，也要重新定位，增加单一品种销售，减少每单产品的重量，侧重生活化的休闲食品，使产品更适合线上的年轻消费者。计划是好的，但是要整体转换销售策略，转换销售模式，这都需要一定的人力和物力来支撑，而重组肯定会或多或少地带来各方面不稳定的问题，如人员流动、客户流失、管理不到位等诸多问题，鲜谷是否应该在这个时候来转变公司的目标客户和销售策略呢？

案例使用说明

（一）教学目的与用途

1. 适用课程：本案例可作为综合研讨案例，用于 MBA《战略管理》课程中的“外部环境原因”，“内部资源能力分析”等相关章节的教学，也可以作为《战略管理》课程的延伸阅读案例。

2. 教学目的在于促使学生：

（1）提高分析能力，熟练使用宏观环境分析、行业背景分析、企业资源能力分析和 SWOT 分析等战略分析工具。

（2）探讨电商网络平台与其他传统市场的不同，以及对应的不同营销策略。

（3）探讨企业如何根据自己的情况和特征，在传统和新兴的行业模式中做出理性的选择。

（二）启发思考题

1. 2013 年，企业业绩为何明显下滑，分析宏观环境对企业的影响。

2. 在 2013 年前，企业为何能够实现快速的增长？那时，企业所面对的市场是什么样的？

3. 主要消费群体是什么？企业的优势在哪里？

4. 2013 年后为何有的股东想暂停进一步扩张的策略，这样能解决企业面临的亏损吗？

5. 2014 年引进电商，侧重新的消费群体，为何会失败？

6. 待股权重组后，鲜谷该如何摆脱困境？

太保产险的困局

——没落与突围[1]

[案例摘要] 纵观我国保险业20余年的发展，客观地说，中国保险市场还处在初级发展阶段。市场形态基本处于寡头垄断、市场结构分布不均衡、专业经营水平相对落后、市场调控体系不完整、再保险市场发展滞后和保险监管有待加强等都是目前中国保险业面临的路途障碍。同时我们又走在保险市场体系化、经营业务专业化、市场竞争有序化、保险产品品质化、保险制度创新化、经营管理集约化、行业发展国际化、从业人员专业化的改良性道路上。时代背景下的行业大变革催化了一些保险公司弯道超车的行业奇迹，同时也见证了部分老牌劲旅的没落和退出。本案例以中国太平洋财产保险股份有限公司（以下简称“太保产险”）的市场进退为背景，引导学生思考和分析如何在饱和竞争的市场环境下保持可持续竞争优势和前瞻性的战略部署。

2015年3月29日，中国太保发布的2014年年报显示2014年太保产险业务收入931.13亿元，同比增长13.8%，综合成本率103.8%，同比上升4.3个百分点。详细信息中披露的全险种承保亏损引来市场一片哗然。中国太保董事长高国富在致辞中致歉：“我们将投资者一贯以来的信任和支持视为珍宝，面对产险交出的这份不合格答卷，深感自责和压力，我们将直面严峻挑战，采取有力措施，多管齐下加大综合成本率管控力度。”但是面对规模扩张和承保盈利的艰难选择，这位历经风雨的集团掌舵人似乎又充满了信心和底气，他强调：“未来，我们将继续坚持承保盈利、坚持可持续增长。我们有信心扭转产险经营颓势，重回承保盈利区间。”市场

---

① 本案例由中央财经大学商学院的贾晓菁老师、MBA研究生赵一霖、邱理想撰写。本案例只供课堂讨论之用，并无意暗示或说明某种管理行为是否有效。

上狼烟四起、公司内士气低迷，位列昔日保险业“老三家”的太保产险能否如高董所愿绝境突围，抑或像部分评论所讲沦为时代的弃儿？这考验着公司每一位管理经营者的魄力和智慧，也吊足了市场观察者的胃口。

一、根正苗红

中国太平洋财产保险股份有限公司（以下简称“太保产险”）是中国太平洋保险（集团）股份有限公司（以下简称“中国太保”）旗下的专业子公司，为客户提供全面的财产保险产品和服务。公司总部设在上海，注册资本为人民币 194.7 亿元。太保产险是按照产、寿险分业经营的要求，在 1991 年 4 月成立的中国太平洋保险公司开展产险业务的基础上，由中国太平洋保险（集团）股份有限公司控股，申能（集团）有限公司、上海国有资产经营有限公司、上海烟草（集团）公司、云南红塔集团有限公司共同出资于 2001 年组建而成，是根正苗红的国有控股企业。

太平洋产险承保人民币和外币的各种财产保险、短期健康保险和意外伤害保险业务。公司承保业务涉及航空航天、电力能源、石油化工、基础建设以及金融贸易、船舶汽车、机械设备、电子通讯、仓储物流、纺织烟草、科技创新等各行各业、各个领域。公司目前已全面完成了在中国大陆各省级行政区域的机构布局，在全国拥有 41 家分公司，2 300 余家中心支公司、支公司、营业部和营销服务部，以及包括万余名销售代表在内的直销团队。

太保产险秉承“诚信天下、稳健一生、追求卓越”的核心价值观，实施以客户需求为导向的战略转型，坚持推动和实现可持续的价值增长，开拓进取，锐意创新，积极为客户提供风险保障服务。自 2011 年起，公司持续获得国际信用评估机构穆迪授予的 A1 保险财务实力评级，评级展望为稳定。2014 年，公司总资产和净资产分别为 1 145.14 亿元和 279.63 亿元，市场份额 12.3%，实现净利润 10.37 亿元。公司实现财产保险业务收入 930.26 亿元，同比增长 13.8%，但背负全险种承保亏损的压力。面向未来，太保产险以客户需求为导向，强化创新驱动和差异化发展，着力提升综合竞争力，坚持承保盈利和品质管理，推动和实现可持续的价值增长。

二、祸起萧墙

太保产险，位尊“老三家”（人保财险、平安财险、太保财险）之一，乃中国太保祖业，根基发达。然而经2012～2014三年战役，怎一个尴尬了得。2014财年若非尚佳的投资收益守得10亿元净利润，将是怎样一个羞见江东的局面。

观太保产险发展历程，多年未见重大战略失误，也未有过激策略调整。据中国太保年报官方数据显示，过去十年太保产险综合成本率①超过100%的年度不过两年，分别为2008年和2014年，在被整个财险行业视为灾难性的2008年，太保产险的综合成本率也不过102.2%。然而适者生存的竞技江湖中，“高处不胜寒”乃是高手的最大敌人。尤其是如太保产险这般位列“老三家”的绝顶高手已经习惯了高处，因武功太高，反而患得患失，久而久之，武功不进反退。加之“老三家”制衡江湖已久，多年坐享传统赚钱法门，精力渐衰，自然不是野心勃勃者的对手。这一点已于2012年初现端倪。

其实，财险综合成本率上升乃是近两年财险行业大环境所致，具体可追溯至2012年前后。当时因市场的全面开放，车险费率市场化改革预期的增强，再加上自2009年开始的盈利上升通道令财险公司尝到了甜头，士气高涨。一系列因素交织，以“老三家”为首的大型财险公司发起了新一轮的份额争夺战，将行业推入变革前的混乱。这直接导致财险行业手续费竞争愈演愈烈，甚至部分大公司无视监管法规，带头采取违法违规手段冲规模、抢业务，默许、纵容、甚至鼓励支持分支机构违法违规经营。期间，公交车、出租车、集装箱车等以往被财险巨头视为“出险率高、无利润可言”的“垃圾业务”再度被收入囊中。

这段岁月亦是太保产险迷失的岁月，老大（人保产险）、老二（平安产险）悄然间甩开了“傻冲蛮干”的三弟。2012年前的太保产险还是一位优等生，综合成本率优于主要竞争对手，领先行业。2012年后，情况陡然恶化，综合成本率年均增长约4个百分点，却只能勉强保住市场份额。

---

① 综合成本率是保险公司用来核算经营成本的核心数据，包括赔付率和费用率，是衡量产险业盈利能力强弱的主要标准，综合成本率越低说明产险公司盈利能力越强。

2014 年，太保产险市场占有率同比下降 0.3 个百分点至 12.3%；综合成本率 103.8%，面临全险种亏损的窘境。

58.6%、61.2%、66%、68%，2011 年（含 2011 年）以来太保产险的赔付率持续走高，亦成为其综合成本率难降的主要原因。同期主要竞争对手不断加强业务品质管理，严控综合赔付率①，甚至一度为此牺牲了保费规模。老大人保产险自不必说，有着大把的江山可以挥霍；激进的平安产险在 2012~2013 年度曾一度停止市场份额的扩张，均美其名曰：修炼内功，提升专业技术。不晓得，期间有没有暂避市场锋芒之虑。只有“实诚”的三弟妄图大干快上，迷失在如火如荼的市场竞争中。

三、危机四伏

（一）寒冬飘雪——太保产险 2014 年主要险种经营情况

太保产险 2014 年度保费收入居前 5 位的商业保险险种分别是机动车辆保险、企财险、责任险、意外险和货运险。车险综合成本率 102%，承保亏损 12.2 亿元；企财险综合成本率 119.4%，承保亏损 6.7 亿元；责任险综合成本率 122%，承保亏损 5.7 亿元；意外险综合成本率 105%，承保亏损 1.3 亿元；货运险综合成本率 105%，承保亏损 0.6 亿元，如表 1 所示。

表 1　2014 年度太保产险主要险种经营情况统计表　单位：人民币百万元

排名	商业保险险种名称	保费收入	保险金额	赔款支出	准备金	承保利润
1	机动车辆保险	73 175	10 892 654	43 457	48 777	(1 220)
2	企财险	5 912	11 054 221	3 611	5 665	(671)
3	责任险	3 706	11 428 583	1 793	3 290	(572)
4	意外险	2 610	23 800 772	1 254	2 571	(126)
5	货运险	1 794	5 288 264	1 023	883	(59)

（二）春日暖阳——主要竞争对手同期主要险种经营情况

同期人保产险主要险种尽红，全部实现承保盈利：车险、企财险、意外伤害及健康险、责任险、货运险、农险分别实现承保利润 37.9 亿元、

① 综合赔付率是保险公司已发生赔款支出与已赚保费的比率，已发生赔款支出包括赔款支出、分保赔款支出与未决赔款准备金提转差，并扣除摊回赔款支出与追偿款收入。

1.7 亿元、0.5 亿元、4.7 亿元、2.4 亿元、20.8 亿元，其他险种合计实现承保利润 5 亿元。

而平安产险除了企财险承保亏损 1 亿元外，其他重要险种皆实现承保盈利，车险、保证保险、责任险、意外伤害保险分别实现承保利润 13.4 亿元、27.7 亿元、4.1 亿元、5.3 亿元。

（三）冰火两重天——市场对标的反差与分析

可以看出，相比人保产险和平安产险，太保产险一方面缺乏深耕的、盈利能力强悍的非车险险种。例如人保产险的农险、平安产险的保证保险均是承保利润过 20 亿元的非车险险种。而太保产险经营的主要非车险险种，企财险、责任险、意外险、货运险均为竞争激烈的领域，即便盈利亦微薄。另一方面，创新性销售渠道的应用和控制亦是受制于人：2014 年，人保产险直销渠道保费收入 934.2 亿元，占比 37%，其中电网销保费收入 494.0 亿元，同比增长 20.9%；平安产险交叉销售、电话及网络销售渠道保费收入 620.5 亿元，同比增长 22.3%，占平安产险业务收入的 43.4%、车险业务收入的 54.4%。而太保产险同期电网销业务收入 160.5 亿元，交叉销售收入 36.1 亿元，共计占太保产险业务收入 21.1%。传统销售渠道占比过高无疑会推高相应险种的综合成本率。

正是这样的业务结构和销售模式迫使太保产险的综合成本率居高不下：2014 年人保产险综合成本率为 96.5%，同比下降 0.2 个百分点，其中赔付率减少 1.8 个百分点为 64.4%；平安产险综合成本率为 95.3%，同比下降 2 个百分点，其中赔付率减少 2.7 个百分点为 57.7%；而太保产险的综合成本率达到了 103.8%，为近十年来的最差承保业绩。

四、断臂求生

曾几何时，马太效应①明显的国内保险行业，“老三家”无限风光、地位尊崇，攫取利润之广博羡煞旁人。即便现行的车险费率条款亦由“老三家”定之，新世纪以来大半行业利润也落入“老三家”囊中。其皆因时代所致，昔日全国保险行业大一统，近乎固定的费率价格，加之“70 号文”、

① 马太效应（Matthew Effect），指强者愈强、弱者愈弱的现象，广泛应用于社会心理学、教育、金融以及科学领域。

"39 号文"的推波助澜，"老三家"坐享之势已久。

如今再看老大人保产险 151.2 亿元的净利润、72.9 亿元的承保利润；老二平安产险 88.1 亿元的净利润、51.5 亿元的承保利润——不管承认与否，太保产险已经掉队了。太保产险的掉队，不仅是"老三家"制衡江湖时代的结束，也宣告了新时代的到来。行业急剧变革的时代背景下，新兴技术已经在改变甚至颠覆行业的发展环境和竞争格局。坚守故地，保守经营或可保一时周全，但时间稍长就会进退维谷，最终陷入要利润还是要规模之悖论。

是时候和那个曾经辉煌的时代道别了。换帅、收购农险牌照、外加自身调整……太保产险已在蓄力一场翻身仗。年报发布前夕，太保产险宣布换帅，掌舵 8 年之久的吴宗敏董事长被换，由中国太保原副总经理顾越先生出任太保产险一把手。随之，顾董承认："太保产险在发展策略、风险选择、理赔管控等经营管理方面存在诸多问题。"并表示太保产险内部正试图通过多个举措来提高盈利水平。针对车险的具体措施包括：渠道优化、理赔管控、应对商车改革等；同时正培育信用险、政策责任险等新的非车险业务增长点。另外，中国太保已经收购了安信农险，补齐农险短板，后续必在农险领域发力。

五、尾声——没落抑或突围

面对逝去的市场份额、亟待改善的承保利润、错综复杂的内部组织问题，太保产险已落后人保财险、平安产险这两位曾经的同壕友军太多。而历史留给太保产险的机会已经不多了：费率市场化，新国十条等行业发展环境的变迁，大数据、云计算、车联网、物联网等新技术的出现，互联网金融在部分保险产品领域的试水，以地产业资本为代表的民间资本的涌入等等，整个保险行业要进入百家争鸣的时代了。那个曾经笑傲江湖的太保产险，还能回到过去吗？

案例使用说明

（一）教学目的与用途

本案例主要适用于管理经济学、营销管理和企业战略管理等课程，教学对象主要为商学院 MBA、企业管理和市场营销专业类学生。

通过案例学习和讨论，希望实现以下教学目的：

1. 通过案例分析，帮助学生了解目前我国保险市场的发展现状以及蕴含的机遇和挑战，引导学生探索险企在时代大环境下战略转型的方向和路径。

2. 鼓励学生引用管理经济学的相关知识分析案例中的实际问题，培养学生识别、提取、整理、分析和应用数据的能力以及深入发掘各种经营数据间逻辑关系的意识。

3. 帮助学生理解市场定位的重要性，启发学生思考企业如何在瞬息万变的市场环境下准确把握市场定位，从而培育成熟的经营特色和强大的核心竞争力。

4. 引导学生体验市场营销的魅力，突出展示产品配置、营销策略、经营管理对企业价值增长和生存盈利的决定性作用。

（二）启发思考题

1. 目前我国保险市场的发展现状和方向是怎样的？

2. 结合近年保险市场变化，综合利用“老三家”历年经营数据，探索分析 2012 ~ 2014 年太保产险由行业优等生沦为时代弃儿的原因有哪些？

3. 为什么面对产险交出的这份不合格答卷，高国富董事长仍然充满底气的表示：“未来，我们将继续坚持承保盈利、坚持可持续增长。我们有信心扭转产险经营颓势，重回承保盈利区间。”

4. 如果你是太保产险某省级分公司的总经理，结合市场现状和战略转型的要求，你将在哪些方面采取哪些措施来贯彻新任董事长的经营理念？

5. 你认为太保产险能否战胜困局、突出重围？其绝地反击的关键又在哪里？

冬天来了，春天还会远么？

——JX 拍卖公司的蓝海战略[①]

[案例摘要] 2014 年以来，经济形势的下行压力使得原本如火如荼的艺术品拍卖市场瞬间低迷，JX 拍卖公司面临着拍卖市场低迷和艺术收藏品积压占有大量流动资金的双重挑战，这让公司管理层有些着急。首先，公司需要在是否抗压举办拍卖会中做出抉择；其次，针对目前收藏的大量艺术品，公司需要选择是继续收藏还是低价销售；最后，公司未来的发展方向应该如何转变。为此，公司负责人召集公司相关部门负责人一起来研讨解决上述问题。

2015 年的冬天来得格外地早，树上的叶子还没来得及变黄便被寒风刮落，显出了一丝萧瑟之意。经过精心设计，原本高雅大气的 JX 拍卖公司书画展厅，相较于往日的访客如云，如今只有零星几个客人正在参观。此时在总经理办公室，张总有些疲惫地倚靠在老板椅上闭目凝神，桌面上赫然躺着一份刚刚被翻阅的 2015 年第三季度的经济报告。2015 年的经济形势，特别是实体经济增长表现竟然如此之差，是许多人未曾预料到的。前几年艺术品投资市场的火爆场景还历历在目，在预估艺术品市场会持续发展的情况下，公司近几年在定期举办拍卖会的基础上，持续性地投资艺术品收藏市场，公司在艺术品上的积压资金高达数千万元人民币。在艺术品市场低迷的情况下，面对公司现金流紧张的现状，张总感到压力巨大。如今，拍卖行业不景气，那么公司 2015 年是否还举办拍卖会？面对公司收藏品数量巨大导致资金压力剧增的问题，公司是否要开始低价销售？张总的

① 本案例由中央财经大学经济学院乔恒老师、MBA 研究生韩沛利撰写。本案例只供课堂讨论之用，并无暗示或说明某种管理行为是否有效。由于企业保密的要求，案例对公司名称、数据等作了必要的掩饰性处理。

直觉告诉自己，书画市场行情正在逐渐回暖，应该继续等待机遇，不应急于低价处理。但现在公司需要现金流，需要降低库存压力。究竟该如何决策，公司未来的机遇和发展在何处，经营战略应如何？张总决定召集各部门负责人开会商定对策。

一、拍卖行业情况

拍卖是一种古老而特殊的买卖方式，拍卖业最早起源于古巴比伦，我国的拍卖业从国外流入，最早出现于公元七世纪。在新中国成立实行改革开放之后，拍卖业随着改革开放的逐步推进展现出了活力，经过近三十年的发展，拍卖业从无到有，从小到大，全国所有省市都建立了拍卖企业。拍卖公司的经营范围也不断扩大，拍卖服务领域已涉及商业、物资、纺织、邮电、铁路、房产、金融、文物、土地等十多个行业；拍卖标的迅速拓宽，从最初的执法部门的罚没物品，扩大到国家政策允许流通的各种物品、财产权利或无形资产，如：土地使用权、房屋、文物、字画、邮品、图书、音乐作品、科技成果、小型企业、破产企业财产、市场摊位、汽车牌照、电话号码、广告时段等等。

根据全国拍卖行业管理信息系统最新数据显示，2015 年 1～10 月份全国拍卖成交额累计 2 968.78 亿元，与 2014 年同期相比下降 23.57%；拍卖成交场次 40 689 场，同比减少 2 713 场；拍卖业务佣金收入 42.3 亿元，同比降低 23.93%。房地产、土地使用权拍卖业务所占比重有所下降，但仍占七成以上份额；机动车、农副产品、文物艺术品拍卖业务所占比重与 2014 年同期基本持平；股权、产权、债权拍卖业务所占比重从 2014 年的 4.82% 上升至 2015 年的 8.33%。

拍卖行业正在经历 2012 年以来的大寒冬，宏观经济下行对这个看重资本积累的行业产生了直接影响。相比较而言，艺术品市场表现还算稳定，降幅较为缓和。《2014 中国文物艺术品拍卖市场统计年报》日前发布，截至 2014 年年底，全国文物拍卖企业 396 家，注册资本 47.48 亿元，从业人员 4 280 人，均比上年有所增加；全国共举办 911 场文物艺术品拍卖会，成交拍品 32.79 万件，成交额 315.47 亿元，成交额较上年下降 10.11%。一般来说，大型拍卖公司，比如嘉德和保利，每年都会举办两场大规模的拍卖会，俗称春拍和秋拍，其规模、成交额、拍品成交价都会被视为市场行情的风向标。从2014年全年情况看，成交总额基本上与宏观经济背景呈现同步状态。2014年秋拍，中国艺术市场拍卖总额下跌至287.2亿元，同比2013年秋拍下跌13.76%，成交量也同比下跌13.18%。从各地区分布情况看，两大拍卖重镇港澳台和京津地区成交额占比较上年均有不同幅度下滑，其中京津地区均价为国内倒数第二，与此相反，国内其余各地均有小幅上涨。

二、艺术品市场

2008年金融危机以来，全球各国经济都出现了不同程度的萧条，中国政府施行的四万亿经济刺激计划不仅让中国在全球危机中逆势而上，经济总量连续大幅增长，也让艺术品市场在这几年的经济刺激中快速发展，投资收益完全媲美房地产行业。但随着经济刺激计划红利的消耗殆尽，再加上中国经济发展的转型，2014年，中国GDP增长首次低于7.5%，2015年前三个季度GDP增长仅维持在6.8%左右，经济增速的减慢和经济形势的恶化使得包括书画市场在内的艺术品市场正在加速衰退，拍卖行业书画市场随着近两年经济大环境的影响日渐低迷已是不争的事实。

但是，宏观经济的寒冬只会是暂时的，伴随着中国经济体制改革的深入，中国经济也必然会走上一条崭新而又健康的发展道路。奈斯比特和阿伯丹曾经作出过这样的预测，21世纪，收藏投资将会替代房地产投资与证券投资的地位，成为最受人们关注的投资方式。艺术品收藏不仅仅是因为它给人们带来感官上的享受，更是一个投资工具，随着经济发展、个人财富的增长，为了分散个人投资，不少资金开始用于房产和艺术品市场。据估计，由英美两国领跑的全球艺术品市场规模在2007年便达到了280亿美元，美国和英国各占比为48%和28%。作为后起之秀的中国，水墨画和书法在中国历史上具有非常大的价值，其市场价值也会随着艺术品市场的逐渐成熟慢慢被挖掘出来。因此，短暂性的经济低迷可能会影响到艺术品市场的快速发展，但不会影响收藏家对这些真正有收藏投资价值的书画作品的市场价值判断。

万众瞩目的嘉德2015年秋季拍卖会刚刚落幕，中国书画、中国二十世纪及当代艺术、陶瓷、工艺品、古籍善本、邮品钱币6大门类38个专场总成交额达18.31亿元。其中，书画市场表现尤为抢眼，李可染《万山红遍》以 1.84 亿元成交，潘天寿《劲松》以 9 315 万元拍得，傅抱石《郑庄公见母》以 7 993 万元成交，齐白石《吉寿永昌》以 4 140 万元成交，黄胄《听琴图》以 4 083 万元成交。此外，在“大观之夜”古代部分，《疏林茅屋图》以 6 900 万元成交，是近年来市场中不多见的董其昌画作高价，而大观夜场全场成交率 79%，总成交额逾 9.2 亿元，这两个数据也预示着现当代艺术与书画市场的行情在经历两年低谷后正在逐渐回暖。

三、JX 公司发展历程

JX 拍卖公司的前身是祥云书画院（后由于“祥云”此注册名在 2008 年北京奥运会时被政府买断后更名为 JX），经过 10 余年的拼搏，公司由数平方米的店铺发展为集书画展览、鉴定、拍卖、销售为一体的全国综合性拍卖公司，公司目前在吉林和山东均有办事处和展厅。公司一直以藏品保真、拍卖作品升值潜力大享誉省内外，在北方地区有着非常好的声誉。公司目前主要的拍卖地点为山东和吉林地区，主要拍卖书画、奇石和名酒。自 2012 年开拍以来，共上拍五千余幅画作，每次拍卖会均有不俗的成绩。2013 年秋拍，更是拍出了拍卖行业的传奇，拍卖会一直持续至深夜，会场上座无虚席，总共成交 1 000 余幅画作，成交率远超同行业其他拍卖公司。

公司的收藏主要集中于现代书画、奇石和名酒。书画作品千余幅，包含名家：范曾、范扬、老舍、崔景哲、王茂飞等，价格从数万元至数百万元不等。奇石主要为目前已经基本绝迹的松花奇石为主，形态各异，栩栩如生，市场估值高。名酒以赖茅等国酒为主。公司收藏的艺术品价值即使是在如今行情低迷的情况，也是被普遍看好的。

四、张总其人

张总，自幼热爱书法，写得一手好字，并且对书画作品有着敏锐的洞察力。凭着对书画的热爱，以及其独特的投资眼光，2000 年左右，在国内艺术品市场尚未完全兴盛的情况下，他就通过收藏艺术品获得了他艺术品投资道路的第一桶金。张总是地地道道的东北人，为人正直豪爽，人缘较好，很多与他接触过的书画家都非常喜欢与他打交道，后来渐渐地就变成了朋友。因此，相较于其他的收藏家，他能够从书画家本人那里获得更多更精的书画作品，不仅保真而且还是书画家作品中的精品。张总周围的朋友在购买艺术品前都喜欢向张总咨询，了解作品的市场价格、未来收益等等，张总也是知无不言、言无不尽，总会大力推荐他认为有潜力的作品，为周边朋友带来了切实的利益，这也为他拍卖公司的声誉奠定了基础。对于员工，他一直讲究用人不疑，疑人不用的原则，对员工管理主要是从战略上进行总体指导，这也为各部门的员工提供了较为宽松、自由的工作环境，每个人都可以在自己的工作范畴内自主决断，自行安排工作计划和内容，最后以工作结果为评价其工作表现的依据。正是由于他对艺术市场敏锐的嗅觉，粗中有细的管理模式，加之待人亲厚的性格，JX 拍卖公司在短短五年的时间里，发展成为了北方地区极具有影响力的拍卖公司，其本人也成为当地非常受尊重的企业家。

五、公司面临的问题

自 2010 年起，JX 公司开始有计划地逐年收藏书画精品。张总认为，相较于国外艺术品市场的繁荣，国内的艺术品投资正处于价值洼地，未来的艺术品市场必然成为投资的主要方向，提前布局，才能在行情到来的时候把握住市场的节奏。在张总的战略布局下，公司在 2013 年获得了井喷式的发展。经过此轮投资获得收益后，公司决定加大收藏量，花巨资购置了一批精品。不曾想，2014 年底至今，艺术品市场突然间降温，资金被大量置压。2015 年年初市场部的李总提议，销售部分藏品缓解现金流压力，但是遭到了公司包括张总在内的一些管理层的反对，因为收藏的都是精品，现在销售在价格上肯定会大打折扣，着实不舍得啊。

另外一个困扰他的问题就是近一年以来，拍卖行业一直低迷。由于举办一场拍卖会前期所投入的资金数额巨大，动辄数百万元，如果拍卖会成交额不高，那么公司必然面临亏损的情况。近期多家拍卖公司举办的拍卖会，都出现了精品少、作品大量流拍的情况，甚至包括保利等大拍卖行都出现了大面积亏损的状况。JX 拍卖公司也正在经历这场危机。越来越多的收藏家不再愿意将自己的珍藏拿出来拍卖，拍卖公司比较难收集到好作品来吸引更多藏家的参与，同时，市场对于拍卖会的反映则较为平淡，如此一来，拍卖公司则很难组织成规模的拍卖会。没有足够规模的成交额，对于一个需要大量资本投入的拍卖公司的影响无疑是巨大的。面对如此冷清的市场，公司为了防止此种情况出现，最近一年都尽量以展览形式进行交易。行业和市场的不景气使得拍卖公司这几年的利润率大幅下降。然而近期，书画拍卖市场不时传出高价成交的捷报，比如，中国嘉德2015年秋季拍卖会传统专场里中国近现代书画大师李可染先生的《万山红遍图》以1.6亿元落锤，最终以1.8亿元成交。市场有回暖的迹象，那么问题来了，近期，公司是否应该举办拍卖会呢？

六、一场关乎未来的讨论会

面对这个严峻的问题，张总在陆续同人力资源部同时兼任财务负责人的郭总、市场运营部的李总、产品推广部的邵总分别讨论后，最后决定开一次高级管理人员全体会议，希望在会上通过大家的共同商议，可以为公司未来的发展选择出一条合理的发展道理。

会上，JX拍卖公司总经理张总首先发言，“现在，社会经济的大背景和公司的近况大家也都比较了解了，现在大家都说一下自己的想法，从自己的角度说一下自己觉得可行的未来发展方向，然后咱们再一起讨论一下，争取达成共识，共同选出一条路来。”

郭总面色凝重，翻开自己的笔记本，首先发话，“我先说说我的看法。现在公司的利润降得比较快，但在正常运行的可控范围之内，尽管如此，我仍强烈建议我们需要大幅降低公司成本，其中，人力成本是可以相对比较快速降低的，所以，我建议公司裁减一定数量员工。近期公司没有大规模的拍卖会需要承办，很多员工工作量很少，几乎闲置，这部分人力成本加总起来就非常高了。此外，如果之后再需要举办拍卖会，就通过第三方人力资源公司招募临时工，提前招募，加以培训，一样能达到正式员工的工作水平，这样一来，人力成本能降低很多。

听了郭总的发言，负责市场运营的李总，皱了皱眉，说道，“减少员工数量确实会降低人力成本，但毫无疑问，公司利润也会因为公司员工的减少降得更多，毕竟每个员工可以给公司带来的利润是可以估计的，所以，我觉得裁员对于公司长期发展肯定是不利的……”

郭总摇了摇头，想要反驳，但欲言又止，张总对他做出的打断手势让他意识到，张总对李总的想法非常有兴趣。

随后，李总继续说道“在现在这个艰难的时刻，很多较小规模的拍卖公司已经倒闭了，还有一些拍卖公司都处于更为艰难的状况下。目前，书画市场及拍卖行业有了回暖的迹象，我觉得，这个时候，咱们公司应该主动出击，拓展公司的经营面，把潜藏在这个危机下面的机会找出来。比如，在明年的春拍中，我们可以联合几个规模较小的拍卖公司一起举办拍卖会，所联合的拍卖公司规模可以稍微小于咱们公司，确保咱们是联合拍卖会的主办人。如此一来，前期投入成本可以分摊，而且收集到的作品数量和质量都会优于任何一家拍卖公司单独举办拍卖会。最主要的一点是，在经济不景气的情况下，我们需要做几场规模更大的拍卖会，这可以极大地提升公司的名声和声誉。我们举办拍卖会的数量可以不多，但每一场都要精，规模要足够大。咱们公司不求在这段市场行情萧条的期间赚多少，但一定要在这段时间里积累公司的声望。另一方面，咱们要更多地同市政府部门、银行、法院多多合作，以前公司是只拍书画作品，我觉得我们应该把拍卖类型拓宽，由现有的拍卖传统字画、奇石，适当增加油画、古玩等板块，另外通过与银行、法院合作接拍银行不良抵押资产；和市政府合作接拍土地使用权等。当然这一块相对比较困难，因为咱们公司之前没有接触过这一块业务，起步较晚，也没有专业人员去对接过有关部门，但我觉得现在就是我们开展这一块业务的最好时机。”

邵总扶了扶眼镜，对上张总望过来探询的眼神，说道，“李总和郭总都说得很好，我也说一点我的解决方案，这些解决方案主要目的是在降低成本的同时增加利润。首先，我们对作品的宣传手段要逐步同互联网结合起来，尽管我们主要的客户群体相对年龄较大，对互联网的接受程度可能没那么高，但‘互联网+’是大趋势，是可以有效宣传并且节约成本的好方法，现在这个阶段，我们要逐步重视并加以利用，这可以极大地节约公司的宣传成本。其次，我们公司收藏的书画主要分为两类，一类是当代名家之作，这类作品价值较大，且增值空间也大，但同时我们的收藏成本也不低，这类藏品数量相对有限；另一类书画作者本身名气没有那么大，但根据我们公司前期的判断都是书画界的明日之星，而且这些书画作品的收藏成本很低，以后如果作品得到市场认可，咱们这些收藏品的收益率将非常可观，而且咱们公司收藏了很多这类作者的书画作品。所以，我建议，我们可以定期同这些书画作者、画廊合作举办画展，既可以提升下书画作者的知名度和市场接受度，也可以让这些书画作者比较认可咱们公司，以后会更愿意同咱们公司合作。总体而言，利用这次危机时刻，咱们公司可以一方面培育好市场，提升市场、书画家对咱们公司的认知度，另一方面也培育市场对这些潜力书画家作品的认知度，提升这类作品未来的增值空间。”

此时，郭总补充道，“另外，咱们公司收藏的艺术品占用的资金非常巨大，现在书画买卖市场尽管还比较低迷，但是种种迹象表明，有回暖的趋势，正如邵总所说，我们可以适当地对藏品进行宣传和推广，从财务数据中来看，如果2016年第一季度能够销售1 200万元的藏品，那么即使2016年的行情还不乐观，我们的日常运营还有定期举办拍卖会的资金都会得到保障……”

听了大家的想法，张总看了看表，思索片刻后说：“今天的会，我们暂时先开到这里，今天大家都从不同的角度给出了很多好的建议，大家再回去好好想想，我们能不能把我们所有建议的优势结合起来，找到一条最适合公司发展的路呢？咱们明天下午再讨论。”

七、尾声

回到办公室，张总拿着钢笔在记录着高管们意见的本上不时地勾划，明亮的窗外，一只喜鹊在窗台上驻足。“危机”，顾名思义，危险，但同样也是机遇，办法总是比困难多，这次的行业危机，说不定能够引航公司更上一层的蓝海战略……自信和希望如这冬日的温暖阳光写在张总的脸上……

案例使用说明

（一）教学目的与用途

1. 本案例适用于市场营销管理课程，也适用于战略管理课程。

2. 本案例的教学对象：本案例主要用于高级管理人员工商管理硕士（EMBA），工商管理硕士（MBA）学员、研究生及本科高年级学生。

3. 本案例的教学目的。

（1）理解中国艺术品市场及拍卖市场普遍面临的产业环境和竞争压力。

（2）理解决策对于公司未来发展的重要性。

（3）帮助企业如何在动态竞争环境中挖掘新的机遇，同时做好适应新的战略的运营及营销策略。

（4）提高企业战略决策相关问题的分析、决策技能。

（二）启发思考题

1. 近两年中国为什么在艺术品市场和拍卖市场出现低迷？请进行行业分析。

2. JX 公司是否应该抗压举办拍卖会？

3. 针对目前收藏的大量艺术品，JX 公司应该继续收藏还是适时销售？

4. 公司未来的发展方向应该如何转变？

寒冬里哈尔滨文化产权交易所的战略选择[①]

[案例摘要] 在新的经济形态下，文化产业在全球范围内展现出越来越重要的价值，日益成为全球经济新的增长点。我国文化产业的迅速崛起，文化金融的战略不断推动着文化产业的发展。文化产业系统化、文化资源资产化、文化资产证券化这一基本路径的构建，不断推动着文化金融业态的形成与发展，而文化产权交易所则为文化资源的价值发现与价值实现搭建了一个重要的平台。文化产权交易所从产生到发展经历了风雨和辉煌。2011 年《国务院关于清理整顿各类交易场所切实防范金融风险的决定》(简称 38 号文) 与 2012 年《关于清理整顿各类交易场所的实施意见》(简称 37 号文) 的发布让这个行业瞬间遇冷。至此，无政府批文，无产业配套基础，无实物交割能力的交易所将无法生存，三年过去了，哈尔滨文化产权交易所的未来将何去何从?

一、行业背景

(一) 文化产权交易所的出现

随着国内文化产业蒸蒸日上，文化产业的内生发展动力以及国家政策的支持，国内文化产业成绩非凡。但同时我们也应该看到，虽然国家一直在鼓励发展文化产业，各地政府也纷纷出台政策支持文化产业的发展，但是业态的落后制约着行业发展。作为一种有形的文化载体，艺术品一方面是文化中不可缺少的一部分，承载着悠久的文化和历史；另一方面，艺术品也是文化产权交易的核心，是整个市场中附加值最高的文化资产。活跃且极具创新精神的资本市场是发展艺术品市场不可或缺的因素。在艺术品

① 本案例由中央财经大学商学院的于广涛老师与 MBA 研究生尚天鹏、刘屹撰写。本案例只供课堂讨论之用，并无意暗示或说明某种管理行为是否有效。由于企业保密的要求，在本案例中对有关名称、数据等作了必要的掩饰性处理。

市场不断交易创新的过程中，份额化与平台化是两个最基本的方向。文化产业融资难，同时，天使资本、风险资本、社会资本等资本进入及退出难制约着文化产业的进一步发展，如何搭建一个产业与资本的桥梁成为文化产业良性发展中必须解决的问题，基于此，文化产权交易所如雨后春笋般出现在市场面前。文化产权交易所的出现为资本与文化的对接提供了一个重要的途径。文化产权交易所的出现弥补了文化与资本之间的关系，其天然的对产权的提现及更加完善的商业模式加速了行业的发展。目前，我国文化产权交易所不仅在中国文化产权交易领域，甚至在全球文化产权交易领域也是走在前沿的。

（二）文化产权交易所的发展

2009 年 6 月 15 日，上海文化产权交易所经上海市政府批准并由上海联合产权交易所、上海精文投资公司、解放日报报业集团共同投资创立并正式挂牌成立。

三个月后，2009 年 11 月，由深圳广电集团、深圳联合产权交易所、深圳报业集团和文博会公司等 4 家股东单位，联合投资设立的深圳文化产权交易所挂牌，成为全国第二家文化艺术品产权交易所。

2010 年年初，国家 9 大部委（中宣部、中国人民银行、财政部、文化部、广电总局、新闻出版总署、银监会、证监会、保监会）联合签发《关于金融支持文化产业振兴和发展繁荣的指导意见》，明确指出，“支持设立文化产业投资基金，由财政注资引导，鼓励金融资本依法参与。”其中要完成的一个目标是“完善各类无形资产二级交易市场。”这成为文化产业和金融资本相互融合的推动力，确立了文化艺术品产权交易所的产业地位和法律地位。

2011 年是文化产权交易所成长最迅速的一年。3 月，湖南文化产权交易所在湖南省文化厅批示下注册成立。4 月，郑州文化艺术品交易所经河南省人民政府金融服务办公室批准成立。7 月，广东南方文化产权交易所成立。8 月，北京汉唐艺术品交易所作为首都第一家文化产权交易所开门营业，同月成立的还有北京九歌艺术品交易所、陕西艺术品交易所、江西文化艺术品交易所和合肥文化产权交易所。10 月，由福建日报报业集团、海峡都市报社、海峡出版发行集团和福建东南拍卖有限公司等联合出资的海峡文化产权交易所注册成立。据不完全统计，2011 年全国筹备及开业的文化产权交易所超过 40 家，截至 2011 年年底，全国已成立的文化产权交易所超过了 50 家。

文化产权交易所的遍地开花与国家产业政策的刺激直接相关。同时，文化产权交易所的大密度和高频率面世超过了政策的预期程度。文化产权交易所的竞相而出甚至有些鱼龙混杂与政府审批权的分散高度关联。除了少数由省级政府和中央文化单位批准之外，全国各地的文化产权交易所大多是由当地金融部门批准即可设立。

（三）文化产权交易所的冬天

艺术品份额化是各文化产权交易所经营的主要模式。艺术品份额化就是将艺术品先进行估价，再将其价值按照份额拆成若干份，投资者购买一定份额即可参与艺术品的交易。2010 年 11 月 22 日，天津文化艺术品交易所在天津举办交易启动仪式，这是中国进行的首次文化艺术品份额化交易模式的尝试。随后郑州、成都、深圳的文化产权交易所等也加入到艺术品份额化的洪流中。资料显示，截至 2011 年年底，全国文化产权交易所公开发行了共计近 18 亿元的艺术品份额。其中，天津文化产权交易所以 4.34 亿元发售 20 个产品领先，成都文化产权交易所以 3.05 亿元发售 7 个产品居于第二，郑州文化产权交易所以 3.04 亿元发售 6 个产品而屈居第三。

作为“类证券化”产品，尽管“份额化交易”之下的艺术品具有资本市场中资产价格上下波动与起伏的基本特征，但其连续性的暴涨暴跌还是超出了一般证券化产品的极限性范畴，从而引来了相关人士的特别关注。不仅如此，监管制度缺失、交易规则朝令夕改和标的估值不清不白等这些可以使交易所快速扩张和野蛮生长的因素也屡屡引发人们的诟病。

2011 年年底国务院出台的《国务院关于清理整顿各类交易场所切实防范金融风险的决定》（下称 38 号文）可以看成是投向文化产权交易所的一枚“重磅炸弹”。“38 号文”明确规定，除依法设立的证券交易所或国务院批准的从事金融产品交易的交易场所外，任何交易场所“不得将任何权益拆分为均等份额公开发行；不得采取集中竞价、做市商等集中交易方式进行交易；不得将权益按照标准化交易单位持续挂牌交易；任何投资者买入后卖出或卖出后买入同一交易品种的时间间隔不得少于 5 个交易日；除法律、行政法规另有规定外，权益持有人累计不得超过 200 人。”随后，2012 年 7 月 12 日《国务院办公厅关于清理整顿各类交易场所的实施意见》（国办发〔2012〕37 号）进一步明确了中央政府对于艺术品份额化交易的态度：坚决关停。

其中，等额拆分、集中竞价、持续挂牌交易、T+0 实时交易和不限制人数是绝大多数交易所核心要素。37 号文、38 号文的出台直接击中了文化产权交易所的要害。各交易所如果不能按照要求整改则有关门的危险。整改后，交易所的核心业务即宣告终结。顿时行业哀鸿遍野，各文化产权交易所谋求转型和寻找盈利新模式的步伐不约而同地展开。然而，两年时间过去了，2014 年，绝大多数交易所处于停业或者面临着开业却没有业务的状况。这个曾经辉煌一时的行业此时却显得无比萧条。这也印证了这么一个哲理：任何试图脱离商品价值的妖魔化炒作行为都将得到市场力量的客观过滤与公平纠正。

二、哈尔滨文化产权交易所面临的行业难题

滕勇先生，哈尔滨文化产权交易所总裁，先后任职于中国农业银行、中国长城资产管理公司、兴业银行、天津股权投资基金服务中心等金融和政府平台。2008 年起担任滨海新区金融创新机构，国内首家股权交易所——滨海（天津）国际股权交易所总裁，自此开启了他的交易所生涯。2011 年年初，从天津南下深圳，任职国家级中宣部试点单位——深圳文化产权交易所常务副总经理、2014 年年初又从深圳北上，任职国家版权局试点单位——东方雍和国际版权交易中心总裁，2014 年年末又北上任职哈尔滨文化产权交易所总裁一职。二十多年的金融及交易所经验，让他对行业现状了如指掌。

哈尔滨文化产权交易所是在中共哈尔滨市委、市政府有关领导关心、支持下成立的综合性文化产权交易所，设立于 2011 年 4 月。它是黑龙江省成立的首家文化产权交易所，也是哈尔滨市唯一一家文化产权交易所。旨在建立立足东北亚，服务全中国，面向世界的文化、金融资本交易平台。

2014 年 11 月的一个下午，哈尔滨文化产权交易所本部会议室里气氛凝重，交易所高管齐聚一堂共同探讨交易所未来的发展道路。

会议伊始，滕勇先生先向大家强调了目前行业面临的严峻考验：“大家都知道，自从国务院 37 号文、38 号文发布以后，文化产权交易所这个行业形势急剧下降，全国各地许多交易所直接关门歇业，绝大多数交易所

也面临着没有业务可做勉力支撑的状况。我们哈尔滨文化产权交易所虽然目前情况稍好一点但也难以独善其身，如果我们继续按照目前的模式走下去，坚持做限量艺术品的交易，迟早要被市场淘汰。”滕总看到大家纷纷点头表示认同接着说道：“按照现在的情况来看，文化产权交易所这个行业也出现了一些新的运营模式、交易品种，比如泰山文化艺术品交易所在做的权益产品的挂牌交易、南京邮币卡交易中心在做的邮币卡交易平台等，这些新起的交易模式、交易品种让这个行业看到了一丝曙光。对我们来说这是一个机会，也是一个极大的挑战，大家谈谈自己的看法吧。”

李总是为公司打江山立下汗马功劳的功臣，他见会场气氛有些紧张，便开口道：“刚才滕总也说了，自从2011年国务院37号文、38号文发布之后我们这个行业一直很难过，大家都不知道该怎么走。两三年过去了，其实行业一直处于低谷期，我们哈尔滨文化产权交易所目前业务也仅限于限量艺术品挂牌交易，这是在符合政策要求下开展的业务，完全避免了政策的风险，我相信随着行业的回暖及市场的复苏，我们的业务规模一定会上一个台阶。而且，公司是哈尔滨唯一一家文化产权交易所，我们处于行业垄断地位。限量艺术品业务也是我们从公司成立到现在一直在开展的一项业务，是我们的核心业务，为公司带来了绝大部分的利润。公司从上到下对项目选择、风控措施、业务流程非常熟悉，大家都是这个行业的精英，我们完全可以在自己熟悉的领域内大展拳脚，我们需要的就是等待行业的复苏，我相信这个时间不会太长。”

“李总说的的确有一定道理，我们在限量收藏品领域确实具有优势，但是我们要看到目前行业的变革，我们业务每天的交易额最多能到5 000万元。大家都知道南京邮币卡交易中心，他们挂牌产品每天的交易量数十倍于我们，就因为他们看到了邮币卡天然份额化的属性，是文交所挂牌交易的最佳品种，而且邮币卡线上交易模式打破了传统线下交易模式，避免了线下交易双方由于信息不对称导致的产品交易价格大幅偏离其实际价格，甚至上当受骗的可能。这不但使交易所创新了交易品种，增加了交易所的盈利，同时，也改变了部分文化产业的发展模式，推动了行业的发展。据我所知，现在全国有不下10家交易所在筹备开展此项业务，时间不等人，我们一定要尽快上马这个项目，趁早赶上新一轮行情的顺风车，这会使我们交易所未来发展更进一步。”作为改革派的排头兵，张总表达了自己的观点："换一种思路来说，我们将部分权益拆分类交易品种放在境外香港等地也是一个很好的选择。"

"有创新的东西是好事，但我们也要意识到新的东西未必就是好的东西，就拿3年前我们整个行业都在做的艺术品份额化，大家都觉得这种模式是未来发展的趋势，每一家文化产权交易所都大干快干。结果呢，大家都知道，一纸命令导致了行业所有的文化产权交易所都无法继续开展之前的核心业务，我们就是因为谨慎才躲过了这一劫。我们这个行业最大的风险不是经营风险，是政策风险。现在邮币卡业务也面临着这样的情况，确实是一个创新的模式，盈利预期也很好，沉默了几年的文化产权交易所，大家都在摩拳擦掌准备大干一场。但是现在市场有点过于火热，我们在实体市场上花10块钱能买到的邮票在电子化交易平台上可以炒作到100块甚至更高，这明显偏离了市场价值，完全不符合市场规律，政府迟早是要规范这个市场的，如果我们这个时候进去，很有可能面临着重蹈覆辙的局面。"李总打断了张总的发言，毫不示弱地说道。

滕总看大家发言很激烈，转头对市场部冯总说："冯总，市场部作为公司的排头兵，你们最了解市场，你来说说你怎么看待这个问题？"

看到滕总让自己发言，冯总点了点头，稍作思考："市场部作为公司的一线队伍，我们掌握着市场的真实情况，我有必要说说我的看法。我认为目前我们公司的业务在哈尔滨地区已处于饱和状态，市场部在本地区进一步开展业务也遇到了不少阻力，而且相对来说北京、上海等一线城市，哈尔滨文化行业目前确实不景气。一线城市的文化产业发展的势头非常迅猛，电影、动漫行业也异常火爆，院线票房节节升高，而且目前政策也对文化产业非常支持，我认为我们未来应该将业务重点向一线城市倾斜，保留本部的业务，把总部迁到北京，这样我们市场部可以在全国文化资源最集中的地方发挥自己的力量，我们公司也可以将业务拓展至全国甚至全世界，真正实现我们建立立足东北亚，服务全中国，面向世界的文化、金融资本交易平台的宏伟目标。"

冯总的发言让战略发展部蒙总也闪过了一丝亮光："我非常同意冯总的看法，目前来说北京确实是一个文化产业、文化资源相对集中的城市，对于我们文化产权交易所来说是一个非常好的机遇。但是，我认为我们应该建立起一个联盟，把全国的文化产权交易所集中起来在行业普遍寒冬期没有过去的时候抱团取暖，形成一个紧密的合作组织。形成联盟的品牌，提高联盟品牌的价值。文化产业这块蛋糕够大，我们一家很难全部吃下去，我们需要抓住核心资源。我相信，由我们发起这个行业联盟，这些在行业内冷落了许久的交易所一定会与我们联合起来开展业务。这样不但分散了业务风险，而且行业联盟组织有利于我们在国际化的道路上拥有更多的话语权，这对未来我们国际化的战略目标实现非常有利”。

大家都在憧憬于蒙总行业联盟时候，一个声音传了出来：“说起来是很容易，前不久有交易所建立的两个共同市场聚集了全国20多个交易所，不也不温不火么，这就是个形式而已，没有什么实质意义”。

不知不觉一个下午就过去了，看到大家激烈的讨论，滕总陷入了深深的沉思。开展新业务、总部搬迁、行业联盟的建立……这些看起来无比诱惑的想法背后却潜藏着巨大的风险，都说风险与机遇并存。他在自己心底打了一个大大的问号：哈尔滨文化产权交易所到底该何去何从？

案例使用说明

（一）教学目的与用途

1. 本案例主要适用于工商管理及MBA学生《管理学》、《企业战略》和《市场营销》等课程的教学与管理培训。

2. 本案例是一篇描述哈尔滨文化产权交易所在行业寒冬下战略选择问题的教学案例，其教学目的在于使学生对企业战略、组织变革等管理问题进行深入的思考，从企业内部资源及外部环境分析市场的机会与风险，制定企业发展战略，做好企业战略实施过程中的风险管理。

（二）启发思考题

1. 结合案例，试从企业内部、外部环境分析，你认为哈尔滨文化产权交易所是否应该开展新的交易业务品种？

2. 你认为哈尔滨文化产权交易所是否应该将总部搬迁到北京，这个决策将面临哪些风险？

3. 如果哈尔滨文化产权交易所建立行业联盟抱团取暖，你认为这种行为是否可以改变行业现状？

市场营销

“微信大咖”要回央视频道?
——祥源茶业营销传播策略抉择①

[案例摘要] 作为率先和成功采用微信开展营销传播的茶业企业，祥源茶业积累了丰富的微信营销传播经验，并有了一定的行业地位。在度过艰辛的创业初期，在渠道、生产、品牌等建设格局初显时，公司面临经济下行导致经销商库存增加，产能亟需释放，微信传播出现变数等问题。公司提出了重返央视频道计划，但这项至少耗资3 000万元的广告投入计划会对公司产生什么影响现在还很难说。

2014年6月9日星期一上午9点，祥源茶业股份有限公司董事会会议将重点讨论公司下一步的营销传播方案。为进一步完善方案，负责市场推广和品牌运营的公司副总经理华毅，已在办公室连续熬了两个通宵。7点钟，早晨金色阳光射入办公室，他轻轻合上笔记本电脑，揉揉有些红肿的眼睛，伸了一个深深的懒腰，站起身来泡了一杯公司刚出品的祁门红茶。世界闻名的祁门茶水香气让他略显疲惫的精神一振。

他一边等着董事们的到来，不禁一边回忆着公司最近表现。作为率先采用微信开展营销传播的茶业企业代表，公司利用微信等新传播手段在全国范围内进行分销布局。通过两年多的快速发展，公司已在全国40余个中心城市设立授权经销合作伙伴，建成80多家品牌专营店，渠道格局初显。不断有风险投资公司慕名而来，希望入股，以加快品牌塑造速度。

然而，华毅感觉情况并没有那么乐观。原因主要有三个：一是有些经销商向他反馈，宏观经济形势下行导致库存在增加；二是公司工厂建设完

① 本案例由中央财经大学商学院的王俊杰老师撰写。本案例只供课堂讨论之用，并无意暗示或说明某种管理行为是否有效。由于企业保密的要求，在本案例中对有关名称、数据等作了必要的掩饰性处理。本篇案例荣获“全国百篇优秀管理案例”，已入中国管理案例共享中心案例库，并经该中心同意授权引用。

毕，产能即将大量释放；三是微信传播策略存在变数。

为此，华毅和市场部同事们最近一直琢磨是否重启一项尘封3年的计划，即每年追加投入3 000万元在中央电视台做广告宣传。华毅曾邀请董事长邓永一起分析该计划的意义。邓永说："问题是，我们目前处在什么发展阶段？这样做能否实现我们的战略意图？如果我们真这样做了，这会对我们的利润产生怎样的影响？"

一、2010～2011年，着手重塑茶业知名品牌

（一）公司背景

创立于2010年11月的祥源茶业股份有限公司是一家"三合一"公司。首先，祁门茶厂历史厚重。祁门茶厂是中国近现代最早一批茶叶科研和生产机构。它在中国十大名茶"祁门红茶"的历史中扮演着举足轻重的角色，祁门红茶多数享誉世界的荣誉便是以茶厂名义获得。20世纪90年代后期，茶厂经历了多次改制，最后属于祁门茶厂的只剩下一些坚守的老员工以及商标等无形资产。

其次，祥源集团有财务实力且愿意做好茶。它与安徽省祁门县签订祁门茶厂投资项目。该项目初期规划用地150亩，总投资3.5亿元。它认为该项目能为集团未来发展开拓新的领域，并能丰富集团企业文化和内涵。

最后，核心管理团队成员都至少有10余年茶业从业经验和一定"江湖地位"，例如，公司负责渠道运营的吴端副总经理曾任中国茶业流通协会秘书长，他在微博上是"大V"，拥有5万左右粉丝。

在第三方咨询公司帮助下，公司股权治理和激励结构均已较好地解决。公司成员均有复兴中华老字号，在茶产业中打出一片天地的愿望和行动。

（二）行业现状

1. 行业前景被广泛看好

在过去10年间（2003年至2012年），全球茶叶产量以年均4.08%的速度增长，动力主要来自生产率提高和茶叶种植面积的扩大；产茶国消费量的增加成为拉动茶叶消费增长的新动力，茶叶消费以年均3.81%的速度增长。

中国增速更快，以2012年为例，我国干毛茶总产量178.98万吨，同比增加16.66万吨，增加10.3%，全行业规模突破1 400亿元。近年来，一些风险投资机构、私募、企业家等认为中国茶产业是新兴的传统产业，看好茶产业的发展机会，不断向茶产业投资，这也燃起了社会对茶叶领域的投资热情。

2. 茶业企业强者不强，弱者极弱

我国约有上千种茶叶，与茶叶种类多相对应的是茶叶企业（简称茶企）数量众多，分布广泛，但单个企业的产值并不高（如表1所示）。中商情报网监测数据显示：2012年年末，我国规模以上精制茶加工企业达1 122家，总资产达600.96亿元，共计实现销售收入达1 141.43亿元，利润总额为99.92亿元，行业毛利率为22.11%。表1是目前能找到有关中国茶企规模的最新数据，由于茶企规模较小等诸多原因，该协会2010年后只公布排名，不再公布企业销售额。

表1　　2010年中国茶叶行业百强企业摘录

排名	公司名称	销售额（万元）	所在地
1	中国茶叶股份有限公司	145 700	北京
2	湖南省茶业有限公司	90 432	湖南
3	安徽茶叶进出口有限公司	77 425	安徽
4	浙江省茶叶集团股份有限公司	77 220	浙江
5	宜昌萧氏茶叶集团有限公司	62 017	湖北
…	………	…	…
96	湖南省白沙溪茶厂有限责任公司	8 174	湖南
97	河南新林茶业有限公司	8 160	河南
98	四川嘉竹茶业有限公司	8 057	四川
99	黄山六百里猴魁茶业有限公司	8 025	安徽
100	山东日照碧波茶业有限公司	8 017	山东

来源：中国茶业流通协会。

3. 茶产业流通模式

中国茶产业主流的流通模式为：“茶农”→“茶企”→“经销商”→……→“零售商”→“消费者”。经销商和零售商之间还可增加环节，这个产业链条会更长，茶农的“地头价”和最终零售价差异也会更大。经销商与零售商仅为买卖关系，生产商一般无法控制产品零售价。经销商大多聚集在全国各地的茶城里。以“京城茶叶第一街”马连道茶城为例，它是中国北方地区最大的茶叶集散地，有1 200多家茶商，年交易额超过18亿元。茶城的管理模式类似于小商品批发市场，管理者只收房租，经营由茶企负责。管理缺位和茶商的良莠不齐，导致以次充好、坑害消费者、卖出天价茶等现象频频发生。经销商以养家糊口为目的居多，将茶叶看做事业的甚少。经销商单体规模不大，经营未形成规模经济，分销效率自然不高。

4. 一知半解的消费者

近年来，随着生活水平的提高，对健康、绿色、环保的向往，越来越多的消费者重视饮茶价值。但在购茶过程中，与茶商无休止的讨价还价，不懂茶叶品质，频频上当等，这些使得普通消费者对茶望而却步。

中国是茶叶故乡，茶叶是“柴米油盐酱醋茶”的茶，是社交生活的重要载体。很多消费者从小喝茶，对茶有或多或少的了解。聊茶时，大家均能说上两句，但谈不上深入知茶和懂茶。很多茶知识是故弄玄虚或者以讹传讹，例如，对清明时节茶的盲目追捧，认为红茶喝多会上火等。消费观颇为盲目，例如，追捧天价茶，到茶山亲自采茶等。

（三）公司价值主张

公司品牌战略可表达为：“组建价值链联盟，专业化经营，为消费者提供种类丰富的优质茶产品和相关服务，创导一种有滋有味的健康生活。”这反映出公司对产业链共创价值的关注，体现的是“价值、诚信、合作、共赢”。其目标消费者定位为：面向25至60岁的消费者，主要以县城以上城市的商务人士和公务人士为主（通俗地讲，这是指我国新兴的中产阶层），用好茶为他们健康生活添彩。

1. 产品

该品牌战略主要由三部分组成。第一部分为茶产品本身。公司自信可为消费者提供最优质的茶叶产品。为恒定茶产品标准和提供优质产品，公司以“正宗原产地、核心小产区”为产品定位策略，精心选择那些能规模化生产的茶类，在品质卓越的茶产区建厂，聘请“茶叶非物质文化遗产制作技艺传承人”等茶专家研究开发茶产品和监督生产。公司产品主要包括：正宗原产地安徽祁门红茶系列、以易武小产区为代表的云南精品普洱茶系列和福建福鼎白茶系列。

2. 分销渠道

第二部分为分销渠道。针对目前茶业流通乱象，公司对原有流通模式进行创新，变革渠道结构和重新分配权力关系，将渠道长度限定为："茶企"→"经销商"→"授权专营店"→"消费者"，且经销商必须拥有授权专营店（与传统流通模式对比如图1和图2所示）。这提高了经销商准入资质，他们须有足够经销实力和财力，保证销量上规模和要对专营店等固定资产和管理予以投入。该政策体现出了风险共担和利益共享。公司压缩渠道链长度，提高分销效率，由此节省的收益由产业链所有合作伙伴分享。

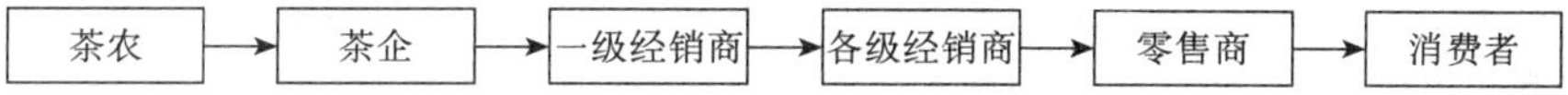

图1　主流茶业流通模式

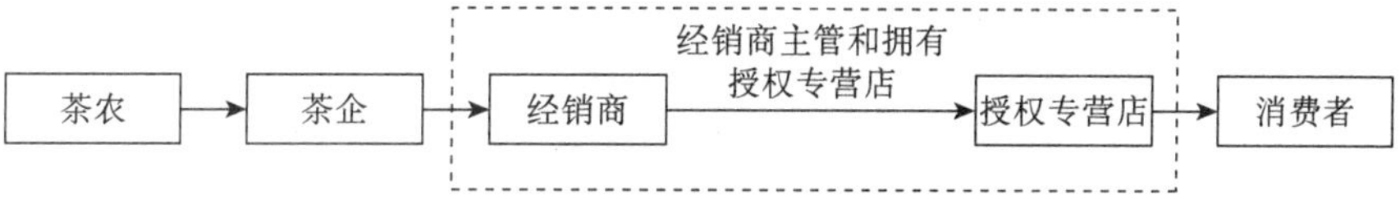

图2　公司新渠道模式

3. 授权专营店

第三部分是消费者体验。从零售角度看，公司要在消费者品饮时营造一种体验，并将这种体验融入人们日常生活中。"消费者是来快乐品饮和买茶的，不是来上当受骗的。"授权专营店统一由香港知名设计师精心设计，有舒适的品饮空间和高雅但不贵重的装饰。公司强化了对产品零售价的控制权，实施统一、实惠的平价策略。统一的店铺氛围、统一的品饮服务、统一的价格，这些创造出一种吸引，使消费者的消费重心放在对茶叶品质和文化的品味上。

二、2012～2014年上半年，成为"微信大咖"

在营销战略上，公司首要任务是渠道建设。对于创业期企业，要赢得足够经销商支持和加盟并不容易。由于决心采用新型渠道建设模式，公司拥有零售定价权和要求经销商投入固定资产。一些与华毅等公司高管熟识，原打算加盟的经销商现在感觉不适应，处于观望状态。此外，公司仅靠争取熟客成为经销商是不足以应对全国市场的，更重要的是将那些认同公司价值主张、愿意遵循渠道政策、有一定实力、原本不熟识的经销商转变为熟识的公司经销商。他们分布在全国各地的茶城里，如何赢得他们的信任并建立合作关系？难道要回到从前，“华毅”们拖着小行李箱，成年累月地奔波在赶往全国各地茶城的路上？醉倒在与经销商派对的饭桌上？或者花费巨资在传统媒体上做广告，“广撒网，多捕鱼”？

（一）初期的微信传播

在2012年8月微信开放注册公众号时，华毅立刻注册了公司的微信公众账号（如图3所示）。一个原因是，有茶企在以微博为代表的社交媒体上获利，甚至实现了企业“乌鸦变凤凰”。茶企看到了微博上宣传的先发优势的价值，唯恐在微信上落后，均早早注册了公众账号展开营销传播。

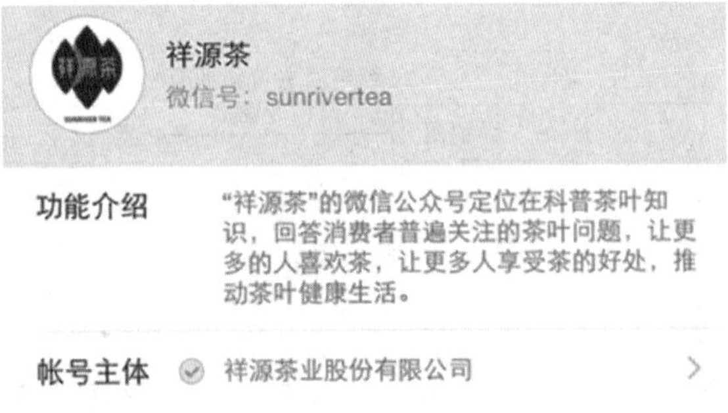

图3　公司微信公众号

1. 微信热

微信（WeChat）是腾讯公司于2011年1月推出的一款通过网络快速发送语音短信、视频、图片和文字，支持多人群聊的手机聊天软件。微信提供公众平台、朋友圈、消息推送等功能，用户可通过“摇一摇”、“搜索号码”、“附近的人”、扫二维码方式添加好友和关注公众账号，可将内容分享给微信好友和将精彩内容分享至朋友圈。

微信从QQ好友和手机通讯录发展而来。中国互联网络信息中心（CNNIC）认为，从人际关系强度看，手机通讯录联系人应属强关系范畴，可区分为经常联系、好久不联系、偶尔联系的次强次弱关系，语音、短信、彩信这些点对点通讯方式满足人们正常沟通需求，微信的语音、文字、图片在展现形式、内容丰富性方面捕获了用户的心。

微信从上线至不到 11 个月的时间内用户猛增至 5 000 万，又在不到 4 个月时间内，也就是 2012 年 3 月 29 日微信用户数超过 1 亿。截至 2013 年 11 月底，注册用户量已突破 6 亿。

2. 不成功的初试

华毅认同微信体现出人与人之间的强关系。公司与经销商，以及核心客户之间的关系也是强关系，两者在特征上相似，一定可以通过微信实现公司与经销商等核心成员的零距离对接，尽快建立合作关系。经销商和核心成员属于专业人士，总体数量并不多。“茶商都在微信通讯录里，都是一个圈子里的，人连人，全国的经销商就在几层朋友圈里。”“经销商在哪里，我们就要出现在哪里。”“微信是目前公司可用的、最理想的营销传播工具。”

公司不定期向粉丝推送产品信息。结果出乎意料，最多一天一次的信息推送的反响并不好，甚至导致一些粉丝取消了关注。华毅于是向其他同行取经，同行情况也差不多。大家感觉微信和微博同属自媒体，但微博强调媒体属性，微信强调社交属性。重要的是，用户的使用习惯发生了很大改变，越来越倾向使用移动终端获取信息。微信是新事物，微博上的运营经验可借鉴，但不能照搬。

华毅向那些将公众号拉黑的粉丝做了调查。前粉丝们的意见主要集中在认为微信应更多的是“社交”而非“商务”。有粉丝说：“这是朋友圈好不好？你们为什么天天发些没用的产品信息？能发点别的吗？这不是扰民吗?”。“如果我要手机购物，我会下载京东的应用，现在我要一边聊天，一边看产品信息，有些累。”

“看来客户们还是在‘朋友圈’和‘商务圈’之间画了一条线。”“微信推广看来没有想象的容易，经验还要靠自己摸索。”华毅打算将依靠微信拓展经销商事宜放一放。

（二）调整后的微信传播

2013 年年中，华毅到香港拜访一名茶专家。香港同胞也在玩微信！茶专家从微信上看到公司董事长邓永的文章“小产区市场——普洱茶行业的下一轮重大机遇”，对文中有关行业布局、发展趋势等新颖观点表示赞赏，随后将这条微信“转还”华毅。华毅上百度搜索这篇文章，转载率高达760次，几乎出现在与茶行业相关的各个媒体网站上，而它源自微信！

1. 精心设计传播内容

腾讯数据显示，“20%用户到公众号里挑选内容，80%用户在朋友圈里阅读这些内容。”由此看来，公众号如不能生产有吸引力的内容，显然无法提升阅读量。这事实上要求公司对内容作如下决策：是原创还是转发？如何提升内容质量？内容如何搭配？信息发布频率多高？

（1）是原创还是转发？

起步时，公众号、董事长个人微信账号、自己的微信账号等，发布内容多为产品信息和转发公共内容。转发容易引发版权问题（如图4所示），即使转发内容获得授权，自己也成了他人信息传播的节点。公司认为，原创不一定感人，但至少能表明品牌态度，表明公司在实实在在做事情。原创也是向经销商等合作伙伴提供品牌宣传“炮弹”。为此，公司决定成立微信工作小组，公众号发布的内容无论好坏全部为原创，人员编制逐步由原先华毅副总、邓永董事长的客串，增加至5至6人的专任。

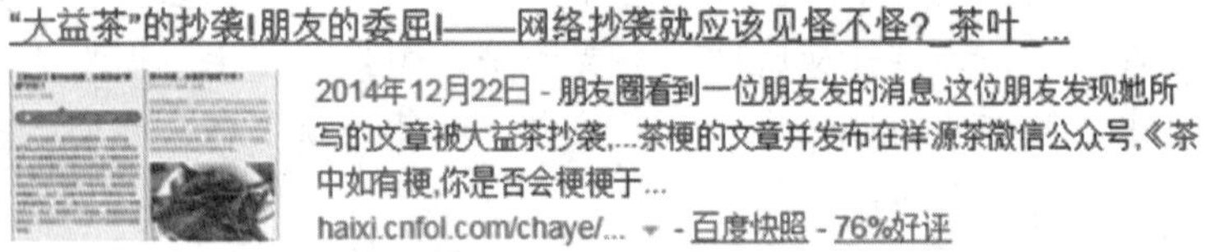

图4 公司内容被其他企业抄袭，对方被网络曝光

（2）如何提升内容质量？

为提升内容质量，公司购买了中国知网版权，从全部各地购买相关书籍和到知名图书馆查询资料，要求所撰写的文章和收集的数据务必要有依据和出处。为提升内容趣味性和针对性，公司要求工作人员选题务必再三思考，可邀请全公司人员参与讨论，并要充分考虑消费者诉求。为出精品，曾有一段时间，公司微信每天的发布数量由原来的4至5条降低至1至2条。

为提高内容权威性，公司邀请知名茶专家加入。公司与安徽农业大学茶专家宁教授合作，开设了“宁博士专栏”，从专家和科学家角度系统讲解茶知识（如图5所示）。邀请“茶叶非物质文化遗产制作技艺传承人”现场讲解茶叶制作流程。

图5 宁博士专栏

（3）内容如何搭配？

公司将内容定位为：①普及茶叶知识和宣传正确的茶叶消费观，②推广企业品牌和价值主张，③适度发布产品信息，内容亦由以上三个部分组成（如表2所示）。普通消费者对茶知识感兴趣，经销商对企业的价值主张和产品信息感兴趣。随着普通消费者逐渐熟悉公众号，事实上，从后期统计数据可看出，他们对产品信息的容忍度在不断提高。公司也改变了产品信息发布思路，即不刻意反复推出产品广告信息，在新品上市、推出促销活动等应该发布信息时才发布。结果是，公众号有时连续1周不发布一条产品推广信息。至后期，三者比率大致固定为6:2:2。

表2 内容分类及不同年份阅读量

类型	2013年示例	阅读量	2015年示例	阅读量
茶与健康	茶的10大保健功效（2013.10.11）	698	如果一定要熬夜，请多喝茶（2015.05.15）	3 042
品饮冲泡	普洱茶冲泡建议（2013.07.26）	114	36种常见紫砂壶型赏析（2015.05.04）	4 319
生产加工	认识“杀青”（2013.12.26）	38	为什么要让茶业好好晒太阳（2015.05.11）	1 129

续表

类型	2013 年示例	阅读量	2015 年示例	阅读量
茶文化	三个日常茶礼（2013.12.03）	169	这个世界你不知道的美景（2014.04.30）	1 344
热点问题	常用茶具大全（2014.02.14）	714	今日谷雨（2015.04.20）	1 972
品牌价值	产业报负的实业追求（2013.08）	90	祁红博物馆即将开馆（2015.04.09）	1 399
产品信息	祁红小镇产品（2013.07.23）	174	喝酒过多，不妨试山楂红茶（2015.02.17）	897

针对目前中国多数消费者对茶知识一知半解，但又确实想了解茶这一现象，公司有针对性地将茶知识部分分为："茶与健康"、"如何品饮冲泡"、"茶叶如何生产加工"、"茶文化是什么"、"最近的热点问题"。其中，"茶与健康"有效地回答了普通消费者对健康的关注；"如何品饮冲泡"和"茶叶如何生产加工"这两个方面的内容能使普通消费者克服由于对茶知识的不熟悉所引发的畏难情绪，降低饮茶难度。"茶文化是什么"则是培养消费者从精神层面领会中国茶的内涵美。

（4）信息发布频率有多高？

公司以及公众号均属于初创，在消费者和经销商等利益相关者的脑海里总体印象较浅。依据以往品牌推广经验，华毅认为目前应保证每天 1 次更新，较为密集的信息会让消费者印象逐渐变清晰，也不会断掉与消费者的联系。

这样一来，意味着公众号的内容来源不足。原创内容是项很辛苦的工作，邀请茶专家加入便有提高内容供应量的考虑。那么，如何充实内容呢？此外，目前公司的传播重点是让消费者和经销商了解公司，但不意味着公司不需要了解和甄别经销商。如何与经销商更深入地互动？

2. 微信与其他营销传播活动

在开展微信传播过程中，公司举行了一系列其他活动来拓展企业品牌，与经销商等进行有效沟通，主要活动有：

（1）深度参与茶业博览会

茶博会是各地茶产业的盛会。在茶博会上聚集了大量生产厂家、经销商、爱茶人士等，普通茶叶消费者相对较少。公司每年挑选几个客户较为集中的区域（如北京、广州、东莞、沈阳等）的茶博会进行重点参展。以北京茶博会为例，公司赞助了该会议，获得在展会门口的品牌展示权；在展厅内依据香港设计师的设计搭建了规模宏大的展台。在展会上，公司向各方来客强调“为消费者提供良好价值的正宗原产地顶级好茶”的价值主张；安排公司的茶专家做现场制茶展示；发布新的茶产品。以上活动往往会产生轰动效应，但均需以观众的现场参与体验为基础。

（2）举办斗茶会

公司普洱茶生产基地在茶马古道的起点——云南省西双版纳州勐腊县易武乡。这里茶叶原料品质优越，但缺乏大型现代化企业来引领生产和运营。公司在当地建成了规模最大的现代化茶叶加工中心。为进一步宣传推广当地茶叶，凸显原料品质优越和展示现代化加工工艺，公司从 2012 年起，每年均会独家协助当地政府举办斗茶会。活动内容包括采茶、制茶、优质普洱茶原料评比等传统赛事，以及茶业发展论坛。在举办之前，公司通过微信广发邀请函，通常会邀请到知名茶专家、茶业媒体、经销商、爱茶人士等参与其中（如图 6 所示）。

图 6　斗茶会和发展论坛

公司还借鉴法国波尔多葡萄酒竞赛在销售区域举办葡萄酒品鉴会的方式，在东莞、广州、北京等地举办斗茶会。斗茶会在经销商家门口举行，这项创新从源头上提升了消费者对普洱茶的认知，让茶叶产区和销区更加紧密联动。几轮下来，每次参会人数增加至200人以上，百度网页新闻转载率为至少500次。

（3）举办论坛

公司每年会不定期地举办几次茶业发展论坛，共同探讨茶业目前形势、热点问题和未来发展。参会人员主要为茶专家、同行等。论坛的规模、形式、内容均比较灵活，例如，在斗茶会上，在茶博会上，在经销商年会上，也可在授权专营店开店典礼后，以及单独举行二三十人的小规模论坛。

此外，为配合各家授权专营店运营，在开业时，公司均会派遣部门负责人或者高管参加开业庆典。上述各项活动，公司和主持人均会邀请现场观众扫一扫公众号的二维码。这些事件从开始至结束，主要的信息出口便是微信公众号。

3. 微信互推

通俗地讲，微信互推就是你在向自己的粉丝发送信息的时候内容下面带上一个别人的号，这样你的粉丝看到后如果有兴趣的话就会关注他。互推是微博、微信增加粉丝数量的一种手段，该现象普遍存在，但公司在微信互推上做了创新。

“茶叶复兴”是一家专做茶业报道、有一定影响力的微信新媒体。在文章原创、对茶产业未来看法和价值主张等，公司与“茶叶复兴”观点相近，逐渐建立了长期合作关系。互推不仅是文章相互授权，主要是各项活动的配合。针对微信内容存在虚假等现象，公司希望借助“茶叶复兴”等微信媒体提高信息可信度，而非简单地增加一些粉丝。比如，公司举办斗茶会，会专门邀请“茶叶复兴”编辑参会，公司会给编辑提供便利，帮助其采访企业董事长、知名茶专家等，这些人平时较为忙碌，一般不会轻易受访。“茶叶复兴”公众号客观报道赛事过程即可。

此外，公司有公众号，经销商也有自己的公众号。在公司公众号发布信息后，经销商依据自身喜好和判断，选择一些内容在自己公众号中转发。公司高管、经销商、店长、店员等也会在闲暇时，从公众号中挑选信息，在朋友圈中转发。

4. 微信互动

为提升粉丝活跃度，公众号通常会利用粉丝好奇心，不定期地通过征集意见、发起话题讨论、有奖竞答等手段吸引关注，以保持黏性。公司公众号也互动，但互动目标瞄准了公司价值主张的关注点，并不刻意注重互动技巧。为向消费者传递茶山之美，凸显绿色和健康，公众号举行了“神州最美茶园拍摄竞赛”，目前已举办了 27 期。参与人数逐次增加，奖品通常为公司产品。以第 21 期为例，阅读量为 2 487 次，投票人数为 1 119 人，粉丝看到茶园照片后，感慨中国茶园之美和茶农朴实，对茶与健康的关系多了份视觉认识。为配合其他传播活动，有时竞赛区域会被限定，比如“我爱斗茶会”拍照竞赛，区域限定在公司产茶区，参与者虽不多，为 233 人，但多为茶专家、经销商等专业人士。

5. 传播效果

在经过一段时间推广和一定数量经销商加盟后，公司已不关注公众号粉丝人数。公司的微信传播已演变为以公众号为核心，经销商的公众号为外围，公司高管、经销商、店长、店员等朋友圈为辅助，其他媒体公众号互助的公众账号体系。至 2014 年年中，公司拥有 2 万左右粉丝，每篇文章阅读量平均为 2 000 至 2 500，转发率平均为 200 次至 250 次，数量在业内处于领先位置。其中，经销商 40 多位，经销商普遍有 1 个自己公众号和至少 10 余名以店长和店员为主体的信息转发员。至此，公司成为名副其实的“微信大咖”（如图 7 所示）。

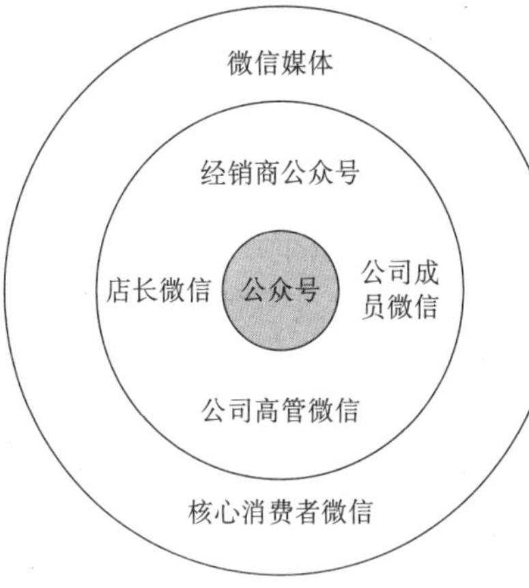

图 7　微信核心成员

公司经销商逐年增加。至2014年年中，公司已在全国有40余名经销商，建成80多家品牌专营店，渠道格局初显。这些经销商现在均是公众号粉丝。在有微信前，多数生产商受渠道所困，苦于无充足时间、大量精力、大笔资金去发展经销商；经销商亦然，无渠道了解生产商。有微信后，公司精心构建微信传播渠道，其所作所为均处在业内领先位置。公司经销商们主要通过公众号或者已是公众号粉丝的朋友，了解公司价值主张、产品品质、运营实力、与竞争对手的差异等，再经过多方了解和互动后，主动向公司表达合作愿望。一些骑墙派在反复揣摩后，感觉与公司合作有奔头，也加入至公司经销商行列。

公司销售额也逐年快速递增。2012年为不足500万元，2013年为2 000万元，2014年预计为5 000万元，2015年预计突破1亿元。微信等传播渠道形成的费用虽然也在逐年递增，但所占比重并不高。2013年，公司销售费用为1 000万元，2014年上半年为750万元，年初预算全年费用1 500万元。此外，简单地看，公司微信上的直接投入主要为6名工作人员的人工工资和办公成本。

最后，微信也节省了公司对经销商和店员的培训成本。他们通过微信看到以往培训课程中所讲授的茶知识、企业动态、企业理念等。店员对公司信息的把握甚至比经销商本人快，在与客户沟通时遇到疑难，店员首先会在公众号中查找解决方案。

三、2014年下半年至今，新阶段新情况

预计2014年9月竣工的祥源易武工厂于5月提前完工。以此为标志，公司大型基建项目全部完工。公司认为，在生产上，目前公司产品已覆盖祁门红茶、普洱茶和白茶三大品类、数十个产品品种的产品线；在渠道建设上，公司已在全国40余个中心城市设立授权经销合作伙伴，建成80多家品牌专营店；在品牌塑造上，通过微信等多种传播手段，公司致力打造原产地经典品质以及小产区个性化风格的品牌价值主张已初步获得专业人士和爱茶人士的认可。公司已度过创业初期的艰辛，发展战略格局初显。公司董事会多次组织研讨会探讨进一步做大做强的可能性，但在2014年下半年，公司面临一些新的情况。

（一）宏观经济下行引发经销商担忧

2014 年，国家实体经济增速减缓。中国茶叶流通协会认为：全国茶叶总产量或将继续提高，但综合考虑国内宏观经济形势下行压力较大及全国茶叶出口量明显减少等因素。协会建议生产商应注意适度控制生产规模，加强市场拓展与消费引导，规避“卖难”情况发生。

近年来，政府高档茶叶消费明显减少，礼品茶和高档茶面临滞销和转型。北京市马连道专营店店长反映，以前清明时节春茶上市，茶城各家店都很忙碌，2014 年不同，顾客少，店员清闲。

公司对经销商实行产品现场结账，经销商要保证产品不断货，就须保证有足够的库存。普洱茶等茶叶存放越久，增值空间也越大。但有些经销商开始向公司反映，现在库存增加，现金流动性降低了。

（二）产能即将全面释放

竣工后，工厂不久便会形成产能。公司旗下各个工厂的生产能力均按照全国性大厂标准设计，如不能找到出路，产能浪费严重。重要的是，产能一旦上去，调整下来并不容易，这是因为生产还受制于上游原料本身。公司已和众多茶农签订原料采购协议，解决了原料供应渠道问题。但鲜绿的原料如果不立刻加工生产，马上面临腐烂，这直接影响农民收入，公司要承担法律责任。现在的局面是产能必须提高；即使调整，依据农产品生产规律，也需要等一两年。

与国外消费者重视营养价值不同，中国消费者还重视茶的年份、口感、香气、汤色等。消费者认为普洱茶是存放越久越好，但红茶则要求清明茶、当年茶，对时令要求很高。公司的祁门茶厂的产能已形成。事实上，红茶可以存放，各种价值并不会降低，但改变消费者认知尚需时日。

（三）公司微信传播面临变革

公司被业内人士公认是微信大咖，内容质量上乘。但微信平台在变，公司自身与微信的关系也在变，这些主要体现为：

1. 微信平台活跃度下降

2013 年第 3 季度，腾讯对活跃用户的界定为“用户在微信或 WeChat 上至少发送一条信息”。按照该定义，虽然总量在增加，活跃用户在 2013 年年底达到峰值后，增速下降幅度明显（如图 8 所示）。据澎湃新闻网报道，微信公众号活跃度有下滑趋势，2014 年 10 月运营者整体活跃度首次出现下滑迹象，公众平台有内容发布的账号数量比 9 月份减少了 8.3%。艾媒咨询报告认为，尽管微信公众号热度很高，但是实际营销效果和用户黏性却比预期低。

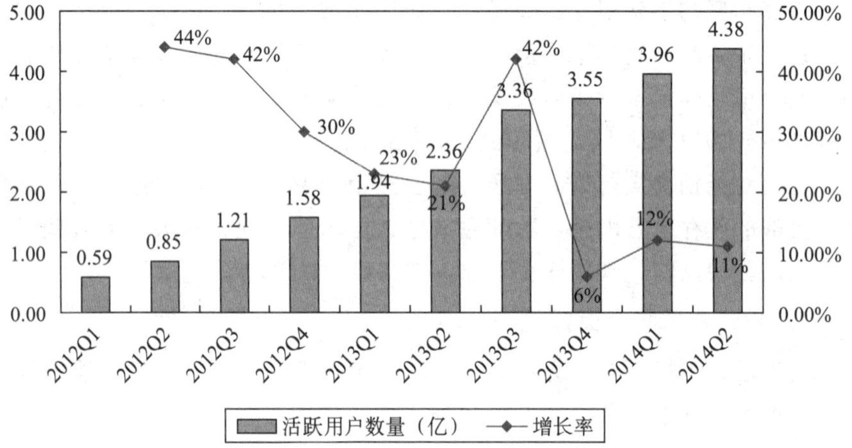

图 8　微信活跃用户变化图

2. 公司押宝微信发展需探讨

公司微信传播在业内广获认可，被认为是茶业互联网品牌。在微信商城拓展上，目前面临两个问题。第一，一些客户反映，通过微信商城交易无法律保障，微信商城存在维权困难问题。第二，有消费者为公司担心，这种一传十、十传百的购物方式，怎么看怎么觉得与传销相似，公司如果全靠这种方式，能做大做强吗？

此外，公司还要面对很多互联网产品“来得突然，去得迅速”的问题，比如开心网、微博等。微信是否会成为市场刚需，会不会被新产品替代？

四、2014 年 6 月，是否要回央视新闻频道？

在 2011 年，华毅和同事们讨论营销战略时，“到中央电视台打广告推广公司品牌”这一策略曾得到多数同事的赞同。这些同事们认为，“目前业内几家知名茶企都在央视打广告，我们是不是也到央视报个到？”“央视广告效应明显，消费者知道我们品牌后，自然会找经销商询问，经销商便会加盟，渠道很快会建立起来”。“到央视打广告，我们就是央视品牌。现在公司流动资金较充足，如果过几年打广告，钱会不会被其他部门花完了?”“如果产能跟不上，我们可以代工，业内很多企业不都这么做的?”

经过几轮研讨，华毅还是将这个提案暂时尘封。主要原因为：(1) 产能不足。公司产能尚未形成，如果代工，公司需找很多家代工企业，产品难免良莠不齐，这无疑自毁品牌，也与公司产品的价值主张相悖。(2) 渠道构建不稳固。一般地，在央视做广告，确实可激发大量需求。要尽快满足需求，公司需全方位铺货，对经销商甄选便不能严格。这些经销商来得快，去得也快。(3) 资金有压力。初步测算，广告制作成本加上播放成本，半年期为2 000万元，一年期投入总计约3 000万元。做广告是一条不归路，企业需有长时间承受巨额广告支出的能力。否则，企业市场份额很容易随风飘走。巨额广告支出作为一项固定性期间费用，它不受产品销量变动影响，但固定成本在产品成本中比例增大，企业经营杠杆也随之增大。

“现在看似要还前几年的欠账了。”“网络新贵要回传统媒体了。”但重启央视广告计划毕竟投资巨大，甚至投入要比三年前更多，华毅感觉在行动之前还是认真想清楚如下问题：

(一) 央视广告与微信传播

微信平台在不断增加新应用。微信从突出一对一的好友交互，发展到好友邀请群组，其聚合的群组是典型的熟人模式；随后结合公众账号、朋友圈分享等开始向半熟人发展；接着通过摇一摇附近的人向陌生人发展。

公司的公众号发布的每篇文章平均有2 000至2 500次以上的阅读量，如果提到转发率，近500名核心转发成员就在那里。它们面对的消费者也很庞大，且与“茶”有过往，这些消费者很多是优质客户。公司是否可跟随微信平台的发展思路，将公众号的粉丝发展方向定调为由拓展紧密的消费者转向拓展普通消费者?

虽说微信工作小组成员仅为6人，但全公司上下都在配合。公司对微信营销传播的一些手段和技能也较为熟悉，形成了一定管理经验和习惯。现在要重启央视广告计划，营销传播策略的重心变了，微信业务必然会受到牵扯。但现在微信公众号竞争颇为激烈，要想获得更多消费者，公司需继续和更多投入，深挖消费者心理与微信技巧的关系。那么接下来微信平台的工作思路是什么？

（二）如何确定广告投放频率？

如果确定要重启央视广告计划，广告投放的频率应多高？该问题直接关系到财务成本。业内几家知名茶企在央视打广告，但打广告的频率有显著差异。200 万元可以登录央视，3 000 万元也可以。频率少，花费就少，公司也可对外宣传“我们是央视品牌”，并将网络链接发给消费者。频率较少的投放可起到短期粉饰品牌功效，可应和一下经销商诉求，但不能让更多消费者深入了解品牌。长期大量投入则会使品牌知名度和消费者数量大幅提升，但会使公司财务成本陡增。

（三）地方卫视还是中央台？

过了 3 年，传统媒体内部格局也发生了重大变化。很多地方卫视（比如湖南卫视、北京卫视）取得长足发展，也成为全国性电视频道，央视面临这些卫视的严峻挑战。CTR 媒介智讯认为，2014 年电视广告资源仍然处于调整期，整体下降 11%，中央台时长降幅最大。之所以考虑地方卫视，是因其地域色彩使它们有相当多的本地观众，广告收费也较便宜。以 2015 年报价为例，同样为 5 秒时长，广东卫视排名第一的节目《活力剧场》报价为 35 000 元，央视排名第一的节目 22：00 播出的《晚间新闻》报价为 134 000 元，这两款节目，广东卫视的报价约为央视的 1/4。广东是普洱茶主要的销售区，有很多老一代人至今不会说普通话。在销售区找本区域的卫视可能会更贴近消费者，但其品牌效应显然不如央视。

华毅和同事们原本以为重启央视广告计划能有效地解决公司面临的问题，但一轮分析下来，新问题不断涌现，有些措施的目标指向甚至相互对立。

华毅想，这几对矛盾可归结为一个问题，即公司是否有决心重返央视。但下决心的勇气来至何方？华毅发现，现在的挑战是将发现新顾客与公司的盈亏捆绑在一起了，我们有解决的线索吗？

案例使用说明

（一）教学目的与用途

1. 本案例主要适用于：工商管理硕士《市场营销》基础课程的整合营

销传播章节；大学高年级本科生的《整合营销传播》、《网络营销》、《营销渠道战略》等专业课程，也可用于《创业学》等相关课程。

2. 教学目的在于促使学生：(1) 从微信公众号视角探讨微信等自媒体工具的传播机制；(2) 探讨这些工具与其他营销传播工具、企业营销战略、企业战略之间的关系；(2) 探讨企业如何根据自身所处阶段和特征，在传统和新兴的传播工具或手段中作出选择。

(二) 启发思考题

1. 公司微信公众号采用了一些微信营销手法，它们要实现什么目标？是如何实现这些目标的？

2. 公司公众号传播与其他传播策略有什么联系？

3. 在创业初期，公司为什么将战略重心放在微信传播上？

4. 2014 年下半年后，什么原因驱使公司要对营销传播策略决策作出重大调整？

5. 公司如果投入巨资在央视做品牌推广，这样能解决当前面临的问题吗？

6. 如果是你，你如何处理央视广告投入计划与微信策略的关系？

从微博至微信：大班家政的营销传播①

[案例摘要] 作为中国率先采用微博开展营销传播的家政服务企业，大班家政公司利用微博传播获得了初步成功。在微博未来发展出现变数，微信、微电影等新网络传播工具不断涌现和兴起的背景下，公司正商讨并计划以开设实体店方式来吸引新顾客和塑造品牌形象。这项投资较大的计划对公司造成什么影响还不确定。

2013 年 3 月，负责北京大班家政公司业务运营和市场推广的副总经理孔飞坐在会议室里，喝了一大口矿泉水。他刚从西城区马连道茶城地区风尘仆仆地考察回来。他一边等待着同事们来开会，一边回忆着公司最近的表现。作为率先采用微博开展营销传播的家政服务企业代表，公司利用新传播手段不断充实服务内容和提高服务品质，获得广泛社会认可和好评。2012 年，公司荣获中国家庭服务业协会年度先进工作单位、北京市星级家政服务企业等称号。业绩每个月都保持增长，没有淡旺季，供不应求，基本上是客户在等着家政人员空缺。

有些风险投资公司慕名而来，希望入股，加快利用微博拓展家政业绩的速度。孔飞和总经理张瑜均有在家政行业打拼出一片天地的愿望。然而，孔飞觉得情况并没有那么乐观。部分原因是 2012 年年底，公司主要的传播平台——新浪微博出现了一些新情况。“我们一直为我们是最先利用微博传播家政服务的公司感到自豪，”孔飞说，“但一些数据显示，微博的活跃用户数量在下降，微博发展可能存在变数。”此外，微信、微电影等新传播工具的兴起，同样也使得公司营销传播工作存在变数。

① 本案例由中央财经大学商学院的王俊杰老师撰写，本案例只供课堂讨论之用，并无意暗示或说明某种管理行为是否有效。由于企业保密的要求，在本案例中对有关名称、数据等作了必要的掩饰性处理。本案例荣获“全国百篇优秀管理案例”，已入中国管理案例共享中心案例库，并经该中心同意授权引用。

为此，孔飞和他的同事们计划：在马连道等3个地区开设实体专营店，一则通过实体店吸引顾客和家政从业人员，二则传播品牌，塑造实力形象。孔飞与张瑜商讨。张瑜说："真正的问题是，我们的顾客在哪里？如果我们真这样做了，这会对我们的利润产生怎样的影响？"

一、公司背景

2006年，从中央戏剧学院毕业的张瑜，不去演戏也不教课，而是转行做了家政，在北京创立了大班家政公司。成立之初，公司只有一家店面，仅在朝阳北苑小区周边从事保洁工作，年销售额大概一二十万元，后来逐渐增加至五六十万元。在2010年11月26日采用新浪微博作为营销传播平台后，公司将业务扩增至保姆、育儿嫂、月嫂、私人营养保健师、私人主厨、家居美化等，年销售额也增至如今的200万到300万元。

张瑜利用微博成功创业的故事，已被一些媒体宣传为北京家政业的一个传奇。在这些媒体眼里：天生丽质的张瑜热衷于每天刷微博，受到多位明星以及时尚杂志编辑的追捧，几乎每天都能带来签约客户，一年利润额达百万元级。

二、2006～2010年，初涉家政

（一）行业状况

之所以进入家政行业，起因是2006年张瑜看到了几则消息。《人民网》发布的一则消息称：据北京市劳动力市场供求状况统计资料，自2005年第2季度开始到2006年第2季度连续5个季度，北京市劳动力市场家庭服务员的需求人数倍率分别为：1.3、2.1、0.78、1.53、2.36，可以说一直是需求大于供给；在规模上，北京大概需要15万至20万名家政服务员，实际从业人员仅有10万人左右，缺口在5万至10万人；特别是春节前家政服务员需求量较大。

北京云集着很多企业精英及娱乐明星，他们事业繁忙或将时间用于社交娱乐。"在小区里几乎每家都有保姆，有的老板家还有管家，帮忙处理家里事情。小区里还有几户明星，每个人都有个助理，说是助理其实就是保姆，负责做饭、打扫卫生等等。"

2006年，我国城镇有下岗职工650万人，失业人员570万人，加上每

年新增长劳动力800万人，还有农村富余劳动力1.4亿人。但经济发展所能容纳的就业机会很有限，以经济增长速度为8%计算，每年可新增就业机会700万个。因此，大批劳动者急需创造新的就业岗位和就业机会。

（二）营销传播活动

在多方消息相互佐证下，张瑜决定进入家政行业创业。公司在北京的新兴小区——北苑家园附近租了一家店面，主要从事周边社区的保洁工作。一开始，张瑜就要直面如何打开局面这一现实问题。

为此，张瑜尝试过一些营销传播方式，例如，与物业公司等合作，在周边小区内张贴宣传画报，雇佣人员发放宣传单、名片等。后来，看到越来越多人开始在网上寻找家政公司，公司通过搜索引擎（如百度）、QQ群、家政网、博客等途径来做营销传播工作。

但以上途径，宣传效果一般。张瑜认为，这主要是因为家政行业很注重口碑，口口相传的方式是最容易被人接受的，上述手段无法在短期内使客户对公司有全面的了解和认识，电视及媒体广告可以迅速提高知名度，但广告费昂贵，等公司达到一定规模再采用。

公司经常面临家政人员（主要指女性，俗称“阿姨”）短缺问题。为了营销传播，也为了缓解员工短缺，张瑜便发动中央戏剧学院的同学兼职从事保洁工作。有些同学开着小汽车、穿着大方地到小区家庭中保洁，往往会引来客户邻居的围观，邻居们对“东家”能雇到大方、勤奋、靓丽的家政人员颇感羡慕，下一单生意便在邻居的围观中产生了。

张瑜也效仿其他家政企业实行会员制，要求客户办会员卡，缴纳会费后再享受优惠。在将近四年的经营中，大班家政开始时每年销售额也就十几万到二十万元，后两年逐渐增至五六十万元。

（三）2010~2013年，微博传播

1. 2010年微博热

微博（Micro Blog）属于博客的一种，单篇文本内容通常限制在140个汉字内。用户通过与微博融合的多种渠道（如网页、手机、即时通讯、博客、SNS社区、论坛等）发布文字、图片、视频、音频等形式的信息，具有内容碎片化、使用方式便捷、传播迅速、交互性强等特点。

早在2007年，中国本土的微博服务商就已出现。但数量和规模上，运营商主要是几家小网站，缺乏经验；在服务和功能上仿效国外微博产品，尚不成熟；用户相对较少，关注度偏低；微博的价值尚未得到体现。经过近4年的市场培育，直至2010年，微博迅速蔓延，碎片化的信息渗透到社会生活的众多领域，掀起了中国社会信息传播的微博热，2010年也被称为中国微博元年。中国互联网络信息中心显示，截至2010年12月底，我国网民规模达到4.57亿。其中，微博用户规模达到6 311万元，使用率为13.8%，手机微博的使用率达15.5%。国内处于行业领先地位的新浪微博和腾讯微博，注册用户数均已超过1亿。

2. 微博与营销传播活动

在微博热中，2010年11月26日，张瑜在新浪微博上开设了个人微博，同时也注册了公司的微博。

（1）早期的微博营销传播活动

注册十几天后，新浪主动电话联络，请他们进行认证。这样公司成为新浪第一家微博认证的家政公司（如图1所示）。

图1　新浪认证的大班家政微博首页

公司主要发布一些服务人员的推荐信息。此外，公司还会在微博上发一下培训的信息和培训的照片等。这些措施，一直持续至现在（如图2所示）。

（2）“胖星儿”推荐

孔飞很早以前读过一本书叫《一个啤酒主义者的独白》。无意间，他发现了写这本书的作家也在微博上，便经常和他互动。通过微博，他与这位作家互为粉丝，成为“朋友”，并逐步建立了信任。这个作家将张瑜介

#人员推荐#史阿姨，中专学历，63年生人，之前有一定的家政从业经验，今年刚来到我们公司，现在公司参加培训。性格温和，擅长做家务、做饭，会熨烫，有需要的家庭可以联系我们啦！选好阿姨用好阿姨选择大班家政。@大班家政北斗分公司

2012-9-18 14:41　来自专业版微博　　转发(1) | 收藏 | 评论(7)

图 2　大班家政推荐服务人员

绍给了新浪美食名博胖星儿。胖星儿找到一个保姆，感觉比以前的都要好，便于 2011 年 6 月 15 日，发表了这样一条微博（如图 3 所示）：

现在靠谱家政公司确实不多，我接触的小十家，这家确实是目前最靠谱的~不是说阿姨就十全十美了，而是他们公司确实风气挺好的，真心推荐下~//@大班家政：谢谢@baiyi 谢谢你一直给我们的帮助，回头把锦旗给你送去~一心为人民的好姑娘//@baiyi：服务朝北地区的优秀家政服务公司来了！！！推荐给大家

图 3　胖星儿推荐大班家政的微博

说起胖星儿，张瑜表示，“胖星儿是大班的恩人，对大班帮助很大。公司并未给胖星儿任何好处，只是胖星儿用了公司的家政人员，他一直用，我们一直派。突然有一天胖星就精心编了这么一条微博推荐了公司，我们就忙了一个月，带来了很多客户。”2011 年 1 月至 2012 年 6 月，胖星儿转发、发布了有关大班家政的微博总计 14 条，胖星儿的粉丝人数约为 81 万，2011 年发了 6 592 条微博，2012 年发了 1 720 条微博。

（3）员工“上微博”

在张瑜的带领下，越来越多的员工也开通了微博。这其中，就包括高级厨师阚磊。在微博上，公司有一项属于必备内容，那就是阚磊的天天厨艺培训课，每天一期。公司将阚磊培训家政阿姨的照片、美食照片均传至微博上（如图 4 所示），这吸引了一大批潜在雇主围观、转发和评论。

“我们有一个月嫂服务完一个雇主后，雇主发微博表扬，结果这个月嫂全年剩下的所有时间都被预订出去了。”于是，阿姨们争着“上微博”。

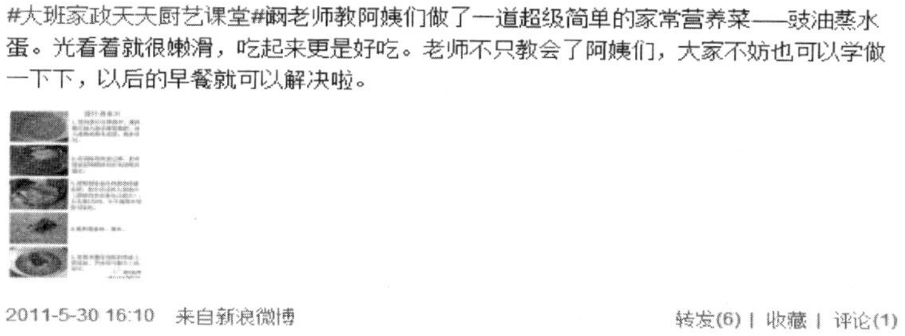

图 4　阚磊培训家政阿姨的微博

为此，公司配备了一名专门的微博推广专员，主要承担发微博、微博管理和维护工作。同时，公司的其他 7 至 8 位元老人物，也同时进行管理（如表 1 所示）。

表 1　　公司核心成员的微博状况

姓名	关注	粉丝	微博	级别
张瑜	260	1 582	1 535	加 V
紫梅兰（化名）	312	1 572	275	加 V
Thank_ 伱（化名）	31	67	33	加 V
金牌厨师磊磊（化名）	1 923	14 449	2 193	加 V
岳寄（化名）	56	105	225	加 V
发财马马（化名）	49	107	24	

（4）与粉丝互动

通过微博搜索，公司能准确找到有家庭服务需求的博友，站到客户角度了解对家政服务的需求。公司微博中名人、明星众多，通过解答家政保姆方面的问题，公司能与她们便利地展开交流。

微博吸引了很多客户，微博自然成为公司与客户交流的媒介。客户有时会将阿姨做的饭菜，收拾的房间发至微博上给公司看，公司也将阿姨参加培训的照片发给相应的雇主们，有问题就在微博上沟通。

公司也定期地举办一些激励转发活动，邀请网友参加（如图 5 所示）。培训课开始免费地向微博网友们开放。这些活动同时在微博中配合进行直播。

图 5 公司举办的一个激励转发活动的微博

张瑜对发微博进行了限定，不允许使用别人的图片，不允许造假，只要将公司做些什么告诉用户即可。有位雇主到公司签走一名河南阿姨，临走时，对张瑜说“你们胆子真大，敢上微博？有几个说你们不好你们就完蛋了！”对此担心，张瑜的策略是，客户提出的改进意见要认真回复和解决，但任何污蔑的言语公司均不进行反驳也不回复，也不会删掉批评的言论。公司从不刻意要求客户反馈信息和评论。

（5）北京等电视台采访

微博和家政行业的火热引起了其他传统媒体的关注。2012 年 6 月，北京电视台决定制作一期有关企业如何利用微博开展营销和业务推广的节目，调研目标便是大班家政公司。主持人金子将公司的各项业务内容在节目中进行了充分展示，并请大学教授做了点评。

一些媒体和杂志也主动关注公司，比如，时尚杂志《时尚好管家》专栏，以及湖南卫视的《好好生活》栏目主动找到张瑜，请她参加活动。2011 年 5 月，公司接到了路易达夫集团的邀请，请其对企业员工进行家居生活的培训，内容包括内部员工就餐礼仪、插画茶艺、化妆、丝巾的搭配等等。公司从此做起了相关项目的培训。

3. 经营定位

在创业初期，张瑜并未考虑对客户群体进行定位，只要有活便接。但随着客户的增加和时间的推移，公司有些忙不过来，需要对客户服务进行适当调整，但此时，张瑜发现，公司基本上“被定位”了。

（1）微博的用户群

中国社会科学院2011年5月发布的《社会心态蓝皮书》认为，从微博用户特征来看，年轻、高学历的职业人群是微博的核心用户群体，集中在男性（63.8%），25至34岁（56.2%），大学本科或以上学历（74%），遍及公司职员到中层管理者（接近七成），微博吸引了大量的"70后"、"80后"，这些群体也是当前城市的主流群体。

其中，七成以上的微博用户，有意愿将微博作为获取信息的重要平台，微博的媒体效应在进一步凸显。用户对于微博上发布的信息的信任度较高，约有六成用户明确表示微博可信。微博上备受关注的新闻话题前五位分别是：社会新闻、时政新闻、娱乐新闻、消费新闻、健康新闻，这些新闻均有超过半数的微博使用者表示感兴趣。

从代际差异来看，"70后"，在社会、时政、健康等多个方面关注度均高于其他群体；而"90后"，仅仅在娱乐、明星、游戏新闻方面表现出超出大众的兴趣度。至于"80后"，对于新闻的兴趣介于"70后"和"90后"之间。

（2）对微博客户的认知

公司的客户来源主要就两种方式：朋友推荐和网络来源。其中，有些朋友介绍的也是网上的客户用过后推荐给其他客户，可以说，公司客户很大一部分（70%左右）是源于网络。公司没有临街实体店面，几个分部也是在写字楼里，主要承担接待客户面试、签约、培训等工作。

张瑜认为，这些群体与家政业的客户匹配度是比较高的，非常适合家政业的推广营销。但这些群体已不是传统的温饱导向的消费类型，他们注重内在品质和服务享受。其中，有些高收入群体在使用管家、长期保洁、烹饪人员及家庭教师。他们大量使用现代化设施，要求家政服务员也能操作这些设施。而社会上能满足他们这些需求的家政服务员却很少。这种供求矛盾在家政服务业中表现极为突出：一方面有着日益旺盛的需求，另一方面却存在长期的无效供给。

（3）粉丝和转换率

粉丝就是博主、空间主的支持者。在新浪微博中，"关注"是指博主关注的人，而"粉丝"则是指关注博主的人。大班家政公司的粉丝数量如表2所示，公司虽然没有几万、十几万的粉丝，但有百分之十几的粉丝转换率。在其粉丝为1 000人时，其签单数约为50单。使用微博第一年，公司通过新浪微博带来的订单达100多单。2012年，公司共签订了827份中介服务合同，为约500户家庭提供过小时工、1 000多名阿姨找到工作。好的时候，每天都能签单2至3个，微博的口碑宣传的威力正逐步凸显出来。

表2　　大班家政公司的粉丝数量

时间节点	粉丝数量
2011.02.17	400
2011.03.14	500
2011.04.12	600
2011.09.01	1 000
2011.12.31	2 213
2012.05.31	3 000
2012.12.31	4 127
2013.06.11	5 789

（4）培训

张瑜认为，如果产品不行，广告越好死的越快。产品好，说出去，口碑好就是利润。她本人就很喜欢苹果的宣传方式、宣传方法，苹果的网站没有一张非本公司员工的图片，其推广宣传也都集中在产品上，基本上都是在介绍其使用方式和功能。

提高服务质量的一个途径是培训。从2010年至今，公司基本上每天都在进行免费的培训，并在微博上实时发布相关信息和内容。任何家政人员以及想做家政工作的人均可参加。目前，公司有长期合作的固定的培训师十多位。随着业务的增加，培训项目也在增加，公司先后开设了母婴护理、天天厨艺、插花茶艺、礼仪等课程。

通过培训，公司可观察员工培训的情况和上课的状态，更全面地了解一个成年人的性格和特点，还可传播公司的政策和文化，吸引优秀的家政人员。虽然每天都在培训，但是满意的家政人员却很少，目前，公司长期签约的满意的月嫂只有50多位。

在培训中出现了一些问题，例如，公司培训老师请好了，材料也准备好了，可是没有人参与培训，很多家政服务人员害怕耽误眼前的工作，耽误赚钱，不愿抽出时间参加培训。每个星期大概会有200人登记，但是最终通过培训的人却很少。于是，公司扩大范围，用微博发布信息，邀请网友免费过来参加培训，品尝大厨的手艺等等。

(5) 成本与收费

人员工资、房屋租金、培训是公司经营的主要成本。其中，培训的成本最大，占将近所有成本的一半。培训不能外包吗？张瑜认为，有很多外包的培训，但外包的培训都不靠谱。此外，很多客户会为了一时利益鼓励家政人员与客户私签。也有很多竞争企业的人员到公司培训课堂上捣乱和强拉家政人员。

尽管公司的服务费收费标准和目前行业中的标准基本一致，但服务费用、质量、标准等在同行中还是比较高的。从事高级家政、服侍老人病人和小孩儿等技术性较高工作的家政服务员最高可拿到一万元以上的月工资。很多雇主都评价大班家政是一家高端服务公司。公司客户中包括香港著名女艺人、曾经的亚洲小姐冠军等明星，以及时尚杂志主编等时尚圈人士。

四、2013年至今，微时代

从2011年年初至2012年年底，公司将业务扩增至保姆、育儿嫂、月嫂、私人营养保健师、私人主厨、家居美化等服务项目，年营业额也从150余万元增至300余万元，毛利润70万至80万元。从公司的经营状况看，没有什么高峰期，每个月都基本保持一个增长的状态，没有淡旺，供不应求。已经有多家风险投资公司频繁与张瑜接触，探讨进一步做大做强的可能。但在2013年，公司面临一些新情况。

（一）竞争日益激烈

继大班家政公司开设微博后，相继步入微博营销大潮的家政公司很多。新浪微博提供的数据显示，2013年年初，新浪微博认证的家政公司已达200多个，粉丝超过10 000的有19个账号，粉丝超过1 000的有51个账号。通过微博搜索发现，微博用户涉及“家政”的关键词搜索量高达589万。如此数目巨大的关键词搜索量也验证了微博用户对家政服务需求的火爆，以及家政公司对微博推广的重视。

大班家政公司还要与北京其他大大小小的家政服务公司竞争。2013

年，北京有家政服务企业 3 800 余家，从业人员约 40 万人。企业规模普遍较小。从企业注册资金来看，注册资金在 30 万元以上的占 1.2%，10 万至 30 万元占 12.4%，10 万元以下占 86.4%。有些小企业采用强拉其他公司家政人员的不正当手段展开竞争。

此外，北京市政府积极支持家政服务龙头企业开展连锁经营。在 2010 年，政府选定了北京华夏中青家政服务公司、北京爱依家政服务有限责任公司、北京市三八服务中心、北京东方倍优天地教育科技有限公司等四家企业作为城市家政服务连锁企业的试点单位，对按要求完成家政服务体系建设的企业给予财政资金支持。在 2013 年，这四家企业新增新家政服务店 71 家，使门店总数达到了 220 个。

（二）服务员招募难

北京的家政服务员绝大多数是来自农村（主要是农村妇女），有九成从业人员是来自外省市，其中甘肃、四川、安徽、河北、河南是输出这类人员的主要省份，小部分是城镇企业的大龄下岗、失业人员。其中男性占 14.9%，女性占 85.1%。年龄一般在 18 至 55 岁之间。家政服务员的文化程度主要集中在小学和初中两个阶段，分别占总数 40% 和 47%，高中学历占 6%，中专以上的占 2%，文盲占 5%。从业人员专业素质良莠不齐。从经济收入看，家政服务人员的工资水平与其受培训程度、专业化程度和学历水平呈正比，经过专业培训的家政服务人员收入水平较高。

从业人员队伍人员流动性大，不稳定，行业认同程度较低，缺乏归属感和责任感等问题在业内普遍存在，权益保障问题急需解决。公司曾经到主要的劳工输出省份和当地妇联一道招募员工，但往往是签署近千份用工意向合同，真正到岗的不足 1/10。

在业内，与员工的管理关系有三种：中介制，即由客户与家政服务员签订服务合同，中介无管理职能，只按次收取中介费；员工制，即公司与家政服务员之间是聘用合同关系，而公司与客户之间是服务合同关系，公司负责家政服务员的培训、上岗等工作，由客户每月将费用支付给公司，而员工工资由公司支付；会员制，即由家政服务员与客户签订服务合同，公司负责家政服务员的培训，介绍工作，公司按年收取会员费。大班家政等很多家政企业采用中介制。为吸引和留住从业人员，公司也采用了雇佣固定员工、实行保底工资、管吃管住等方式，例如，公司在办公室附近的小区租房，设置了近百个床位，近似免费提供给员工培训使用。

近年来，随着房租的增加，外来务工人员工资增速较快，招工成本较高，本地人员从事服务业需求增加等因素影响，公司开始较多关注和聘用本地人员。

（三）微博前景存变数

新浪公布了微博用户的最新数据，截至 2012 年 12 月底，新浪微博注册用户已超 5 亿，同比大幅增长 74%，日活跃用户数达到 4 620 万。而市场研究机构 Global Wcb Index 公布的全球社交网络的用户活跃度数据显示：截至 2012 年年底，Twitter 及 Facebook 等国外社会化媒体或社交网络的活跃度都提高了近 40%，而新浪微博活跃度下降 40%。

有媒体专业人士认为新浪微博活跃度下降的原因确实比较复杂，不过有几个原因比较明确：用户新鲜度下降，腾讯微信对用户的分流，微博使用策略、方法与技巧普及不够，许多个人及企业不知道如何活跃微博及活跃的好处，部分企业或机构账号运营方还是传统媒体的思路，未发挥微博应有的特点。

（四）微信兴起引发担心

1. 微信兴起

微信是腾讯公司于 2011 年 1 月 21 日推出的一款通过网络快速发送语音短信、视频、图片和文字，支持多人群聊的手机聊天软件。用户可以通过微信与好友进行形式上更加丰富的联系。与传统的短信沟通方式相比，微信具有零资费、跨平台沟通、显示实时输入状态等功能，也更灵活、智能。

微信从上线至不到 11 个月的时间内用户猛增至 5 000 万，又在不到 4 个月时间内，也就是 2012 年 3 月 29 日微信用户超过 1 亿。截至 2013 年 1 月底注册用户量已经突破 3 亿，是亚洲地区最大用户群体的移动即时通讯软件（如图 6 所示）。

2. 引发担心

微博与微信之间的区别和联系并无定论，但存在一定的替代关系是确凿无疑的。有人甚至认为，微信就是下一个微博。微博的前景变数、微信的兴起以及微电影等“微”时代的到来带来的不确定性和紧迫感，引起了

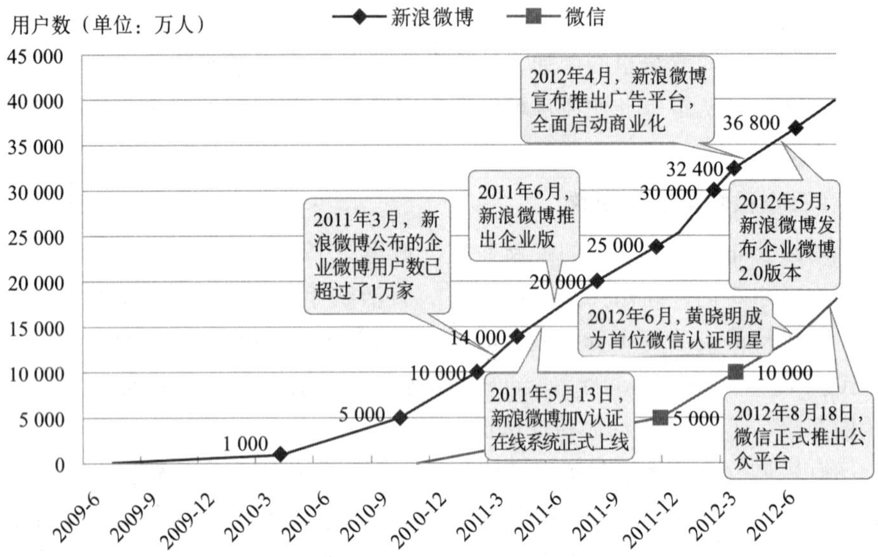

图 6　新浪微博 VS. 微信用户规模及发展历程

大班家政公司等一些对微博营销传播较为擅长的公司担心。

首先，微博是大班家政公司营销传播的主要平台，大班家政与用户在此平台上进行充分的互动。公司对微博营销传播的一些手段也较为熟悉，也形成了一定的管理经验和习惯。注册用户增加至 5 亿，是否意味着微博仍然处在上升期？另一方面，微博活跃用户的减少是否意味着公司目标客户的流失？

其次，大班家政很早就在微信上发布信息，会不定期地向用户推荐公司的服务人员。从推荐的内容上看，其与微博上的内容和方式无太大差异。在微信刚兴起时，很多家政公司看到在微博上宣传的先发优势价值，唯恐在微信上落后，早在微信上注册了账户，利用微信展开营销传播。

第三，如何利用微信展开推广活动？从目前来看，虽然微信的个人和企业注册用户均在增加，但微信的用户很多是从腾讯公司的 QQ 上转移过来的，微信的用户是否和微博的用户存在差别？微信确实分流了一部分微博用户。采用什么手段才能在微信上复制微博上的成功呢？既能将这些流失的用户找回来，又能发掘新用户？这方面的营销传播经验、管理经验大家都是新手，只能摸着石头过河。

五、重新寻找顾客

年初，公司预计 2013 年销售额能达到 500 万元左右，毛利基本上能有 20% 至 30%。但对环境变化总要作出回应。最可能引起争论的便是这个计划：2013 年先开始开设 3 至 5 家临街实体店，面积则根据地区不同，相应参照我爱我家等房地产中介店面，以后每年以一定数量的速度开下去。不出所料，孔飞被邀请至 MBA 课堂上做微博点评嘉宾，在 MBA 的课堂讨论上，该计划遇到了一些质疑。"这个开店计划可能对贵公司财务造成巨大影响。"学员小关说。"开设专营店需要在消费者分布、商圈选址、店铺专修、形象设计、人员配备等方面下很大功夫，特别是在北京商业地产高企的今天，贵公司如果采用临街租店面，房租可想而知有多贵。以上这些都会产生大量成本。"

孔飞说："我的理由是，如果我们不将这个看作是成本支出，而是当作一项基于客户的投资，我看会得到一个积极的回报。"他继续说："现在劳动力短缺，我们通过开设实体店面，可以将附近的闲散劳动力集中起来，他们无需包吃包住，就近集中培训和上班，这样也能抵销一部分成本。以前我们主要在微博上传播品牌，现在我们开始实体店面，正好线上线下相互印证，这也能凸显出我们的品牌实力，有利于我们进一步发掘新顾客。"

课后，孔飞陷入了沉思：我们过去的运营和营销传播开展得不错，但网络技术变化太快了。博客、微博、微信……如果我们这种变化使得我们看不到我们的顾客，我们将失掉顾客与公司发展的联系，但现在公司的盈亏已经与能否发现新顾客捆绑在一起了。

案例使用说明

（一）教学目的与用途

1. 本案例主要适用于：工商管理硕士《市场营销》基础课程的整合营销传播章节；大学高年级本科生的《整合营销传播》、《网络营销》、《消费者行为》等专业课程，《创业学》等相关课程。

2. 本案例的教学目的在于：（1）探讨微博、微信等新传播工具的传播机制；（2）探讨这些工具与消费者行为之间的关系；（2）探讨企业如何根据自身所处阶段和特征在传统和新兴的传播工具或手段作出选择。

（二）启发思考题

1. 什么因素导致了大班家政的成功？
2. 相比早期，大班家政做了哪些改变？
3. 大班家政应实施开实体店计划吗？

小银行卡里的大文章：邮储北京分行银行卡业务创新探索[①]

[案例摘要] 银行卡业务是商业银行重要的中间业务之一，是国内外银行业竞争的焦点。本案例以邮储银行DO卡产品营销为例，生动再现了一个新成立的“老字号”商业银行抓住发展机遇，在银行卡市场上以小博大、脱颖而出的历程。本案例描述了邮储北京分行如何在竞争激烈、强手如林的银行卡消费市场上巧妙锁定“地铁商圈”，通过全方位的整合营销来构筑经营特色和竞争优势。案例有助于学生在实战场景中加强对市场细分和整合营销等现代营销理论的理解与把握，进而提升灵活运用营销理论分析和解决企业营销实践问题的能力。

地铁四号线马家堡站台的一角，一台自助售货机上纸币投入口侧面增加了一个银行“闪付”功能标识，标识旁边配置了黑色的IC卡读头感应区，外形酷似公交车上的刷卡感应读头。一名打扮时尚的小伙子选了一瓶3元的饮料，按下确认键之后，自助售货机提示进入付费环节，他将拿出了一张外形时尚的银行卡在感应区扫了一下，随即一声短促的“嘀”，屏幕上显示消费金额，所选饮料“DUANG”的一声“新鲜出炉”。

这是邮储北京分行DO卡持有者在地铁四号线自动售货机上使用“闪付”支付的一个购物场景。邮储北京分行致力于为持卡人打造地铁时尚消费生活圈，营造高效、便捷、实惠的用卡体验。创造性地推出针对年轻消费客群的地铁商圈主题卡产品——“DO卡”。该卡是邮储北京分行为年轻一代全新设计推出的以“生活+消费”为主题的金融IC借记卡，由于DO

① 本案例由中央财经大学商学院王俊杰老师、MBA研究生彭汝彬撰写，由于企业保密的要求，在本案例中对有关名称、数据等作了必要的掩饰性处理。本案例只供课堂讨论之用，并无意暗示或说明某种管理行为是否有效。

卡支持“闪付”功能，通过非接触式“闪付”终端进行支付，小额快速支付无需输入密码和签名，受到年轻、时尚、注重支付效率的消费人群欢迎。通过细分市场、全方位营销，为特定客群提供一揽子生活和金融服务，邮储北京分行在看似平常的地方开创出一片经营新天地。

一、业务背景

（一）企业背景

邮储北京分行自2007年成立以来至今仅八个年头。是老字号国有银行里面的“新兵”。其秉承的经营理念是“普惠金融”，坚持服务三农，服务中小企业，服务社区的市场定位。从成立之初，邮储北京分行便面临着北京金融激烈的市场竞争环境。与此同时，邮储北京分行在客群数据分析中，他们发现现有客户平均年龄高、金融消费意识有待培养，突出表现为客户卡消费量较低，活跃卡月均消费金额较低。

因此，邮储北京分行必须改变传统的经营思想，改变原有的经营方式，创新经营发展新模式。作为市场新的参与者，在银行卡业务发展战略的选择上，邮储北京分行选择采取迂回战术，走差异化竞争的路线。发挥比较优势，打造核心竞争力，与其他商业银行实行错位竞争。

（二）行业背景

银行卡是由金融机构发行，集转账结算、存取款、消费贷等功能于一体的支付信用工具。银行卡业务作为商业银行重要的中间业务之一，是国内外银行业争相竞逐的焦点。银行卡业务特点是：风险分散、收入来源可靠、市场前景广阔。银行卡系列产品目前已经成为我国各家银行新的效益增长点。无论是发卡量、签约单位，还是交易金额等，均保持了快速增长的发展势头，为各家商业银行拓展零售业务业务范围、扩大收入来源、调整负债结构、提高综合竞争力作出了有益的探索和积极贡献。

（三）银行卡业务的发展现状

银行卡作为我国个人使用最为频繁的非现金支付工具，与每个人的生活联系十分紧密，持卡消费与日俱增。根据中国人民银行支付体系报告显示，截至2014年年末，全国累计发行银行卡49.3亿张。其中：借记卡44.81亿张，信用卡4.55亿张。2014年，全国银行卡消费金额为42.38万亿元。其中，借记卡消费额共计 19.5 万亿元（数据来源：中国银联《支付体系运行总体情况报告》）。

目前，商业银行银行卡业务存在着客户后续使用率不足的问题，给商业银行带来了资源的消耗。商业银行为了推出新产品，前期需要投入一定的开发费用。为满足特定的优惠功能，需要投入相应的资源来维护与特定优惠合作伙伴之间的合作关系。而新品推出后，为了尽快占领市场，需要投入大量的人力物力来推广宣传。即使有了客户，新卡的使用率有多高往往是个未知数。因此，如果当银行卡发出去后，实际使用率达不到预期效果，就会不断地增加商业银行的运营成本。

另一方面，客户体验的边际效用递减。越来越多的银行卡客户钱包里的银行卡日益增多。从商业银行基层的实际营销情况看，银行推出的许多有特殊个性化服务功能的新卡，在市场竞争中优势并不明显。甚至由于客户自身的卡多，反而会为银行推广增添障碍。

（四）银行卡业务的创新

各行业银行都面临着如何在经营转型的道路上以银行卡为媒介进行完善资产结构、提升盈利能力和利润的问题。

随着银行卡市场竞争的日益激烈化，其业务已经从简单模仿和复制新产品，向自主创新方向发展，银行卡也从简单的“存款、贷款、汇款”载体，发展到多层次、多品种的综合服务载体。为取得竞争优势，各家商业银行针对特定用户群推出不同的联名卡、特定卡层出不穷，这点在信用卡市场的竞争上显得尤为突出。比如，中国建设银行与梦响强音文化传播（上海）有限公司合作发行的“中国好声音”联名信用卡，除了有中国建设银行信用卡的金融功能外，还可以在全国好乐迪各直属门店享受计时欢唱打折优惠，使得该卡受到歌迷们的追捧。

二、市场环境的判断

用“波特五力模型”模型方法分析来看，邮储北京分行在银行卡市场主要面临以下几方面的竞争：

（一）潜在进入者的威胁

北京金融市场这块大蛋糕具有巨大的吸引力，吸引着国内外无数外资、中资银行在北京抢滩登陆，开立分支机构，并发行银行卡。这些潜在的进入者拥有先进的管理、丰富的经验、雄厚的实力，将对邮储北京分行银行卡业务构成很大的威胁。此外，一些通讯商已经将移动支付功能整合到手机上，对于邮储北京分行银行卡业务构成巨大的挑战。

（二）现有竞争者

目前，国内主要商业银行都在市场上发行了种类繁多的银行卡，每种卡均具有转账、刷卡消费等多种功能。这使得北京市银行卡市场竞争激烈。就存取款及代发工资业务而言，邮储北京分行要同其他银行争夺有限的客户资源。在一卡通方面招商银行做得比较好，是邮储北京分行的强劲对手。微信支付、支付宝、财付通等则是网络支付的主要竞争者。

（三）供应商的压力

银行卡供应商包括机具与芯片的生产厂商、系统供应与维护商及除银行卡组织外的信息交换与转接业务机构、第三方服务机构等。他们同银行在盈利上存在博弈，一直想提高其产品与服务的价格，提高产品与服务的讨价还价能力，供货商的议价能力也是银行卡业务盈利情况的重要影响者。

（四）客户的议价能力

客户的议价能力一方面取决于银行间的同业竞争，另一方面也来自于客户本身。北京市商业银行推出的银行卡同质化问题严重，银行卡市场基本处于买方市场，为了吸引客户，各银行不断推陈出新。客户会选择收费更低，甚至不收费，服务更好的银行发行的卡品种。他们会通过银行间的竞争来向银行施加压力，从而使银行的盈利能力降低。

（五）可替代品的威胁

目前，银行卡的替代品主要有支票、第三方支付（如微信支付、支付宝、财付通等），随着电子信息技术的不断发展、新技术的出现以及我国金融市场的完善与法制的健全，植入支付功能的手机卡也将是银行卡的替代品。此外，随着移动商务与电子商务的发展，电子支票与电子现金也将构成对银行卡的挑战。

三、细分市场的推进

企业资源的有限性决定了商业银行的某一产品不能满足市场上所有金融消费者对银行卡产品的全部需求。从客观条件上看，由于消费者经济收入、文化修养、个性特征存在差异，因而对金融产品有着不同的需求。消费者需求的差异性，决定了银行卡机构对于潜在市场细分的必要性。

（一）客户群体的细分

邮储北京分行将其潜在银行卡的消费群体特点概括为：数量可观，有固定收入、有社会信用，具备一定消费能力的人群。如图 1 所示。

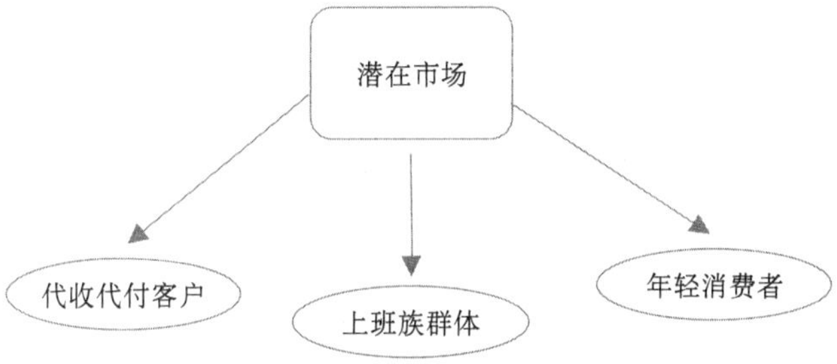

图 1　潜在银行卡的消费群体

1. 代收代付目标市场

代收代付业务是邮储北京分行的传统业务，是储蓄存款稳存稳增的重要基石。经过多年发展，积累了数量可观的客户市场，卡内余额相对稳定，工薪阶层的日常消费支出主要依靠工资卡支出结算。

2. 上班族目标市场

从消费形态来看，上班族阶层中，大部分消费能力较旺盛，而且刷卡意识较强。据调查，在年轻女性持卡人中，有 73% 的人群日常以刷卡消费为主。年轻女性以化妆品牌、衣服、时尚饰品为主，中年女性通常是一个家庭的主要支付者，水电费、日用品以及孩子的用品一般由女性购买。

3. 年轻群体目标市场

年轻群体更追求张扬的个性、独立与自我的风格，不愿受传统的束缚，在消费理念上更加注重自我，注重品质，追求时尚，倡导个性。这类群体更注重银行卡的使用价值。

（二）目标市场的抉择

面对众多挑战的情况下，如何为传统银行卡业务开拓出新的市场？邮储北京分行将目标市场设定了以下三个标准：

一是可衡量性。目标市场的规模和计划发行程度能满足业务发展的客户量。对于难以估计的可能市场，予以排除。

二是可达到性。目标市场能够有效进入选择的目标市场和为之服务这个实际问题。不能进入难以把握的目标市场。

三是实际价值性。目标市场的规模要使持卡人在使用中得到最大的满足，同时，给银行带来经济效益。

根据以上标准，邮储北京分行认为代收代付市场的实际价值性不大，予以排除。而客流量较大的地铁人群中，能满足以上三个标准，因此，他们将目光瞄准了地铁商圈这一新兴市场。北京市每天约有 1 000 万人次乘坐地铁上下班，其中大部分为 20 至 35 岁年轻上班族。他们职业稳定，有一定的经济基础，可能会在地铁周边午休、下班娱乐，有较强的消费需求。如果以地铁商圈为载体，可以将地铁沿线的年轻客群锁定为深度发掘的新兴客群，进行产品打包与推广，将对拓展年轻客群有较好的效果。

针对客户群体生活消费需求，邮储北京分行设计推出了聚合地铁年轻一族消费需求的“DO 卡”。“D”是“地”字的拼音首字母，取地铁的意义，“O”形状类似于“圈”，取圈的意义，即为地铁商圈。

这款主题卡卡面设计一改邮储北京分行银行卡设计外形中规中矩的风格，而是采用青春靓丽的设计图案，吸引眼球。在银行卡服务方面，承载了“闪付”等新兴金融服务功能和消费打折优惠功能，迎合了年轻人快速支付，满足了吃喝玩乐各方面生活与消费需求，通过地铁沿线商户资源的打折优惠活动，吸引了地铁年轻一族。

DO 卡推出后，凭借其便捷、实惠的优质服务体验和时尚、生活化的消费概念受到了广大民众特别是青年群体的青睐。“D 生活，O 消费”的口号“占领”了新的市场，也让这张小小的卡片“活”了起来。

三、整合营销的实践

事实上，“好酒也怕巷子深”。有好的产品没有好的宣传也不行，想要让银行卡的品牌深入人心，就得通过各种各样的媒体广告塑造具有个性特征的银行卡产品形象。为了深入开发地铁商业资源，做好 DO 卡的推广，邮储北京分行不断深化与京港地铁公司的合作。

自 2009 年起，邮储北京分行与“京港地铁”即开始合作布放 ATM 设备。目前，自助设备进驻全市 7 条地铁线路，布放总数达到 193 台，仅次于工商银行，成为北京地铁内第二大银行服务机构。为了进一步扩大合作范围，做到客户资源整合，邮储北京分行与京港地铁公司达成“DO 卡”项目合作意向，通过地铁灯箱、品牌列车、换乘通道及自助售货机等渠道进行“DO 卡”形象宣传。

在宣传海报、宣传板的选择上，注意将广告风格设计得更为年轻化、卡通化。在撰写宣传文案的时候，紧扣年轻人当前的热门元素抓住年轻客户的眼球，赢得年轻客户的好感。为争取更多年轻客群关注，“DO 卡”不断探索新的营销模式，把线上推广与线下商机结合起来，让互联网成为线下交易的前台。邮储北京分行联合京港地铁和优质商户开拓“DO 卡”O2O（Online To Offline）营销模式。

首先，搭建与客户信息快速传递的平台，并推出“关注有礼”等活动，吸引客户关注，促使客户了解“DO”卡。许多乘客主动用手机微信扫描地铁内二维码，参加微信活动，对“DO”卡产生了浓厚兴趣。

其次，打通线下刷卡优惠平台，“DO 卡”在丰富线上活动的同时，沿地铁周边加大特惠商户拓展力度，先后推出屈臣氏满百减 30 元、9 元观影、9 元喝咖啡、6.8 折购饮料、五折美食（川成元、哈根达斯、望湘园餐厅）等多重活动。2013 年 12 月 20 日至 2014 年 3 月 31 日，邮储银行北京分行针对 DO 卡持卡用户开展“闪付享实惠”回馈活动，持 DO 卡在屈臣氏所有门店进行闪付支付，单笔消费满 100 元立减 30 元，在太平洋咖啡进行闪付支付，可 6.2 元购买店内指定手调标准杯咖啡一杯。将关注客户的热力延伸到真实的刷卡消费中，将线上了解、线下办卡及商户刷卡结合，使口口相传转变成刷卡交易的银行可见效益。

在产品推广策略上，邮储北京分行启动立体宣传攻势，通过地铁、微信、网点三重渠道精准地向目标客群传达品牌形象。如图 2 所示，地铁内轨旁灯箱、品牌列车、换乘通道看板、梯面媒体及自助售货机进行“DO”卡形象宣传，使乘客直观地感受到“DO”卡是一张新颖的、与地铁生活相关的银行卡，许多乘客主动用手机微信扫描通道内、列车内“DO”卡二维码，参加活动。微信上公布“DO”卡关注有礼、转发有礼活动及特惠商户信息，客户直接参加活动，赢取奖品，热情高涨，对“DO”卡产生了浓厚的兴趣。在营业网点内摆放“DO”卡活动宣传海报、折页，使客户了解“DO”卡优惠活动，并请客户现场体验“DO”卡微信公众账号，促进客户现场办卡。

图2　“DO”卡在地铁内的形象宣传

四、成功模式的复制

从2014年至今，北京分行“DO卡”全年发卡42.24万张，其中70%的持卡人为20至45岁的青年客户，形成储蓄余额16.62亿元，比其他卡种（剔除睡眠卡）卡均余额高45.79%。累计刷卡消费24.54亿元。

在“新常态”下，消费带动GDP的作用不断提升，邮储北京分行借鉴“DO卡”项目的成功经验，邮储北京分行新增两款主题卡品牌产品。吃货卡（借记卡）重点推出在什刹海、簋街商圈刷卡消费享受折扣、买赠、尝鲜等附加服务。母婴卡（信用卡），发卡对象是30岁左右“爱消费”的母亲客群，推出涵盖怀孕体检、产后保养、儿童成长各阶段的亲子服务。

案例使用说明

（一）教学目的与用途

本案例适用于营销管理课程，教学对象主要为商学院 MBA 和市场营销专业类学生。

通过案例学习和讨论，希望实现以下教学目的：

1. 帮助学生理解定位的重要性，启发学生思考企业应如何根据内外部环境进行有效的市场细分，从而建立自身的经营特色并发展核心竞争优势。

2. 帮助学生了解整合营销的重要性，理解应如何运用立体式广告营销策略来增加企业价值和赢取顾客。

（二）启发思考题

1. 在银行卡业务市场上选择地铁商圈推广 DO 卡业务是一个最佳的市场细分选择吗？考虑到邮储北京分行的这种细分方法，它的业务组合策略是否合适？你认为它还有其他可行的市场细分选择吗？

2. 请评价邮储北京分行的整合营销策略。你认为邮储北京分行还可以实施哪些策略来增加顾客的体验？

河北禄国进出口贸易有限公司
线下到线上策略抉择[①]

[案例摘要] 本案例描述了河北禄国进出口贸易有限公司线下到线上的销售模式的改变，作为最早只是生产棉服棉被的公司，慢慢到了做汽车坐垫等皮制品和皮草类产品的企业，河北禄国进出口贸易有限公司积累了丰富的线下销售经验，并有了一定的行业地位。在渡过艰辛的创业初期，在渠道、生产、品牌等建设格局初显时，公司面临经济下行带来的库存增加，产能急需释放等问题，为此公司提出了线上销售计划，但是会对销售渠道及内部管理方式有什么影响现在还很难说。

已近黄昏，而河北禄国进出口贸易有限公司的国总却仍在思考。这段时间，国总被一件接一件的烦心事缠绕着无法摆脱。公司的直接销售量现在越来越少，市场竞争压力越来越大，本来占据一些优势的市场被竞争对手慢慢超越，他不是不知道现在的市场销售额被网络平台抢走了很大一块，但一开始他是拒绝的，也是不愿意接受和承认的；更让国总无法接受的是，随着时间的推移，销售量的下降，人员收入也受到影响，导致公司的元老级员工们竟有离职的意向；工厂的产量和质量也不如从前。这一切的原因，以及该怎样去解决，国总感到有些未知和茫然。

一、企业前景与现状

在改革开放后很长一段时间里，我国经济的发展都是以近两位数的速度增长。随着中国经济的高速发展，中国已经成为最有吸引力的国家，吸

① 本案例由中央财经大学商学院葛建新老师、MBA 研究生国晓畅、商学院王俊杰老师撰写，作者拥有著作权中的署名权、修改权、改编权。由于企业保密的要求，在本案例中对有关名称、数据等作了必要的掩饰性处理。本案例只供课堂讨论之用，并无意暗示或说明某种管理行为是否有效。

引着全球越来越多的眼光，进出口贸易随之发展迅速，交易额在世界的排名稳居前三位。近几年我国的外贸发展非常迅速，外贸企业也开始慢慢地形成了自己的特色，有自己的竞争优势。但是在错综复杂的国际形势下，我国的外贸出口企业也遇到了很多问题。这些问题主要表现在五个方面。

（一）人民币升值导致汇兑损失。

汇率是指一国货币兑换另一国货币的比率。人民币升值，美元贬值，这就意味着1美元兑换人民币会越来越少，相应的以美元计价的货物结汇时换回的人民币就会减少，出口企业的利润就会因为人民币升值遭受汇兑损失。

作为一个以进出口贸易为主的河北禄国有限公司来说，在确定订单合同时，按照之前的贸易惯例，多数情况下都是以美元为结算货币，因此，随着人民币不断升值，之前的订单依然按照约定好的价格成交，导致利润降低。

（二）经济低迷下订单减少，竞争激烈，贸易风险大

我国国民经济发展中，对外贸易企业起着主要的作用。据有关数据统计，20世纪90年代以来，出口贸易对我国经济增长的贡献率维持在20%以上，同时，应该看到，外贸企业的发展对我国劳动力就业有着积极的带动作用。我国加入WTO以后，贸易规模不断扩大，出口增速较为明显，一般保持在20%左右。但随着美国经济危机的爆发和相关贸易政策的出台，我国出口贸易摩擦不断，贸易壁垒重重，贸易出口大幅度萎缩，特别是对美国的出口额度急剧下滑，我国外贸企业对美贸易面临严峻的挑战，甚至出现生存危机，各个行业均出现明显下滑趋势。

目前，国际市场在经济低迷下竞争越来越激烈，商品价格一路下跌，但是国内市场原材料价格、劳动力成本却上涨，甚至国内供货商在价格上故意刁难，都导致外贸公司采购成本高居不下，因此，造成公司的盈利水平下降，很多公司都出现微利或亏损局面，外贸企业之间的竞争越来越激烈，贸易风险也在加大。当然，河北禄国进出口贸易有限公司也不例外，期待通过微利走量的经营模式变得越来越难做。

（三）出口退税降低，企业利润大减

出口退税的降低会直接提高企业的成本和定价，而早前很多的进出口贸易公司大多数是以出口退税来维持公司的运营，一旦出口退税降低势必影响公司的经营状况，使企业利润大减，河北禄国进出口贸易有限公司身处其中，对于其中的酸楚在所难免。

（四）我国外贸企业整体实力不强，单兵作战，缺少核心技术

目前，我国外贸企业主要是小而多，总体不大，势力不强，通常是单兵作战，没有形成整体，因此，抗风险能力不强，一旦遇到国外的贸易壁垒和关税壁垒，就将遭遇灭顶之灾。河北禄国进出口贸易有限公司主要以棉花、羊毛为原材料、以汽车坐垫等棉制品为主要商品，在实际生产过程中只是简单的加工，缺少核心技术，缺少品牌和自主产权，产品的附属价值非常低，单纯地依靠赚取低廉的加工费生存，在出口时往往贴上国外品牌标签，已经习惯了这种经营模式的河北禄国进出口贸易有限公司没有打造自己的专营品牌，此其一；部分同类企业在以联合生产的方式，不断将原材料纳入企业整体生产过程的进程中，进一步降低了原材料的购置成本，因此，在产品价格上河北禄国进出口贸易有限公司丧失了优势，此其二；国内同行业之间没有行业协会的统一协调，各企业单兵作战，因此，在竞争上就会出现恶意竞争，此其三；国内同行业间棉制品产品辨识度不高，各公司在产品生产上没有核心技术，产品质量基本相当，在竞争上没有核心竞争力，因此，国外公司对国内企业的“产品忠诚度”很低，此其四。以上四个方面的原因，导致了河北禄国进出口贸易有限公司的经营条件每况愈下！

二、公司背景

河北禄国进出口贸易有限公司成立于2011年，公司位于河北省石家庄市，是一家大型棉制品贸易公司，公司现拥有员工100余人，技术人员5人，核查人员3人。石家庄下属的邢台市恰恰是我国北方地区高品质的棉花生产区，因此，公司在邢台市区设有棉制品加工工厂，配备有完善的检验检测设备和先进棉绒棉花加工设备，得利于良好的原材料资源，公司年处理棉花单株皮棉3 000吨，棉花500吨，产品主要包括棉被（家用、学校、宾馆)、棉花、绵羊皮和羊毛制品(主要产品:汽车和家用坐垫,毯子)、羊毛制品、纱线等。河北禄国进出口贸易有限公司运营流程如图1所示。

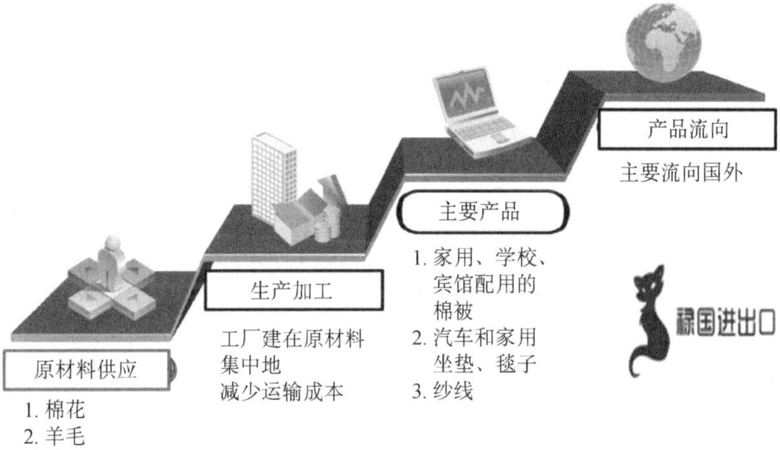

图1　河北禄国进出口贸易有限公司运营流程

鉴于河北禄国进出口贸易有限公司起步早、地理位置优越、产品质量高、销售渠道广等优势,该公司在石家庄地区的棉制品市场拥有较大的份额,在石家庄地区各下属市、区均设有产品销售店,同时,公司大力发展县、镇级代理商,并与多家商场、宾馆、汽车维修厂和洗车行有代销合同。

公司的一步步壮大离不开全体员工的共同努力,但是公司想要进一步地发展却显得动力不足,主要因素包括:管理层和技术员大多为公司起步时的老员工,老资格的光环更使得他们养成了"骄傲自大"、不思进取的慵懒作风,同时,公司老总国总的温和管理模式,使得其的部分改革创新意见难以贯彻执行;部分管理层人员缺乏现代企业经营知识,在市场营销、市场开拓上仍采用原有的工作方式,靠酒场赢得关系的理念严重落后;家族氏企业体制,使得年轻优秀人才止步于部门副职,新鲜血液无法充盈和刺激公司深层。

三、遇到转折点

任何事情永远不能缺少定位，确定了目标群体，也就确定了是在为哪些人群服务，也就找好了自己的定位。找到自己的定位，分析市场现状，确定目前是处于哪个阶段，生长期、发展期、成熟期等，建立不同时期的市场策略，速进，然后执行，乘势而为、事半功倍。随着网络营销理念的深入人心，以及网购时代的来临，消费者的消费需求和消费方式产生了翻天覆地的变化，新一代的消费主体必将改变固有的市场营销体制。但是河北禄国进出口贸易有限公司在新一轮的市场改革中没有积极地作出调整，没有准确地掌握市场的变化，导致该公司的利润月月下滑。各市、区的实体销售店门可罗雀，因为利润的减少，原有的销售商也提出了退出市场意向等问题，市场中充斥着各种各样的外来品牌，网店销售不断地侵蚀着线下实体店销售模式，产品价格也一步一步地向成本价靠拢，商铺费用、人工费用、库管费用等等极大地影响了整体的盈利，禄国进出口贸易有限公司面临着严峻的挑战。接着又发生了一件事情：市场总监小赵已经有了离职的意向，他想和朋友成立一个门户网站，他认为线下销售的这种方式在未来会被替代，以后不会是网络销售的对手，这让国总为难了，眼下本来就是公司比较困难的时期，得力干将可以选择换一种模式，可是对于国总来说事情没有那么简单，因为还有工厂和员工需要养活，如果换一种模式的话势必会缩减员工，那样就会面临裁员；他也听说过许多门户网站因为浏览及注册的用户太少，没有商家投入资金而最终失败的例子，以整合销售为一体的网络平台因为前期烧钱过多而失败的例子；还有其他的各种可能会遇到的问题，这让国总这样一位白手起家、一直遵循传统模式经营的老企业家陷入了对企业未来发展方向的思索中。

四、改革方式

面对当前公司面临的种种问题，国总想到：既然一时之间难以改变市场环境，那么就从改革公司内部管理制度入手，振奋员工精神，从而刺激公司发展。况且，河北禄国进出口贸易有限公司一直承受着过于繁重的工作压力，管理上强调发展速度和营销效率，不过幸好的是现在环境相对轻松，正是开展内部改革的好时机。于是就在这一年，河北禄国进出口贸易有限公司如火如荼地出台了一系列有关完善企业制度的方案。

（一）拓展网络营销，弥补公司营销短板

因为盈利的下滑和来自竞争对手的压力，现在的情况促使国总对体制立刻进行改革，若继续拖下去，也许就会像柯达一样被迅速取代，网络营销是未来营销发展的必然趋势，那不如就从现在做起。国总找来了有转型经验的企业家进行咨询，首先，公司开设了专门的销售网站（http：//warmman2012. cn. globalimporter. net/），招聘专人负责网站维护、信息更新、产品上架和产品分类；其次，开展网络营销培训，聘请网络营销大师对公司全体员工进行培训，包括网站的功能、产品目录、推广方法、沟通技巧、营销手段，学习怎样能够让客户一目了然地了解公司产品以及快速地接受公司产品，使网络营销理念深入到每人心中；最后，鼓励现有销售人员采用自行开店或者发展网店销售代理等方式，进一步拓展营销渠道。

（二）开展客户视察，回馈老客户

维护老客户是每个企业最重要的业务来源，不断开发新客户的同时维护住老客户和客户的利益，才能建立网状形的业务规模，在这期间，多次举办客户反馈活动，邀请客户现场视察并在过程中灌输客户线上营销的方式，并让客户接收新的订单体验。

（三）变革管理体制，破格提拔优秀人才

国总针对当前的管理弊病，下定决心予以改革。一是逐个谈话，决定去留。通过与每一位现有管理层人员进行谈话，对阻碍公司新战略的一律辞退，保证今后创新改革的顺畅执行；二是重新划分公司职能部门，将网络营销提升为独立部门，与采购、研发、生产、实体销售并列；三是破格提拔有现代企业管理经验的人才担任主要管理岗位，同时，定期组织培训考察，最大限度地学习现代企业管理和营销理念。

（四）变革工资制度，提升公司员工的工作热情

薪金是一种动力，是员工权衡是否承担责任、主动作为的杠杆，关心自己的薪金是人之常情，通过变革固化的工资体制，突出强调对业绩的鼓励，使薪金更具有充分的弹性，让所有的员工都能感觉到只要肯付出就一定有回报。

在此基础上，将销售人员的工资与网上营销挂钩，之前的保持不变，底薪加线下销售的提成，并在此基础上，如果成功开发一个线上有效客户的话，在之前的提成基础上予以相应的奖励。

五、改革后的新问题及解决

新的改革实施后，部分公司员工看到互联网营销的好处后，纷纷自己开网店销售公司产品，虽然在一定程度上促进了产品的社会知晓度和市场占有率，但是随后出现的问题让国总大伤脑筋：一是部分仓库管理人员专门把同一批次中好的产品整理出来供给自己，而将不太好的发给供销商；二是由于企业内部员工直接参与网店销售，且产品直接从公司小库房（公司在初期为鼓励员工开网店而专门开辟的库房）发货，这样在成本上就比其他供销商的要低。因此，部分员工的网店产品价格低于供销商，从而使得供销商与公司关系紧张。

为尽快解决改革后出现的新问题，缓和公司与供销商的紧张关系，公司提出了如下解决方法：一是公司成立产品批次检查组，针对库管人员“中饱私囊”的问题进行重点检查，同时，该检查组接受全体员工的投诉，对投诉问题逐件盯办，一旦发现有违规员工一律开除，并永久拒绝其代为销售公司各种产品；二是统一定价机制，对同一地区的销售同一质量水平的网店，要求统一销售价格，杜绝恶性竞争造成的外部压力，这样公司员工既能保证自身利益，又能与外部供销商建立比较密切的沟通机制；三是建立三位一体的考核机制，既从“人品、产品（产品的销售量）和协品（组织、营销能力）”三个方面，对员工进行综合考核，对优秀员工纳入后备人才系统，对不合格的员工予以辞退，此种考核主要的目的在于让大家提高竞争意识。

对于公司的重大变化也让小赵看到了国总对自己的信任与支持，对于现在的企业来说，这样的领导已经不多见了，而且企业未来的发展方式与自己的思路大致相同，于是小赵决定继续留在公司，为国总提供帮助，并对未来充满了信心。

但是，冰冻三尺非一日之寒，家族制企业的弊端已经深入到公司的各个方面，由于“关系户”大多在后勤保障等部门，在应对新增的网络营销部门提出的各项需求上仍存在反应慢、闲话多等问题，对公司改革持消极支持态度，但又没有出现重大过错，国总也不能都裁撤掉。另外新晋管理人员与老牌管理者之间的明争暗斗一直不断，部门间的矛盾变得尖锐，部门间待遇的不同更使得部门间员工抱怨增多，斤斤计较。在例行公司管理人员大会上，公司老牌管理者高高在上的态度和冷嘲热讽的言语，使新晋人才极度不满，但又碍于国总的赏识和重视，往往开一次会生一肚子气，以致部分工作难以进行。

六、结尾

这个变化让国总思考了很多，也做了很多的改革，其中下决心的不易也只有国总自己知道，国总在办公室里沉思着，近几年发生的事情又重新思考了一下，现在竞争如此激烈，改为网站形式能走的长远吗？公司老客户已经习惯了线下这种经营模式，改为线上他们会接受吗，如何处理线下实体销售与网络营销的关系？他们对质量还会信任吗？对于已经铺开的线下销售实体店又该如何转型？当前完全竞争体系下的市场体系对公司的管理提出了更高的要求和人才需求，但是当前的部门管理人才在创新上存在较大短板，但一旦辞退公司势必人心涣散，如何处理这种管理人无管理才能的问题？另外，现在线上同样竞争很激烈，怎样把公司广告打出去也是国总应该思考的问题，再想想那些像小赵一样愿意留下和自己共渡难关的员工，国总还有很多的事情要做，很多的事情需要考虑。

案例使用说明

（一）教学目的与用途

1. 本案例主要适用于管理学、市场营销、网络营销，也适用于组织行为学等课程。

2. 本案例适用对象是 MBA、EMBA 和企业培训人员以及经济类、管理类专业的本科生、研究生。

3. 教学目标

本案例是一篇描述河北禄国进出口贸易有限公司线下到线上销售模式变革的教学案例。通过该案例能更好地帮助学生了解进出口贸易公司日常经营管理中面临的各种问题，尤其是对于贸易类专业的学生；能培养学生了解公司日常经营中遇到的最典型、最常见的实际问题，也能为同类进出口贸易公司运营管理提供有益的启示与借鉴。

本案例的教学目的在于使学生：

（1）通过该案例讨论能使学生对进出口贸易公司管理的各方面有个具体的了解，如生产线、经营模式、竞争模式、内部管理有一个感性的认识；

（2）通过该案例讨论能培养学生站在公司高管角度，从业务处理和公司长期发展两个层面分析问题和解决问题的能力。

（3）对企业改革、奖励机制等资源管理问题具有认识及深入的思考，从群体特征和个体特征两个角度分析问题，并提出解决方案。

（4）探讨企业如何根据自身所处阶段和特征，在传统和新兴的营销策略或手段中作出选择。

（5）为了增强该课程学习的趣味性，提高学生学习积极性，让学生在学习过程中将理论和实践更好地结合起来，在进出口贸易实务教学中运用案例分析法能收到良好的效果。

（二）启发思考题

1. 你如何看待河北禄国进出口贸易有限公司的转折问题？

2. 公司模式改为线上营销的话会遇到什么新的问题？线下做不好会死，线上销售对于客户来说比价很方便，一般情况下都是价低者得，每人思考一个问题，并给出一套解决的方案。

3. 线上和线下经营有哪些优缺点？

4. 你如何看待国总和小赵的做法？

5. 如果你是国总，面临这个局面你将如何决策？

农资电商“地推”由谁来做?
——中农农惠网的营销渠道抉择[1]

[案例摘要] 农惠网(www.nhw360.com)是中农集团控股股份有限公司为广大农民提供农业生产、生活服务的农村电子商务平台,依托中华全国供销总社优势资源成立于2015年5月。中农集团控股股份有限公司是国内最大的化肥进出口企业,也是国内最大的化肥供应商。虽然有强大的资源优势和行业地位支持,但开辟农资电商这一新兴业务也同时面临很多艰难,尤其是在近来化肥市场疲软,供过于求的大背景之下,基层营销模式和渠道的选择至关重要。农惠网团队是把主要工作重心放在自己建立团队进行“地推”,还是依靠中间商“地推”?这是个亟待解决的难题。

2015年11月2日上午10点,中农控股电商部的各地区市场总监将在此次例会再次讨论营销模式重心应该如何规划。为了尽快反馈地方实地考察的工作进度,山西地区市场总监王孟涛拉着还沾着泥土的行李箱快速走到自己工位,从行李箱里扯出工作笔记本,没来得及喝上一口水,大步走向对面会议室准备汇报工作。

在等待其他地区总监到达会议室的同时,他也回忆着这两个月跑县、镇基层市场的片段。其实,中农控股带着农惠网进军电商,是具有先天优势的。首先,中农已经拥有全国性经销网络,在农资产品(化肥为主)销售和物流方面都有相当的经验,为开启自己的电商发展之路打下了坚实的基础;其次,坚实的销售网络基础也意味着物流配送能力到了一定成熟的程度,成为农资电商业务的优势之一;再次,依托供销总社的优势,全国

① 本案例由中央财经大学商学院董硕老师、MBA研究生陈盼盼、曾洁撰写。由于企业保密的要求,在本案例中对有关名称、数据等作了必要的掩饰性处理。本案例只供课堂讨论之用,并无意暗示或说明某种管理行为是否有效。

范围内都有县级供销社和配肥服务站点，线下服务站也将有利于为线上营销提供后盾。

然而，当工作推展到实际实地过程中的时候，出现了很多困难。一是，注册用户数量增长缓慢，需要大量时间去讲解帮助用户注册 App，时间花费了但是注册会员数仍很少；二是，基层市场用户对“电商”这个概念接受度尚不高，思想还停留在传统的购销模式层面。

为此，电商部必须制定一个较为完善的营销和市场推广策略。现在有两个方案：一是和事业伙伴合作（事业伙伴也就是传统销售模式下本就有业务往来的经销商和分销商），通过和他们利润分成的形式，农惠网作为供货商和线上服务平台，将终端用户注册工作，货物购买和服务工作都交予他们进行；二是中农控股在各地为农惠网打造自己的“地推”团队，建立自己的服务和培训模式，前期投入和招募大量人力，将市场推广工作系统化、统一化。两个方案中哪个能发挥更有效的影响力呢？哪个方案更适合用互联网的思维去卖农资产品，让用户得到更好的服务体验，抢占农资电商市场的先机呢？

一、行业发展大势所趋

（一）农惠网背景

它是在国家政策支持下，依托中华全国供销合作总社优势资源，由大型央企中农集团控股股份有限公司倾力重点打造的农资电商平台。农惠网通过自有的生产、物流、仓储，提供化肥、种子、农药、农机交易及农技服务、农村金融、农村物流、种植整体解决方案、农副产品销售等综合服务，致力于为广大农民提供农业生产、生活服务的电子商务平台。通过线上线下相结合的模式，计划两年内把农惠网打造成百亿交易规模，百万级用户的平台，以推动中国农资电商的快速发展。目前，农惠网的配送服务网络已遍布全国各省地区。

（二）农资电商行业背景

1. 行业前景广阔

CINIC 发布的《第 35 次中国互联网络发展状况统计报告》显示，中国网民规模达 6.49 亿，其中农村网民人数已近 2 亿。另一份数据则显示，中国目前行政村数量超过68万个，农村人口为9.4亿，而真正长期居住在农村的数量为7.5亿。随着“互联网+”的兴起和国家政策的扶持，农村电商正逐渐受到前所未有的重视，而作为农业生产资料的农药、肥料市场总量根据中国产业洞察网预测数据将达万亿元，如此之大的市场规模使得众多传统农资生产企业及互联网企业竞相布局。

2. 政策支撑

2015年11月12日，全国商贸流通领域推进线上线下互动创新发展和农村电子商务现场会在成都召开，部署贯彻落实国办《关于推进线上线下互动加快商贸流通创新发展转型升级的意见》（国办发［2015］72号）和《关于促进农村电子商务加快发展的指导意见》（国办发［2015］78号）下一步工作。农资电商事业又将在政策支持下，加快脚步，推进农村电子商务的发展。

3. 终端用户群多为农民

就全国普遍农村地区来看，硬件条件方面，智能手机的普及率仍然很低，手机很大程度上停留在只能打电话的用途；思想层面，农民对新兴事物接受过程缓慢，他们可能需要较长的一个过程去接受用手机或电脑为生产所需下订单。“去中间化”，为农民节约生产成本的目标实现起来会有一定难度，但这是农资电商经营需要坚持的方向。

4. 电商渠道和传统渠道的不同（如图1所示）

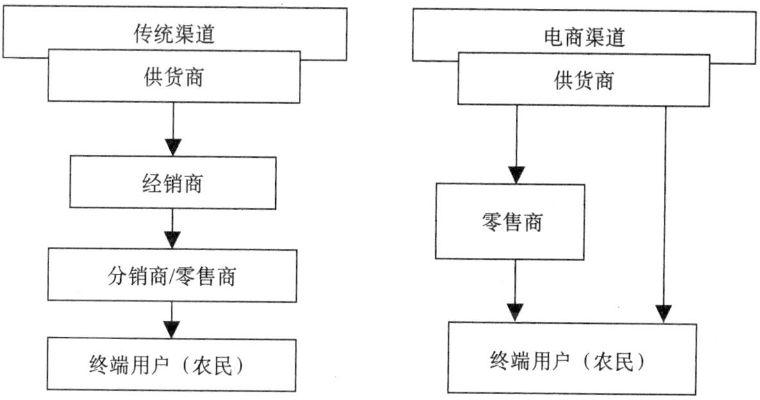

图1　传统渠道与电商渠道的比较

5. 农惠网主要产品

目前主要经营氮肥、二铵、复合肥、微量元素肥、有机肥、水溶肥、有机无机复混肥、高科技差异化肥料等产品。产品都冠以“中国农资”品牌，也分别在农惠网官网和 App 平台声明央企品牌品质和服务的保证，等到市场成熟到一定地步之后，会加入农机产品的销售和推广。

二、前期推广如火如荼

（一）微信传播

农惠网成立之时，微信公众号（如图 2 所示）也应运而生。可以看到，公众号里也设置了“我要买肥”的选项，一目了然，成为最直接的购买方式。“你问我答”、“专家支招”、“我要种田”这几项服务都是为农民用户设置的入口，虽然现在的访问数量较低，但是这为活跃用户增加之后的营销模式打下一定基础。微信宣传这一环节至关重要，因为往往能借助这个人们每天都关注的平台，推送很多农惠网的活动让大家参与其中，例如，图 3 中所示的转发分享送礼等小活动，能在一定程度上提高人们对农惠网的关注度，加深了解。

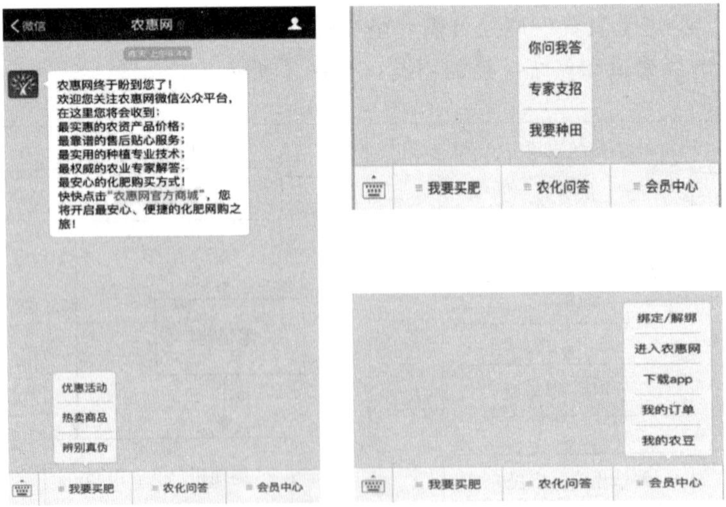

图 2　农惠网微信公众号图示

图3 农惠网微信公众号转发送礼品活动文章图示

（二）实地推广——各地启动大会陆续召开

召开启动大会，进行实地推广，是对“+互联网”这一新型农业产业链服务模式的宣传，也通过启动大会，对参加大会的种植大户、零售商、小型合作社等民众和组织进行现场培训，培训内容既涉及如何登录官网购买，运用App购买，也涉及一些关于种植大户在实际生产过程中遇到的配肥等专业技术问题，现场活跃度非常高，实地推广的宣传效应达到预期。

三、地推

（一）为什么需要地推?

做电商，最重要的指标就是流量。如果没有流量，电商就如同一个背街门面，就没有其本应有的价值。而电商流量就如同传统模式的客流量一般，进入这个电商平台的客户数量就是流量，也就是线下和线上的区分。京东、淘宝这样的“互联网+”平台做农资电商，有一个优势就是他们有一定基础的点击率，也就是浏览量；而像传统农资行业进入电商领域，就是作为“+互联网”平台，优势是产品，难点是如何将产品在线上流量转化到最优的问题。由于农资行业用户群的特殊性，必须要先切实让这个群体了解产品，了解如何通过互联网购买产品，了解这个方式比传统购买模式有何优点，那么，“地推”对农资企业来说是一个必须迈的坎儿，也只有“地推”能帮助农资企业的电商平台打下用户基础。

（二）农惠网为“地推”所作的尝试

1. 和事业伙伴合作“地推”

例如，在山东地区，农惠网与传统县级分销商采取利润分成的合作方式，将农化、物流等服务交给县级分销商完成，因为他们对当地的种植习惯和农民生产过程中遇到的一些问题较为熟悉，也和终端种植户有直接联系，分销商可以帮助农民注册或为农民下单，相当于分销商或零售商扮演一个“代购”的角色，而负责农惠网运营的中农控股电商部则对这些“代购”的会员数、下单量进行定期考核。采用这种“代购”模式也需要大量的基本销量，就需要发动足够多的农民去投入这个互联网平台的购销关系之中。但是几个月以来，单从考核指标来看，“代购”们呈现出来的业绩似乎并不理想，注册用户数字较少，通过“代购”完成的下单量也比较低。

2. 带着团队去“地推”

中农控股在南疆成立农惠网的运营中心，在当地为种植户宣讲农惠网的业务及其操作流程的同时，也定期派高级农艺师介绍土壤管理、科学施肥和病虫害防御等专业知识，这样的方式为农民解决了很多种植过程中遇到的农化问题，反响很强烈。不过，如果在每个地区都建立运营中心，分配或招募自己的团队，做一对一地推，这是一个非常巨大的一个工程，投入的成本也会相当高，因为农资产品销售就相当于开医院，销售的不是药物，而是处方，所含技术含量较高；也不是卖单一的产品，而是销售综合服务。所以是否要耗巨资为基层市场筹建新队伍还有待斟酌。

（三）“地推”到底由谁来做？

几个月的艰苦尝试，多次例会探讨，都没有最终确定一个营销模式的具体方案，各个地区还在以两种方式夹杂进行，在最终方案敲定之前，也就是公司的投入方向明确之前，这两条路都无法实施到最佳效果，新问题也在不断涌现。“代购”们是否能为“中国农资”这个品牌做好代购的售前售后服务？优质团队又是否能在短期内建立起来遍布销售网络抢占农资电商市场先机？这样的摸索过程还需要多久呢？

案例使用说明

（一）教学目的与用途

1. 本案例主要适用于：工商管理硕士《市场营销》基础课程的营销传播章节；大学高年级本科生的《电子商务营销》、《营销渠道战略》等专业课程。

2. 教学目的：让学生了解新兴行业的营销模式探索，讨论各个路径对于企业发展和企业战略的关系和影响，并根据市场作出准确分析进行选择。

（二）启发思考题

1. “地推”是由自己新建团队，还是靠现有分销商，该从哪些方面去计划考量，例如，成本和收益。

2. 是什么原因让农惠网团队下定决心要确定一个既定的营销方案？

3. 如果下巨资建立自己的团队，应该从哪些方面做好“地推”？

4. 如果继续选择和事业伙伴合作，应该从哪些方面完善？是否能达到理想状态？

人力资源与组织行为

立方体仓储服务公司的第三年

——下一步怎么走[①]

[**案例摘要**] 本案例以立方体仓储公司创始人王志的创业历程为主线，记录了公司从无到有的发展历程，以及在企业生存期内发生的一些问题。据此对公司发展初期的用人策略、员工激励以及团队建设等相关问题给予借鉴，并对公司步入扩张期的战略选择进行思考和深入探讨。

夜幕已然降临，立方体公司的总经理王志却仍坐在办公室里沉思。这段时间，一件又一件的烦心事接踵而至，压得有些让人透不过气来。公司处于创业的第三年，本来生存问题刚刚缓解了一些，可马上又来了新问题，面对竞争日趋激烈的市场，下一步的选择是什么？是拿了风投的钱扩张吗？公司的核心竞争力又是什么呢？更让王志无法接受的是，公司到现在为止人员依然进出非常频繁，这些90后员工尤其不让人省心。现在，面对公司业务量的下滑，竟没有人能够说出个所以然，这一切究竟是怎么造成的呢？王志感到有些茫然。

一、行业及公司情况

（一）公司背景

立方体（北京）仓储服务有限公司成立于2013年，从其成立那天起，就带着创始人王志强烈的个人印记。作为北京迷你仓储市场的开拓者，立方体在发展上占据了先机。虽然别的公司陆续进入这块市场，但凭借着王志的果敢和闯劲，带领着立方体在竞争中占到了北京市场20%左右的份

① 本案例由中央财经大学的于广涛老师、MBA研究生王玖令、丁辉撰写，本案例只供课堂讨论之用，并无意暗示或说明某种管理行为是否有效。由于企业保密的要求，在本案例中对有关名称、数据等作了必要的掩饰性处理。

额，是目前北京市场上第三大迷你仓供应商。

（二）行业发展状况

迷你仓（mini storage），也称自存仓（self storage），最早是20世纪60年代在美国出现的一种面向普通大众的小型仓库。随后，这种应“需”而生的“自存工业”就得到了蓬勃发展，在世界上的许多城市已成为十分成熟的行业。经营商通常将大型仓库改装分隔成若干间小仓库，作为出租位出租，按天、月、季、或年计算租金。租户则通常在迷你仓内储存各种无害、无毒、不易腐的物品，如个人生活用品、家具、摩托车、积压的零售商品等。

近些年，在全世界的许多大城市，迷你仓的竞争越来越激烈。居民区和商业区周边的小块用地越来越多地被开发用于建造迷你仓，迷你仓的各种配套服务也在竞争中不断完善，还有些迷你仓公司提供卡车和小型货车的租车服务。而在香港，同许多国外大城市一样，迷你仓客户除了个人物品寄存外，还有一部分是公司客户。他们将不常用的旧文件、旧的办公用品放到迷你仓内储存，可以省掉一部分昂贵的写字楼租金。而国内，直到2012年，在上海才开始出现该种模式的公司。

（三）被看好的前景

据市场调查，在一些国际大都市里迷你仓的人均占有面积为0.1平方米，而北京的人均占有面积远远达不到这个标准，这个领域还有很大的发展空间。目前，国家已全面放开二孩政策，而北京五环内现有的住宅中，中小户型占据了很大的比例，且可供开发的地块偏少，人们的仓储需求会被放大。

二、回首创业岁月

（一）创业想法的萌发

忙完一天的工作，王志照例要去仓库区查看一下。在确定一切正常后，王志离开公司，来到了那辆帕萨特前面，这辆车是他在公司走上正轨后买的，如今已有一年了。打开车门，坐了进去，感觉到有点疲惫，遂点了根香烟，默默地抽了一口，再次陷入了沉思。

2012年大学毕业后，王志跟大多数普通应届毕业生一样，来到了家乡附近的大城市天津寻找出路。他找了个房地产公司前期开发的工作。收入不高，但解决食宿，这点让王志很满意。王志并不是一个传统意义上的“乖学生”，这一点在上高中时就体现得很明显，身边总是围着一圈“兄弟”，而他则是他们的“大哥”。讲义气是他学生时代的标签。王志聪明，学习上花的心思不多，但是成绩也不算差。也许是性格原因，他的学生生涯也不是风平浪静过来的，虽然事后回忆时总觉得有那么一丝传奇的色彩。

入职后，王志用自己的活络和闯劲迅速赢得了上司的好感，把他当成了得力干将。照这样发展，似乎在这家公司奋斗个几年，当个小领导是顺理成章的事。

然而，一次公关饭局打破了这一切。

那天，经理带着王志去拜访一位“朋友”，目的是为了给公司新上的楼盘跑“章”。照例，王志去给客人敬酒，一连喝了三个分酒器后，王志觉得喝到这样就差不多了，于是就借着酒劲假寐了起来。这是他在酒桌上的经验。然而这一次，王志的经理却没有放过他，看到他趴下后，一脚就踹在他的身上，把王志踹到了地上，以此来检验王志是不是在偷奸耍滑。那一刻王志其实是愤怒了，但是，可能是进入社会后，棱角被磨平了，王志也只是默默地继续假寐，其间还被经理踩了几脚。

那件事以后，王志仔细地考虑了很久，觉得这样的工作很没有尊严，就毅然决然地离开了这家公司。

20 多岁的小伙子瞬间成了无业游民，沉寂了一段时期，在定居澳洲的大哥的鼓励下，进入北京新东方学校学起了雅思，准备出国留学。

天，正在新东方的王志接到了老东家的电话，大意是让他把放在公司宿舍的东西拿走，这让王志犯了愁，这堆东西放到哪里去呢？这个问题让王志思考了起来，“有没有那种给个人提供存储服务的公司啊？”王志这样想到。适逢澳洲的大哥打来电话，王志就顺带提了这么一句，而大哥的反馈让王志想到了什么，“国外，包括澳大利亚是有这种公司的，而且业务量很不错”。挂了电话，王志匆匆地打开电脑，键入了几个关键字，然而并没有得到他想象中的答案。王志那一刻像是发现了一块未开垦的处女地，沉寂许久的心思又活动了起来。

（二）拿到融资

王志至今都记得那天下午，在一家普通的饭馆里，吃完饺子后，对面那人一抹嘴，说，“王志，我投钱给你，因为我觉得你这个人行。”就这样，王志拿到了融资，而送出去的是20%的股权。王志的投资人对公司的具体运作从不干预，公司在完成了首次融资后，还是王志说了算，这让王志很满意。

（三）第一单业务

公司成立后，王志招了4个员工，3女1男，全是销售人员。王志的想法很简单，就是把他们都“撒”出去，去拉业务。对于第一单业务，王志其实心里是有准备的，知道可能并不会那么容易。但是，一个月过去了，还是没有成效。王志觉得不能忍下去了，必须要作出点改变。一点“进项”都没有，而公司的运营费用一点也不会少。

看来，卖方便面、矿泉水的经验放在迷你仓储行业并不是那么的兼容。王志做的第一件事就是辞掉了两女一男，只留下一名女员工，这名员工叫王雨晴，以前做过一段时间空乘，人长得很漂亮。王志和王雨晴两个人开始对公司所在大楼内的商家逐一进行攻关，也遭受了不少白眼，有的公司甚至不让他们进门。在吃了很多次的闭门羹后，一家德国企业接待了他们，说是要跟他们合作。德企的人员在参观了立方体的仓库后，这单生意就谈拢了。刚好20万元，这对于一家刚开业两个月的小公司来说是一笔不小的收入。

通过这件事，王志也明白了，员工不只是看提成，公司定的业绩目标得有人能完成才行，如果一直没有人能够完成，销售人员会认为公司设定的目标根本就是“不可能完成的任务”，是“强人所难”，员工就会懈怠。自此，王志总是冲在业务第一线，每个月还要亲自给销售人员进行培训。

（四）这样的客户要不要？

几个月前的一天，孙芳芳找到王志，对王志说：“王总，我考虑了下，我从朋友那里得知，他所在的会计师事务所有很多凭证需要长期储存，我感觉这些事务所是我们的潜在客户，要不我先去接触下。”王志听了孙芳芳的话想了下就说：“恩，这个思路靠谱，你去跑跑。”孙芳芳对于王志的话多少有些不满，总觉得王志对于她工作上的肯定还不够，自己那么努力，什么事都为公司着想，可是到头来，也还只是个小小的业务员，跟那些“浑浑噩噩”跑业务的人一样。孙芳芳觉得自己的付出没有得到应有的回报。

孙芳芳想归想，但是她对于工作并不含糊，通过自己的努力，以及被“刷爆”了的朋友圈，孙芳芳终于和“四大所”中的安永接上了头，孙芳芳欣喜地把这个消息告诉了王志，但是得到的依然是王志不冷不淡的回应。

事实上，王志对于这件事是很上心的，第二天一大早就和孙芳芳一起来到了安永的门口，等了半个小时，一直等到人家的员工来上班。整个谈判过程还算比较顺利，但是在敲定价格时，安永给的价格并不能让王志接受，而且安永在价格这个问题上很是强硬。王志想，“不行，这个价格覆盖不了我的成本，公司刚开业不久，各种业务都处在起步阶段，正需要些士气上的鼓舞。这种业务如果拿下，而且还是被公司的老板自己拿下来，那么手下的那些业务员在谈业务时可能就会因为自己的示范，在价格上就不那么上心了。而且，现在公司的账上也没有那么多钱让自己‘做善事’。”想到这里，王志就终止了这次谈判。回公司的路上，因为生意没有谈成，王志的心情不免有些烦躁。

此时，孙芳芳的内心也不是个味儿，觉得，“王总这个人，太看重眼前的利益了，根本没有长远的眼光。安永就算是我们贴点钱拿下来，但是我们拿下安永，就可以拿这个事去和别的事务所谈业务了啊，安永怎么说也是‘四大’，行业标杆啊！王总真的太让我失望了。这样的人和他的公司能有多大的前途?”这样想着，一路上谁也没有开口说话，各有所思。

（五）让人又恨又爱的90后员工

王志是1987年生人，对于员工的年龄并没有偏见。目前，公司有9名员工，王志亲自主抓业务和人事。孙芳芳这名女员工，是个90后，人很机灵，王志用起来很顺手。平时，王志有意无意地都会多交代些事情给她去做。随着公司规模的扩大，尤其是接连开了王府井和石景山分店后，王志很想提拔个员工作为副手，来分担些管理上的工作。这个孙芳芳各方面都符合王志的要求，王志本来是准备等石景山分店的各项工作都走上正轨之后找孙芳芳谈谈。可是，在一个周末过后，上班的第一天，就收到了孙芳芳的短信，说是结婚了，以后不来公司上班了。王志感到自己被人背叛了。自己对孙芳芳很看重，给她的待遇也不错，可是，自己连她要结婚这种事都不知道。甚至，连她什么时候有的男朋友也不知道。王志有些措手不及，找个帮手的计划只能推后了。

孙芳芳的事不可避免地让王志对90后员工有了看法，感觉太年轻，不会去追求稳定的工作和生活状态。那个叫张聪的90后员工三天两头请假，最可恶的是最近又要请假，理由居然是和女友吵架了，需要出去散心，而且要请半个月的假。王志当时就对他说，"你的假我准了，但是半个月有点短了，干脆你以后就别来了，给你放假放得久一点。"更个性的是，这个张聪，连工资都没结，就直接走人了。这让王志这个1987年出生的人很是困惑，毕竟大家年纪很接近，平时，王志也是拿他们当朋友、当哥们，每周末还会请大家出去聚聚餐、唱唱歌。怎么就不知道他们整天在想什么呢。有时候王志干脆就想，以后都不要再招90后的员工了，可是张聪在维护公司的微信公众号上又确实很有一套，在公司的业务推广和创新上都出了些很不错的点子。真要是以后都不招90后的员工，又有点舍不得。

（六）新员工招聘上的倾向

走了些人，自然就要再招些人来进行补充。但是在招人时，是招"有经验"的呢，还是招刚毕业的"白纸"呢。王志犯难了，他觉得经验多的员工，在职场上混久了，会有一套自己的东西去对付老板，或者用自己的方法，把一些老板应该知道的事情掩盖起来，不给自己"找麻烦"。这样做，企业会有很多隐藏的风险。而"白纸"，虽然需要手把手地教他，但是他遇到事情会告诉你，询问你的意见，这样企业遇到的事情就会原原本本地呈现在你的眼前。

那天，王志正带着王雨晴跟客户谈合作时，张伟打来了电话，说"王总，猫跑进仓库了。"问王志该怎么办，王志有点发怒，"这点小事都要问我吗？你自己没长脑子吗，你去找物业啊，让他们把猫赶出去！"说完，狠狠地挂了电话。心里很失望，觉得他们什么事都问自己的意见让自己很累。

三、竞争者的动作

在立方体进入北京市场的同时，一家同类型的公司也进入了该市场。而且这家公司的老总还是个从哈佛大学毕业归国的博士，拿着3 000万元的风险投资空降到这个市场。这家公司老总找过王志，谈过收购，甚至承诺过王志，可以让他做公司的副总，而且收购价格也不低。但王志经过考虑后还是拒绝了，认为自己干的机会还是比被收购多一些。一来二去，收购没谈成，王志反而和这个哈佛的高材生成了朋友，经常约着一起吃饭喝茶，这家公司和王志的立方体占据着北京迷你仓行业前三名交椅中的两席。

然而，一家新杀入的公司倒是让王志产生过一丝危机感。这家叫做存易仓储的公司，据说是拿了1 000万元的风投，抢占市场的手法很犀利，开店速度也很快。但王志根据自己的经验判断，这家公司应该并不怎么赚钱，而且也成不了气候。因为曾几何时，王志也想过继续融资，把立方体做大一些，做到市值5 000万元甚至都不是问题，但是这些市值都是虚的，融了资，开更多的店，为了抢占市场，打价格战，可是热闹过后呢？像最近出现疲态的O2O们一样吗？还不是落得被收购的命运。这样的想法让王志拒绝了几波投资者，王志是一个对企业有着控制欲的人，他不希望他的立方体发展到最后，自己变成了打工者。

四、对公司核心竞争力的困惑

王志的目标是把立方体做上市。有了这样的“野心”，王志当然对立方体和所处的行业进行过深入的思考。

实话来讲，立方体能有今天行业前列的地位，更多的是和进入时期早有关。王志还觉得迷你仓是一个门槛很低的行业，业内所有公司的现有地位都不牢固。而且这个市场也属于新兴市场，需要参与者去培育，如果有更多的公司进来，还可以大家一起去培育市场。

王志一直在思考自己的核心竞争力究竟在哪里，他一直“按着”立方体，不去快速地扩张，也是因为这个问题还没有想清楚。迷你仓行业，服务质量和价格高度正相关，只能去寻找最佳的平衡点，而且当你找到时，你的竞争者也会很快采取跟随策略。立方体目前正在建自己的运输队伍，以优化客户的存储体验，这个尝试并没有带来更多的赢利，反而增加了成本。王志现在正琢磨着把这块业务外包出去。

王志觉得就自己的这几家店来讲，真正称得上核心竞争力的可能就只有王府井店的区位和所租用的仓库区了。王志可以很自信地讲出“王府井地区不可能再找出这么合适的地方来开迷你仓店了”。方便、成本控制到位、排他性，这三个因素让王府井店成了立方体最有竞争力的分店。但是王志依然困惑，这样的核心竞争力是否可以复制？难道立方体只能有一家王府井店吗？

五、业务量下降带来的发现

发展到现在，立方体有了三家已建成的店和两家筹建中的店，两年多的发展让王志对这个行业有了自己的认识。然而最近两个月，三家店的业务量都出现了下滑，这让王志有点摸不着头脑。是广告投放力度不够吗？应该不是，王志马上否定了这个想法，百度关键字搜索排名第一，为此一年要支付将近 20 万元的费用；每周都组织人员去发广告单，确保了立方体对中心商业区内客户的存在感；甚至，上个月还支付了数万元的费用，去尝试了分众传媒的电梯广告；微信公众号和网站的建设维护就更不用说了。

尽管如此，业务量还是出现了下降。王志现在急得在三家店之间转来转去，找各个店的员工了解情况，但是，谁也说不出个所以然来。

客户那边，回头客都说没什么问题，可是那些流失的客户，王志发现自己当初并没有对他们进行过询问和沟通，这应该是制度设计上的缺陷。

而且，王志也发现，公司并没有能够有效地反映每个月业务量变化的图表。公司也确实没有在数据上下过功夫。两年的发展时间，主要用在了谈业务和选地方开店上了。甚至，立方体的账都是每个月花几百块钱在外面找的记账公司给做的。公司目前所有的员工，包括自己都是“跑业务”的，对于会计报表上的信息，并没有去进行分析，事实上也没有能力去进行分析。对于每月的报表，王志自己也就是去看看有没有亏钱，或者挣了多少。历史数据什么的，王志根本没有去分析过。此时的王志想，公司是不是要专门养个会计了。

六、尾声

“立方体还有很长的路要走，但是首当其冲的是我们要活过创业公司的头三年，而今天就是公司成立第三年打头的第一天，大家要鼓足干劲，迎难而上。”王志在公司例会上如是说。

案例使用说明

（一）教学目的与用途

1. 本案例主要适用于组织行为学、管理学和人力资源管理等课程，也可用于创业管理等相关课程。

2. 本案例是一篇描述立方体仓储服务公司创业前三年所遇到的问题的教学案例，教学目的在于使学生对创业企业用人、员工激励、团队建设等人力资源管理问题具有感性的认识及深入的思考，从群体特征和个体特征两个角度分析问题，并提出解决方案。促使学生思考创业企业如何根据自身所处阶段和特征选择恰当的企业发展战略，以及根据产品市场和人才市场的特点采用恰当的管理模式。

（二）启发思考题

1. 你如何看待孙芳芳的离职，以及你认为立方体公司在沟通上存在什么问题？

2. 你如何看待王志在面对安永抛出低于预期的价格时的选择？

3. 如果你是王志，你在面临同行扩张时你将如何决策，你会认同王志“慢慢发展”的做法吗？

4. 你如何看待创始人王志的性格和他在创业过程中所遇到的这些问题之间的关系？

5. 从案例所描述的王志的创业历程来看，你认为王志的创业动机属于哪一类？这样的创业动机对王志的公司有哪些后续的影响？

6. 从案例的描述来看，立方体的团队处于哪个发展阶段，该阶段的特点是什么？在该阶段立方体应该如何处理团队内部的问题？

IT 外包公司合并后的培训之路[①]

［案例摘要］本案例描述了作为竞争对手的两家 IT 外包公司，A 公司和 B 公司，2012 年经过资本运作合并为“天乾信息技术有限公司”。合并之前客户分别将业务外包给 A 公司和 B 公司，但是合并后客户减少了给原 A 公司和原 B 公司的外包业务，导致外包业务收入总额反而下降，同时，公司面临成本居高不下的问题。在这样的背景下，刘青被从部门业务经理提拔到了集团的培训总监岗位，他既要面对培训团队和资源的整合问题，同时，还要承受来自各方的压力。作为新上任的培训总监，他应该如何决策和抉择？本案例依据真实案例创作，适用于大型 IT 公司培训体系建设、团队建设、组织合并文化冲突等知识点的教学。

2014 年 12 月 27 日的夜晚，华灯初放，霓虹的流光溢彩和马路上的滚滚车流，彰显着北京这个超级大都市的活力。位于北京五洲大酒店的国际会议厅正在举行天乾信息技术有限公司年度优秀团队和优秀个人表彰大会。会议议程是由公司获奖的各个业务集团分享自己部门的年度工作，然后由公司的董事会和管理层表彰年度优秀团队和优秀员工。

培训总监刘青坐在会场前排的位置上，听着台上自己的助理汇报培训部年度工作成果，思绪不由得又回到了 3 年前，那一路走来的艰难岁月……

一、公司合并

（一）公司背景

刘青所处的 A 公司，成立于 2000 年，2006 年在纳斯达克上市，市值

① 本案例由中央财经大学商学院王玉霞老师、MBA 研究生冯培山撰写。本案例只供课堂讨论之用，并无意暗示或说明某种管理行为是否有效。由于企业保密的要求，在本案例中对有关名称、数据等作了必要的掩饰性处理。

规模150亿美元。有员工8 000余人。在高科技行业、电信业、金融服务业、制造业、零售与分销业等领域积累了丰富的行业外包经验，具备全面的IT专业服务能力，为客户提供研究及开发、企业解决方案、应用软件开发和维护、业务流程等外包服务，帮助客户实现投资收益最大化，并使之更专注于自身核心业务。A公司已成为众多财富500强企业的重要合作伙伴，主要客户包括Microsoft、IBM、HP、中国银行、花旗银行等100家著名公司。并在IAOP的全球外包100强评选中进入前30名。

为了满足客户对全球交付能力日益增长的需求，公司将总部设在纽约，在中国5个城市、日本东京、美国5个地区设有分支机构，为客户提供一站式的实时服务。凭借多年的行业经验和全方位的专业技能，有效地满足了客户的需求，并得到了国际市场的认可。

B集团公司是中国第二批获得CMM①Level 5认证和6－Sigma②、ISO 27001、ISO 9001：2000认证的公司，B集团公司致力于为客户提供高质、

---

① CMM英文全称Capability Maturity Model for Software，软件能力成熟度模型。国际上CMM认证成为一个软件开发外包的重要参考。CMM/CMMI将软件过程的成熟度分为5个等级：

（1）初始级（Initial）。工作无序，项目进行过程中常放弃当初的计划。管理无章法，缺乏健全的管理制度。开发项目成效不稳定，项目成功主要依靠项目负责人的经验和能力，他一旦离去，工作秩序面目全非。

（2）可重复级（Repeatable）。管理制度化，建立了基本的管理制度和规程，管理工作有章可循。初步实现标准化，开发工作比较好地按标准实施。变更依法进行，做到基线化，稳定可跟踪，新项目的计划和管理基于过去的实践经验，具有重复以前成功项目的环境和条件。

（3）已定义级（Defined）。开发过程，包括技术工作和管理工作，均实现标准化、文档化。建立了完善的培训制度和专家评审制度，全部技术活动和管理活动可控制，对项目的过程、岗位和职责均有共同的理解。

（4）已管理级（Managed）。产品和过程已建立了定量的质量目标。开发活动中的生产率和质量是可量度的。已建立过程数据库。已实现项目产品和过程的控制。可预测过程和产品质量趋势，实现及时纠正。

（5）优化级（Optimizing）。可集中精力改进过程，采用新技术、新方法。拥有防止出现缺陷、识别薄弱环节以及加以改进的手段。可取得过程有效性的统计数据，并可据其进行分析，从而得出最佳方法。

② 六西格玛（Six Sigma，6 Sigma）是一种管理策略，它是由摩托罗拉提出的。这种策略主要强调制定极高的目标、收集数据以及分析结果，通过这些来减少产品和服务的缺陷。六西格玛背后的原理就是如果你检测到你的项目中有多少缺陷，你就可以找出如何系统地减少缺陷，使你的项目尽量完美的方法。一个企业要想达到六西格玛标准，那么它的出错率不能超过百万分之3.4。

高安全性标准的服务。B 集团公司通过其在岸—离岸模式[①]为美国、日本、欧洲客户提供始终如一的服务，并在 IAOP 的全球外包 100 强评选中进入前 40 名，在中国企业中排名靠前，并在全国各地拥有员工 6 000 余人。

一直以来两家公司都是竞争对手，客户业务同质化严重，销售之间也互有过招，有相同客户时竞争激烈。但有时两家人才互相流动，为了避免这种情况，2005 年两家公司秘密签订了互相不挖角的协议，但签订协议的领导离职之后，君子协议失效，招聘部门乐于从竞争对手公司招聘成熟的员工。因此，有员工自由游动，彼此大家都心照不宣。据刘青所知，有些原来非常认同公司的优秀同事离职之后，不但将一些业务秘密带到了对方，而且不断批评老东家的各种弊端，偶尔还在微博发布一下牢骚或者抱怨，不点名不道姓地批评一些公司治理不力、领导如何差、福利制度缺陷等问题。这样的员工两家都有。

（二）寒冬来了

2008 年美国金融危机爆发以后，全球越来越多的金融机构，甚至是有上百年历史的著名机构相继发布公告，内容不再是预期盈利下跌，而是巨额的亏损。刘青开始没有觉得美国金融危机和经济衰退会对公司和国内 IT 外包行业有什么影响。后来发现，由于 A 公司 70% 的业务收入来自欧美地区，悲观的预期对股票的影响非常大。A 公司股价大跌，从 30 美金跌到了 14 美金，刘青的期权也缩水严重。刘青所处的欧美事业部，所有的外包项目都是从欧美地区过来的，刘青负责的业务收入锐减了 20%，但比起其他业务团队，这还算是不错的了。刘青本以为这已经是最差的情况了，然而始料未及的事情又发生了。

汇率损失惨重。A 公司部分收入来源币种为美元，但公司的所有运营都在中国大陆，需要兑换成人民币后成为营业收入。人民币的快速大幅升值对公司的实际运营和发展产生了巨大的影响。2007 ~ 2010 年，仅仅 4 年间，如果假设 2007 年的汇率一直不变的前提下简单估算，不考虑通胀等任

① 在岸—离岸模式：离岸外包是企业充分利用国外资源和企业外部资源进行产业转移的一种形式，主要是指跨国公司利用发展中国家的低成本优势将生产和服务外包到发展中国家。客户虽然实体或者注册地在欧美等地，但通过信任关系和商业模式为 IT 各种项目向中国外包提供了无限的可能。

何其他因素，根据财务报表，刘青粗略估计了一下汇率损失为1.29亿人民币。如表1所示。

表1　人民币升值导致的收入损失估算

财年	公司美元净营收，单位：亿美元	美元：人民币平均汇率	换算后人民币净营收，单位：亿人民币	人民币收入损失，单位：亿人民币
2007	0.1882	7.9718*	1.5002	
2008	0.3081	7.6040	2.3428	0.1133
2009	0.4443	6.9451	3.0857	0.4562
2010	0.6348	6.8310	4.3363	0.7242
合计	1.5754		11.265	1.2937

* 按照2007年的汇率，计算历年人民币升值导致的人民币收入损失估算。不考虑其他任何因素。

公司的整体人力成本在不断上升。随着各种成人IT职业技术培训的快速发展，通过社会化培养的IT技术人才越来越多，按理说公司可以招聘到更多成本较低的社会化人才。但是事实恰恰相反，人力资源团队普遍感觉到想招聘到合适的技术人才非常难；入职之后的员工需求更是千差万别，“90后现象”确实存在，离职率较以前有所提高，人才保留是个难题。公司的整体人力成本在不断上升，一般开发测试工程师的工资平均每年都上涨16%左右。

与此同时，大量公司公开宣布停止招聘，例如，BAT公司①人力资源部宣布停止社会招聘或者实习生招聘，外企C巨头公司在一个寒冷的早晨，宣布裁员11万人。然后很快被证明是假消息，因为可能是宣传错了，应该是1.1万人，然而最终也没有官方确认，以致人人自危。

（三）1+1会大于2吗？

2011年12月12日下午3点，刘青部门开例会，讨论微软的项目执行问题，会议结束后就剩下刘青还没有走，万事通小王打开了会议室的门，非常紧张地环顾四周，然后说：“刘总，跟您汇报个消息啊，您可千万不

---

① BAT是中国互联网公司百度公司（Baidu）、阿里巴巴集团（Alibaba）、腾讯公司（Tencent）三大巨头首字母缩写。

要告诉别人。我们公司和B集团公司合并了。不久就发布，将来我们公司的中层领导受影响最大。”这对刘青来讲是一个震惊的消息。两家水火不容的公司，合并到一起，业务同质化，谁做领导？对自己有什么影响？一连串的问题浮现在脑海。

真的来了！转眼到了下午5点，集团发布了一封正式的邮件，宣布A公司和B集团公司合并为“天乾信息技术有限公司”。正面宣传文章很快见诸媒体报端，通过公开媒体报道，刘青终于了解了原来是战略资本的力量在引领着合并。既然两家企业业绩都不好，不如两家合并，集合优势资源服务好优质客户。当然也有些媒体随即出现负面利空评价，言外之意这是寒冬下抱团取暖的动作，前途未卜。

各种部门裁撤合并、裁员等消息满天飞，自己负责的部门业务骨干已经有8个同事找过他，都想了解裁员的动向。一次例会上特别内向的小丁公开打听裁员的信息，并直接顶撞了他：“刘总您收入高没有问题，我们工资平时都不高，最近经济形势都不好，真要下岗了问题可大了，提前打听一下裁员消息有错吗？”为此，他当着大家的面毫不客气地批评了小丁近5分钟，大意是以大局为重，坚守岗位。

很快刘青发现，其实A公司和B公司合并后，客户和业务的合并是个难题，为了尽可能地保留原有的职务和结构，不得不因人设事。很多业务性质都是相同的，团队人员有冗余。刘青的客户业务保留了，而且原B公司的客户业务归刘青管理，让他感觉略有成就感，但是他也面临着许多棘手问题：一方面是来自自己手下各位组长的各种投诉，投诉原B集团公司的同事不合作，不断制造难题，工作布置下去非常难以进行。另一方面，原B集团公司的同事经常以A集团的组长不专业为由进行投诉，明确表示很多事务由于原B集团公司没有先例，拒绝执行。而且，原B集团公司的这些同事投诉不是直接向自己投诉，而是越级直接投诉到刘青的上司，这种越级汇报在以前是不可想象的。为此他批评了B集团公司的3个小组长，直截了当地告诉他们“我负责这个业务线近7年了，你们知道什么？就不能按照我们的惯例执行？”

公司季报的财务报表非常不好看。原B集团公司的同事指责是原A公司拖了后腿，原A公司的同事也不甘示弱，说是原B集团公司人员能力和素质差，只会拍马屁。大家中午吃饭的时候，也是和原公司同事在一起，各自有各自的小群体，基本没有融合到一起。推及到其他部门，刘青隐隐觉得，这种冲突会导致严重的内耗和成本的提升，也和实际难看的报表相对应。客户并没有因为两家公司的合并给予更多的外包项目，反而因为能看出团队的冲突，对合并后的服务提出了更多的不满，减少了很多外包业务，导致业务总额反而下降。

属于原 A 公司的一些 SVP 们陆续开始离职了，原因五花八门，这使得刘青觉得是不是印证了早前原 A 公司中层领导受影响最大的谣言，难道自己也到了应该离开的时候了？

二、意外的晋升，馅饼还是陷阱？

（一）刘青的梦想

刘青于 2006 年加入 A 公司，初入职时工资只有 2 500 元，在公司 7 年时间里，刘青一直在欧美事业部，踏踏实实、潜心专研、兢兢业业为公司作出了很多的贡献。职级也从程序员升到了项目经理、产品总监，并且公司还给刘青分配了一定数量的期权。如果马上行权按照市场价格也是几十万的收入，这实现了刘青的梦想：奋斗成为经理和管理人员，而不是自己做“码农”。

（二）美好的晋升预期

由于刘青已经属于中层的管理团队，刚开始加入公司时公司只有 300 人，合并前公司已经有 8 000 人。每年的 12 月份到 1 月份，公司进行年度的组织结构变革。刘青的顶头上司离职后，AVP 的这个位置一直空着。刘青属于业务骨干，在公司的时间非常长，按理说晋升问题不大，因为公司一般不会从外部空降管理层，这让刘青非常自信。况且前一段时间董事长秘书告诉了刘青一个好消息，大致是将来这个部门的 AVP 属于刘青的希望非常大，这让他最近对晋升有着很高的期望。

然后公司合并彻底打乱了一切。

（三）意外的晋升

在纠结中到了 2012 年 2 月，B 集团公司的 VP 连总成了自己的上司。有一天下午，连总将自己叫到办公室，谈了 10 分钟并总结说：“集团将成立专业的培训部门，独立于人力资源部门，鉴于你在业务部门的卓越贡献和长期对公司的忠诚度，考虑将你作为唯一的人选，负责公司近 15 000 人的培训事宜，个人工资不会增加，而且由于两公司刚刚合并，1 年的培训经费也就 50 万，你看怎么样?”。

刘青答应着，心思却飞到了九霄云外。难道是 B 集团公司的同事抢夺业务，将自己调离了核心的业务岗位？自己已经被边缘化了？未来的前途如何？50 万的经费如何支撑 15 000 人的公司培训？放弃然后找下一份工作？工作好找吗？最近的好消息真不多。

让刘青失落的是他终于听到了他调岗的原因，由于董事长及投资方对经营业绩不满，无论是公司的项目运营成本还是行政运营成本居高不下，管理层会议上大家都将责任推到了合并后各项培训不足，不能快速满足客户需求的问题上，然后决议确定成立培训部，提高大家的业务效率和能力，从培训的角度提升收入、客户满意度，降低成本。他最清楚培训是不会立刻出成绩的，需要长远的坚持，在公司业务整合的节骨眼上，这不明显的边缘化自己吗？

三、新官上任

（一）捉襟见肘的 4 人团队

原来的培训部只有 3 个人，一个是原来培训部的经理老李，老李是老员工，对于空降到来的刘青立刻就表示了敌意和不屑。技术控小张，不善言辞，但是一旦讲起技术问题，一直要讲到其他人不如他，是原培训部的核心讲师。还有一个新毕业女员工小赵，大学刚刚毕业，平时负责培训的一些组织和准备工作，看起来弱不禁风。无论怎样计算，加上自己 4 个人都无法支持公司的培训。

合并后的新公司分成了 5 个大的集团部门，其中金融事业部又分成国外和国内两个部门，各部门人数、业务以及培训情况如表 2 所示。

表 2　　各集团部门人数、业务及与培训情况

集团部门	主要业务	培训情况
金融事业部—国外 4 000 人	以国外客户为主，例如，花旗银行。客户都在国外，以英文沟通为主	无

续表

集团部门	主要业务	培训情况
金融事业部—国内 1 500 人	以国内客户为主，例如，中国银行、平安保险、某证券公司、某期货公司软件外包开发	有培训部门，业务部门员工兼职做培训，合计有 3 人。与以前培训部门没有业务交集
对日事业部 5 500 人	来自日本的各种软件开发和测试外包，公司最悠久的部门	培训少，培训资料均为日文资料
欧美事业部 3 500 人	以国外客户为主，大型软件的开发和测试为主。客户都在国外，以英文沟通为主	多，有业务部门兼职员工，合计为 5 人。与以前培训部门没有业务交集
大数据事业部 200 人	依据 IBM 等软件为基础进行一些部署，自身研发和定制能力不足	无培训，有高端业务培训需求。需要 R 语言、Hadoop 等高新技术培训，为此已经向刘青提出了需求
云计算事业部 150 人	依据微软、亚马逊等软件为基础进行一些部署，自身研发和定制能力不足	无培训，有高端业务培训需求，需要高新云技术培训，为此已经向刘青提出了需求

培训部门的新员工小赵，申请参加了一个关于领导力的培训大会，会费 168 元，费用报销在合并前非常容易。但这次连总对自己培训部门费用的审批一问再问，让刘青感觉不爽。小赵参加这次培训会，事前向培训组委会申请了个发言的机会，虽然只有 15 分钟，但是收获了不少好评，甚至还收到其他公司的赞扬邮件，提到小赵非常优秀。小赵参加培训展会回来非常兴奋，感觉自己学到了不少知识，不但如此，以 PPT 的形式写了几条建议（参见附录中图 1、图 2 和图 3），还把 IBM 的一篇文章（参见附录中新闻报道 1：IBM 培训体系介绍）附在了邮件上，感觉就像她自己写的，发送给了刘青并抄送了 VP 连总。刘青对此不屑一顾，但是连总却表扬了小赵，也表扬了刘青。小赵接下来就像打了鸡血一样兴奋，刘青刚刚给小赵每月增加了 500 元的工资，也没有见她如此兴奋。

原来培训部的经理老李，以前是不管培训预算的。上次刘青提到打算将 50 万预算中的三分之一分配给他，由他去安排高层和中层经理的培训。老李非常激动，表示一定要做好。虽然老李以前是经理，负责公司培训，但从来没有预算的权利。这次刘青一提出，老李态度非常积极。

（二）众口难调

2012 年 2 月份第一个周一的中层干部例会上，第一业务集团金融事业部的 SVP 黄总提出，目前，他们的业务都是新兴业务，而且多是关于移动技术方面的，例如，Android、IOS、HTML5 等，由于招聘的人员技术水平参差不齐，派到客户方进行工作时，客户非常不满，直接将一个原来计划给天乾公司的项目砍掉了。黄总慷慨激昂地说道，“公司技术人员水平不足的问题，也是培训不足的问题，希望能够加强培训。能够和培训部门一起合作，看怎么提升业务的能力。下次可不能出现这样的事情。对吧，刘总？”刘青应承着，却不这么认为。刘青认为技术培训是技术部门的核心能力，怎么会找到培训部。听黄总的口气，感觉这个业务丢了，基本是培训部的事情，自己又是培训部新上任的主管。

2012 年 2 月份第二周周二人力资源和业务部门例行会议上，第五业务部门云计算开发部门经理李丽和招聘部门经理杨东吵了起来。两个人合并前就不是一个公司的，一开始就不和。李丽提出，招聘部门总是招聘不到合适的人才，导致客户的项目经常迟迟不能开工。销售和交付答应了客户却不能兑现。杨东反驳说，如果现有人员不能符合客户的能力要求，根本就不能接项目。业务部门人才招聘的要求太高，市场上基本上没有几个符合的人才，而且给的工资太低，招聘部门根本就招聘不到员工。杨东提出了一个新的问题，是否可以招聘一些初级人员，请云计算开发部门自己培训，这样能减轻招聘的压力。李丽反映她的员工都在项目上，没有人培训，要培训也是培训部的事情。

会议不欢而散，李丽走了之后，招聘部门杨东向刘青吐槽，并提出了新的问题。“刘总，您看公司每年招聘大约 1 000 个实习生，分布在全国 6 个城市，我们团队只有 4 个人，入职培训都忙不过来了。还好新组建了培训部门，例如，入职后的基本环境流程、规章制度、公司文化等等，我们以后就不负责入职培训的事情了。而且上周就和领导们汇报了。”刘青很无奈，这不是先斩后奏吗？过了一个星期了，也不和自己提前商议下。让他感觉很恼火，加自己 4 个人的团队，不是比他们更忙？

在接下来的周例会上，大家对培训提出了更多的要求，例如，安全培训，实习生培训，为了重新上市，要组织反腐败培训，还有适应业务需要的英语培训、日语培训，有的领导提出部门国际化人才太少，完全不符合业务发展的需要，销售打下来的业务做不了，销售表示交付团队不给力要辞职。有的部门还提出，什么时候组织大数据培训和云技术培训，是培训部没有能力吗？

公司合并后，不同的部门都在反映，大部分的同事在兢兢业业工作的同时，也有部分部门沉浸在数字和 PPT 的王国，不断包装数据向领导们汇报，实际却没有任何业务产出。不同的团队文化造成了部分流程、公司资源等各方面的内耗。公司的中层领导者，去领会高层战略并执行，将精神传导到基层 PM①，PM 再传递到基层各级工作人员，真正做到上传下达，还是非常重要的。PM 员工占了相当的比例，是一个非常大的团队，其中经过项目经理认证（PMP②）的同事不到 5%，而且大家的技术能力各异，沟通的风格也是各种各样。带领的团队大小不一。有的带领 100 人的团队叫 PM，有的带领 4 个人的团队也叫 PM。

为了解决问题，刘青从公司人力资源处要了全公司所有员工的数据，在夜深人静的时候，他面对着这些数据反反复复地琢磨和思考。公司合并后各个部门的 PM 占比如何？交付在一线的 PM 如果水平层次不齐，对不同客户交付的水平不同，势必造成不同的交付效果，如果大家都能够保持一致的交付能力是否能够节省大量成本？在客户发出紧急外包项目的情况下，马上培养大量的初级工程师降低人才成本是不现实的，也是不可取的，容易导致更多的质量事故和客户投诉。所以 PM 是比较重要的环节。

经过分析，刘青发现即使是同样的职级，由于地域、服务行业等各方面的不同，从业经验和各个地域的中层领导者、项目经理比例是不同的。

---

① PM 指 Project Manager，宽泛意义上的项目经理。包括交付总监、项目群经理、项目经理等。

② PMP，英文全称 Project Management Professional，项目管理专业人士资格认证。它是由美国项目管理协会（Project Management Institute（PMI）发起的，严格评估项目管理人员知识技能是否具有高品质的资格认证考试。其目的是为了给项目管理人员提供统一的行业标准。目前，美国项目管理协会建立的认证考试有：PMP（项目管理师）和 CAPM（项目管理助理师）已在全世界 190 多个国家和地区设立了认证考试机构。

各个不同的集团的业务也是略有区别。如表3、表4和表5所示。

表3　　中层领导分析

地域	员工总数	中层领导数量	中层领导比例	中层领导平均工作年限
北京	4 480	358	8%	8
上海	3 212	128	4%	7
深圳	1 858	93	5%	6
无锡	1 088	22	2%	3
广州	880	26	3%	5
大连	813	33	4%	5
杭州	577	35	6%	7
合计	12 908	695		

表4　　PM 分析

地域	员工总数	PM 数量	PM 比例	PM 平均工作年限	中层领导人员和 PM 合计比例
北京	4 480	672	15%	7	23%
上海	3 212	385	12%	5	16%
深圳	1 858	204	11%	4. 5	16%
无锡	1 088	98	9%	3	11%
广州	880	70	8%	4	11%
大连	813	57	7%	4	11%
杭州	577	40	7%	7	13%
合计	12 908	1 527			

表5　　员工核心技能和技能使用人数分析

技能名称	员工使用人数
Database	3 751
Java	710
Software Product Testing	450
. net	367
C + +	258

续表

技能名称	员工使用人数
Mobile Phone Platform	224
Application System Testing	209
SAP	204
Linux	149
Hardware product Testing	129
Administration	123
Mobile technology services	113
Product Globalization Services	108
Android	107
Network Management	101
Network Protocols	99
. Net Framework	79
Windows 7	77
DTP	70
Engineering	63
DW/BI Tools	58
SQL Script	45
ERP	34
Development Workflow	33
. Net Development Framework	32

接下来的一个多月时间里，几乎每天都和五个业务集团的领导们周旋打交道，刘青自己都不知道开了多少会，每个人都希望直接找到他，认为他可以决策，并且他自己也感觉很多业务部门都有培训的需求，但是也有个别业务部门绩效不好，想把责任推到培训部门身上。还有的部门经理直接提出，你不比其他部门懂更多技术，如何带领我们培训，如何给我们培训。想想自己也是技术出身，看到大家公开推卸责任和不信任，刘青心里五味杂陈。

（三）坚持还是放弃？

自从刘青变为培训部门主管之后，感觉自己的领导连总基本不怎么关注自己的工作。虽然他也定期汇报，将各种乱象包括管理层之间的一些不和汇报给连总，但是感觉连总不太重视，每次开会都是各业务部门的事情结束之后，才问自己几句关于培训的事情，这让他越发感觉到被边缘化。在2012年的3月份第一季度结束，确定公司整体都没有加薪计划后，他越发感到失望，准备做最后的一次摊牌然后申请离职。

记得是在2012年4月4日的下午，刘青约了连总，走进会议室的一刹那，他感觉连总好像老了一些，头发也白了点。就在犹豫说不说离职的时候，连总发话了，向他提出了一些问题，“刘青，你是公司的骨干，部门的主心骨，最近听说你也非常忙，公司集团培训的情况我估计你熟悉的差不多了。你觉得有没有一些共性的现象？有没有一些优先级的安排？你看看有什么需要我提供的资源或者帮助请尽管说，我最近可能太忙，没有太顾及你。我说的这些问题，你参考下，这个周末给我一个培训部整体计划吧。最近不得不周末跟你碰头。”

刘青刚想说的话又咽了回去，最近一段时间确实很委屈，但是连总提的这些问题，由于一直忙着应付各个部门，真没有仔细思考过，尤其是连总说的需要什么资源支持等。想想自己以前做的项目，客户的问题、技术的难题、内部不同职能部门协调的问题，也有过不少困难，都是积极地解决了，事实证明结果非常好。这次要离职，是不是自己戴着有色眼镜看待调岗、合并后部门之争等问题，有点意气用事？以前的难题都是业务上的问题，这次涉及人的问题多，也算是一个困难。连总今年45岁了，依旧经常加班忙于公司的各种事务。难道自己这次就这样轻易放弃了？以前做开发的时候，每次解决个技术难题都非常有成就感，感觉世界就在手中。这次如果顺利地解决问题，是不是更有成就感？在管理的岗位上能够走得更远？离职后去到新环境也会有类似的问题，还不如在熟悉的环境放手一搏。这让他心里有了新的想法。

怎样带团队？公司的需求怎么梳理？优先级在哪里？有什么体系理论和体系？需要领导提供的资源是什么？预算够吗？讲师在哪里？对于1万多人的公司，培训的价值在哪里？如何帮助公司节省成本、提升竞争力？

大家都下班了，刘青还在办公室来回踱步，思绪万千，陷入了深深的思考……

四、尾声

“这短短3年的时间，在公司各位领导的大力支持下，2014年公司有

20 个软技能培训项目，108 门 IT 技术培训课程。通过将培训课程标准化、网络化，节省了大量培训师资和软硬件成本。培训部门内部形成了 20 人规模的培训团队，业务部门培训接口 30 人，通过 TTT 培训①等，培养和积累了 300 余名内部讲师，100 余名外部讲师。每年培训经费 1 000 万元，保证了 15 000 人公司正常的培训运营需要，经初步估算公司成本节省了 0.6 个百分点，工作效率提升了 3 ~5 个百分点。为提升公司核心业务竞争力作出了应有的贡献。”

助理介绍完培训部门的年度工作总结后，会场响起一片热烈的掌声，将刘青的思绪拉回到会议的现场。培训部是最后一个宣讲的部门，主持人汇报结束后，董事长拿过话筒，“从 2012 年公司宣布合并到 2014 年的 3 年来，我们天乾公司培训部组织了 32 场管理层领导力训练营，成功地完成了团队文化的融合，完成了原 A 公司和 B 集团公司两个团队的顺利过渡和磨合。和则共赢，培训部为提升天乾公司的业绩做了有效的支撑，培训部所作的一切努力我们大家有目共睹。董事会和管理层非常满意，经过认真讨论，下面我代表董事会宣布第一个优秀团队贡献奖颁发给集团培训部，有请集团培训部经理刘青同志上台领奖。”

在场所有的目光都投向了刘青，掌声雷鸣。

附录：

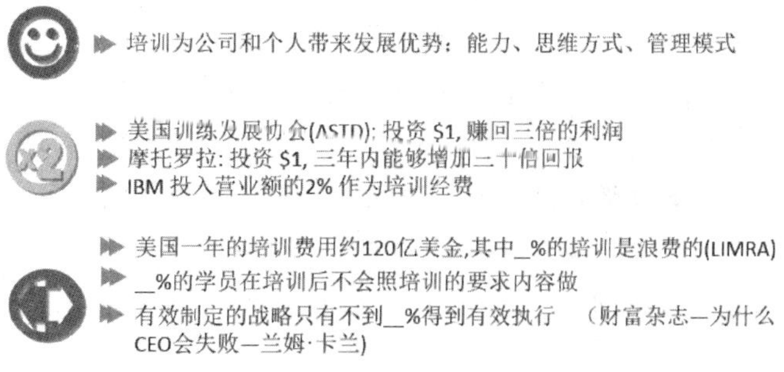

图 1　培训投入与收益

① TTT 培训（training for the trainers），专门培训企业内部培训讲师的课程，提升培训讲师的各种素质和能力。

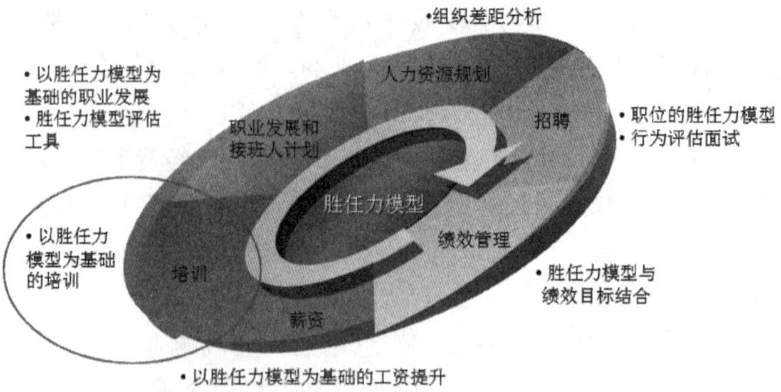

图 2　胜任力模型简图

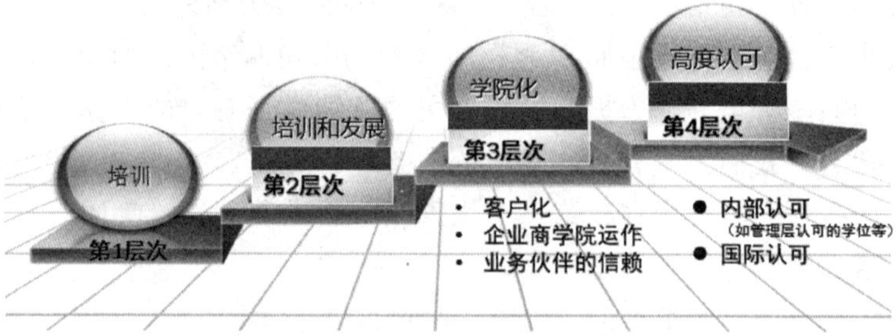

图 3　培训发展层次

新闻报道 1：IBM 培训体系介绍

当提到在一个企业中广泛发展领导力时，没有哪家公司比 IBM 做得更好。美国《世界经理人》杂志日前发布的一份报告这样评价 IBM。

领导力是提高竞争力的关键

企业只有两条道路可供选择：要么投资于领导力的培养，要么败给那些投资于培训员工领导能力的公司。领导才能是企业成功的关键因素。在 21 世纪，各公司在人才资源方面所面临的最大任务就是员工领导能力的培养。

日前，在纽约《世界经理人》杂志新推出的“发展领导才能的最佳公司”的排名中，IBM 名列榜首。正是拥有这种各级领导力，使 IBM 能够面对不断激烈的竞争，不断变革，大胆转型，持续成为 IT 行业的领导型企业。

“发展个人能力来领导IBM的现在和将来是我们最重要的共同责任，”IBM负责人力资源的高级副总裁Randy MacDonald先生说，“IBM在这个首次进行的领导才能评选中获得首位充分证明了我们的方法是正确的，即给我们所有的员工最大限度的发展和贡献个人能力的机会。”

IBM公司看到，发展领导力如今变得更为重要，其原因在于，整个企业的不同层级都需要创新精神，而不仅限于最高管理层。如今，有力的领导往往被看作组织成长、变革和再生的关键因素。

IBM大中华地区人力资源部总监郭希文女士说，当一个公司具有领导才能的员工比较多时，就会更好地促进公司目标的实现。这些员工同时也是一种向心力，会让其他员工效仿和学习，从而促进整个公司的员工素质。

郭希文提到，领导力的发展在员工教育过程中主要发挥三大作用：一是发展个体技能、普及企业价值观和战略目标、进行战略性干预，以便在整个企业倡导对话，实施变革。二是在整个管理层中普及组织的目标、价值观和使命。这正成为许多领导力训练课程的首要目标。通常，这类教育旨在培养经理人（他们是否能够胜任更高一层的管理职位），或以此为途径让文化变革深入各级管理层。三是领导力课程越来越多地用于战略干预，例如，教育模式集中于行为学习、任务小组和辅导之下的集体讨论，以便找出能加快重大战略变革的组织提议。

从这个意义上说，领导力发展的定义已经不断得到拓宽。它不仅指某个经理人的领导能力，而且指整个组织领导思维方式的发展。

领导者应具备11项素质

早在1995年，IBM就在公司内进行了一次全面的调查研究，力求找出那些具有商业领导者特质的人才。结果IBM认定了11项领导团队应该具备的优秀素质：即必胜的决心（包括行业洞察力、创新的思考和达成目标的坚持），快速执行的能力（包括团队领导、直言不讳、团队精神和决断力），持续的动能（包括培养组织能力、领导力和工作奉献度），核心特质（对业务的热忱）。

IBM主管人事的副总裁Donna Riley先生说：“这项工作不是仅仅列出某些人在某个时候能够做某些事情的名单，而是要找出非常有才能的人，让他们知道公司发现了他们并重视他们的价值，然后为他们提供指导和各种各样的丰富经历，以使他们有能力承担更高的职责。”

郭希文说，一个潜在的管理者必须有自己的特质，形成自己的风格，清楚公司的远景目标，了解公司的文化。一个领导必须清楚自己充当的角色、发挥的作用；同时，还应知道公司对自己的期望，在这些条件下实现工作目标。

从四个方面培养员工领导力

从招聘做起 IBM 对员工领导能力的培养，十分注重与企业发展战略的结合。其工作重点不仅是对员工问题的急救处理，而是从招聘开始就注重质量，使招聘来的员工符合企业发展战略的需要，让员工充分认同企业价值观、经营理念和企业文化。值得一提的是，IBM 对招聘员工的要求，并不仅限于职位的要求，还包括测试人际技能、热爱生活和乐于助人，以及是否对职业进取方面有强烈的紧迫感等。

培训是基础，IBM 有着极其出色和完善的员工培训体系，这种体系保证了培养员工领导力的工作能够落到实处。从对新进员工的培训，到对专业人员的专业培训和管理人才培训，到对初级主管和资深专业人员的管理培训，再到针对中级主管和资深专业人员的接班人计划，IBM 公司一向致力于员工的学习和成长，由此推动企业的快速发展。

传帮带是绝招，IBM 最有名的一件事情就是“接班人计划”，公司里所有重要的职位都有一个接班人计划，未来一年中，可以接任这个工作的是什么人，未来三五年可以接任的人是谁。而接任的人需要一些特殊的培育计划是非常重要的，IBM 通过工作的轮调及找一些良师益友使他们得到培养。

良师益友就是公司里的老员工，找老师傅带新人，把老人数十年的功力传承下来。开始的时候，用二八的原理挑选未来之星，20% 的人被公司挑选出来，人力资源部要根据这些人的发展意愿为每一个人配导师。而启动了 20%，其他的 80% 也会慢慢动起来。

IBM 还开设许多的管理课程，让大家进行学习，同时，这种环境还为大家创造一个互相交流的机会。

靠评估提升领导能力，根据领导才能的模式和定义，评估领导者的实际能力、工作作风和爱好的反馈意见，也有助于领导能力的提升。作为公司持续性计划的一部分，IBM 每年要依据这 11 个能力特征对潜在领导者和所有的管理人员进行评估。

对于员工领导能力的培养，IBM 很重视评估，尤其是自我评估的重要性。员工通过评估，不断修正自己的行为，塑造符合公司要求的风格，成长为具有领导才能的员工。郭希文说，IBM 每年都有评估，每位员工通过自评和 360 度评价来分析自己的工作成就，通过这种分析，弄清自己属于什么风格，需要改进的地方是什么。

IBM 的评估都是员工自己进行的，公司建立起一种信任制，相信员工可以自觉自愿地进行评估。具体的评估程序是，每年年初，员工会写出自己的工作目标，并把它交给直接主管，由主管进行一些修改和添减，然后制定出全年行为准则，员工按照这个准则进行工作。年中时，员工自己需要小结一下，看什么地方没有做好，需要改进的地方是什么；年终时，员工再进行总结，直接主管也要参与总结，指出优点和不足，最后有一个评估结果。

这种评估结果也是员工考绩、升迁、加薪的主要依据。传统上，领导才能往往被视为一种软技能，无法被衡量，因而不能成为物质奖励的根据。然而，凡是投资培养领导层的公司往往能获得较高的经济效益。因此，奖励卓有成效的领导方法应是公司奖励决策的重心，领导方法可以用清晰、毫不含糊的语言来描述并衡量。领导才能的评估结果和其他形式的资料（如雇员调查报告）可构成奖励领导者的有效依据。

案例使用说明

（一）教学目的与用途

1. 教学用途：本案例主要适用于《组织行为学》、《人力资源管理》等课程中有关公司培训体系建设、组织合并文化冲突、团队建设等章节配套使用。

2. 本案例适用对象是 MBA、EMBA 和企业培训人员以及管理类专业的本科生、研究生。

3. 教学目标：通过该案例使学生能够了解到，合并重组后的公司会面临着更明显的组织文化冲突、以人为本的组织培训体系搭建、团队建设等问题。通过理论与实际案例结合，培养学生解决此类问题的能力。

具体目标如下：

（1）通过该案例讨论能使学生了解到组织内部团队文化冲突，特别需要注意的是合并初期的团队文化整合。

（2）掌握团队建设的一些常见现象、理论、实践等。学会管理不同风格的团队和员工。加深理解正文出现的组织管理行为学理论在现实生活中的反映。例如，文中有马斯洛需求层次理论的体现（刘青从开始的晋升预期到计划申请离职的心路历程）、赫茨伯格双因素理论的体现（三、（一）第3段中，培训部门的新员工小赵激励因素和保健因素的不同激励作用），Sherif 经典的罗伯斯山洞实验（Robbers Cave experiment）的恶化影响结论（一、（一）第4段中，员工离职前后的不同表现即典型表现之一；一、（三）第5段中，不同团队自发地维护各自利益）。

（3）通过该案例讨论使学生了解到该如何设计公司以人为本的培训体系，基于胜任力模型的培训体系如何搭建（注意该公司的培训体系需要区分为技术体系和软技能体系）。

（二）启发思考题

1. 企业合并重组后，A公司和B集团公司的团队文化冲突存在哪些表现形式？合并整合后的团队文化冲突你认为应该如何解决？

2. 你认为公司安排刘青做培训总监的决策是否正确？为什么？

3. 本案例中出现了哪些组织行为学重要的管理理论现象？请以文中事实说明。

4. 公司合并后刘青所负责的业务部门与其他小部门之间有冲突；在升任培训部总监后，与直属上司连总相处、管理培训团队等做法有什么可取之处和不足之处？

5. 根据本案例中的数据图表，如果你是刘青总监，面对合并后的局面，你该如何系统解决问题、优先解决哪些问题去完善培训部门的工作计划？

6. 在公司合并后刘青遇到了哪些问题？可否使用思维导图进行梳理？

伙伴还是冤家

——投资者与创业者的共融之道①

[案例摘要] 本案例以网上商城——鞋服汇为背景，描写了该公司创始人与投资人之间由于经营理念的不同造成种种矛盾与冲突，曾经尝试各种沟通手段均未见到显著成效，随着双方的分歧不断加大，影响到公司的正常运营。此案例，一方面启发人们从创业者的角度去关注如何做好投资者的管理工作；另一方面，也从投资者的角度去思考在资金安全的情况下，如何发挥创业者的能动性，运用自己的行业管理经验，为创业者保驾护航，从而实现共同的目标。

近些天来，鞋服汇创始人鲁总感觉工作上的烦心事特别多，自从葛姐作为投资人进入公司参与经营半年多以来，从最初日常经营活动中的步调不一致，发展到对于整体工作的掣肘，现在听说葛姐已经在准备另立山头，鲁总早就听说创始人与投资人的关系不好处，没想到这么快就到了这个地步，难道合作要走到尽头，是否还有挽回的地步？如果重来一遍，该怎么做才能更好？这些问题萦绕在他心头好像压了一块大石头。

一、公司背景

鞋服汇 2008 年诞生于中国服装产品重镇温州，温州制造支撑着国内外上千个一、二线服装品牌走向终端，有“世界服装品牌加工基地”的美誉。近年来，外贸不振，服装行业开始转向内销为主，面临着全新的考验：产品从过去大批量、大规模、大众化，向小批量、快速化、时尚化转

---

① 本案例由中央财经大学商学院林琳老师、MBA 研究生唐永撰写。本案例只供课堂讨论之用，并无意暗示或说明某种管理行为是否有效。由于企业保密的要求，在本案例中对有关名称、数据等作了必要的掩饰性处理。

变；传统的销售渠道，受到电商的冲击；各生产厂家的库存压力大，步入产能过剩的时代。

20 世纪 90 年代末，创始人鲁总作为常驻温州的服装媒体记者，遍访温州服装行业的成功人士，学习经营之道的同时，积极参与企业的营销策划、品牌推广等活动，也因此他洞悉市场需求发现商机。经过一段学习和实践后，鲁总发现企业的费用有很大一部分消耗在管理方面，如果能够打造一个网络交易平台，帮助企业从经营管理上降低企业成本，并多方拓展营销渠道的经营模式，一定能吸引大多数传统服装企业。于是，鲁总凭借他在服装媒体工作多年积累的客户资源，以及职业敏感对行业的洞察，在做服装记者近十年后成立了鞋服汇，为企业提供经营管理交易平台。

二、合作契机

公司创立之初，赶上金融危机，成为促进电子商务腾飞的一大转折点，很多鞋服企业为了去库存，开始重视网络营销渠道的作用，鞋服汇成为众多生产厂家的宠儿。

葛姐在服装行业从外贸接单的小作坊做起，到现在已经是拥有上千人的工厂，之前接外贸订单物美价廉深受欧美客户的欢迎，伴随着金融危机的到来，很多客户减少订货量。在此之前，葛姐刚刚扩大生产规模，面临着订单减少的窘境，只有拓宽销售渠道，才有可能消耗产能。

葛姐深深感到钱不好赚了，过去维护好客户，做好工厂内的生产管理就可以，现在还要操心服装的设计是否符合流行趋势，如何建渠道、减库存。经过与鞋服汇的一段时间合作，葛姐发现电子商务是一个新兴的有潜力的销售渠道，如果投资鞋服汇可以拥有销售自己产品的渠道，由此就可以实现产供销一条龙的梦想。

电子商务从某种程度上来说，是注意力经济，随着竞争加剧，营销成本不断加剧。为了保持市场优势地位，应对竞争压力，实现新经济下的宏伟蓝图，鞋服汇要进一步融资来占领市场。鞋服汇的鲁总和葛姐一拍即合，鞋服汇增资扩股引入葛姐的资金，并请葛姐以股东身份参与公司的运营，带团队负责鞋服汇的财务与鞋服品类管理。

三、矛盾显现

进入公司参与经营后，葛姐抱怨鲁总的很多做法是在浪费钱，“这个岗位怎么要用这么多人，都负责什么事情，能否减员增效?”“花钱做活动的效果不理想，给个解释吧!”在高层经理会上葛姐常常发出质问“这样烧钱，什么时候能见到效益?”鲁总面对这种状况感到非常郁闷，葛姐不理解也不认可公司的一些做法，在不熟悉的电子商务营销方面要求缩减开支以控制成本，业务部门指定岗位安排葛姐的子弟兵。鲁总考虑到为了实现既定目标占领市场，需要葛姐的资金，因此尽量妥协。几个月后，葛姐资金到位情况也不理想，之前说好的后续资金以各种借口不能按时到位。

鲁总知道，做电子商务讲求的是先发优势和规模效应，领先一步除了需要有独特眼光，还要用快速行动来占领市场，在“三军未动粮草先行”的关键时刻，葛姐的资源和资金开始不给力了。说好的幸福在哪里?

四、尾声

现在的公司计划都是按照融资顺利到位来安排的，刚启动就要刹车，对大家来说都不是一个好兆头。磕磕绊绊的公司一定会诸事不顺的，如果不能与投资人统一意见，在内部形不成一股劲，那如何在市场上占领先机?有传言说葛姐准备另起炉灶，鲁总反思自己到底做错了什么，如何才能避免两败俱伤呢?

案例使用说明

（一）教学目的与用途

1. 本案例主要适用于管理学、管理沟通、投资管理等课程。

2. 本案例是一篇描述鞋服汇公司创始人与投资人沟通问题的教学案例，其教学目的在于：（1）使学生对管理层与投资人等利益相关方沟通问题具有感性的认识及深入的思考；（2）从企业创始人、管理层、投资人角度分析问题，并提出解决方案。

（二）启发思考题

1. 鞋服汇现在面临哪些问题？
2. 你如何看待鲁总和葛姐的做法？
3. 他们之间的症结在哪里？
4. 如果你是鲁总，面对这个局面，将如何决策？
5. 如果你是葛姐，将如何处理与创始人之间的关系？

中洋集团人才的去与留①

[**案例摘要**] 本案例以江苏中洋集团为背景，描写了该公司在业务拓展背景下，通过各种宣传方式招聘了一大批的外来优秀人才，并且采取了一系列的优厚政策来吸引这部分人才，希望他们可以长期留在企业发展，为企业作出实质性的贡献。但在入职后的一年内，出现了大批量的离职现象，不仅离职员工抱怨连连，甚至导致原先的老员工们怨声载道，工作态度受到影响。这既可以启发人们思考公司业务拓展期对人才的管理，如何留住人才，也可以从公司管理的角度反思在目前的社会背景下地方民营企业的管理改革问题。

引言

2014 年，10 月的江苏，晚霞的余晖透着秋日的凉爽，照射在中洋大厦 36 层的落地全景玻璃上，一旁的观赏型鱼缸里，各种珍贵的观赏鱼无忧无虑地自在地畅游着。书桌旁，中洋集团的总裁钱总和人事总监这两个年过半百的男人都在沉思着，集团近日新招的一批优秀人才已经离职了近一大半，公司的人力资源管理改革也推动缓慢，这一切究竟是怎么造成的呢？钱总手上的烟慢慢地燃烧着，卷起了一层令人迷炫的烟圈……

一、公司背景

（一）集团介绍

江苏中洋集团股份有限公司是一个集现代农业、房地产业、金融投资

① 本案例由中央财经大学商学院的于广涛老师，MBA 研究生杨敏撰写；由于企业保密的要求，在本案例中对有关名称、数据等作了必要的掩饰性处理。本案例只供课堂讨论之用，并无意暗示或说明某种管理行为是否有效。

业、酒店旅游业四大经济板块为一体的多元化民营股份制集团企业。

中洋现代农业是中洋的第一产业。中洋从事水产养殖已有近30年历史，从事河豚鱼的研究和繁养殖始于1993年，现已建成世界上最大的长江珍稀鱼类繁养殖基地——中洋河豚庄园。总部基地占地5000亩，正在规划建设13500亩，拥有现代化的渔业养殖设施、设备。建有长江珍稀鱼类企业院士工作站，国家级河豚鱼良种场，国家农业部水产养殖示范场。并以总部基地为核心，辐射全国建立养殖基地，目前已建有中洋广东基地、湖北宜昌基地，在建的张家港双山岛基地、海南海口基地等。中洋集团为河豚鱼国家标准主要制定单位，中国渔业协会河豚鱼分会会长单位，长江珍稀鱼类企业院士工作站，江苏省长江特色鱼类产业技术创新战略联盟理事长单位。中洋集团以保护长江珍稀鱼类物种为己任，开发性保护河豚鱼、鲥鱼、刀鱼、鲟鱼、鳄鱼、娃娃鱼、胭脂鱼、松江鲈鱼、龙纹斑等国内外珍稀鱼类和国家一级、二级保护动物，其中河豚鱼养殖年存池在4000万尾以上，其市场占有率及礼品、食品研发在全国均有较大影响。

中洋房地产业是集房地产开发、商业地产和物业管理于一体，拥有国家一级资质的房地产开发和专业的物业管理公司。为中国房地产业协会常务理事单位、中国房地产诚信企业、江苏省房地产“五十强”企业、江苏省房地产业协会副会长单位。中洋以品质地产、责任地产在业界形成了良好的口碑。中洋·现代城获得国家级房地产项目最高奖广厦奖；“全国物业管理示范小区”；中洋·高尔夫公寓以打造百年老宅为目标，以“前瞻性、耐久性”为指导，先后获江苏省2012年度创新楼盘、住建部3A住宅性能认定并荣获2014届国家广厦奖，同时通过住建部绿色建筑示范工程验收，是江苏省唯一的成品住房装修示范工程。

中洋金融投资是中洋实施资本经营的新兴经济板块，既参股省内数家农村商业银行、担保公司等传统金融业，又投资数家基金公司等现代金融业，积极筹划资本运作。

中洋豪生大酒店与中洋河豚庄园互为一体，形成中洋酒店旅游产业，成为中洋集团又一经济支柱产业。中洋集团正抓住沿海开发的机遇，按国家4A级旅游景区规划建设中洋河豚庄园，以中洋河豚为主题，长江珍稀鱼类养殖和保护为特色，集长江珍稀鱼类现代化养殖与生态养殖、现代农业示范与生态观光旅游、绿色休闲度假体验于一体的湿地生态项目。中洋豪生大酒店综合星级酒店、奢华酒店、精品酒店、时尚酒店、度假酒店、会务酒店、餐饮酒店、生态酒店等特色，集全球之长，成金砖之美，建成世界上最富特色的酒店综合体。开业以来，在世界形成巨大影响。

（二）管理层介绍

中洋集团原称“江苏龙洋水产公司”，是一家由国企改制的民营企业，集团总裁钱总1981年加入该公司，从一名普通员工做起，3年后经民主投票成为公司的总经理。公司目前的高管层在公司的年限均在20年以上，分管公司各大职能部门或各分公司，且基本都是伴随公司一路成长的元老，追随着总裁一路打拼，坚持着“永不畏难，永不满足”的企业精神。在公司改制前业绩十分低靡时，这些当初的员工们依旧没有放弃，坚守在自己的岗位上，甚至拿出自己的微薄工资助力公司的发展，陪伴公司度过难关，也正因为有了这样团结合作的一批元老，才有了今日的中洋。公司高管层对总裁钱总的决策十分信服，且数十年如一日的支持，现如今，公司事务无论大小基本都会请示钱总，钱总就像中洋这个家庭的大家长，带领着大家一起乘着中洋这艘大船前行。

（三）集团组织及管理架构

中洋集团的组织架构如图1所示。

公司改制以后，公司这些元老不仅担任着集团董事局的成员，更根据个人能力的不同以及擅长领域的侧重，分别担任着集团各业务板块的总经理或集团职能部门的负责人。钱总也成为公司最大的股东，兼任董事长及总裁的职务。各业务板块经营管理事项、集团职能部门的主要工作事项均需先向集团副总汇报，基本确定决策事项后交由集团总裁决策。

二、业务扩展

2012年初，随着中洋金砖酒店的落成，房地产的热销、金融投资的良好回报率，以及公司在水产养殖方面的社会地位的不断提升，公司规模不断扩大，管理模式进入了由传统管理方式向现代化企业管理转型的重要的时期。

在战略方面，对战略进行了进一步明确，明确了现代农业板块作为第一产业的公司发展目标，加上国家珍稀鱼类种别领域的相关支持，公司一

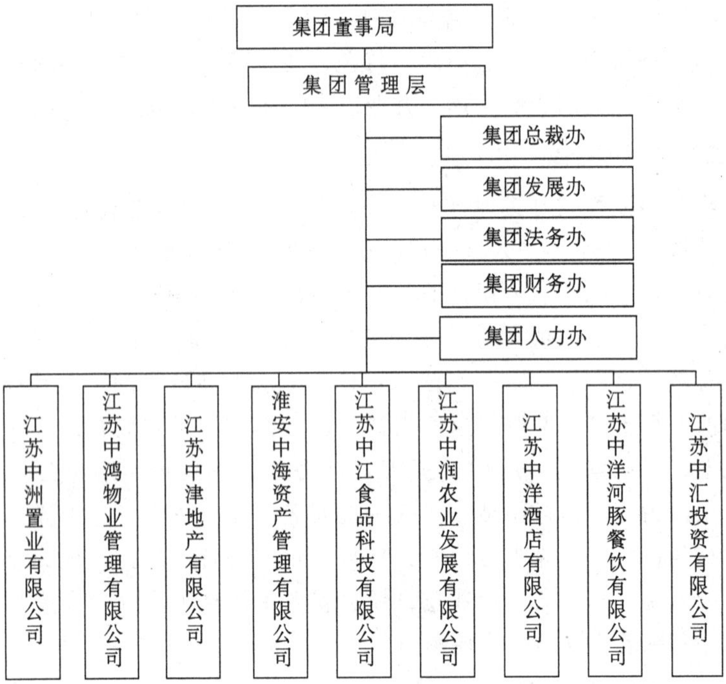

图1　中洋集团组织架构图

直坚持着“引领现代渔业、担当社会责任、惠及亿万民众”这一愿景。并且将渔业发展与旅游业相结合，建成河豚庄园，以吸引国内外相关行业的客户、投资商。

在内部管理方式上，公司开始引进自动化的办公管理软件，并聘请专业咨询公司对其内部管理进行规范性调整，制定了卓越绩效管理体系，公司管理也逐步向规范化管理发展。尤其在人力资源管理方面，公司逐渐认识到人才的重要性，管理方式由传统的招聘、福利管理的简单模式，逐渐向培训、薪酬、绩效、招聘等规范化流程转变。

随着各项业务的扩张，2013年下半年开始，公司重点引进了一大批高素质的人才队伍，其中以水产研究高材生群体最为庞大，基本均为研究生及以上学历的高等水产院校应届毕业生。公司引进人才规模、人才学历层次瞬间成为当地一大要闻，地方报纸、新闻都重点报道了中洋对人才引进的这一重大事件。一时间，大家都对中洋的发展有了新的认识，甚至连当地乡镇的老百姓都知道中洋招了一大批研究生，而且待遇特别好，纷纷希望自己的子女能到中洋来工作。招聘会上，一个当地的阿姨兴奋地向招聘人员索取着招聘信息，说道："现在咱县这个中洋发展这么好，我也想让我女儿回来工作了，省得她一个人在上海，我们都不放心，中洋的工资也不比外面低嘛，离家近还方便照顾，我女儿是做会计的，你们招不招啊……"

三、人才策略

为了加强对人才的吸引及留住人才，尤其是水产科研人才，在招聘方式的选择上，一方面，中洋根据自己在水产方面的专业经验优势，与多家高等水产院校签订了合作协议，为在校研究人员提供实习、研究基地，提高了集团在对口领域知名度，与多家高校保持着长期合作关系。另一方面，还计划筹建中国工程中心，专门研究长江珍稀鱼类产品的繁殖、培育等项目，前往高校举办多场专场宣讲会，提高了集团在研发领域的知名度，一时间吸引了众多优秀水产研究人员的关注。

除此之外，集团人力部门更是拓宽了招聘渠道，由于深知县城的某知名高中虽然每年为名校输送大量的优秀人才，但是现在的年轻人基本都在外地发展，没有回到本地工作，所以在积极参加专业院校的招聘会的同时，招聘人员深入县镇招聘市场，在火车站、电视上打出显眼的招聘广告，以增强在当地的宣传效果，希望能吸引当地在外工作的优秀人才返乡。

由于中洋集团地处江苏省南通市的海安县，虽然交通便利，但毕竟只是县级城市。为了更好地留住慕名而来的外地优秀员工，集团对这批研究生们不仅提供了丰厚的薪酬待遇（近于当地本科生的双倍工资、且处于当地较高水平），而且为这批研究人员提供了较好的福利待遇，为他们安排宿舍，并在宿舍装上了空调。由于很多员工都是来自北方，为了照顾这些员工，食堂也特地为他们的餐饮增加了多种类的面食供应。人力资源部门更是制定了专门的培训计划，引导他们尽快适应企业文化，在节假日也予以了别样的关怀。公司上下对这批研究人员的进驻都十分重视，不少研究员都是成对来到了中洋，计划两人均在此发展。

此外，公司更是派了一名外聘的技术专家王主任作为他们的直接上级，专门负责他们的研究工作。王主任是公司的顾问，无论是从管理上还是技术研发上都有自己信奉的一套，由于其人直言快语，对公司尽心尽力的同时也对不利于公司的行为直言不讳，因此深得总裁的赏识。公司希望他能领导这批研究员更好地开展工作，使研究有突出成效。

四、风波来临

然而，在入职三四个月以后，陆续有多名研究员向人力资源部门递交了辞职申请，这一现象立刻引起了人事部门的关注，对于这批研究员，公司一直希望其能长期在公司发展，且公司提供了如此良好的待遇，就是希望能留住他们，可是短短三四个月的时间就离职了这么多，究竟是怎么回事呢？于是，总部人事部门联系了研究员们所在的工程中心人事管理员，对这部分员工的离职原因进行了调查。发现由于水产养殖的研究要求研究员生活在较为偏远的沿海水产基地，中洋虽然在沿海地带建立了自己的河豚庄园，种植了大量绿植，环境清新，但远离城区，不少员工采购、娱乐都不是很方便，只能在节假日才能去城区活动。此外，平时工作中，由于需要跟当地很多养殖人员打交道，而这部分员工普通话不是很好。研究员大部分都是外地员工，不懂方言，在沟通上存在一定的障碍，工作开展不顺畅，尤其是在跟直接领导王主任的沟通上，王主任是地地道道的当地人，普通话不好，于是要求所有研究员必须能听得懂本地话，但不少研究员都不能在短期内适应本地方言的交流，无法很好地与上级或当地年长的同事沟通。

此外，虽然公司同意为研究员采购相关的研究设备，但由于设备费用较高，且设备采购的周期较长，研究设备无法及时到位，有研究人员在研究过程中没有相关高端设备的支持，只能暂时使用可替代的低端设备，所以研究项目无法顺利开展，导致部分研究员情绪焦躁。

人力资源部门的挽留并没有让这几名研究员留下，与此同时，公司关于这一批研究生招聘的各种负面信息也渐渐传出，有不少老员工都表示“我们在公司干了这么多年都没这薪酬待遇，凭什么他们才刚来都比我们拿的多呢”、“来了这么长时间了，也不见这些高学历的人拿出什么成绩出来，什么也没干”，还有的人说“也不知道公司招这么多人来有什么用，研究这些也产生不了什么实际价值，还不如多卖几套房子来得实际”。

老员工的怨气十分高，研究员的怨气也十分高涨。有研究员抱怨说：“虽然研究是我们自己的事儿，但是我们来公司以后，在研究方面也没有得到很好的指导，还要经常干一些打扫的活儿，一点都不像一个搞研究的，活生生一个养鱼的。”还有的人说“我们每天生活在这个鸟不拉屎的地方，连对象都没法找了。”“公司审批东西太麻烦了，审批个买器材的费用，都审了一个多月了，还没批，这还让我们研究什么啊。”

五、风波又起

起初几个人的辞职并没有引起公司高层的太大关注，一年后，这批入职的高材生又出现了大批离职的现象，而此时，研究人员队伍只剩下10人左右，这样的离职现象不仅仅出现在了研究人员中，集团的职能部门也出现了大批离职的现象。一名集团职能部门的离职员工说：“在公司想做成一件事情太难了，审批流程太繁琐，而且什么事情都要总裁来决定，事情开展得太慢了，毫无成就感”、“公司里的领导都是在公司二十几年的老人，晋升都要论资排辈，这排到我们得排到什么时候呢?”“公司里的老领导们思想太僵化了，一点新鲜事物都不愿接受，做个表格都不让我们变通一下格式，明明可以更优化的，非得墨守陈规”……

而在这批离职人员中，公司的人事部门也有两名储备干部贾某和郑某提出了辞职申请。贾某和郑某分别是在北京和上海从事了两年人力资源管理工作的本地学子，在中洋招聘高峰期回到了家乡发展，两人均接受过比较良好的人力资源管理教育，且实践经验比较丰富。对于两人的同时离职，人事总监也十分诧异，于是跟他们的直接领导王某一起，与两人进行了一次深入面谈。贾某和郑某向人事总监说出了自己的离职原因，她们的一番话也让人事主管陷入了沉思。贾某说：“公司一直希望将我们的管理逐步规范化，从我入职以来就开始着手为公司建立规范的绩效考核制度和职业发展通道，但是一年时间过去了，不仅绩效考核被流于形式，职业发展通道也被一搁再搁，事情一直都无法顺利推进。本来还觉得自己有很多专业经验，打算在公司发挥作用，现在整个人感觉都一事无成。这个和我以前的工作状态完全不一样，我以前在外企，每天都很充实。但到了中洋以后，发现不少员工的职责分工不是很明确，很多都是人浮于事。我现在都有些后悔回来工作了，还不如在原来公司好好干呢。”另一名员工郑某也附和说："是的，咱们公司做事太难了，就拿咨询公司给咱们设的职业发展通道来说，虽然比较贴合公司实际，但到各个分公司、职能部门调研的时候，各个分管的领导根本就不当回事，觉得做这个根本就没什么用，可是事实上怎么会没用呢，所有基层员工都指望靠这个来明确自己的晋升条件，也希望能有一个奋斗目标，但是领导们都已经高工资、高职位了，他们当然觉得没什么作用了。如果都和现在的状况一样，我们岂不是也要等上20年才能有真正的成就!"直接主管王某听到这番话后说："其实也不怪你们，咱们公司现在很多领导都是二十多年的老员工了，他们一直在公司打拼，不是所有人都懂人力资源的，在沟通、执行过程中难免不能很好地认同我们的观念。其实我们平时开展工作也是，不少工作阻力比较大，沟通的时候也有领导直接说自己不懂，钱总认可就行，但最后执行的时候就是不能很好地贯彻，使我们的工作大打折扣，很多好的计划不能顺利开展……"

对于他们的抱怨，人事总监只能深深地叹口气……

六、尾声

诸如此类的抱怨很多，人事部门苦口婆心地劝说，希望他们能够慎重地考虑离职问题，但人员都去意已决，所以人事总监只能向集团总裁汇报，总裁听后眉心一凛，本来招聘这批优秀的人员是为了满足公司业务扩张的需要，给公司带来更多的发展活力，公司为他们提供了优厚的福利待遇，现在不仅一批批地离职，而且公司里老员工也人人抱怨，招聘这批人才真的招错了吗？难道是公司对人才的培养不到位？还是公司的管理出了问题？为此，钱总也陷入了深深的思索……

案例使用说明

（一）教学目的与用途

1. 本案例主要适用于管理学、组织行为学和人力资源管理等课程。

2. 本案例是一篇描述中洋集团人才流失及管理现状问题的教学案例，其教学目的在于使学生对企业留人、企业转型管理、人力资源管理等问题具有理性的认识及深入的思考，从群体特征和个体特征两个角度分析问题，并提出解决方案。

（二）启发思考题

1. 你如何看待中洋集团的员工离职问题？

2. 分析中洋集团人力资源管理中存在的问题？

3. 你觉得目前公司管理的问题在哪里？

4. 分析组织变革中，老员工的经验应该如何传承，新知识如何植入？

5. 结合现在中国社会发展的现状和自身的条件，你毕业后愿意回到家乡发展吗？为什么？

北京地铁基于胜任力的中层管理者人力资源管理体系建设[①]

[案例摘要] 本案例以北京地铁为背景，描写了该公司处在跨越式发展的形势下，面临技术和管理力量逐渐摊薄，日益影响首都地铁安全运营时，人力资源部积极对中层管理者（包括：供电、机电、线路、通信信号、乘务、站区、检修7类）进行人力资源规划与建设，在构建项目部经理业务模型、素质模型和胜任力模型基础上，进行科学考核与系统培养，有效提升项目部经理技术知识与管理经验，优化配置、充分利用北京地铁管理人才资源，保障六型地铁的战略目标顺利实现。

2014 年 4 月 30 日，北京地铁工作日客运量达到 1 239 万人次，公司上下都为这一安全运营突破感到骄傲与自豪。每年这一指标都在不断地被刷新，这是北京地铁近年呈跨越式发展的直接业绩体现，也是公司管理者与奋斗在一线技术工人共同努力的结果。面对着这一历史性突破，人力资源部的方总先是嘴角微微一笑，对同事们的努力表示满意和认可，后又不由自主地紧紧锁住眉头，肩上的压力也更重了：近年地铁在快速规划与新建中，有经验的各项目部经理数量有限，他们是公司的中流砥柱，面对技术和管理力量逐渐摊薄现象，如何合理配置、培养、考核项目经理，保障地铁每日的安全运营？控制与降低事故指标？实现六型地铁的战略目标？这是一项艰巨的任务！

一、行业发展

20 世纪城市人口迅速增加，导致车辆增多，给城市带来交通拥挤、环

① 本案例由中央财经大学商学院的张爱卿老师、MBA 研究生田涛撰写。本案例只供课堂讨论之用，并无意暗示或说明某种管理行为是否有效。由于企业保密的要求，在本案例中对有关名称、数据等作了必要的掩饰性处理。

境污染与能源危机等一系列问题。世界上不少城市不同程度地存在着“乘车难”和“行路难”的问题，发展城市公共交通、缓解交通拥挤、是当前世界大城市迫切需要解决的问题。

地铁与城市中其他交通工具相比，除了能避免城市地面拥挤和充分利用空间外，还有很多优点。一是运量大。地铁的运输能力要比地面公共汽车大 7 ~ 10 倍，是任何城市交通工具所不能比拟的。二是速度快。地铁列车在地下隧道内风驰电掣地行进，行驶的时速可超过 100 公里。三是无污染。地铁列车以电力作为动力，不存在空气污染问题。因此，受到各国政府的青睐。

（一）国外城市轨道交通发展

从 1863 年伦敦建成世界上首条地铁至今，城市轨道交通的发展已经有 150 多年的历史。城市化进程的加快、大城市人口数量的激增以及城市公路交通的拥堵使得城市轨道交通日益得到各国政府的重视，全球每天客运量约为 1.2 亿人次，城市轨道交通运输在城市客运体系中发挥的作用越来越重要。

目前，已经修建地铁投资运营的国家和地区有 40 多个，城市有一百多个。运营线路最长的国家分别为中国、美国、日本和德国，上述国家运营里程数合计占全球运营里程近 45%。发达国家的主要大城市如纽约、华盛顿、芝加哥、伦敦、巴黎、柏林、东京等已基本完成城市轨道网络建设，后起的新兴国家和地区城市轨道建设正方兴未艾，亚洲地区包括中国、印度、伊朗、越南、印度尼西亚等在内的多个国家均有多个城市在建或规划建设城市轨道线路。

有些城市轨道交通运量占城市公交运量的 50% 以上，有的甚至达 70% 以上。巴黎 1 000 万人口，年客运量 12 亿人次，轨道交通承担 70% 的公交运量。这一比例在莫斯科是 55%。伦敦共有 9 条地铁线，总长 500 公里，日运 300 万人次，能满足 40% 的出行人员的需要。日本东京大都市圈现有 280 多公里地铁线，轨道交通系统每天运送旅客 3 000 多万人次，承担全部客运量的 86%。通过对比也可看出，我国城市轨道交通建设与发达国家还有一定差距，如图 1 所示。

根据不完全统计，自 2012 年以来的三年中，全球城轨交通客运量超过 10 亿人次的城市有 12 个。这 12 个大都市是：北京位列榜首，客运量 33.87

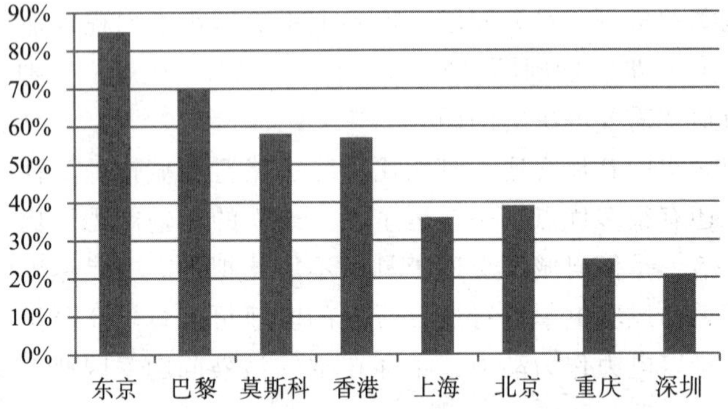

图 1　国内外主要城市轨道交通占公共交通运量之比①

亿人次；上海名列第二，客运量 28.27 亿人次；第三、四、五位依次为首尔 25.59 亿人次、莫斯科 24.91 亿人次、东京 23.51 亿人次；广州位居第六，客运量 22.23 亿人次；再后是纽约 16.55 亿人次；墨西哥城 16.09 亿人次；香港 16.08 亿人次；巴黎 15.41 亿人次；伦敦 12.29 亿人次；深圳客运量 10.36 亿人次上升至第十二位，如表 1 所示。

表 1　2012～2014 年全球主要城市客运量对照表

序号	城市	年客运量（亿人次）			日均客运量（万人次/日）		
		2012 年	2013 年	2014 年	2012 年	2013 年	2014 年
1	北京	/	32.05	33.87	/	880	953
2	上海	/	25.08	28.27	/	700	784
3	首尔	25.59	/	/	701	/	/
4	莫斯科	/	24.91	/	/	683	/
5	东京	23.51	/	/	644	/	/
6	广州	/	20.05	22.23	/	588	610
7	纽约	16.55	/	/	453	/	/
8	墨西哥城	16.09	/	/	441	/	/
9	香港	/	16.08	/		440	/
10	巴黎	15.41	/	/	422	/	/
11	伦敦	12.29	/	/	337	/	/
12	深圳	/	9.17	10.36	/	/	284

① 数据来自前瞻网。

因收集资料有限，莫斯科和香港的统计时间是 2013 年，其他 6 个国际城市统计数据是 2012 年，而大陆 5 市的统计时间是 2014 年，年份不同，相互之间不具有完全可比性，但考虑到这些国际城市的城轨交通开通时间早、运营时间长、发展较为平稳，客运量的年度变化不会太大，因而仍具有一定的比较价值。

（二）国内城市轨道交通发展

自 1969 年中国第一条地铁通车以来，中国城市轨道交通建设已经历了将近 50 年的发展历程。目前，国务院已经批准 39 个符合建设地铁标准的城市，截至 2014 年年末，全国 22 个城市共开通城市轨道交通运营线路长度 3 173 公里，如表 2 所示。

表 2　　国内已规划的地铁城市

资深组（已运营 22 个，正在扩建）	北京、上海、天津、广州、西安、南京、重庆、深圳、长春、武汉、大连、成都、沈阳、杭州、昆明、苏州、哈尔滨、郑州、长沙、佛山、宁波、无锡
新星组（未开通 17 个，已获国家批准）	东莞、福州、南昌、青岛、合肥、南宁、贵阳、徐州、常州、厦门、兰州、太原、石家庄、乌鲁木齐、南通、济南、呼和浩特

如表 3 所示，据不完全统计（缺少 4 条市域快轨线共计 227 公里运营线路客运情况），2014 全年客运总量 126 亿人次，比 2013 年 110 亿人次增加 16 亿人次，增长 15%。22 个运营城市中，全年客运量超过 20 亿人次的有 3 市：北京 33.9 亿人次，占总比 26%；上海 28.3 亿人次，占总比 22%；广州 22.2 亿人次，占总比 17%，3 市客运量占全国客运总量的 60% 以上，继续位居世界前列。深圳全年客运量 10.4 亿人次，也迈上 10 亿人次大台阶，进入世界前列。

日均客运量 500 万人次以上的城市有 3 个：北京 953 万人次/日、上海 784 万人次/日、广州 610 万人次/日；100 万人次 ~300 万人次的城市有 4 个：深圳 284 万人次/日、南京 147 万人次/日、重庆 142 万人次/日、武汉 108 万人次/日。单日最高客运量，北京达到 1 239 万人次，比上年增长 8.2%；上海为 1 035 万人次，比上年增长 13.1%；广州为 841 万人次，比上年增长 16%。

全国平均客运强度 1.1 万人次/公里日。随着新开通运营城市和新投运

表 3　　2014 年全国城市轨道交通客运情况表①

序号	城市	2014 年年末投运线路长度（公里）	全年客运总量（万人次）	日均客流量（万人次/日）	每公里日均客流强度（万人次/公里日）	单日最高客运量（万人次）	最大断面高峰小时流量（万人次/小时）	最小发车间隔（秒）	日均开行总列次（列次/日）
1	北京	604	338 668	953	1.6	1 239.0	5.8	120	
2	上海	643	282 727	784	1.2	1 035.0	5.7	140	6 262
3	天津	147	30 061	82	0.6	112.0	1.3	300	1 129
4	重庆	202	51 710	142	0.7	246.0	2.9	162	1 810
5	广州	247	222 325	610	2.5	841.0	5.3	132	4 662
6	深圳	179	103 566	284	1.6	395.0	4.0	150	2 120
7	武汉	96	35 624	108	1.1	158.0	2.2	230	1 479
8	南京	187	50 317	147	0.8	205.0	3.3	140	1 687
9	沈阳	114	26 294	72	0.6	104.0	2.1	300	870
10	长春	56	7 218	20	0.4	29.0	1.0	270	560
11	大连	127	9 241	25	0.2	24.0	1.9	180	403
12	成都	155	28 431	78	0.5	120.0	2.4	170	740
13	西安	52	13 094	95	1.8	103.0		312	522
14	哈尔滨	17	5 386	15	0.9	24.0	1.0	390	240
15	苏州	76	12 670	35	0.5	71.0	1.2	300	856
16	郑州	26	6 851	19	0.7	35.0	1.4	360	220
17	昆明	59	4 921	13	0.2	29.0	0.9	300	403
18	杭州	66	14 515	42	0.6	83.0	2.6	210	571
19	佛山	21	5 467	15	0.7	26.0		315	379
20	长沙	22	4 580	19	0.8	35.0	1.1	400	248
21	宁波	21	1 379	6	0.3	15.0	0.5	420	243
22	无锡	56	1 561	15	0.3	26.0	0.6	475	483
合计		3 173	1 256 608	3 580	1.1				24 834

① 数据源自《城市轨道交通 2014 年度统计分析报告》。

营线路的不断增多，与上年平均客运强度1.3万人次/公里日相比，平均客运强度有所下降。其中，超过平均客运强度的城市有5个：广州客运强度2.5万人次/公里日、西安1.8万人次/公里日、北京1.6万人次/公里日、深圳1.6万人次/公里日、上海1.2万人次/公里日。

结合当前各地城市轨道交通建设现状，至2020年，我国城市轨道交通规划总里程超过8 500公里（不含有轨电车和市域轨道），扣除已开通运营线路，平均每年开通运营里程约900公里。

中国已形成一个世界上规模最大、发展最快的轨道交通建设市场。快速发展的城市轨道交通，人才需求巨大与培训能力不足的矛盾日益突出。首先，从业人员缺口大。2015年运营线路预计将达到3 600公里左右，按照每公里60人计算，全国城市轨道交通行业从业人员缺口将达到6万人左右，大大超过现有的人才供给能力，“十三五”期间从业人员缺口更将达到13万人左右。其次，在职人员培训需求难以满足。当前，全国城市轨道交通正呈现出多制式协调发展、网络化统筹运作、集约化资源共享等一系列的新趋势和新特点，不论是基础人才还是管理人才都需要进行知识更新和技能提升。由于目前行业缺乏健全的培训体系，面临着投入不足、政策空白、标准缺失、培训机构匮乏等问题。因此，必须加快行业人才培训体系建设，加大培训投入，出台相关政策，培育培训机构，制定标准规范，并发挥好行业团体的组织协调作用。

二、公司背景

北京地铁规划始于1953年，工程始建于1965年，1971年开始运营，是中国第一个地铁系统。北京地铁系统由两家运营公司负责：即北京地铁运营有限公司和北京京港地铁有限公司。从2010年到2020年，北京轨道交通发展计划具体如图2所示。

（1）从2010年的300公里到2012年，北京地铁运营里程突破420公里，用了2年时间，平均通车60公里/年。

（2）从2012年的420公里到2015年，北京地铁运营里程将达到660公里，平均通车80公里/年。

（3）从2015年到2020年，北京地铁运营里程将超过1 000公里，平均通车将达到80公里/年。

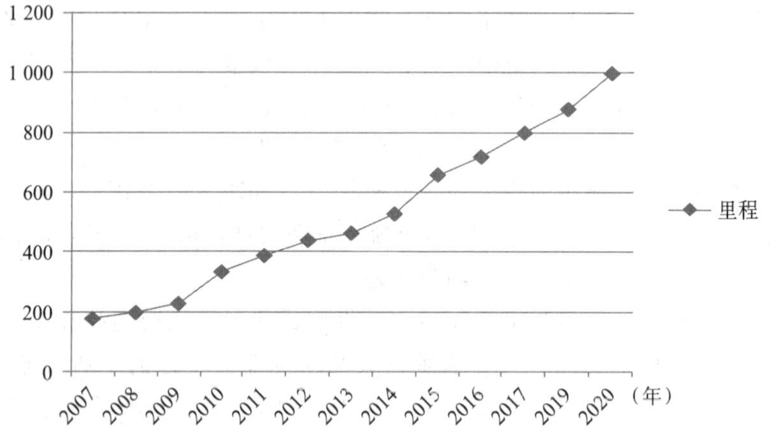

图 2　2007～2020 年北京地铁里程变化趋势

截至 2014 年 12 月 28 日，北京地铁共有 18 条运营线路（包括 17 条地铁线路和 1 条机场轨道），组成覆盖北京市 11 个市辖区，拥有 318 座运营车站（换乘车站重复计算，不重复计算换乘车站则为 268 座车站）、总长 604 公里运营线路的轨道交通系统，如图 3 所示。

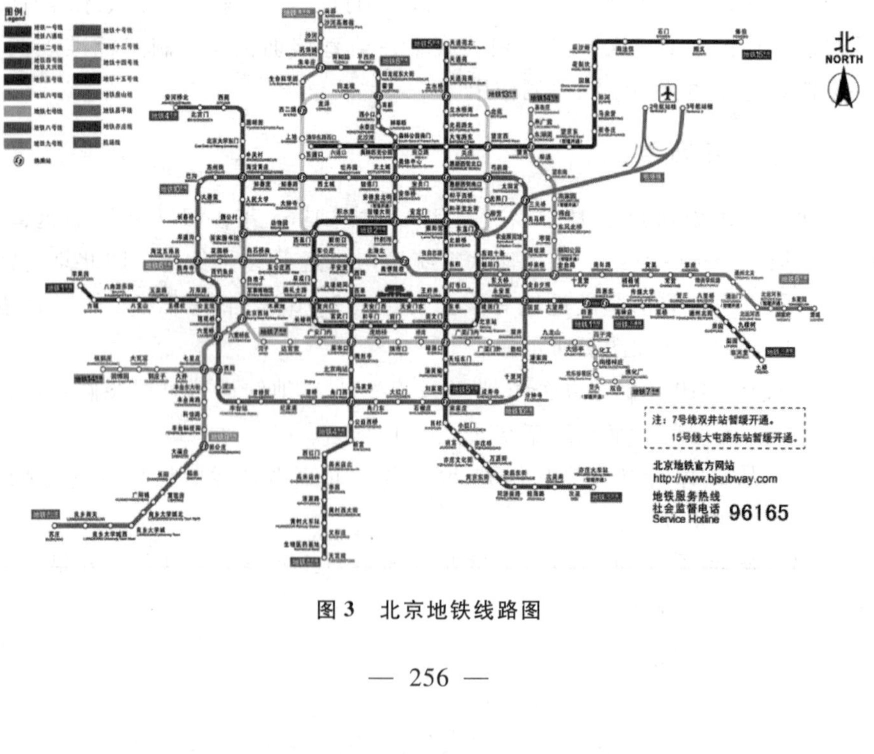

图 3　北京地铁线路图

2014 年，北京地铁年乘客量达到 33.87 亿人次。2014 年，北京地铁工作日日均客运量达到 1 008.76 万人次。以运营里程计算，北京地铁是世界上规模最大的城市地铁系统。以客运量计算，北京地铁亦是中国大陆最繁忙的城市轨道交通系统。目前，北京地铁工作日的日均客运量在 800 万人次以上。

三、人力资源管理矛盾显现

近几年北京地铁运营有限公司的跨越式发展，对首都经济发展、人民安全出行作出了突出贡献；北京地铁不仅保持了较快的发展速度，也保证了较高的安全运营水平，取得这些成果实属不易。

根据新线运营模式，北京地铁新线运营按照 60 人/公里配备员工，中期规划从 2012 年到 2015 年北京市城市轨道交通专业人才需要增加（666－372.93）×60＝17 585 人，长期规划从 2015 年至 2020 年北京市城市轨道交通专业人才需要增加（1 000－666）×60＝20 040 人。截至目前，北京地铁共拥有职工近三万名，按公司发展规划到 2020 年，公司职工总数将达到近五万名。

管理五万名的员工，这需要一个完善的人力资源体系（包括招聘体系、培训体系、绩效管理体系、职业发展体系、薪酬体系）来指导人力部门工作，需要落实关键工种的主体责任、优化人力资源配置，以便实现管理者和员工的人岗匹配、人事相宜，提高员工的执岗能力，保障地铁安全运营。

但是城市轨道交通是一个新兴行业，《国家职业大典》都尚未对地铁行业各工种及管理者进行职业、职级定位与编撰，整个行业目前是处于政策空白、标准缺失、培训机构匮乏等现象，北京地铁作为中国地铁行业发展的标杆，这些年一直是处于借鉴铁路相关政策、标准，并不断自己探索、总结属于自己的标准规范。

一路走来，人力资源部方部长带领人力资源部的各位同事，协调各业务部精英已经完成对基层技术人员的人力资源规划和胜任力建设。这对人力资源的整体建设起到了良好的奠基作用，但是革命依旧尚未完成。

北京地铁属于技术密集型企业，涉及运营、车辆、通信信号、供电、机电、线路等各方面的技术。因此，对人才素质和技能要求高。方总认为除了基层的技术人员的胜任力建设，项目部经理的人力资源战略规划与建设也是至关重要的，他们不仅帮助公司高层分担了公司安全运营的压力，而且管理与培养着基层的技术人员，他们是公司的中流砥柱，他们的素质与能力对公司的快速发展与安全运营发挥着至关重要的作用。

近年，北京每年要开通 2～4 条新线，每年平均增加 80 公里里程，主要中层管理者的人力问题如下：

（1）数量短缺：按北京地铁每年新增 80 公里，每公里需 60 人计算，每年都需求新增管理者和技术人员数量：80×60＝4 800（人），这还不包括退休与离职人员造成的缺口数量。

（2）技术和管理力量逐渐摊薄：由于老项目有经验的项目经理部分逐渐被分流到新线路，指导新线的具体运营工作，因此，老项目部的管理与技术力量被明显摊薄；此外，原有经验丰富的项目部经理数量有限，难以覆盖全部线路相应岗位空缺。

（3）已有管理者和高技术人才任务加重：由于老项目部有经验的管理者被分流，留下来的项目部管理者在任务数量不变的情况下，每个人的工作任务与责任成倍加重，长期如此，会严重影响项目部管理者工作质量和员工情绪。

（4）培训工作进展缓慢，人才梯队断层：由于城市轨道交通属于技术密集型企业，高技能人才培训周期较长，现阶段普遍技术水平较低，高技能人才比例偏低，尤其是具有管理经验的人才。目前，培训系统不完善、人均培训时间短，已培训的人员不能较快满足岗位需求；例如，新选拔上来的管理者经验有限，对管理一个项目部而言还稍显稚嫩，需要经验的不断积累。

以上问题都对安全运营埋下了技术与管理隐患，公司上下各层领导都注意到了这些问题，要求每周召开项目部管理者以上层次的安全会议，会上披露每周的安全等级事故，总结防范经验；但是会议时间较短，不能从根本上，或者较大程度提高项目部管理者的管理与技术水平，北京地铁是中国城市轨道交通发展的标杆，它的安全运营不仅关系到首都人民的正常出行，还代表着中国地铁发展在全球人民心中的形象。

鉴于中层管理人员在城市轨道交通的安全运营中发挥着举足轻重的地位和作用，方总多次召集集团公司及分公司各人力资源部、项目部优秀经理对中层管理者的发展进行了规划部署。会议主题主要围绕如何测评、选拔技能胜任的、素质合格的、责任心强的项目经理？如何规划项目经理的职业发展通道、系统培训与提升项目经理的技能？如何利用科学合理的绩效考核来激励项目经理？——这些都需要根据项目经理的业务特点和工作实际系统研究项目经理的胜任力模型与素质模型，制定项目经理的素质测评系统、技能培训与评价系统、分级管理系统等，以便实现项目经理的人岗匹配、人事相宜，提高项目经理的执岗能力，保障地铁安全运营。

四、维新变法：基于胜任力的中层管理者人力资源管理体系建设

基于北京地铁“六型地铁”的战略目标和“精细化管理年”的要求，方总和各位同事在会议中对中层管理者的胜任力建设需求达成了一致意见，决定上下合心，尽快实施对中层管理者的人力资源体系建设。

建立基于岗位胜任力的现代人力资源管理体系是发展趋势，针对北京地铁的人力资源管理现状，导入岗位胜任力理念及其管理方法，能大幅度提高北京地铁人力资源管理水平和操作水平，有力推动北京地铁的人力资源管理变革，全面提升其系统性、有效性与前瞻性；维护和完善员工队伍和服务，提供工作和组织条件，为员工充分发挥潜力提供所需支持和环境。基于胜任力的人力资源管理分为人力资源规划系统、胜任力管理系统、素质评价系统、培训开发系统、绩效管理系统、技能评价系统和薪酬分配系统七大部分，如图 4 所示。

本项目“基于胜任力的项目部经理人力资源体系建设”包含人力资源系统中的六大模块，分别是人力资源规划系统、胜任力管理系统、素质评价系统、培训开发系统、绩效管理系统和技能评价系统。

由于公司人力资源部各同事平时工作量已经达到饱和状态，为不影响正常的运营工作和更好更快地完成项目，方总等人决定将该项目交给长期合作的第三方管理咨询公司完成，公司人力资源部及相关业务项目部做指导、辅助和最后审核工作。

项目初始，公司项目小组成员确立了本项目的建设目标：建立项目部经理（包括：供电、机电、线路、通信信号、乘务、站区、检修 7 类）的人力资源管理标准与管理制度，落实项目部经理的工作重点与主体责任，使项目部经理的选拔、培训、考核、晋升过程更加科学合理。为此，管理

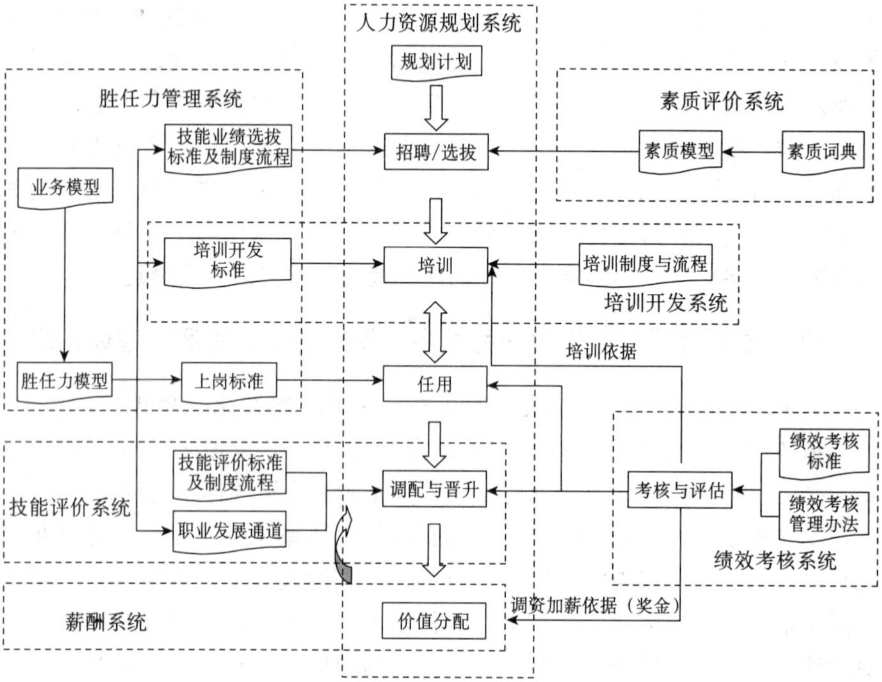

图 4　人力资源系统图

咨询公司需完成如下项目成果：

1. 项目部经理的总体规划

该部分主要是调研北京地铁目前各项目部经理的数量与结构，以地铁运营里程的规划发展为中心，分析项目经理如何配合发展纲要进行优化配置。

2. 项目部经理的胜任力研究

项目部经理的胜任力研究包括构建项目部经理的业务模型、素质模型和胜任力模型。

该部分是通过梳理各项目部管理者的基本工作内容、素质要求，把胜任该岗位所需的、核心的、重要的或通用的能力进行选择和有机组合，它能够具体指明从事本职位的人需要具备什么能力才能良好地完成该职位职责的需要，是人岗动态匹配和管理导向的依据和指南针。

3. 构建项目部经理招聘与选拔制度

首先设计项目部经理的职业发展通道，然后利用科学的测评方法评价选拔出技能达标、素质合格、有一定管理经验的能胜任项目部经理岗位的人员。解决在招聘和选拔过程中的三个问题：招聘什么样的人？在什么时候招聘多少人？怎么样去招聘合适的人？

4. 搭建项目部经理的培训系统

通过项目部经理的技能获得规律和认知规律，搭建项目部经理的培训内容、认知目标、培训步骤、方式方法等。解决员工现状与未来发展在数量、结构布局、素质方面存在的矛盾。

5. 完善项目部经理的绩效管理系统

通过对项目部经理的绩效考核与激励，调动其工作积极性与主动性，不断改进提高管理工作水平，进而提高公司整体绩效，帮助企业实现战略目标和经营计划，是高层与中层管理者之间在目标与如何实现目标上所达成共识的过程，是增强中层管理者成功地达到目标的管理方法以及促进员工取得优异绩效的管理过程。

为完成项目目标，第三方管理咨询公司针对本项目制定了详细的工作计划，结合对城市轨道交通行业的经验素材积累及人力资源理论的深入掌握，深入访谈各项目部优秀经理，按计划开展工作，定期与北京地铁人力资源部进行沟通反馈，经过半年的努力，基本完成了计划中的各项工作。

临近年底，方总望着办公桌上 7 类核心项目部经理的人力资源系统体系建设成果，长长地舒了一口气，压在心头的一个大石头终于可以落地了。

案例使用说明

（一）教学目的与用途

1. 本案例主要适用于人力资源管理和管理学等课程。

2. 本案例是一篇描述北京地铁中层管理者人力资源体系建设的教学案例，其教学目的在于使学生对人力资源规划与建设、岗位胜任力、培训、绩效考核等人力资源管理问题具有感性的认识及深入的思考，并提出解决方案。

（二）启发思考题

1. 你如何看待人力资源规划对北京地铁安全运营作出的贡献？

2. 人力资源体系包括哪几个模块？

3. 中层管理者在公司的岗位内容及重要意义？

4. 分析与区别业务模型、素质模型与胜任力模型？

5. 培训标准如何建立，具体内容包括哪些？

6. 对于北京地铁这种公用类企业绩效考核指标如何设置？应该采用什么方法？

7. 公用类企业的选拔标准如何建立？各指标比重如何确定？

公司治理

创维的职业经理人危机[①]

[案例摘要] 创维是国内知名家电类民营企业，自1988年创始至今，多次遭遇“灭顶之灾”却屡屡浴火重生，企业在磨难中不断成长、壮大。创维的职业经理人和创业者之间的多次纠纷也被大家熟知，其中最受关注的是“陆强华事件”和“创始人黄宏生入狱事件”，这两个事件是对创维过去最严重的冲击，也迫使创维开始尝试依托职业经理人来管理企业。企业创始人和职业经理人之间的委托代理矛盾一直是民营企业成长过程中的一个重要话题，创维的两次经理人危机是国内民营企业成长过程中的典型事件。

创维集团有限公司是以生产彩电、数字电视机顶盒、手机为主导，跨粤港的大型高科技企业，是中国三大彩电龙头企业之一，位列中国电子百强企业15位，共有员工两万多名。2013～2014财年公告营业额394.8亿港元，连续8年持续增长，盈利14.33亿港元。2011年，创维集团的目标是在将来的5～10年内实现总营业收入达1 000亿元，利润年平均增长20%，称雄个人消费类电子产品行业。

一、创维数码公司发展历程

1988年，黄宏生在“下海潮”正热时选择独自创业，在香港注册了一个小公司“创维”。但由于不熟悉香港的环境，不久就造成亏损。不久，黄宏生创办了一家遥控器厂，与飞利浦公司的工程师合作开发丽音解码器，但由于丽音广播成本太高，黄宏生又尝到了失败的滋味。令所

① 本案例由中央财经大学商学院的李汉军老师撰写。本案例依据真实企业的发展历程并参考了相关企业披露的信息研究整理而成，只供课堂讨论之用，并无意暗示或说明某种管理行为是否有效。

有人没有想到的是，搞技术和生产的黄宏生此时从企业并购的资本市场找到了“救命稻草”。1991 年，香港迅科集团由于高层内讧，将公司拍卖，引来各路富商大竞标。黄宏生却成了这场大战中真正的赢家。因为他把目光瞄准迅科彩电开发部的技术骨干，出让公司 15% 的股份将其纳入旗下，创维获得了强有力的技术支持。9 个月后，创维开发出国际领先的第三代彩电，并在欧洲市场一炮打响。有了第一次的成功，创维更加重视资本市场，1994 年，创维斥资港币 3 亿元取得 51% 股权，合资成立“深圳创维 - RGB 电子有限公司”。2000 年，创维在香港主板上市（HK00751）。经过 25 年的发展，创维已跻身世界十大彩电品牌、中国显示行业领导品牌和中国电子百强第十四位，2013 年创维品牌价值达 485.07 亿元。

创维坚持“核心产业做强，相关产业做大”战略，以香港创维数码控股有限公司为龙头，旗下设深圳创维 - RGB 电子公司、海外发展公司、数字技术公司、群欣安防科技公司、液晶器件公司等十多家产业公司。创维数码各业务占比如图 1 所示。

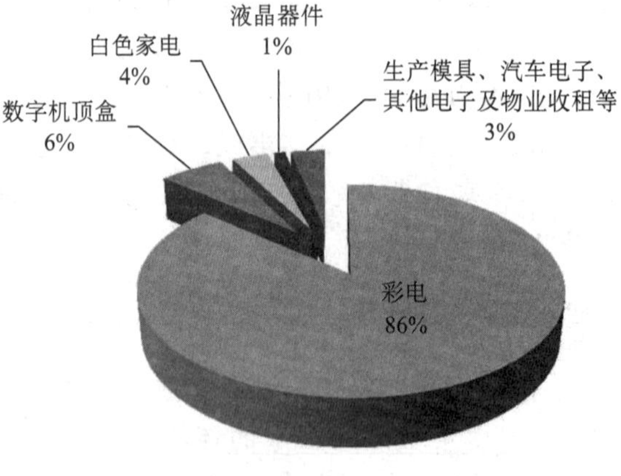

图 1　创维数码各业务占比

截至 2013 年 3 月 31 日创维数码控制权结构图如图 2 所示，主要持股人情况如表 1 所示。

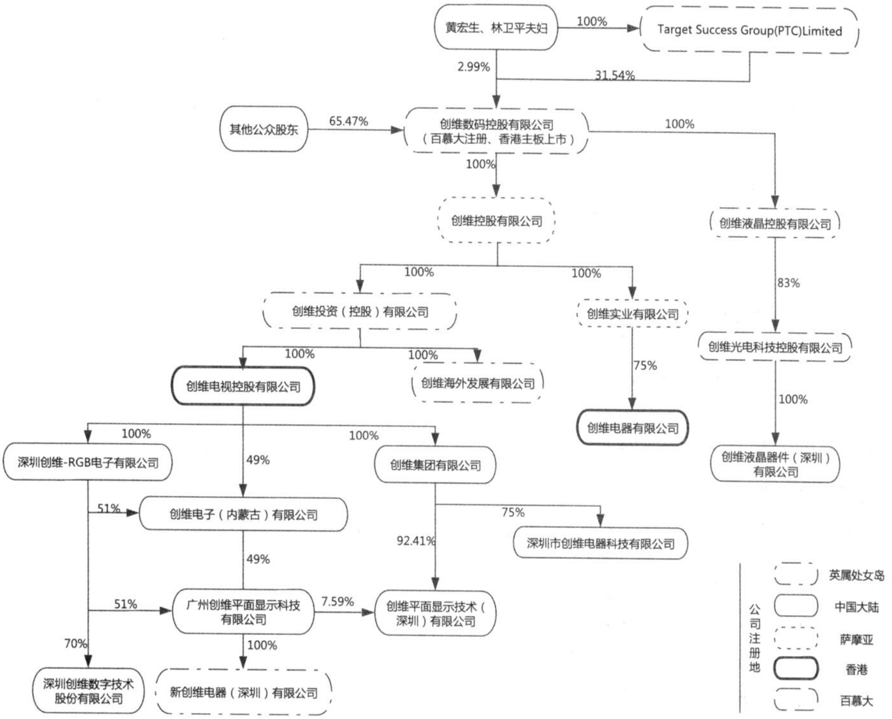

图 2　创维数码控制权结构图

表 1　　　　　　　　创维数码主要持股人情况

Target Success Group（PTC）Limited	31.54%
JP Morgan Chase & Co.	3.18%
黄宏生	2.70%
林卫平	0.29%

自 2000 年上市创维数码历年业绩如图 3 所示。

创维数码公司创始人、唯一控股股东黄宏生，汉族人，祖籍海南，现居香港，1956 年生于海南临高；1978 年恢复高考后考入华南工学院（现华南理工大学）无线电工程系，与李东升（TCL 创始人）、陈伟荣（康佳创始人）等中国家电行业领军人物为同班同学；毕业后，黄宏生进入华南电子进出口公司工作。3 年后，28 岁的黄宏生被破格提拔为常务副总经理，副厅级待遇。1988 年，在众人惊愕、惋惜、不解的目光中辞职下海，

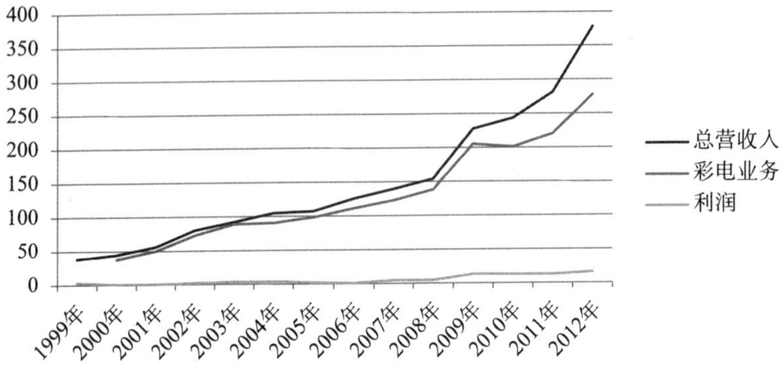

图3　1999～2012年创维数码历年业绩（单位：亿港币）

在香港注册成立遥控器厂，取名创维；经过多年艰苦打拼，2000年，创维成功在香港主板上市，募集资金10亿元；2001年，创维彩电销售额突破70亿元大关，进入中国彩电业前三名。2004年被香港廉政公署在“虎山行动”中拘捕；2006年7月，香港区域法院宣判黄宏生及其弟黄培生被控罪名全部成立，涉嫌偷窃创维系列公司5 070万港元，涉嫌与他人串谋诈骗上市公司创维数码等四项罪名，兄弟二人分别被判入狱6年；2009年7月获准提前保释出狱；2012年8月创维数码发布公告称，正式宣布聘用黄宏生为集团顾问，为公司提供有关未来发展目标和实现目标的途径建议，但无权参与日常管理和决定工作。

黄宏生作为企业的创始人和唯一控股股东，其对创维有一种割舍不断的情结——创维不仅是自己的孩子，也是自己个人价值的体现。黄宏生是创维最勤奋的人，也正是他的“太勤奋”帮助创维实现稳健发展，同时，也是创维“速度慢”的重要原因，因此，他的管理风格就是事无巨细必亲自过问。黄宏生的手伸得太长，事必躬亲，导致创维公司治理人治色彩过于浓厚。

黄宏生也是一个理想主义者，并且在“用人”上非常多疑，职业经理人很难得到他的信任。黄宏生养成了一个很特别的习惯：每天上午10点半左右给每个高层的办公室打电话，以确定他们在不在。黄甚至有时会直接找一名普通员工谈话，这也造成了职业经理人不必要的猜疑。2000年前，创维屡次出现高管离职，多半与黄宏生不欢而散。

创业初期，黄宏生每件事都要过问，中层发放奖金，超过一万元都要他亲自批。黄宏生的家人都在创维集团或关联公司担任要职，此外，黄宏生本人及家人在创维集团有绝对话语权，把持着创维数码绝大部分股权，光黄宏生一人就持有创维40%的股权。创业初期，有不少员工都来自他的老家海南。而缺乏安全感的黄宏生，将财务体系一直交由黄氏嫡系亲信把持，财务人员的执行权甚至要高于其所属部门的负责人。

二、陆强华出走事件

1996年，时任上海广电股份公司副总经理兼销售中心总经理的陆强华加盟深圳创维集团，出任创维集团董事副总经理兼销售总经理，成为“彩电第一职业经理人”。之后的四年，陆强华凭借自己的营销经验和业界人脉拉动着创维彩电销售量快速上升，创维的彩电业务销售额从其加盟时的7.8亿港元做到43.3亿港币，累计营业额达115亿港币。利润从1997年的8 000万港币上升到1999年的3.2亿港币。每年增幅达50%。创维的行业排名也由第17位骤升至第4位，比预定目标提前了两年时间。

陆强华的营销模式被称为“集中受控式”，其核心是财务和物流必须由总部进行集权管理。创维集团董事长黄宏生希望进一步扩展业务，认为这一营销模式稳重有余而灵动不足。因此决定：不换思路就换人，从而导致二人发生龃龉。

2000年8月1日，黄宏生通知陆强华，要对其工作进行调整，次日，陆强华被免职。在此前两天，创维已委任杨东文替代陆强华的职务。陆强华认为，从职业规矩来说，如果董事长要调动他的工作应提前协商，他感到“措手不及”。在8月2日免职之后，陆强华曾与黄宏生有过两次沟通，黄宏生给他一个新位置：中国区总经理。陆强华认为，当时自己加盟创维，双方是就“中国区域销售总部总经理”这一职位签约的，现在的新位子只是有名无实的虚衔。2000年11月4日，陆强华带领原创维100多名营销精英加盟高路华，出任新组建的东菱电器集团总裁兼中国销售总部总经理；在这100多人中，有11位是片区经理，而创维全国一共就只有24个片区经理，陆强华这一走，走掉了创维销售的半边天，同时，陆强华就创维集团拖欠工资、私自解除聘用合同，将黄宏生告上法庭。

2001年5月21日，深圳市劳动仲裁委员会正式作出裁决，陆强华多项诉讼申请中，除裁决创维支付陆强华应得工资88 450元外，其余各项申请均被驳回。随后，陆强华上诉深圳市中级人民法院。深圳市中级人民法院在2001年12月24日终审判决陆强华败诉，其判决书称，陆强华必须归还1997年创维老板黄宏生引进他时花80万元为他在上海购置的房产，该房产是陆强华承诺在创维服务十年的保证。至此，“中国第一职业经理人事件”尘埃落定。

此时恰逢2000年中国彩电业整体销量下降，价格战也愈演愈烈，创维彩电边际利润率下降11%。内忧外患，直把黄宏生往绝路上逼。2000年4至9月，创维巨亏1.25亿港元，市值暴跌80%多。股民怨声载道，创维的声誉跌到冰点。

陆强华事件让创维为此付出极大的代价，几乎将创维带入万劫不复的境地。面对此种局面，迫使黄宏生不得不思考如何建立一个健康稳定的公司治理模式，才能够使得企业不会因一人而导致毁灭性的动荡局面，为此黄宏生发起“再造创维”运动，在公司治理层面对创维进行改造。

黄宏生对自己在创维公司治理中的角色定位进行了反思并采取实际行动。具体表现为其在创维集团只保留董事长职务，卸任创维集团总裁。逐渐从事无巨细、亲力亲为的事务性工作中解脱出来，转向关注公司发展战略、组织架构等宏观层面问题。

尽量在企业内部选拔、培养管理者，启用张学斌、杨东文等一批年轻的职业经理人充实到创维的关键岗位上。任命张学斌为创维集团中国区总裁职务，主导创维彩电事业部成立及研发、生产、销售体系的整合。黄宏生在张学斌草拟的授权书上签字，充分授予其企业的财权、人权、物权和经营权等一系列权利，甚至包括3 000万元以内的支出，张学斌有权做主无须汇报。同时，任命杨东文为销售总经理，全权负责创维彩电业务销售团队建设、销售模式和策略制定及实施。正是对这一批职业经理人的充分放权，使得创维迅速稳定局面、快速重构营销体系并在2001年实现扭亏，帮助创维起死回生。

生性小气和精于算计的黄宏生经历此次事件终于认识到薪酬激励对公司治理的重要性。创维开始建立和完善相关的薪酬激励机制，2002年，创维向公司800名管理人员和骨干员工分配1亿股股票期权。在当年的科技表彰大会上，集团首席科学家李鸿安获得100万元现金奖励和300万份股票期权，被称为“价值千万”的打工皇帝。正是通过利益分享的薪酬激励机制，迅速凝聚人心，帮助创维渡过难关并实现连年平稳快速增长。

三、黄宏生入狱后的创维

作为对商机极为敏感的成功商人，黄宏生在2000年的时候看上了海南三亚的一个地产项目——时代海岸，拿到董事会上讨论，意见有分歧，未能通过，黄宏生决定以自己个人的名义操作该项目，由于资金不够才决定从公司“借”走4 800万元，黄宏生挪用的此笔资金涉嫌转移到三亚创维鸿洲房地产开发有限公司。该公司注册地是三亚，于2002年11月1日注册成立，注册资金1亿元人民币。

2004年11月30日，香港廉政公署在“虎山行动”中，拘捕黄宏生、其胞弟黄培升及多名创维管理人员。据香港廉政公署的调查，黄宏生兄弟从2000年11月1日至2004年10月31日期间，串谋其母亲罗玉英及另外一名人士王鹏，除盗窃创维数码控股有限公司4 000万港元外，还盗窃创维网络有限公司一笔超过220万港元的款项。这些款项以顾问费及现金形式，存入其他人账户，再转入黄宏生个人及其母亲的账户。2006年7月，香港区域法院宣判黄宏生和黄培升兄弟二人罪名成立，分别被判入狱服刑6年。

黄宏生案发后，为避免过分波及创维企业运营及尽早在港交所恢复挂牌，黄宏生和创维迅速作出应对，尽量将该事件塑造成为黄氏家族个案，剥离、削弱与创维数码的联系。黄宏生自卸职务，辞去董事局主席兼首席执行官职务，转而成为公司非执行董事，并担任非执行主席，2006年7月香港法院正式裁定其罪名成立后，辞去非执行董事及非执行主席职务，彻底在名义上退出创维公司治理结构。同时，时任创维海外采购总监的林卫平（黄妻）、时任创维执行董事，负责创维深圳生产基地采购及物料管理的黄培生（黄弟）、时任创维非全资子公司创维电视控股有限公司董事罗玉英（黄母）等黄氏家族成员悉数从创维公司离任。

“黄宏生入狱”事件发生后，创维对公司的治理结构进行了变革。黄氏家族的高调引退、新任CEO王殿甫临危受命、新机构“独立委员会”的成立，构成了创维成立16年来公司在治理结构上的一次最为深入的改革。通过改革，公司不仅引入更多的专业人士，为高管层注入新鲜血液，而且跨过了信心危机，增强了公信力。

创维主动邀请具备资深香港监管机构背景的人士成立独立委员会，独立委员会将不向任何其他机构汇报情况，而只向公司的大小股东负责，以便创维防范风险以及监察日常运作，保障公司的资产和权益。委员会成员张英潮担任多个香港股市监督机构要职，其中最令人瞩目的是香港证监会程序覆检委员会委员，香港联交所创业板上市委员会及主板上市委员会委员。独立委员会成员叶成庆，则是香港廉政公署防止贪污咨询委员会委员，以及中国委托公证人协会理事会员。最后一名成员邢诒春来自香港会计师公会会员的华利信会计师事务所，为其主管合伙人。独立委员会有权力在适当条件下查阅创维的账目、记录以及事务，此举意味着其成员非常容易就能获得香港监管机构需要的各种资料。

当初，黄宏生被捕时那一句“一切交给张学斌打理”，也正是创维真正从个人英雄时代向职业经理人时代过渡的开始。而张、杨等人与黄宏生之间的默契配合，也成为创维平稳发展的关键。黄宏生入狱后没多久，张学斌就力邀杨东文再次回归创维，主管创维核心产业彩电，开始构建和完善以职业经理人为班底的创维核心管理团队。同时，以张学斌为核心的职业经理人团队加大了对公司风险的管控。创维的审计部门拥有 40 多名审计人员，直接隶属于董事局。此外，创维数码还增设了一个风险评估部门，由独立董事分管。“这个部门责任很大，绝非虚设，做错事情有可能会坐牢的。”与此同时，创维还设立了一套标准化的决策流程体系，凡超过公司市值 5% 以上的项目，都要上报董事会，而且要向全体投资者公告。

四、黄宏生的回归和张学斌的离职

2009 年 7 月 4 日，黄宏生获准提前保释出狱，低调返回家中。2012 年 8 月 8 日创维数码发布公告，正式宣布 8 月 9 日起，创维电视控股有限公司将聘用黄宏生为集团顾问，深圳创维 - RGB 电子有限公司聘用黄培升为彩电事业本部制造部副总经理，黄宏生被聘为集团顾问的时间为一年，黄宏生将向集团提供有关未来发展目标和实现目标的途径建议，但无权参与日常管理和决定工作。

早在 2005 年黄宏生案尚未宣判时，黄宏生在创维 2004 年“去黄氏家族化”举措实施的隔年即将黄氏家族中“最干净”的成员林卫平送入创维数码董事局，并一直担任执行董事及集团副总裁。2012 年创维发布公告聘任黄宏生和黄培升分别担任创维集团顾问和创维彩电事业本部制造部副总经理的职务。2013 年 4 月 1 日，林卫平顶替张学斌担任创维数码董事局执行主席。至此，似乎正式宣告黄氏家族重新回到创维的权力核心，并进行全面掌控。

2012 年 4 月 1 日，在创维服务了 12 年，多次在危难关头临危受命拯救创维于危局的职业经理人张学斌卸任创维数码董事局执行主席。据创维公告宣称张学斌是出于个人原因，想在个人和家庭事务上投入更多时间。在此前的 2012 年张学斌的创维 CEO 职务已由杨东文顶替。至此，张学斌正式远离创维，成为局外人。

张学斌的离任，加上林卫平的接任，让创维的家族色彩更加浓厚，在某种意义上使创维由一个职业经理人为主导的上市公司重新成为一个传统家族式企业的可能性越来越大，对于投资者或对创维其他中小股东而言，这样的调整意味着创维有可能更加封闭，更加家族化。创始人家族在董事会话语权树立了绝对权威地位，董事会的决策风险加大，对于上市公司公开化的治理结构而言这是一种倒退。这种涉及董事会高层的结构调整，实际上可能会让创维数码这家上市公司，走向公开化、国际化的反方向，中小股东权益的保障将更加困难。

2012 年 11 月，黄宏生在接受媒体采访时公开表示创维集团“官僚主义、既得利益的守城心态，不作为的好人主义”普遍存在。黄宏生认为，“家电业的竞争，未来必将是综合性家电集团之间的比拼”，创维要想到 2015 年突破 500 亿元、2020 年冲击 1 000 亿元，不多元化没有希望；另一方面，黄宏生认为创维文化过于温和，要改变现状，必须塑造主动进攻的“狼性文化”。

黄宏生在不同场合一直强调，“家电业的竞争，未来必将是综合性家电集团之间的比拼”，“创维要想到 2015 年突破 500 亿元、2020 年冲击 1 000 亿元，不多元化没有希望”。多元化是黄宏生一直强调和坚持的创维应该选择的发展战略，早在 2004 年黄宏生即规划制定了将创维“三分上市”，进行多元化产业布局的创维成长路径，其最终目标是将百亿级的创维送进“千亿俱乐部”。此间因黄宏生入狱，这一计划中断了 8 年。

张学斌在黄宏生被捕入狱后，先后砍掉了软件、电脑、小家电等业务，直至2008年6月份将创维手机80%股权以“1元加1港元”的价格转让出去，战略收缩才算告一段落。这实际上是推翻了黄宏生入狱前制定的公司多元化战略。要知道，当年创维获得手机生产销售牌照时，黄宏生曾因此欣喜万分。但温文尔雅的张学斌此时显示出了强硬的一面。他“否定”了黄宏生布下的多元化战略，重新将创维定位于“做彩电专家”，并称之为“比较聚焦的战略”或者“有限多元化”，其涉足的所有产业都是围绕着支持彩电业务的发展。

实际上创维在2010年突然开始加快多元化产业布局和扩张，彩电业务在集团业务份额由先前持续保持在90%以上份额下降到80%左右。同时，占集团业务第二位的数字机顶盒业务借壳华润锦华实现分拆上市；另外，创维液晶模组业务也向证交所递交了上市申请。对于一直坚持有限多元化战略的以张学斌为主导的创维来说，是否意味着创维的主导权由于黄宏生的回归而发生转移，最终导致创维公司治理结构的转变。

黄宏生作为创维创始人和唯一控股股东，早就将创维当成自己的孩子来看待。他在2000年和2004年对以张学斌为主导的职业经理人放权，除了公司发展阶段必要的选择外，当时创维所面临的危险局面和其身陷牢狱无法掌控等因素决定其所作出的放权决定都是不得已而为之。

另外，黄宏生生性多疑，无法完全相信职业经理人。而张学斌经过多年的规范化公司治理，带领创维连创佳绩平稳快速增长，并在创维两次大的危机面前临危受命，挽救公司于破产边缘，在公司内部树立了强有力的威信。同时，也获得行业和市场的认可，这些都会对黄宏生在创维的地位和影响力产生较大的威胁，从而导致黄宏生强烈的重掌创维意愿，实现黄氏家族的回归及张学斌的出局。

案例使用说明

（一）教学目的与用途

1. 本案例主要是用于MBA《公司治理》课程，也可使用于工商管理类或金融类别课程的教学和管理培训。

2. 本案例的教学目的在于帮助学生掌握委托代理关系的基本原理，让学生主动分析、设计高管激励约束机制方案。

3. 任课教师可以进一步结合创维其他信息披露的内容，进一步引导学生开展课堂案例讨论。

（二）启发思考题

1. 如何从公司治理的视角看待创维在成长过程中发生的两次重大职业经理人危机？

2. 如何建立民营企业创始人和职业经理人之间的信任与合作关系？

3. 黄氏家族重新掌控创维后，应如何设置职业经理人的激励和约束机制？

运营管理

生鲜电商领域的革命者："许鲜网"①

[案例摘要] 近几年，随着电子商务的逐渐兴盛，越来越多的企业纷纷试水生鲜电商领域，生鲜电商也被称为是电商领域的"最后一片蓝海"。本案例描述了生鲜电商领域的创新者"许鲜网"自成立伊始是如何层层布局，将"许鲜"的运营战略及取得成果呈现在读者面前，以期其战略选择和运营策略能够为创业者提供参考和借鉴。

中关村一栋大厦的会议室里，风投质疑的声音传来："都说到这个份儿上了，能不能拿出真实数据给我们看看?"会议桌对面的青年放下手中的融资计划书，显得有些兴致高昂地说："这个品牌目前是北京地区最大的单一电商采购渠道，而这一业绩的成本，是一个 APP、8 个多月的时间和 50 多个扎根于校园与社区的自营店。"青年慢慢站起，整理了一下身上略微褶皱的西装，向 VC 投以最真挚的目光，缓缓道来："我们会以最快的速度，覆盖中国的一线城市，让传统的水果零售模式跟不上、学不来、玩不起!"

是的，上述这个宏大的愿景就出自"许鲜"创始人徐晗之口。说起"许鲜"这个名字，大多数人第一时间还是会想起 20 世纪 90 年代风靡一时的电视剧《新白娘子传奇》，男主角许仙与白娘子的旷世爱情让不少 80、90 后的观众记忆深刻并为之动容。而在北京，尤其是在高校学生中，大家也许会联想到时下最火的一款鲜果 O2O，那就是"许鲜网"。每逢中午或傍晚，很多高校的许鲜提货点都会排起长龙，场面之壮观是超市或水果店都难以企及。从上线到现在的短短一年里，"许鲜"迅速扩张，自营店覆

① 本案例由中央财经大学商学院的贾晓菁老师、研究生陈琦撰写。本案例只供课堂讨论之用，并无意暗示或说明某种管理行为是否有效。由于企业保密的要求，在本案例中对有关名称、数据等作了必要的掩饰性处理。

盖北京、上海，销售额破千万，用户好评不断。短时间内如此傲人的业绩，使人不得不疑惑，“许鲜”是如何在厮杀激烈的生鲜O2O领域内博得自己的一席之地呢？

一、另辟蹊径，从混战中突围

（一）生鲜电商大混战

随着电子商务在国内的逐渐兴盛，越来越多的创业者开始瞄准生鲜这个领域。由于国内频发食品安全事件，导致很多消费者对高品质高安全性的生鲜品的需求越来越高。再加上人们确实对生鲜品存在刚性需求，促使很多企业看到了这个巨大的市场潜力，生鲜电商也被诸多风投称作是“电商发展的最后一片蓝海”。自从2005年起，众多资本纷纷进入生鲜电商市场或是投资生鲜电商项目，市场上涌现了一批又一批的生鲜电商。然而，行业的骤然繁荣与其本身的不成熟无法相匹配，很多生鲜电商仅仅是复制了普通电商的模式，并未感知到生鲜品本身的独特性，因而发展捉襟见肘，以易果网、优菜网为代表的很多企业以倒闭或转让的方式为自己的创业探索之旅画上了句号。

虽然见证了诸多生鲜电商的悲惨结局，但是生鲜电商这个领域并未从此萧条，很多企业家仍然看好生鲜电商这片蓝海。2012年被视为生鲜电商发展的元年，很多生鲜电商的转折也是从此时开始。众多企业获得了强大的资金投入，并依靠自己各自的行业资源优势在生鲜电商这块战场上准备大展身手。越来越先进的通讯工具和支付手段也为其商业模式的创新提供了更多的可能，B2C、C2C甚至是O2O等运营模式如雨后春笋般涌现出来，吸引了大量用户的关注，也在逐步改变人们购买生鲜品的消费习惯，生鲜电商进入了百家争鸣的时代，如表1所示。

表1　　中国各大生鲜电商平台一览

平台电商	天猫、淘宝、京东、一号店、亚马逊
自有基地+采购+配送	沱沱工社
采购+销售网站+配送	顺丰优选、本来生活、中粮我买网、甫田网、易果网、家事易等
超市旗下综合性电商	山姆会员网上商店、永辉半边天
单分类专业卖家/平台入驻商家	农享网、天天果园

（二）因为专注，所以专业

生鲜领域发展得如火如荼，也引发了徐晗这个有着经商世家背景的青年的创业冲动。纵观整个市场，先有顺丰优选、本来生活网等大型综合电商充分发挥先行者优势抢占市场，后有天猫、京东等电商巨鳄也要来分一杯羹。因而瞄准校园市场，夺取在校大学生这个具有规律性需求和潜力巨大的消费群体成为了徐晗的选择。同时，他发现，生鲜电商市场虽然发展得如火如荼，但真正意义上在这个领域内吃到甜头的企业却是少之又少，大部分电商都处于略亏损状态。徐晗深知自己的资金实力以及冷链技术条件不足以与生鲜电商大鳄相较量，因而他放弃了做全品类，选择了更加细分的市场，聚焦于鲜果领域。如图1所示，据调查，在各种生鲜品类里，水果最受生鲜电商用户的青睐。从具体运营来看，像天猫、京东、一号店等部分电商确实将水果作为首项或推荐商品置于生鲜频道的第一屏。虽然只做卖水果的平台，但是徐晗相信，相较于综合型电商，“许鲜”的定位更加明确，会更有能力和精力在鲜果电商领域内做大做强，从水果这个突破口动摇整个生鲜电商领域的局势。

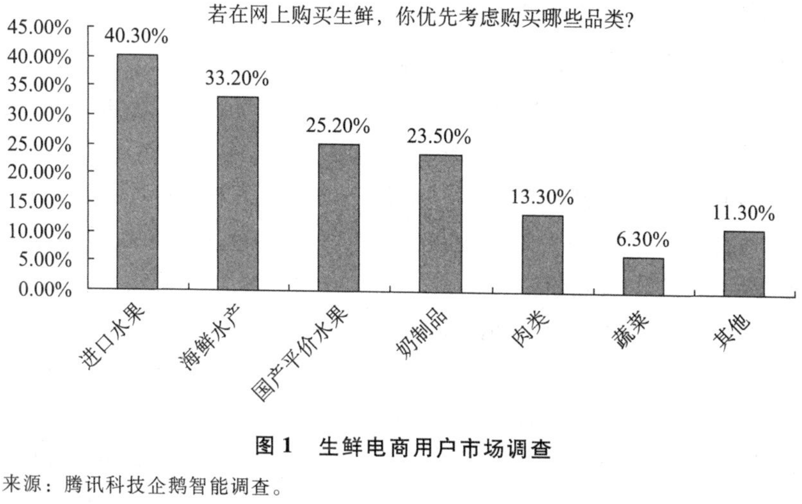

图1　生鲜电商用户市场调查

来源：腾讯科技企鹅智能调查。

二、“许鲜”如何脱颖而出

纵观生鲜电商发展历程，徐晗认为，消费者对于网上订购鲜果无非存在四点要求：新鲜、安全、便利、实惠。如果“许鲜”提供的产品和服务能够契合消费者的需求，为用户创造真正的价值，便能在生鲜电商领域内站稳脚跟，走得长远。

（一）“高冷”预售，开启生鲜电商新模式

为迎合消费者对水果新鲜程度的高要求、高标准，徐晗自“许鲜”成立伊始就致力于打造“6 小时新鲜区”，提供从采摘到身边不超过 6 小时的极致体验。用户需要每天凌晨 1 点钟前在 PC 端或手机 APP 客户端选择最近的提货点进行线上下单并完成支付，“许鲜”在统一处理订单后于清晨与合作农户或供应商联系，去往市郊的果园集中采购，于 10 点前将各大提货点需要的货品运输完毕，用户便可以在 11 点后去许鲜自营店自提。但是如果用户在 48 小时之内未领取鲜果则视为订单作废，概不退款。这样的预售模式看似“高冷”，但正是由于提前完成了支付环节，反而能够让用户产生一定的重视。48 小时的限制，能够保证用户拿到货品的新鲜度，维护好“许鲜”高质量货品的口碑。而且，这种预售模式可以让“许鲜”掌握用户需求再进行配货，实现精准采购、精准分销、当日配送、当日消化，避免无谓的库存压力和货品损耗。

（二）化繁为简，甘做水果的“搬运工”

徐晗发现，传统的鲜果供应流程是从果园到果品公司，再到一级批发市场、二级批发市场、三级批发市场，这中间经过了多次的加价环节，而成本最后只能由消费者负担，鲜果价格自然降不下来。而且经过长途多次周转，冷链保存技术不达标，导致市场上最终销售的鲜果品质参差不齐，不少水果会出现变质现象。然而，这两年虽然生鲜电商很热，但是始终无法根本解决鲜果损耗问题。如图 2 所示，根据调查，半数用户最忌讳的是买到与网上描述不一致的生鲜菜品，其主要原因也是变质损坏，近一半的用户介意其收到的生鲜菜品不新鲜。针对鲜果的高损耗率，徐晗大胆地选择去除以往鲜果损耗最多的环节——库存和周转，选择直接和市郊的果园进行合作。但在早期，“许鲜”的订购量并不大，根本没有资格和果园农户合作，只能从三级批发商那里拿货，还会受到不间断的嘲讽和蔑视。但随着“许鲜”的订单量逐渐做大，越来越多的供应商要求与之合作，甚至在发货延迟时会主动上门道歉。面对供应商的变化，徐晗总结道，这一切都要归功于“许鲜”的预售模式，使得现金流相较于传统的零售模式更具有流动性，可以做到不拖款、不轧账，最终赢得了供应商的信任，掌握了交易的主动权。“许鲜”成功地将以往繁琐冗长的供应链缩短为点对点的供应模式，这种通过“去中介化”的方式与供应链最上游的农户直接对接可以有效降低中间环节的交易费用，使“许鲜”水果的价格可以普遍低于市面价格，同时，还可以减少因周转给鲜果带来的损耗，可谓是一石二鸟。另外，流通环节少可以有效实现货品的追溯，保证货品来源安全可靠，从一定程度上实现产品品控，契合了用户对鲜果品质安全的需求。

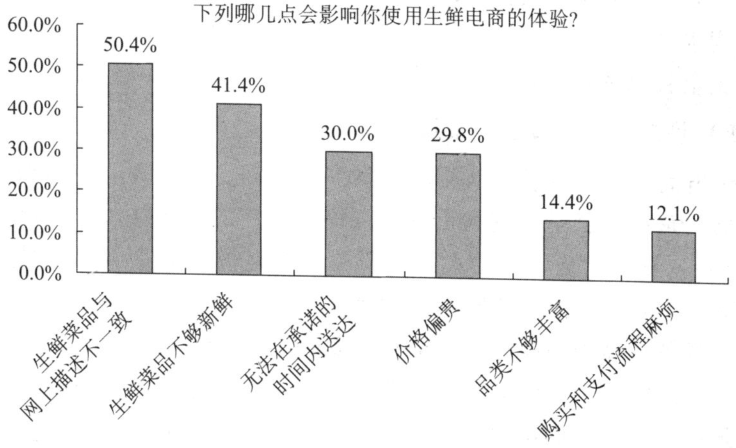

图 2　生鲜电商用户市场调查

来源：腾讯科技企鹅智能调查。

（三）拒绝补贴，用真正的价值挽留用户

“快的打车”的 CEO 吕传伟曾经说，高峰时期，快的每天花掉 3 000 万元人民币，以至于缺钱成为“快的”长期面临的最大困难。从零开始，在短时间抢占客户改变其消费习惯并不是容易的事情。很多 O2O 项目为了吸引价格敏感型消费者，迅速占领市场份额，不惜花大价钱补贴用户。从打车、外卖等等，这些本应产生更多创新的广阔天地却被诸多补贴大战变了味道。可是，这种烧钱行为并不符合徐晗的创业理念，从小在经商世家耳濡目染的他认为，任何负现金流都是具有摧毁性的，所以绝不做亏本的买卖。在资本补贴盛行的时代，徐晗愿意带领他的团队去追逐商业的核心和本身，启发一种新的可能，为生鲜行业带来一些实实在在的改变，即使艰难。在初期推广运营中，“许鲜”在校园内采用扫二维码下载客户端送苹果的方式，靠着一个个苹果的地推，积累了早期用户。之后，“许鲜”为了进一步扩大影响力，开展了一些买赠活动，同时，建立微信粉丝群，将用户的意见收集并反馈，与用户进行互动。整个互动过程中，虽然充斥着不少骂声，但徐晗愿意努力倾听，因为他认为这更能够让“许鲜”发现用户更为细微的需求。不到一年，“许鲜”迅速实现了扩张，付费用户累计约10万名，月营业额突破了千万。更值得注意的是，“许鲜”周边用户渗透率达到了30%，复购率高达65%，用户粘度水平在同行业中也是佼佼者。而此时，“许鲜”的A轮融资的数百万美金甚至才花了不到一半。

（四）设立自提，回避“最后一公里”

随着电商发展逐渐成熟以及物流体系逐步完善，众多电商和物流巨头陆续布局“最后一公里”的大市场，以提升用户的购物体验。但徐晗却认为，“最后一公里”是一道巨大的障碍，并不是说不必克服，而是如果过早地考虑它，只会将激增的成本转嫁到用户身上，得不偿失。因此，“许鲜”选择在各大高校和商圈设立自提点以替代传统的宅配服务，用户需要在下单转天去附近的“许鲜”自营店自行取货。这种自提服务不仅有效回避了“最后一公里”的配送问题，极大地降低了物流成本，还能有效解决传统电商无法掌控准确配送时间的痛点，用户可以自行选择其午休或下班时间提货，时间更自由，其购买体验程度会更好。徐晗说，“许鲜”要证明的是，只要能够换来更好的消费体验，用户并不需要你替他们省掉那一公里的路程。

三、展望未来

其实，“许鲜”的实质是一套点对点的供应链解决方案。在生鲜电商领域，高损耗率一直是诸多企业家的痛点。一般来说，水果生意从产出到销售的整个阶段的损耗都在40%～50%甚至更高，运营较好的生鲜电商也最少将损耗保持在15%以内。而“许鲜”却能够将损耗控制在1%，这个惊人的数字不得不让业界同仁对“许鲜”的运营模式刮目相看。由于缩短了供应链，“许鲜”避免了周转环节带来的损耗，而且周转速度足够快，无须建立冷链物流和存储体系。随着业务逐渐成熟，徐晗认为，只要供应链衔接得足够紧密，再远的水果业务也能做，实现从果园到用户的直接对接，无非是多了几个小时的空运时间而已。而如果其他品类也可以像水果一样以这种运营模式周转，那么最终大部分商品都可以纳入到“许鲜”的经营范围之内。

此外，面对诸多综合型电商在物流配送上的发力，“许鲜”的自提服务也面临不小的挑战。京东和顺丰优选依靠其强大的物流背景在“最后一公里”下足了功夫，长此以往，很可能在实现宅配的同时大幅降低物流成本。那么此时，自提方式将会黯然失色。针对于此，徐晗坦言仍想继续进行深入的供应链再造。他承认，“许鲜”尚且处于经营阶段的早期，当系统建设相对完备，“许鲜”也会参与涵盖供应商、物流、仓储和上门配送的体系。只是，他需要时间、资本和快速增长来帮助其完成这个宏大的愿景。

徐晗一直以“永辉超市”作为自己的榜样，希望“许鲜”有朝一日能够像“永辉超市”一样吸引无数普通群众，赢下低价、新鲜、放心的好名声，证明自己在生鲜电商领域内的价值。让徐晗欣慰的是，在“许鲜”直营店门口排队的人群里，不再只是学生和白领，也出现了越来越多大妈的身影。看来若想成为电商界的“永辉超市”，进击社区将会是“许鲜”不得不迈出的重要一步。

案例使用说明

（一）教学目的与用途

1. 本案例主要适用于运营管理课程，也适用于供应链管理课程。

2. 本案例的适用对象：MBA 以及企业管理专业的本科生。

3. 本案例的教学目标：

（1）了解新兴电商领域的行业背景以及现行状况；

（2）了解 O2O 的运营模式以及其相较于传统电商模式的优势；

（3）理解和掌握流程管理的相关思想和理论知识；

（4）理解和掌握业务流程再造以及供应链再造的相关思想和理论知识。

（二）启发思考题

1. 你认为，“许鲜”的模式相较于传统生鲜电商有哪些优势？

2. 自“许鲜”成立伊始，徐晗的层层布局都遇到了哪些问题？又是怎样解决的？

3. “许鲜”在未来的发展道路上可能面临的挑战有哪些？

4. 如果你是“许鲜”的老板，未来你将如何布局？

金百万：互联网加“准成品”开辟餐饮业新天地①

[案例摘要] 本案例展示了餐饮企业“金百万”的发展历程，重点描写了该公司在“互联网＋”时代对传统餐饮行业的创新探索：通过开创“准成品”和“智能锅”，并推出更加深入顾客群体的APP来改革传统餐饮的局限性、应对解决顾客群体的痛点。虽然“金百万”具备相比竞争对手更好的对顾客数据的挖掘能力，但是这一系列的创新面临着很大的不确定性，比如，标准化之后，是不是就降低了竞争进入门槛？对于中国消费者群体多变的口味，“金百万”又是否能够维持自己通过互联网平台而获得的创新模式的优势呢？一般的商业模式创新往往发生在带有互联网DNA的互联网公司，而“金百万”作为一家传统餐饮行业的公司，却善于学习“互联网思维”，不断开拓创新。“金百万”有着其独特的商业逻辑，其案例历程非常值得我们探讨。

金百万的发展历程是传统中式餐饮转变发展模式的典型代表，其创始人邓超一向信奉的理念是：“不同时代潮流有不同的走向，市场从不眷顾养尊处优的人，跟不上就淘汰。企业领导者要有趋势的判断力”。2015年在互联网＋刚流行起来的时候，金百万就抓住时机推出“筷好味”品牌，成立半年就完成融资，估值更是超过13亿元。金百万从典型传统中式餐饮企业转型到依托互联网平台企业，提供准成品切中顾客需求，同时，以标准化的流程获得了规模效应，无疑是对市场的一个很好的示范。然而，即使在市场一片叫好声中，金百万的前路依然让掌门人邓超丝毫不敢放松。一

① 本案例由中央财经大学商学院刘书博老师、商学院本科生陈卓立、黄颖、吴松桥、张侨珊共同撰写（作者排名不分先后）。本案例只供课堂讨论之用，并无意暗示或说明某种管理行为是否有效。

方面，虽然“准成品+机器智能+社区餐饮”的经营模式有别于专注于食材供应的青年菜君、爱餐桌；专注于外卖的饿了吗、百度外卖；以及大型团购平台糯米、美团、大众点评等O2O互联网企业，但诸多相似的业务部分依然使金百万的“筷好味”面对着来自上述企业激烈的红海竞争；另一方面，如何吸引潜在的社区商户（小卖部、超市、便利店等）加入并确定合理的合作方式、如何引导消费者建立新的消费习惯、通过何种方式增加用户流量与粘性、如何兼顾口味与标准化等都成为“筷好味”（更名“U味”）需要解决的当务之急；更为重要的是，高度标准化的模式使得“筷好味”的经营方式更易复制，如何在长期发展中保持其竞争能力？面对这些新的问题，邓超和他的管理团队需要尽快找出答案。

一、背景介绍

（一）金百万前世——百姓餐饮还是得“接地气”

金百万的前身是邓超在1992年经营的龙城酒家，以家常菜为主打，价格便宜，久而久之成了街坊邻居的食堂。改革的春风释放出了人们巨大的消费欲望。因此，尽管龙城酒家菜做得味道一般，可生意特别红火，市场的繁荣激发了邓超扩张的愿望，而此时传统餐馆只挣“加工费”、受苦受累反倒利润不高引起了邓超的不满。因缘际会之下邓超的餐馆得到了一位爱新觉罗家族后人的起名——“骅越”，邓超便借着这个机会向高档酒楼转型：首先请新加坡设计师进行设计、以70万元高价对店面重新装修，接着以两万块每月的工资雇佣了一位“名厨”，开张后以“御膳房”的定位将一份以前卖两块多钱的炒土豆丝卖到了十几块。然而现实很快打了做着美梦的邓超一巴掌，不到一个月骅越酒家的生意就淡下来了，最差的时候一单生意也没有。最后邓超只得遣散天价厨师，趁着物业扩建停了业，在1995年接手了朋友抵给自己的开在五棵松的一家餐馆，从头开始老实做百姓餐饮。

（二）金百万2[①]——“98元的品质，38元的价格”

骅越酒家的惨痛教训、迅速涌现的同行及洋快餐竞争者，再加上逐渐

① 新餐馆生意如火如荼却没正规的名字，因其排在一家叫“金百万”的餐馆后面，送货的人为了方便就在送货筐上写了“金百万2”，久而久之食客及周围的人就直接称之为“金百万”。邓超虽然觉得这个名字太老土，但由于这个名字已经深入人心，再修改可能会对消费者认知造成影响，也就最终花7万块买下“金百万”这个名字，并正式注册了商标，现在的金百万也因此得以正式诞生。

回归理性的消费者对餐饮的口味、服务和价格提出了更高的要求，使得邓超开始琢磨起了定位、经营模式及营销策略的问题。此时邓超从一些内部资料中了解到了一些国外前沿的商业理念和品类、品牌、连锁、加盟、定位等方面的初级知识。如何让自己的餐厅迅速脱颖而出呢？餐饮最终的落脚点当然还是在产品——“吃”上：既需要产品本身名气大——方便以最小的传播成本创造出最大的传播效果，同时，需要符合对最少消费者教育的要求——以在短期内形成巨大回响，更需要有一个引爆点——通过卖点引发讨论，吸引顾客。回到大众餐饮、定位于“社区的餐厅”的邓超首先选择了人人皆知的北京名片“北京烤鸭”作为突破点，而将价格作为引爆点。“98 元的品质，38 元的价格”将当时只有全聚德和便宜坊才卖的 98 元一只的高价烤鸭以 38 元每只的低价送上了收入普遍不高的寻常老百姓的餐桌，打动了对价格更为敏感的大众消费者。邓超的宣传手段则更为简单粗暴，因为餐馆刚好位于北京最大的单位——有着 10 万人聚居的航空航天部二院附近，因此，邓超便在二院闭路电视每天晚上放武打片前打广告——“南门有个餐馆开业卖烤鸭，38 块一只”。靠着简单直接的“性价比”冲击，一个月的时间就在人们之间引起了广泛的讨论。餐馆声名鹊起、以 38 元每只的“北京烤鸭”收获了顾客认可，金百万建立起了最初低价高质、平价烤鸭的品牌形象，并成为其后期的业务核心。

二、餐饮模式探索与创新

（一）欲转变行业模式，“加盟连锁”却受挫

“98 元的品质，38 元的价格”仅是通过营销方式创新达到迅速引爆市场的效果，做大做强需对传统餐饮的发展模式进行改变。在参考“洋快餐”的发展模式后，邓超选择了将当时还较新的“连锁加盟”的模式运用到餐饮业的发展中，通过加盟授权，以“低运营成本 + 少管理”的模式迅速完成了全国范围的扩张。但随着加盟模式使得品牌形象受损、长期管理成本上升等负面影响逐渐显现，金百万从 2006 年开始便果断地停止加盟并收回了加盟权，改为直营为主。

（二）吸取教训，中餐也能“标准化”

加盟模式的失败推动着金百万的餐饮模式探索走向下一个阶段。中餐

标准化的缺乏是加盟模式最终走向失败的主要原因，没有标准化的生产流程就无法解决管理的标准化与产能浪费的问题，意识到这点的邓超开始了中餐标准化的积极探索，按照对整体业务进行拆分，形成不同的业务线然后按照职能将业务模块化，最后通过每个模块的标准化和模块组合完成整体的流程化与标准化的思路，对运营模式进行了创新。首先被动刀的是中餐的核心模块——菜品制作，金百万建立了中央厨房，通过“双厨房”模式——即中央厨房先对食材进行提前加工然后配送至门店厨房进行上桌前加工的方式，大大提高了门店应对就餐高峰期的问题；核心业务模块的变革要求其他业务模块的标准化变革，也为其他业务模块的创新提供了基础，半成品制作、物流配送等模块得到极大优化，生产、物流、营销、管理等业务线逐渐明晰；与业务相对应的是管理流程的标准化，27 个职能部门各司其职，以高效率的分工释放了产能。中餐标准化使金百万打破了传统中式餐饮重店长、厨师等“个人”，店内管理难以标准化，店与店之间差异较大的困境，系统化与规模化的管理方式降低了金百万的运营成本，获得了更大的盈利空间。通过标准化模式探索，金百万从 2006 年到 2010 年逐步进入连锁店时期，在北京各区域拥有 37 家店面、员工 3 000 人。

（三）发力“互联网”，不断探索

标准化与职能分工并未从根本上解决传统餐饮时间与空间高峰现象突出，闲时产能浪费的问题，这时标准化与模块化的意外好处便凸显出来——为智能技术的使用和创新提供了前提基础，为后期金百万互联网模式的探索迈出了第一步。

技术出身的掌门人邓超对新兴科技保持着高度的敏感性，在互联网与商业模式的探索方面使得金百万始终紧跟时代。金百万不仅 2010 年餐饮团购兴起之时便加入了做团购的队伍，并在其他企业以低质的产品与服务弥补支撑团购的巨大成本之时坚持了高品质的服务，从而脱颖而出建立起了自己的口碑。此外金百万更是首先触网做了外卖 O2O 的尝试，建立起了自己的网络营销与服务平台。但是团购与外卖的方式反倒加剧了就餐时间、空间高度集中的问题，为企业带来了超额的业务负担。如何平滑中式餐饮的就餐时间与空间，平衡流程时间从而充分利用资源、释放产能？金百万陷入了新一轮的困境。

邓超首先想到的是半成品，通过对原材料进行粗加工制作成“只需要回家倒在一起炒炒”的半成品，再将这种半成品直接售卖给消费者，并交给消费者买回家后的加工方法，以这样的方式缓解传统餐饮堂食集中以及随之导致的餐馆工作时间高度集中的问题。然而半成品并没有获得预想中的成功，为什么呢？原来，一方面，对于消费者来说，半成品买回家后的加工程序仍然是较为复杂的，而且回家由于个人的操作难以标准化的原因，往往导致口感与饭店售卖的成品口味差距较大；另一方面，对于饭店来说，教导消费者使用半成品以达到预期的口感是十分困难的，成本巨大。那能不能通过将半成品之后的业务模块也标准化来解决这个问题呢？顺藤摸瓜，邓超看到了胜利的曙光，2011 年“准成品”应运而生。

三、开创“准成品模式”

（一）“大数据”模拟场景，锁定目标顾客

这个商业模式，其实就是用户在“U 味儿”（原名“筷好味”）手机软件上下单（原名“筷好味”）购买“准成品”，待货物送上门后，等智能锅在按下按钮三分钟之内将所有材料和酱料组的“准成品包”烹饪完成。

然而，什么样的人群会需要这样的准成品模式呢？这成了“智能锅 + 准成品”模式是否能成功的关键点。相比其他的餐饮企业，金百万对于客户资源方面的优势在于其强大的客户信息管理系统。金百万早在多年前就开始搭建客户信息管理系统，目前，掌握着 140 多万会员的详细信息。与许多餐饮公司将会员信息当作“鸡肋”不同，金百万将会员信息视为珍宝，他们利用这些大数据，设想场景，从而挖掘到客户需求。

场景 1：在家吃饭的百姓。新婚燕尔的小两口，若是两人都不会煮饭，又不想花很多钱去餐馆吃，使用 U 味儿的准成品成了最好的选择。只需要按动按钮，3 分钟就能够出来口味媲美餐馆大厨的菜品，在没有过重经济负担的情况下，无疑是给小家庭生活增添了情调。同时，哪怕是大家庭的人，准成品也十分适用。普通一家人吃饭，若是想做四菜一汤，至少要花上 2 个小时，这其中还没有包括外出采购食材的时间。而拥有了智能锅之后，将准成品倒入，四菜一汤大约只需要 10 多分钟，大大缩短了时间和人工成本。

场景 2：上班族的午餐和加班吃饭。相对来说，这类顾客是最需要智

能锅的顾客。家和公司之间的距离使他们无法在中午返回家做饭，但是又不希望吃到不健康且卫生质量无法保证的外卖，能够快速煮好的准成品成了他们最迫切的需求。

除了上述列举的场景之外，还有更多的潜在顾客群体。因此，“智能锅+准成品”的模式就这样找到了市场。

（二）三分钟傻瓜式操作，直击顾客“痛点”

当然，邓超并不是想通过卖U味儿智能锅来赚钱。只要用户购买500元以上的准成品菜，U味儿就会赠送用户这口智能锅，因为长期的准成品销售才是U味儿更看重的利润来源。而准成品方面，主要是为了更好解决时间和不会做这两个问题，U味儿才将产品从单纯的半成品升级为了准成品。其实这个新创的品类，顾名思义就是介于半成品和成品之间的产品。邓超说，金百万很多菜式，从择洗、切配到烹饪，总共和起来有13道工序，而准成品就是前12道工序由金百万的厨师都搞定，用户只需要花3分钟做最后一道工序，即把菜丢进智能锅，等待它被炒熟即可。金百万准成品效果如图1所示。

图1　金百万准成品效果图

（三）利用现有剩余产能，发挥供应链优势

从商业模式来讲，“准成品”其实是U味儿一整套商业体系的核心所在。因为准成品真正地去利用了餐厅的闲暇时间，也释放了餐厅的产能，创造了额外收入。外卖、半成品、传统餐饮以及准成品模式对比如图2所示。

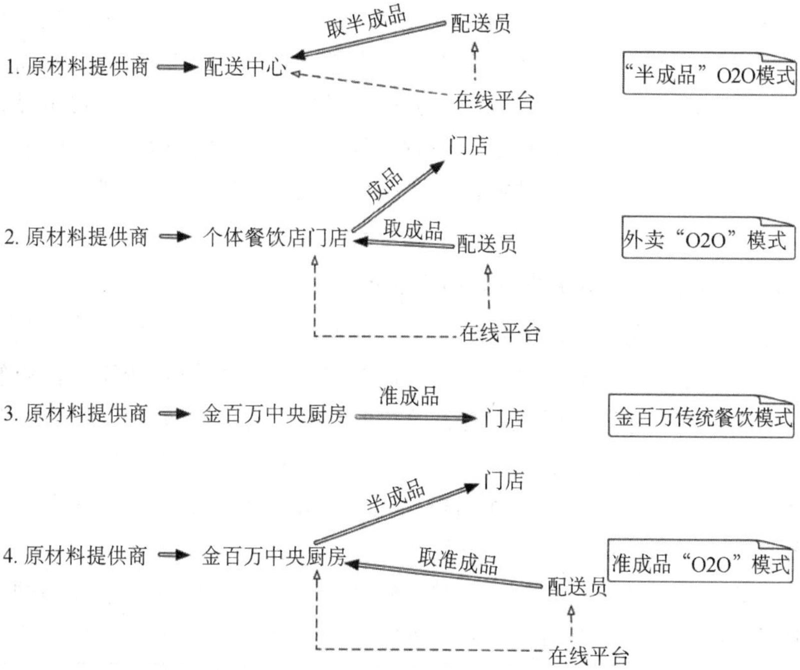

图2　外卖、半成品、传统餐饮以及准成品模式对比图

首先，U味儿卖的准成品都是用原本金百万做中餐时中央厨房现有的半成品加工而成，有效地利用了现有的产品线和产能。这必然能给金百万带来极大的规模优势，同时，又降低了菜品的加工成本。另外，金百万的供应链体系已经可以做到从基地直接进货然后加工，原材料进购价格便宜，卖到消费者手中后价格也能比超市卖的半成品菜更低（多数售价在15～20元/份），U味儿完全可以利用金百万的原材料，把零售价格降得更低。

其次，U味儿可以利用准成品有效地利用金百万中央厨房的限制时间。具体生产流程是中央厨房先做粗加工，将菜、肉等都切好，做成半成品后送至各餐厅厨房，然后进行处理。原本一家餐厅一般就只有午餐和晚餐两个时间段约3～4小时创造价值，但是准成品却很好地利用了餐厅的闲暇时间，并不需要增加设备、房租以及人员等方面的投入，只利用原本的人力就创造了更多的收入。这样就增加了其原有供应链体系的柔性，大大降低了供需不匹配的风险。

准成品也是送货上门，那高昂的物流配送费最后要由谁来承担？邓超解释说，“时间是外卖的第一要素，因为是点对点的即时配送，所以一份的配送成本很多需要 8～10 元，甚至很多超过 10 元。但是对于准成品，多数是预售模式（至少需要提前 3 小时预约），只要在用户做之前送到即可，实际上是点对面，一次很可能送 10 份以上，边际成本迅速下降。”在他看来，需求的提前预知可以大大地减少物流的配送费用。

（四）面向社区型用户，开拓产品市场

针对家庭型用户，U 味儿增加了智能锅的容量以及准成品的分量，一锅一次可以烹饪出三盘菜肴，一个人同时可以控制 8 个智能锅。而由智能锅 + 准成品形成的移动厨房拥有大的想象空间，可以有很多的应用场景。

首先是便利店，目前，U 味儿已经和好邻居合作，将智能锅放在便利店里，由便利店工作人员根据用户的点单，现场制作售卖。“便利店原来售卖的便当都是工业化生产出来的快消品，在便利店里加热一下，在口味和健康上都有所欠缺。而现在，对于好邻居而言，智能锅 + 准成品的方式帮他们很快建立起一个厨房，而且不需要很大地方，让他们所售便当在品质上有个很大的提升，顾客可以吃到新鲜、冒有锅气的食物”，邓超如是说。

类似便利店，U 味儿还可以给很多企业解决员工中午就餐问题，比如赶集网。他们把智能锅放在茶水间，立马就有了个给集体员工提供午餐的移动厨房。这个模式也可以通过结合大学生创业，可以将其推广至校园，连茶水间都不需要，只要有辆车，完全可以在车里做好，直接送对面写字楼。

目前，推广上，前期智能锅和准成品主要是依赖金百万线下实体店对用户进行推广，一个月一个店大概可以推广出 300 台设备。而未来和社区型用户的合作在未来则可能带来更大的准成品销售空间。

U 味儿之前获得了峰瑞资本的数千万元投资。目前，平台上的准成品有 20 多个选择，还比较少，但是未来金百万也会将品种逐步增加。此外，平台在未来除了金百万外也将对其他商家开放，让其他知名餐饮品牌入驻，一同研发准成品菜和对应的智能锅程序来丰富菜品，让用户一键就可以享受到各餐饮品牌的产品和服务。

四、对“准成品”模式的质疑声音

虽然“准成品”+“智能锅”的模式带来了餐饮业的一阵清风，但业内对“U味儿”所带动的潮流也有不少质疑的声音。即使是获得融资超过母公司金百万的情况下，“U味儿”依然不能逃离被怀疑是否只是金百万的玩概念的新卖点的命运。质疑者认为其并没有创造新的流程，只是换了一个方式的外卖模式，在激烈红海竞争的外卖市场，通过噱头在吸引顾客。

另外，针对“准成品+智能锅模式”是否能长期为金百万、顾客和商家这三个利益相关方都创造价值，这一点还是值得所有人思考的。可以看到，顾客虽说是降低了做饭的机会成本，但也减少了自己做饭的乐趣。更为重要的是，在增加了物流运送成本的基础上，“U味儿”的产品是否真的像他们自己声明的那般会降低顾客成本？同时，对于商家来说，价格减半的基础是建立在降低利润上的，短期来看可能提高了商家的市场占有率，但是以长期的低成本是否会导致商家无法生存？而对于金百万，在标准化流程时候，如何能够持续进行模式的创新，而不使这单一的模式被他人模仿，也是值得他们考虑的问题。

五、行业生态圈的设想

如果说“互联网+”掀起了互联网创业的高潮，那么对于金百万来说，则是进入了运用互联网思维，探索解决传统中式餐饮行业资源分散、个体之间竞争激烈而导致产能普遍浪费的问题的时期。互联网思维强调共享与连接，据此金百万提出了“生态圈”的发展方向：基于金百万“U味儿”O2O平台，吸纳餐饮业大佬加入以为消费者提供更多的产品与服务；采取加盟的方式在直营门店设立体验区，但加盟费不由金百万而由开发商收取，激发开发商的拓展动力，在尽可能短的时间内形成大规模与声誉；生态圈的另一环是中小商户，金百万以成本价向商户供应准成品，商户可以获得实打实的差价让利，而金百万也得以进一步深植社区、进一步扩大自己的版图。

互联网思维下的行业生态圈强调的是利益相关方的互利共生、资源整合与共享，金百万目前主要通过利益分享甚至是大幅度的让利来建立“U味儿”O2O平台的根基，而将自己的盈利点放在自己的准成品产品、未来平台上的大量用户数据与平台服务上。但生态圈与平台的发展模式也是值得再三考虑的——一味地分享与让利不是长久经营之道，在行业界线日渐模糊的今天，如何确定生态圈价值链条上各环节的业务边界，形成可持续的良性循环，这些问题都值得金百万与相关利益者深入思考。金百万带领下的“2015 第二届中国餐饮 O2O 高峰论坛暨 U 味儿美食智能平台上线发布会”在 2015 年 11 月 21 日召开，以“免费入驻千亿市值 O2O 平台”、“互联网时代，餐饮业的突破之路”为标签，吸引了包括皇太吉、西贝、伏牛堂、外婆家、海底捞、大董、小南国等著名餐饮企业 100 多位领军人物，以及 200 名顶级投资人，3 000 名优秀餐饮董事长的参与。此次盛会是金百万首次召开的大型行业趋势发展探索的讨论会议，也是其首次将行业生态圈的建设问题直接摆上台面与相关利益者进行探讨，希望这次盛会能给中国餐饮行业带来新的发展思路。

六、尾声

对于金百万的未来，依然按照传统餐饮业的模式发展，必然不是其最好的选择。面对日益注重个性化的顾客群体，什么样的方式能够最终适应市场需求，是需要通过市场实际检验的。金百万的未来何去何从呢？是利用现有体系优先发展准成品服务，极力保证产品价值而增加顾客黏度？还是继续考虑不断扩张线下网点，增大推广力度，优先抢得市场份额？抑或者继续发挥“U 味儿”的先发优势，依靠 O2O 平台进一步发掘消费者需求，建立准成品大数据生态圈？无论怎样，都需要考虑到金百万现有的业务体系以及当今的市场需求，这些都成为了邓超亟须思考的问题。

附录：

从加盟到去加盟的金百万

以卖点营销一炮打响的金百万有了一个尝试餐饮创新的良好开端，但如何才能利用现在的基础做大做强？沉浸在卖点式营销的成功喜悦中的邓超又开始思索起了餐厅下一个发展方向，目前，只有一家餐馆毕竟在空间上的辐射有限，而靠开分店虽然能在一定程度上扩大空间上的影响力，但是如果想要在短时间内达到尽可能大的辐射就需要同时开设多家分店，这不仅要求巨大的资金投入，更对管理提出了巨大的挑战。而逐步开设分店则势必会需要一个较长的时间周期，很可能遭到竞争者的模仿学习而失去市场份额。此时洋快餐店“加盟”的发展模式引起了邓超的兴趣，不需要自己投入运营成本、只要非常少的管理就可以迅速完成全国范围的扩张，将自己的品牌辐射至所有加盟地区，还可以收取加盟授权费，这样的好事简直是天上掉下来的馅饼。最终选择连锁加盟模式发展的金百万进入了一个在全国开疆拓土的过程，1996 年到 2005 年共在全国开了 96 家加盟店，以“卖点营销”做品牌宣传，在初期取得了良好的效果。

然而天下没有白吃的午餐，连锁加盟的负面影响逐渐显现：参差不齐的管理与服务导致金百万的品牌形象受损，地域的扩张反而导致了相应管理成本的上升，为金百万下一步的转型与长期的健康发展埋下了隐患；此外由于中餐相较于洋快餐存在标准化难题，也缺乏与之对应的专业化、流程化管理，使得加盟与规模化的发展模式更存在难以逾越的鸿沟。在这样的背景下，金百万从 2006 年开始便果断地停止加盟并收回了加盟权，改为直营为主，北京地区收缩到了只有 6 家店面。

案例使用说明

（一）教学目的与用途

1. 本案例适用于创业学、运营管理、战略管理、供应链与运营管理和市场营销学等课程。

2. 本案例讲述了金百万餐饮集团如何经历自身发展，确定产品定位模式及其商业模式不断创新及其背后的价值点、价值传递模式和赢利点变动的过程。案例使用的目的在于帮助同学们认识到商业模式创新的概念、方面及其具体体现、生产柔性和延迟策略的理解与应用，并认识到公司在品牌塑造、体验营销上所作的努力及其为企业带来的价值树立和品牌溢价，最终从实际角度对于公司各项发展决策进行客观、系统的评价。本案例也要培养学生独立思维、全面思考的能力，学会从不同角度识别企业目前业务和创新对企业的发展影响，并提出自己的意见或可能的解决方案。

（二）启发思考题

1. 金百万在发展和创新过程中，其市场定位经历了哪些变化？你是如何看待这些变化的？

2. 金百万是如何降低自身半成品和“准成品”成本的？你怎样看待金百万的这一策略？

3. 金百万公司对于准成品的商业创新模式中的价值体现在哪些方面？这种创新模式本身的传递方式如何？这种价值传递方式，在你看来，能否最终为金百万公司带来盈利？

4. 你如何看待金百万加盟方式拓展业务对于金百万各有什么利弊？

5. 对于金百万的未来发展方向，你会作出什么样的选择？并给出相应的原因，或者提出其他意见或建议。

金融证券

收益与规模的抉择

——红圣基金的困惑[①]

[案例摘要] 红圣基金是一家总部位于北京的公募基金公司，目前资产管理规模140亿元，规模排名居于公募基金行业的中下游。多年来，红圣基金以其固定收益类产品为主要特色，为客户创造了稳定且不失优异的投资回报。然而，权益类产品规模不足和投资能力的平庸始终是制约公司向大型基金公司转变的顽疾。因此，公司管理层一致确立了立足于固定收益产品，将其做大做深的发展战略。2014年，公司迎来了固定收益类产品大发展的又一契机。然而，规模的快速扩张带来的是收益率的下降和流动性风险的上升，公司的各个业务条线利益代表人为此产生了严重的分歧。投研体系要求控制规模以维持收益率；市场体系主张迅速扩张规模；运保体系则建议四平八稳地开展工作。一时间，公司高层莫衷一是。作为公司掌舵人的总经理赵奎元应该如何规划公司未来的发展呢？本案例依据真实事件创作，适用于投资基金运作管理等知识点的教学。该案例属于决策型案例。

2014年，四月的北京城，春意盎然，柳絮纷飞，拨弄着路人的思绪。下午三点半，宽阔的长安街依旧是车水马龙，熙熙攘攘。在车流中，一辆奥迪车正在自东向西缓缓行驶，北京的交通一如既往的拥堵。在奥迪车的后排座上，一位中年男性正在闭目养神，仿佛已经厌倦了堵车的桥段。

这位中年男性，是一位金融街大佬——北京红圣基金管理有限公司的总经理赵奎元。赵总出生于1974年，在清华大学取得了博士学位，如此年

① 本案例由中央财经大学商学院王玉霞老师、MBA研究生刘佳铮撰写。本案例只供课堂讨论之用，并无意暗示或说明某种管理行为是否有效。由于企业保密的要求，在本案例中对有关名称、数据等作了必要的掩饰性处理。本案例获评“全国百篇优秀管理案例”，已入选“中国管理案例共享中心案例库”，并经该中心同意授权引用。

轻便已成为公募基金公司的一哥，两年前他由于工作能力出色，由红圣基金的大股东光辉信托派出到基金公司作总经理，两年间，红圣基金的资产管理规模已经从不到100亿元上升到了140亿元，他的生活中似乎从不缺乏鲜花和掌声。此刻，他刚在国贸参加完年度金融颁奖活动，便马不停蹄地赶往位于金融街的证监会进行发展思路沟通和权益型产品报备。对他来说，金钱和荣誉已经是次要的了，最重要的仿佛只有时间。

赵奎元表面上是在闭目养神，其实脑子里却在翻江倒海，最近公司为了规模和收益率问题，各个业务条线的矛盾不断升级，作为掌舵人，他必须尽快拿出主见……

一、公司背景

红圣基金是一家总部位于北京的公募基金公司，目前资产管理规模140亿元，规模排名居于公募基金行业的中下游。多年来，红圣基金以其固定收益产品为主要特色，为客户创造了稳定且不失优异的投资回报。然而，权益类产品规模不足和投资能力的平庸始终是制约公司向大型基金公司转变的顽疾。因此，公司管理层一致确立了立足于固定收益产品，将其做大做深的发展战略。2014年一季度，公司4只权益类产品仅有1只排在收益榜的前1/3，其他三只几乎垫底，而固定收益类6只产品全部排名前1/2，其中1只排在各类型第一位，还有另外2只排名前10。2014年3月，公司资产管理规模从110亿元上升到140亿元，在全国86家公募基金公司的规模排名从第56名一跃上升到第44名，跻身中型基金公司行列。

红圣基金注册资本1亿元，股东有三家，分别为：光辉信托，持股48%；亨通财务，持股26%；博华能源，持股26%。高管团队为：总经理赵奎元（光辉信托），负责公司总体发展；投资总监宋哲林（亨通财务），负责投研体系；市场总监秦光旭（光辉信托），分管市场营销体系和人力资源；督察长任友光（博华能源），分管公司合规、运保、财务。红圣基金公司组织架构如图1所示。

二、风波伊始

奥迪车继续行驶在长安街上，赵奎元回想起那件前不久发生的令自己欢欣鼓舞的事：

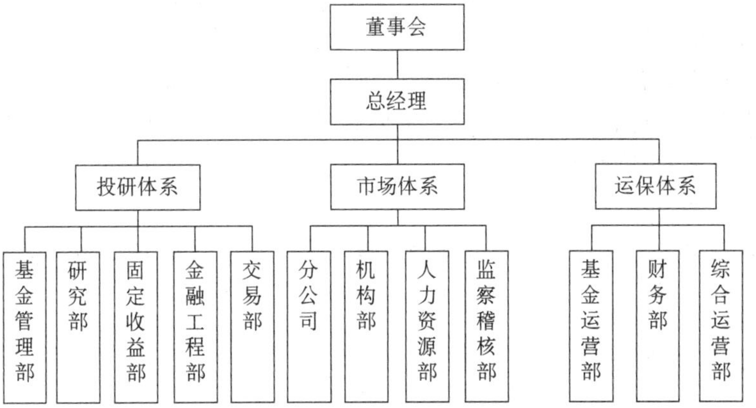

图1　红圣基金公司组织机构图

2014 年 2 月，国家电力财务突然申购了红圣基金 1 亿元的货币基金。这家公司之前从未申购过红圣基金的任何产品。机构总监刘畅敏锐地洞察到了这个信息，认为这是个巨大的机会。因为国电财务掌管着国家电力系统的大量资金运作权，如果加以沟通，那对公司而言将是无法计算的财富。刘畅进而将此消息报告给了赵奎元，赵总当即决定立即与国电财务约定路演[①]。一周后，国电财务路演圆满结束，国电财务在沟通过程中表示对红圣货币基金很信任，之后会根据内部投资规定和头寸状况常态化申购红圣货币基金。

2014 年 3 月 3 日，上午 10 点 53 分，直销柜台传出了一个令人振奋的消息：国电财务申购红圣货币基金 30 亿元！这是一个令所有人都震惊和错愕的量级，公司成立 10 年来，最高的单笔申购记录不过 1.3 亿元，而 30 亿元的申购，作为单笔申购记录将原记录远远甩在身后。这是一个什么概念？这意味着如果 30 亿元的货币基金能够持有 1 年，将会为公司带来 1 000 万元的收入。

不过，这样的申购也非高枕无忧。国电财务由于其特殊的资金使用需求，存在以下的申赎要求：国电财务每个月月初都要接管全国各个分公司

① 路演的本意译自英文 Roadshow，是国际上广泛采用的证券发行推广方式，指证券发行商发行证券前针对机构投资者的推介活动，是在投融资双方充分交流的条件下促进股票成功发行的重要推介、宣传手段。

电网的基建投资资金和电费资金，大概 3 000 亿元。接下来半个月，就是国电财务的投资期限。每月月中，国电财务将归集的所有资金划转至各地电网，不再拥有投资权。也就是说，国电财务每个月都要投资，但持有期只有半个月，持有期十分有限。如果频繁申购赎回，不仅对规模影响很大，最重要的是对货币基金的“七日年化收益率”这个最重要的度量指标会有重大的干扰。

赵总思考了一阵子，还是觉得此事利大于弊，就默认了市场体系人员放开手脚去干。

三、风暴升级

金融街的一幢高档写字楼26层，红圣基金的办公地点，一阵阵欢呼声打破办公室的宁静。原来，在机构部的办公区，机构总监刘畅和他的部门员工正在欢庆，就在几分钟前，国电财务的投资经办刚刚和刘畅通了电话。

“刘总，下个月我们照例要进行货币基金配置，我们的总额度是 500 亿，考虑到你们的货币基金业绩优良，我们准备给你们多一些额度，请问你们能够接受的最大额度是多少？我们这就拟投资签报。”

“50 亿，”刘畅不假思索地回答道：“请问您的申购赎回日期是什么时候？”

“5 月 1 日申购，5 月 16 日全额赎回，一定要保证我们的资金及时到账。”

“没问题，请您放心，有问题请随时沟通！特别感谢您的支持，我们会做得更好！”

消息像地震波一样迅速传播开来，机构部和渠道部的同事都被这个令人振奋的消息所影响，七嘴八舌地议论了起来。

机构部小谢说道：“我们市场体系终于要扬眉吐气了。这么多年，每天睁开眼第一件事就是销售数据和任务，像一把刀一样悬在心头。每到月底、季末、年终就拼命地动脑筋想办法，销售任务都快成我亲妈了。”

小胡则趾高气昂地说道：“刘总，照着每个月 50 亿元的申购量来看，不出两个月，我们今年的业绩考核目标就可以提前完成了，看来今年年底我们终于可以拿一笔奖金了。公司规模和影响力又要再上一个台阶，您可是功不可没呀！”

小韩在激动的同时则表示了担忧：“刘总，不是我泼您冷水，这么大的申购量固然漂亮，可是频繁申购赎回收益率肯定会受影响，3 月份申购 30 亿元之后七日年化收益率就从 5.48% 下降到 4.42%，而且一旦出现流动性风险，会很难处理。投资部那边肯定会有意见的，我总觉得这事没那么简单啊。”

刘畅说道：“这个成绩来之不易，大家都有功劳，我替你们开心，至于其他的事情，我来处理。”

刘畅出生于 1974 年，江西南昌人，华东师范大学法律系毕业。优异的专业成绩却抵挡不了他对金融业的热情，在大学毕业的时候，毅然决然地投入到了一家券商营业部，从客户经理干起，凭借对市场机会的敏锐洞察力，扎实的业务能力，咬住不放的狠劲儿以及充沛的精力，做到了红圣基金的机构总监，进入公司领导层。领导最看中的就是他活跃的思维和对营销机会的渴求。

正在这时，一阵急促而强烈的敲门声让机构部欢快的气氛戛然而止，原来是红圣货币基金的基金经理李胜春来了，他一进门，毫不客气地问：“我听说国电财务下个月要申购 50 亿元的货币基金，有这回事吗？”

刘畅有些错愕，为什么消息这么快就会不胫而走，难道是谁告诉他了？“胜春啊，是有这么回事，正要告诉你，没想到你也知道了，喜讯传得真快呀！”

“你知道这会对收益率造成多大影响吗？”李胜春没好气地问。

“胜春啊，你的苦衷我了解，可是 50 亿对于公司太重要了！我们跟国电财务那边保持好沟通，一定可以把这 50 亿运作好。”

“你说得轻巧！50 亿放 16 天，你让我投什么？难道全放 14 天回购，总收益率腰斩吗？这 50 亿到底是对公司重要还是对你机构部重要？”

刘畅有些措手不及，他顿了一下，说道：“胜春啊，50 亿我们可以放杠杆嘛！最近市场资金正紧张，融资成本比较高，这种条件下，我们的规模增长应该更有议价能力才对啊。”

“50 亿啊，你没有搞错吧！放杠杆哪有那么凑巧，16 号全部收回，如果收不回来，50 亿的资金缺口你上哪补？用货币基金的现金吗？这要牺牲掉多少收益率？倘若现金不够，你是不是让我通知监察稽核部发巨额赎回延期申请公告？你是要直接搞死我吗？”

“胜春，你先别急嘛，任何巨型货币基金都是从小到大一步一步发展过来的。既然现实中有成功的先例，我们也一定有办法。我们回头好好商量一下，然后跟国电财务保持沟通，一定可以的。”

“你自己找他们沟通去吧，这事我肯定会跟总经理汇报。”

正在这个时候，宋哲林也心急如焚，他走进了市场总监秦光旭的办公室。

“光旭，刚才机构部擅自跟国电财务商定，下个月申购50亿的货币基金，你的人太狠了，我现在很尴尬啊。”

“哲林，这事我也是刚知道的。这个刘畅，太有主意了，这么大的事也没有事先找你们沟通。回头我得好好跟他聊聊，让他平时多注意跟投研部门的配合。”秦光旭显然在避重就轻，他知道宋哲林心里已经怒火中烧了。

“光旭，我觉得工作方式那都是次要的，我来找您的目的是请教您，50亿的资金应该如何运作。”

“哲林啊，在投资方面您是专家，我可不敢班门弄斧啊。”

“这50亿倘若投14天回购，必然会摊薄整体组合收益，倘若放杠杆，那么流动性风险必然暴露，一旦无法保证资金及时到账，后果不堪设想。”

这时候，时钟的指针恰好指向了下午5点30分，秦光旭的电话突然响起，是赵奎元的秘书打来的——通知秦光旭晚上6点召开公司总办人员临时会议，主要商讨国电财务巨额申购的应对事宜。

这通电话帮秦光旭解了围，他对宋哲林说道：“哲林，赵总秘书通知晚上6点召开总办人员临时会议，你我都好好考虑一下，到时候我们商讨出一个方案来。”

“晚上见！”宋哲林撂下硬邦邦的三个字，摔门而去。

四、唇枪舌剑

晚上5点50分，会议还未开始，各位大佬便已纷纷入席。参加本次会议的有总经理赵奎元、投资总监宋哲林、货币基金经理李胜春、市场总监秦光旭、机构总监刘畅、人力资源总监徐奉岭、督察长任友光。

会上，赵奎元首先发言：“各位公司管理人员大家晚上好！今天我临时召开总经理办公会，主要是总结前期工作进展，以及下阶段工作部署，重点讨论国电财务 50 亿货币基金申购的处理办法。前阶段，大家都辛苦了，大家都在为实现公司规模突破式增长不辞辛苦地工作，取得了有效的成果。值得表扬的是市场体系的同事们，以刘畅为代表，上个月刚达成了国电财务 30 亿元的货币基金申购，创下了公司成立来的单笔申购记录。今天，机构部又与国电财务达成申购协议，下个月将要申购 50 亿的红圣货币基金，这又是一项傲人的战绩！对此我对市场体系及机构部表示祝贺！然而，这 50 亿的增量决不能让我们高枕无忧，更大的挑战在后面，我们应该清楚地意识到，投资部的同事要为此承担很多压力，我们应该集思广益，将巨额申购对产品收益率的干扰降到最低限度，对此大家有什么想法？哲林，你说说看。”

“赵总，我觉得这是一个无解的问题，一般来说处理大额申购，只能由纠正偏离度、释放收益、回购融资、现金填补等方式来化解，可是 50 亿元的资金量对于 65 亿元的原有货币基金存量来说太大了，所有的方式都是杯水车薪。我觉得当前最好的办法就是劝退国电财务的 50 亿申购，或者分批少量申购，循序渐进扩大产品规模，如果 50 亿一下子进来，我会毫无办法。刘总，你说说，你为什么一下子搞进来这么多呀！”宋哲林毕业于麻省理工大学，取得了金融数学的博士学位，其专业性毋庸置疑，看来这次他是真的挠头了。

刘畅也是一肚子苦水：“宋总，您知道的，市场营销人员的职责就是想尽一切办法尽可能为公司多卖产品。这么好的机会摆在我们面前，我们不去抓住他，就是我们的失职；如果说我们实现了他，又责怪我们，那就是公司的发展战略错了。宋总，我们理解您的苦衷，但是，跨越式发展是我们一定要走的一步，在这个过程中必定要遇到很多困难，只要我们齐心协力就一定能够共渡难关！”

听到刘畅的一席话，基金经理李胜春气就不打一处来“职责？谁没有职责？要说我们的职责，一点也不比你们轻！你看看最新的基金资产配置表，2 月份债券占比 78%，现金占比 22%，3 月份经过国电财务的 30 亿进账，债券占比已经跌到了 60%，现金占比上升到了 40%，再进来 50 亿，我配置什么标的？是不是为了保持流动性，把 50 亿全部放银行活期?!”，说着就把刚打印好的基金资产配置表摔在刘畅面前：“还有，徐总（人力资源总监），我问你，我们货币基金经理最重要的考核指标之一是不是七日年化收益率波动？如果太高是不是会影响年终考核？出现这种情况该怎么办？别人招呼都不打就给你进来50亿，这考核影响是算在谁头上？”

徐奉岭如坐针毡，他生怕他一开口就会有人不满意。“公司制度是大家一起定的，当时经过了充分的商议和论证，既然是制度当然要执行。不过，出现了新问题，我们也要研究嘛。毕竟，我们考核力求真实客观，既然形势变化了，那就可以根据形势变化需要修正和完善嘛！赵总，您觉得呢？”

赵奎元回答道：“这个问题我们接下来讨论，友光，这个问题你怎么看呢？”

“赵总，我觉得，公司发展应以合规稳健为前提。今天我得知国电财务申购货币基金的消息，吓出一身冷汗，我觉得这样下去，我要给投资部同事发出风险提示了。至于其他方面，我只能在平常多给市场营销部同事进行合规培训，让他们时刻树立风险意识，合规营销。”

赵奎元终于坐不住了，他接过了任友光的话：“同志们，你们每个人说的话都很对，我觉得我应该向你们表示感谢！我来谈谈我的看法：首先，基金公司发展最核心的问题就是规模问题，因为基金产品的管理费是法律规定的，我们只能靠做大规模来增加收入，增加各位的发展机会。但同时，收益率也是很重要的，它会很大程度上影响到规模。那么我们应该怎样取舍呢？我觉得在眼下的这个当口，投资部同事适当的牺牲是必要的，因为这有利于总体目标的实现。同志们，你们想过吗？50亿如果放一年，会给我们带来1 000万的收入，即使频繁申赎，也能有超过500万，这足够支付一个后台体系的年度薪酬。并且，有了这50亿，我们公司的排名会大幅上升，大家知道中国的散户投资只看排名的，随之而来的申购和知名度又会提升多少？这对公司来说是难得的无形资产。虽然这对投资部会形成压力，但是你们还是要想办法克服它。不过，市场体系同事也要多多增加其他类型产品的销量，毕竟货币基金管理费水平是最低的，只相当于债券基金的1/2、股票基金的1/3。况且，公司现在需要发展机构业务，因为大家都知道，现在的行情，通过渠道代销的基金管理费收入的2/3都给了银行，而机构直销的管理费一分一厘都是我们自己的，哪一个对我们更重要？这是不言而喻的。同志们以为如何呀？”

刘畅说道：“赵总，我同意您的看法！作为机构部的负责人，我最重要的使命就是在最短的时间内最大化地扩张机构业务，为公司创造收入。现在我们从人员上已经组建完毕，每天都在以不同的营销形式轰炸机构投资者。至于您说的产品结构问题，我们短期内也只能以债券型和货币型这种固定收益产品为主要着力点，毕竟权益产品投资业绩并不突出。”

听到刘畅的发言，宋哲林拍案而起：“刘畅，你的意思是我们不行咯？我提醒你，你做好自己份内的事情就好了，我们投资部还用不着你来指手画脚！”说罢，宋哲林拂袖而去。李胜春随即也离开了办公室。

五、何去何从

看着公司的股肱之臣一个个离开会场，赵奎元知道，这会开不下去了，他无奈地说了一句：“今天的会议就到这里，明天我们继续研究，散会”。本来寄希望于大家坐下来拿定一个方案，结果却是无疾而终。赵奎元一个人坐在会议室里，点燃一根烟，静静地思考起来。巨额申购的相关问题应该如何解决？公司又应该朝着什么样的方向发展呢……

附件：

表1　红圣基金产品结构及业绩排名（截至2014年3月31日）

红圣基金产品结构及业绩排名					
产品类型	产品名称	产品规模（亿）	同类排名	平均管理费	理论收入（年化/亿）
权益类	红圣A	3.7	85/113	1.50%	0.0555
	红圣B	6.4	107/174	1.50%	0.096
	红圣C	5.8	56/203	1.50%	0.087
	红圣D	4.1	48/53	1.50%	0.0615
小计					0.3
固定收益类	红圣E	5	33/108	0.70%	0.035
	红圣F	13	32/71	0.70%	0.091
	红圣G	18	4/58	0.70%	0.126
	红圣H	11	6/36	0.70%	0.077
	红圣I	8	14/32	0.70%	0.056
	红圣货币	65	1/283	0.33%	0.2145
小计					0.5995
合计					0.8995

表 2　　红圣基金产品收入结构（截至 2014 年 3 月 31 日）

红圣基金产品收入结构									
产品类型	理论收入（年化/亿）	机构占比	渠道占比	机构收入	渠道收入	渠道尾佣率	渠道尾佣	净收入	总净收入
权益类	0.3	25%	75%	0.075	0.225	55%	0.12375	0.17625	0.6487
债券类	0.385	45%	55%	0.17325	0.21175	60%	0.12705	0.25795	
货币	0.2145	100%	0%	0.2145	0	0%	0	0.2145	

注意：这里的货币基金机构占比 100% 是指所有类型的持有人都通过机构直销的方式购买，不通过渠道端，所以渠道占比是 0%，而并非指货币基金持有人构成全部是机构投资者，这是两个概念

表 3　　红圣基金员工薪酬情况（截至 2014 年 3 月 31 日）

红圣基金员工薪酬情况						
体系	学历	人数	体系人数	体系内人均薪酬（万元）	体系内总薪酬	员工总薪酬
投研体系	博士及以上	9	30	52	1560	3810
	研究生	18				
	本科	3				
	本科以下	0				
市场体系	博士及以上	4	50	32	1600	
	研究生	26				
	本科	17				
	本科以下	3				
运保体系	博士及以上	1	25	14	350	
	研究生	8				
	本科	10				
	本科以下	6				
总经理	博士及以上	1	1	300	300	

注：除员工薪酬外，红圣基金每年还有 2 400 万元左右的运营成本和营销费用

表 4　　红圣货币月度资产配置（截至 2014 年 3 月 31 日）

红圣货币月度资产配置		
月份	债券比例	现金比例
2013 年 11 月	80%	20%
2013 年 12 月	76%	24%
2014 年 1 月	74%	26%
2014 年 2 月	78%	22%
2014 年 3 月	60%	40%

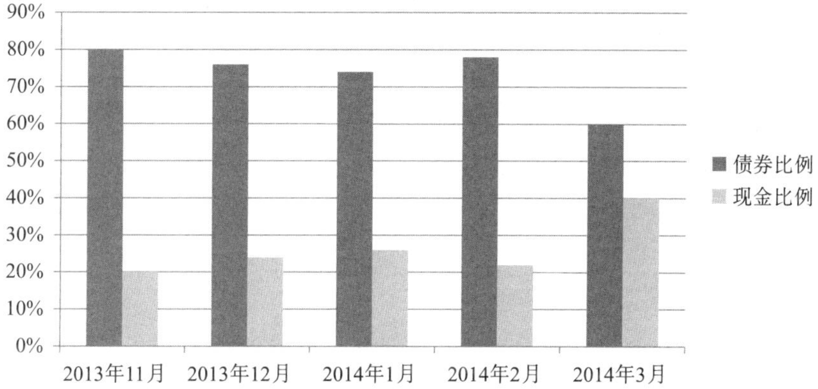

图 1　红圣货币月度资产配置

案例使用说明

（一）教学目的与用途

1. 教学用途：本案例主要适用于《证券投资基金》《金融市场与机构》等课程中有关基金募集、基金的市场营销、资产配置管理、投资组合管理、基金业绩衡量与评价等章节和主题配套使用。亦可作《证券投资基金》课程结束时的综合考察案例。

2. 本案例适用对象是 MBA、EMBA 和企业培训人员以及经济类、管理类专业的本科生、研究生。

3. 教学目标：本案例是一篇描述红圣基金公司如何解决追求规模扩张与稳定收益相矛盾的教学案例，通过该案例能更好地帮助学生理解基金公司日常经营管理中会面临的各种问题；能培养学生处理基金公司日常经营中遇到的最典型、最常见也是最棘手的追求规模和保持收益稳定相矛盾的实际问题的能力。也能为同类基金公司运营管理提供有益启示与借鉴。具体目标可分解为以下三个方面：

（1）通过该案例讨论能使学生对基金公司管理的各类产品，如固定收益类产品、权益类产品以及各类基金的划分有一个感性的认识；

（2）通过该案例讨论能使学生对基金公司运作以及风险控制有一个感性的认识，对投资基金运作的基本知识点：如收益率管理、规模扩张、流动性风险、组合管理、七日年化收益率波动率、基金的市场营销、资产配置管理、投资组合管理、基金业绩衡量与评价、薪酬管理、渠道策略等具有感性的认识及深入的思考；

（3）通过该案例讨论能培养学生站在公司管理者角度，从业务处理和公司长期发展两个层面分析问题和解决问题的能力。

（二）启发思考题

1. 什么是开放式基金，为何开放式基金占据了基金业的主导地位？

2. 什么是货币基金？它有什么特点？国电财务为何要巨额申购红圣货币基金？

3. 基金公司应该如何管理开放式基金的收益及其流动性？

4. 如果你是赵奎元总经理，面对现在的局面，你该如何解决问题？

B银行市场风险系统

——基于巴塞尔协议三的体系重建①

[案例摘要] B银行是一家城市商业银行，2013年品牌价值位列我国上市银行第7位。自2007年上市以来总资产规模大幅攀升，超过1.5万亿元，但公司治理并没有跟上混业经营扩张的速度，整体风险控制手段落后，系统建设不完善，急需按照新资本协议的要求建立完善的风控体系。本案例以B银行为背景，描述了市场风险内模法系统项目实施过程中涉及的战略、人力资源、组织行为等问题。

2014年3月，全行年初工作会议结束后不久，在B银行总行26层的大会议室里召开了一次行长办公会，与会者不仅有总行行长、首席风险官、首席信息官、首席财务官，还有荷兰ING集团的几位副行长，会议的主题是关于B银行在新资本协议框架下如何重建自己的市场风险控制体系。除去出席会议的行领导，还有一位项目负责人——风险管理部的总经理黎刚，他的出现也许会让这个重要的项目变得不那么平静。

一、市场风险内模法（IMA）系统构想

2012年6月，中国银监会发布了《商业银行资本管理办法（试行）》（以下简称“办法”）。办法以巴塞尔新资本协议三大支柱为基础，统筹考虑第三版巴塞尔协议的新要求，充分吸收国际资本监管改革最新成果，对市场风险管理和监管提出了更高要求。

根据B银行《新资本协议实施总体规划》，B银行要建立市场风险内

① 本案例由中央财经大学商学院赵铁柏老师、MBA研究生曹伟撰写，本案例只供课堂讨论之用，并无意暗示或说明某种管理行为是否有效。由于企业保密的要求，在本案例中对有关名称、数据等作了必要的掩饰性处理。

模法计量和管理体系，并在规定时间内完成新资本协议合规达标要求，因此，需要有功能更加完备的市场风险内模法（IMA）系统和市场风险数据集市提供有力辅助支持。

市场风险 IMA 系统需要购买主流厂商的产品，且厂商能够提供配套实施。该系统应能够实现资金业务相关产品估值、VaR 和压力 VaR 计量、敏感度分析、压力测试、返回检验、虚拟试算等功能，全面支持市场风险的计量和管理工作。

市场风险数据集市需要由开发商进行开发和实施，该集市应能够归集外部市场数据、行内交易头寸数据、总账科目数据等，并对数据进行质量检查和处理，向市场风险 IMA 系统发布高质量的数据，满足市场风险估值计量和管理需要，并整合市场风险计算结果，在数据集市基础上实现一系列管理应用功能。

二、我国商业银行市场风险控制现状及问题

（一）B 银行现状

目前，B 银行使用前中后台一体化的 Opics 系统。中台通过 Opics 系统进行数据维护和产品估值，通过 Opics Risk Plus 系统进行市场风险计量和分析。

（二）同业现状

同业银行使用的市场风险管理系统和市场风险数据集市情况如下：

工商银行：自主研发统一数据平台和 IMA 市场风险管理系统，前台和中台共享统一的交易数据和市场数据平台，均可调用 IMA 系统估值引擎，并可以根据自身需要分别配置模型库。

建设银行：采用 RiskMetrics 进行估值及 VaR 值计量，并建立市场风险数据集市，整合业务数据、市场数据及市场风险计算结果。

中国银行：全行统一采用 Murex 前中后一体化系统。

农业银行：中台系统选用 SunGard 系统。

招商银行：目前使用 Opics 一体化系统，正在更换，Murex 已中标。

光大银行：使用 Summit 作为前中后一体化系统。除了 Summit 本身支持的交易数据、市场数据和风险数据之外还开发了若干数据表，用于存储

内部数据和开发的报表。

浦发银行：中台使用 Summit 系统，前中台通过接口进行数据加载及转化，无落地数据集市。

中信银行：中台管理系统为 Algo 系统。

目前，同业银行已经极少使用 Opics 系统进行市场风险管理，唯一还使用 Opics 的招行，正在进行系统替换，目前已完成系统招标，将由 Murex 系统替代 Opics 系统。此外，工行进行了统一数据平台的建设，其他多数银行也进行了市场风险数据集市的建设。

（三）B 行存在的问题

Opics 系统已经不作为 Misys 的主流产品进行推广，厂商已经不再对其进行维护和升级。在监管与银行风险管理需求不断复杂和灵活的环境下，Opics Risk Plus 的部分模块功能及系统扩展性等方面受到巨大的挑战，已经不能适应行内市场风险管理的需求，具体来说：

在数据处理与质量控制方面，B 银行尚未建立市场风险专项数据集市，而 Opics 不具备对于数据的质量检查和清洗功能，对导入数据质量有较高要求。

在接口与系统整合方面，Opics Risk Plus 的可扩展性有限，对前台系统依赖性较强。

在产品配置与估值计量方面，Opics Risk Plus 系统估值模块仅支持简单产品，不具备对复杂模型进行估值的能力。并且当交易数据修改后需要重新跑批计算，缺乏对 VaR 的 what - if 分析和下钻功能。

在管理应用方面，Opics Risk Plus 不具备限额管理、损益归因等功能，对投资组合监控的支持能力较差，不能满足银行内部的风险管理需求。

在系统性能方面，Opics Risk Plus 计算模式和技术架构与其较单一的功能和较简单的产品相匹配，难以高效处理大规模复杂运算。

为提升市场风险管理水平，B 银行需要更加高质量的数据支持和更加先进的系统支持，因此亟须更换现有 Opics Risk 系统，并建立市场风险数据集市，为市场风险计量管理提供质量更高的数据，确保估值计量结果的准确性。

三、大幕拉开

（一）序曲

黎刚为了 IMA 系统和数据风险集市可谓煞费苦心。黎刚在几年前还只是风险管理部的一名普通员工，那时他的做派就为很多同事所不屑，不肯多做一点事情，但对领导溜须拍马倒是很有一套。短短几年时间，一般员工还在做着变化不大的工作，他却像坐了火箭一般，连升副室经理、室经理、总经理助理、副总经理，直到前不久刚把“副”字抹去。靠的是什么？无非是无论对错，对领导唯命是从。他为了自己的利益可以不惜一切代价，哪怕是全行的利益。不知道是否由于所从事的是风险工作，黎总的自我保护意识很强，不管哪方面出了问题，最终的结果都会与他无关，心思缜密，工于心计。比如有一次在季度末市场数据导入 OPICS 系统的过程中出现了操作错误，这是风险管理部分内的工作，其他部门连个边都沾不上，大家在想这回到是看看你黎刚还能把责任推到谁的身上？结果愣是赖到了计划财务部的头上，他说早就提出过要建立市场风险 IMA 系统，就是因为计财觉得预算太高，拖了很久没有通过，导致一直存在着操作风险，才会有今天的事故发生。由于数据涉及 B 银行的半年报，事态比较严重，这也成了推动这一项目的导火索。

黎刚为了争取到更多的资金就必须把项目做得很大，在他的眼里，没有最大只有更大，涉及的部门越多越好。他游说资金交易部、计划财务部、后台处理中心、审计部的一把手，帮每个部门设身处地地设想开发 IMA 系统的好处，再配合他们思考提出业务需求，进行业务测试。B 银行从 2003 年以来一直使用的是当时由 Misys 公司和 B 银行员工共同开发的 Opics 系统，这套系统虽然现在已经不适用，但在当时也是业内最智能最先进的系统之一。

市场风险内模法项目所购置的市场风险 IMA 系统将替换原有的 Opics Risk Plus 系统，并会开发市场风险数据集市。其业务流程大致如下：将来自于 Opics、黄金自营系统、手工台账等的交易头寸数据，总账系统的科目数据，以及来自外部资讯系统的市场数据，归集到数据集市进行数据质量检查和数据处理；数据集市将经过处理的数据发布到市场风险 IMA 系统，在 IMA 系统中进行产品估值、风险计量管理、返回检验等工作；IMA 系统将计量结果等数据回传到数据集市，并在数据集市基础上实现管理应用功能如产品控制、授信额度推送、内部报表等。具体流程如图 1 所示。

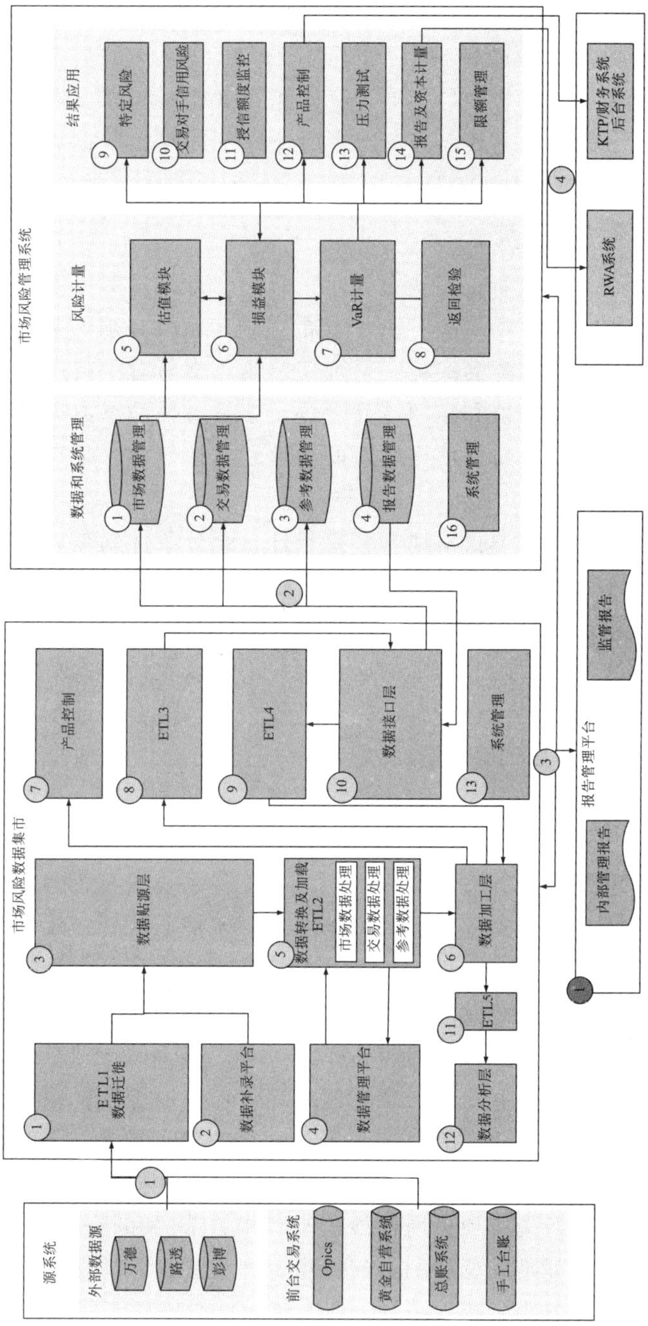

源系统
外部数据源
万德
路透
彭博
前台交易系统
Opics
黄金自营系统
总账系统
手工台账
1
市场风险数据集市
ETL1
数据迁徙
数据补录平台
数据贴源层
数据管理平台
数据转换及加载
ETL2
市场数据处理
交易数据处理
参考数据处理
数据加工层
ETL5
数据分析层
产品控制
ETL3
ETL4
数据接口层
系统管理
2
市场风险管理系统
数据和系统管理
市场数据管理
交易数据管理
参考数据管理
报告数据管理
系统管理
风险计量
估值模块
损益模块
VaR计量
返回检验
结果应用
特定风险
交易对手信用风险
授信额度监控
产品控制
压力测试
报告及资本计量
限额管理
3
报告管理平台
内部管理报告
监管报告
4
RWA系统
KTP/财务系统
后台系统

图1 业务流程简图

在B银行当年参与开发Opics系统的有资金交易部、信息技术部和核算中心（现在并入后台处理中心，以下简称“后台”）的员工中，十多年过去，有的晋升为高层、中层领导，有的离开B银行谋求发展，到现在只剩下后台的葛圆圆一人。B银行在此之前还开发过四代核心系统（银行核心账务系统），项目历时三、四年之久。

（二）渐入“佳”境

以B银行风险管理部的能力是不足以牵头信息技术部等部室自主研发IMA系统的，要完成市场风险IMA系统的落地实施就必须购买主流厂商的产品，且厂商能够提供配套实施。系统需要具备交易对手信用风险敞口计量、抵押品管理、主协议和净额结算管理、交易对手静态数据和参数配置的功能，提升银行交易对手信用风险的管理和监控能力。唯有这样才能匹配黎刚的整体设想。

主流厂商的招标是项目落地的必要条件，充分条件则是风险管理部能够为项目的顺利实施提供强有力的支持。包括但不限于出具标书、完整的项目需求、定期的进度报告、与行内现有系统的衔接等等。但是，黎刚深知以他现有的水平和风险管理部的这班人马不足以胜任如此对综合素质和整合能力有极高要求的工作，因此，他对外宣称风险管理部平日工作量已经饱和，没有多余的人手和精力。

所以，再引入一个第三方咨询机构便成了最好的选择。最终，经过多方利益权衡，毕马威成了B银行的项目咨询合作伙伴。曹夏依是毕马威公司这个项目的高级顾问，其参与过若干大型银行系统项目，曾供职于中资和外资银行，对体制内、外企业的工作内容、风格、水平、效率等有深刻理解。B银行与首批入围厂商的大小会议曹夏依均在场。

市场风险内模法系统及市场风险数据集市项目进行了近半年，表面上风平浪静，大家看到的是入围的Misys、Murex、Sungard三家公司都在尽其所能的展示自己，毕马威的顾问曹夏依主导着项目的进程，每次会后都会出具详尽的会议报告，逐次梳理着B银行庞杂的项目需求，同时指导着三家公司按计划进度汇报，不断做着行方和公司之间的需求整理、传达和解决方案反馈，还有每周的项目周报抄送所有相关部门和行领导。然而没有被多数人看到的是涌动在背后的暗流。项目即将进入具体实施阶段，就不是每天坐在一起开开会，打打瞌睡，所有工作推给曹夏依那么简单了。

四、无语的戏剧

（一）没有硝烟的战场

黎刚的设想是由自己牢牢掌握项目的主导权，风险管理部是项目的核心，但是很多相互交织的具体工作他却不想染指。IMA 系统中有很多复杂的模型和算法，各种曲线下钻的深度不尽相同，相互之间的逻辑关系也极其复杂，B 银行不必对每一个模型进行了解，但需要验证输出的结果以及部分中间数据。以系统中的估值模块为例：估值模块承担的功能为根据读取的以风险因子值表示的情景集合以及产品信息，计算产品估值结果以及敏感度。系统对所有金融工具的主要风险因子进行百分比变动和绝对值变动的敏感度计算、给出某个投资组合的风险敏感性系数随时间的变化趋势、对全面估值耗用较多时间和系统资源的产品使用敏感度计算近似的情景估值结果，以及计量固定收益产品的各种久期和凸度、各种期权类金融工具的希腊字母指标和各种基点价值等，B 银行都应进行检验。

这项工作本需要风险管理部和资金交易部共同完成，但是黎刚想方设法地完全推给了资金交易部去做。理由是 B 银行几乎所有出站的博士后、应届博士生以及外籍顾问都集中在资金交易部，这样高难度的工作也只有资金交易部才能完成，而且资金交易部平均薪资是全行数一数二的。

另一个烫手的山芋是大量的系统测试和会计处理工作。信息技术部负责环境的搭建和维护以及软硬件的支持，测试的工作应由风险部去完成，会计处理的指引应由支付结算部出具。此时黎刚的心思并没有在测试工作中，他觉得这是项风险度很高的工作，不光是工作量极大、时间紧迫，还要求承担测试工作的员工个人素质高、头脑清晰并且有很强的执行力；潜在的风险在于项目完成后，一旦运行过程中出现问题，主要测试人员多数会被牵扯进来。

这时，黎刚想到了十多年前参与开发 Opics 系统的葛圆圆。一个重点财经大学毕业的本科生，11 年来一直在 B 银行后台工作，基本功扎实，精通业务，在会计处理设计和系统开发方面属于专家级。葛圆圆是一个只活在自己世界里的人，做好自己的工作，看自己喜欢的小说，打自己钟爱的网游，仕途可以说完全不在她的视野之内。葛圆圆至今只是后台的一名普通员工，她的领导可是换了一茬又一茬，现在后台处理中心的副总经理

（主持工作）是伦玉敏，按资历属于首批进入B银行的员工，在基层摸爬滚打20年，两年前从支行长的岗位上调任部门副总经理，做事谨小慎微、循规蹈矩。黎刚正是看到了这样一个契机：一个怕事、自保的领导，一个能力强没有心计的资深员工。就这样，悄无声息地，系统测试和会计处理两副重重的担子向后台压了下来。

（二）危情时刻

葛圆圆最近已经累得喘不上气了。葛圆圆的老公是上海人，她也早已年过三十，周围的同龄人孩子小的一两岁，大的都已上小学，老公一心想让她去金融行业更发达的上海工作，顺便可以解决两地分居的问题。最近葛圆圆的心情极度糟糕，这黎刚看得出来，但确实没有人有能力且愿意分担她的工作。这还不是黎刚最担心的，最要命的是后台的工资，每月几千块，全年几乎没有任何福利，多少年在银行总部工作连过节费都没见过的恐怕只有后台了，若是以年收入来比较，还不到资金交易部、总行营业部的三分之一。伦玉敏上任后不是没有人向她反映过，但这两年她反倒给行里节省了更多的费用，据说办公用品里的签字笔是市面上能见到最难用的，给员工劳保发的洗发水有人发现竟然是几天后就要过期的。前不久，总行人力资源部发文传达董事会一项决议：免去伦玉敏后台处理中心副总经理（主持）职务，聘任其为后台处理中心总经理。

黎刚担心的事情还没有发生，资金交易部却接二连三地传出了不少消息。B银行投资一项资产是要内部委员会投票的（每次从委员池中选取7人，赞成票多数通过），对于委员的要求是CFA（特许金融分析师）一级或以上，在资金部工作3年以上。但实际情况是自从资金部总经理由董事长办公室的一名秘书担任后，委员池就名存实亡了，满打满算也就7个人。这个新任的总经理不懂业务，但知道资金部为银行赚了钱不算自己的，赔了就要自己承担相应责任，至少要书面说明情况；他认为控制风险最好的办法就是少做或不做交易。一个银行的核心部门，卧虎藏龙，没有人愿意在意气风发的年纪埋没自己的才华。刚开始，大家感觉到的只是风气的变化，慢慢地，陆续有人离开，导致委员的数目不足。这没关系，向行领导打报告就是了；CFA的持证人不足，正在考的也算，这下好了大家都说在考；过了几个月又不行了，再打报告上去，入行满3年就可以了；过了没多久，不得已委员降成5个吧；前几天总行人力资源部的灯亮到很晚，据说是因为资金部几个资深交易员赴外国培训较多，而且又是保密合同在身，离职手续办起来比较麻烦。

黎刚明显感觉到自己的头有些大了。连续几天睡不好觉，终于挨到了周末应几个朋友的约去了上地的高尔夫球场。上果岭前休息的时候，和一个明讯银行的朋友聊起最近的状况，对方手上正好有一个去新加坡培训的名额。黎刚大喜过望，心想要是给葛圆圆提一级工资未必管用，但是这个机会应该很奏效，最起码把项目期撑过去不成问题。明讯银行是欧洲两大主要中央存管和证券交收机构之一，隶属于德国证券交易所，为 110 多个国家的 50 余个市场中超过 2 500 个客户提供结算和托管服务，总部设在卢森堡这个避税天堂。B 银行是明讯的重要客户，因为随着市场的发展 B 银行的海外债券托管量在逐年递增，相应的资金沉淀也成倍增加，重要的是明讯银行可以从中赚取高额的手续费，而此次 B 银行 IMA 系统的建成将大大提升交易对手与 B 银行交易的兴趣。黎刚成了明讯必须搞好关系的重要人物之一，所以德国证券交易所集团总部和明讯的总行是他给自己规划的考察地点，至于新加坡的淡马锡就让葛圆圆去好了。

黎刚的如意算盘还没有往下打，就被伦玉敏给制止了。黎刚有些不解，以他的情商不是没想过示好伦玉敏，但是前不久刚传达的国务院令：到当年年底之前所有处级（含）以上领导干部一律取消因私、因公出国计划。实际上，伦玉敏没有过多的考虑，就是多一事不如少一事，少了一个听话干活的员工，去了新加坡又不受自己控制，断然否定了这个提议。葛圆圆本就低落的心情此刻更加灰暗。

这天黎刚没有回他在中海凯旋的家，他不想下班后只是步行 5 分钟就又站在能看到 B 银行和中国人寿双子座的落地窗前。他驱车回到了位于西北五环外的万科如园，这栋房子是他前年得到房地产商内部消息后匆忙买下的，短短两年时间升值部分已超过五百万。黎刚双手撑在二层宽大露台的围栏上凝视着窗外，以往明亮的路灯此刻看起来不仅昏暗而且还有些闪烁，“不然，咱们卖了吧，也不常来住。”黎刚的妻子从后面抱住他轻声说。

五、尾声

刚入秋的季节，天黑的还不算早，下了班黎刚站在他并不宽敞的办公室窗前，觉得天阴沉沉的，仿佛低气压就在他头上方几米处流动着。资金交易部的人员关系到项目核心的进展，后台处理中心的葛圆圆也不知道还能坚持多久，想想他自己曾经说过后台就是一个血汗工厂，现在真觉得后悔。整个项目行领导那边他是拍胸脯下了保证书的，下周厂商就能最终确定，和毕马威的5年咨询合同也才刚刚开始，自己却反而像到了临终关怀的阶段。B银行自2007年上市后以火箭的速度发展了5年多，如今在集团战略、组织架构、股权激励、晋升通道、薪酬体系、人员招聘等方面似乎都出了问题：消费金融、保险、基金、租赁、置业和10家分行纷纷开业，但近几年筹备的乌鲁木齐分行银监局迟迟未予批复，混业经营的集团化战略似乎并未得到监管当局的全面认可；组织架构几经调整，效率未有显现，责权利却不如以前明晰了；刚上市时全员持股，现在股权激励只针对高管，但方案几经修改后没有了下文；骨干员工晋升通道不明朗且日趋狭窄，高层权力寻租空间巨大，造成高能力、高学历、高资历的“三高”普通员工大量流失；薪酬体系几经调整，至今的结果就是管理层与普通员工的平均薪酬比位居全国上市银行首位；社会招聘跟不上时代的步伐，理念僵化，校园招聘的方向每年都在变，在毕业生中没有形成自己独特的品牌，大量的优秀毕业生被同业竞争对手签走。

果真没有希望了么？黎刚不甘心这样想，毕竟相比十年前还是进步了很多很多。金融机构在发展中总会遇到问题，问题出了解决掉就是了，但目前究竟哪个问题最严重？B银行现在最需要解决的问题是什么？他自己似乎也说不清。是不是也到了我该走的时候？一个声音这样在心中响起。是趁早全身而退，还是从此像个男人一样为了事业战斗下去，黎刚陷入了沉思。

附录：

一、B银行简介

B银行于1996年在90家城市信用合作社的基础上成立，是一家中外资本融合的新型股份制银行，成立时注册资本10亿元。截至2013年，已在我国主要中心城市设立10家分行、近300家分支机构，资产总额1.4万亿，人均创利连续七年排名全国第一，达146万元，同时成本收入比

25.51%为中国银行业内最优。另据非官方数据，B银行2013年人均收入在银行业排名第七位，非管理序列员工人均收入全行业排名倒数第二位。

二、B银行薪酬体系简介

B银行的薪酬体系是和职务体系紧密联系在一起的。薪资共由三部分组成：基本工资、岗位工资和绩效工资。基本工资都是一样的，为最基本的保障；岗位工资与学历、专业掌握程度、入行年限以及所在的部门和所任的岗位有关；绩效与任务完成情况和工作表现有关。

固定的薪资包括基本工资和岗位工资，岗位工资两年调整一次。普通员工按级别分为见习、四级、三级、二级、一级、高级、专家级，每一级相差千元以上。管理序列分为副室经理、室经理、总经理助理、副总经理、总经理、总监、行领导。其中的最低职位副室经理的岗位工资也大幅高于专家级，而且随着职务的提升岗位工资成倍提高。

绩效工资是薪资构成中的浮动部分，营销绩效与营销业绩挂钩，非营销绩效一般为岗位工资的倍数。

案例使用说明

（一）教学目的与用途

1. 本案例主要适用于金融市场、组织行为学和人力资源管理等课程。

2. 本案例是一篇描述B银行市场风险系统重建过程的教学案例，其教学目的在于使学生对银行体制、顶层设计、跨部门协作、大项目实施、用人机制、激励等战略问题和人力资源管理问题具有感性的认识及深入的思考，从银行内部管理和外部环境等方面分析问题，并提出解决方案。

（二）启发思考题

1. 你如何看B银行在发展过程中出现的“三高”人才严重流失的问题？

2. 你如何理解B银行在员工激励方面的做法？

3. 你如何看待黎总的做法？（请从个人和外部环境两个角度进行分析）

4. 分析B银行市场风险系统重建的难点和关键因素？

5. 你如何看待葛圆圆？如果你是葛圆圆，是否会作出改变？如何改变？如果你是后台总经理，你将怎样对待葛圆圆？尝试从有利于个人职业规划、有利于组织发展及两者兼顾三个角度给出建议。

6. 如果你是黎总，面对这个局面你将何去何从？

翼龙贷网引入联想战略投资：开启互联网借贷蓝海新征程①

[案例摘要] 在互联网金融发展的大潮中，翼龙贷网处于行业领先地位。不过，在P2P网贷同行纷纷引入风险资本投资，完成A轮甚至B轮融资后，翼龙贷网却没有获得风险资本的青睐。峰回路转，2014年11月初，翼龙贷网获得了联想集团的注资，为信息化普惠金融模式注入了坚实的信用基础。本案例描述翼龙贷网的发展历程与运营商业模式，联想注资在治理结构和业务开拓方面的意义。翼龙贷网建立的“异地加盟+同城尽调”的线上与线下（O2O）相结合的商业运营模式，在联想注资后价值得到进一步提升，翼龙贷网在P2P网贷的“蓝海”中正在构筑起信息化普惠金融发展的新范式。

在经历2013年互联网金融爆发式增长之后，P2P网贷平台的风险不断出现，2014年更是进入高发期，仅10月份出现问题的平台就有38家。P2P网贷是互联网金融的典型形态，频现的“跑路”、“关闭”等风险事件，说明这种金融形态内在机制设计存在明显的问题。如何才能完善内部治理，提升其经营的稳健性呢？在有利网、人人贷等行业领先的网贷公司获得风险投资之后，行业市场的分层逐步明晰化。A轮融资已经完成，有的网贷公司平台也完成或正在进行B轮融资。风险资本进入P2P平台，无疑给这一新兴互联网金融模式注入了信用度，有助于其稳健经营，减弱信用风险、道德风险和操作风险等制约因素。在网贷行业中，具有代表意义的翼龙贷网却迟迟没有获得风险资本的关注，几次与风投接触，翼龙贷网

① 本案例由中央财经大学金融学院李建军老师经过多次与翼龙贷董事长王思聪先生交流后撰写而成，并获得翼龙贷公司授权。本案例只供课堂讨论之用，并无意暗示或说明某种管理行为是否有效。本案例完全真实，没有进行掩饰性处理。

都没有成功。那么，为何联想控股愿意投资翼龙贷呢？

翼龙贷网于2007年在北京成立，是国内最早的互联网借贷平台，是中国首家倡导P2P/P2C/B2C互联网电子借贷交易平台的高科技企业，由北京同城翼龙网络科技有限公司投资并运营。2012年，凭借温州金融综合改革实验区政策的东风，在浙江省政府和温州市政府的支持下，王思聪将公司总部注册于温州，成立温州翼龙贷经济信息咨询有限公司。在2013年的互联网金融快速发展大潮中，翼龙贷成为P2P网贷行业的引领者之一，受到央视的深度报道，引起社会的关注。2014年11月，联想控股注资翼龙贷网，为翼龙贷网的发展注入了信用基础，翼龙贷网开启了一个全新的信息化普惠金融新时代。具有大型国企信用增级的翼龙贷网，将丰富其“异地加盟、同城尽调”的O2O经营模式，将普惠金融理念惠及中国城乡的千家万户，真正实现“融通天下，翼龙同行，普惠金融”，引领中国信息化普惠金融建设的方向。

一、翼龙贷网的成长历程：从民间借贷“黑海”走向P2P网贷“红海”

与互联网技术的发展历程类似，翼龙贷网的创始人王思聪先生创业之路也不是一帆风顺的。20世界90年代初，大学毕业后的王思聪开始在北京秀水街做贸易创业，他待人诚恳，注重信誉，在市场中赢得了声誉，加上其勤奋努力，很快赚到人生的第一桶金。1997年，王思聪开始关注互联网投资，在当时的技术条件下，互联网的商业价值多为愿景，但他仍勇于尝试，开办了一家网络公司。2000~2001年，纳斯达克互联网科技泡沫破裂，全球互联网产业进入衰退期，许多投资者破产，王思聪也在其列。

经过一番修正和思考，2002年，王思聪开始进入民间金融领域，当时，该领域属于地下金融的范畴，稍有不慎就容易陷入非法集资。不过，王思聪认为，民间借贷可以借助互联网技术实现透明化、阳光化，最终走向规范化和合法化。于是，他选择了互联网贷款这一当时并没有任何先例的“黑海”。他将原有互联网的投资经验与在北大读金融MBA时掌握的理论结合起来，投资成立了中国在线贷款网。无独有偶，国际上也在这个时候出现P2P网络借贷模式。2005年3月，英国的P2P网贷平台Zopa成立并开始运营，同年，美国网络借贷平台Prosper也效仿成立。如果从互联网借贷起源看，王思聪投资的中国在线贷款网成立是最早的。2007 年，王思聪将中国在线贷款网变更注册成立翼龙贷网。其海外合伙人，纽约州立大学的王芳教授为公司带来了新的理念，他们成功合作，成为国内首批 P2P 网贷平台。

（一）技术等基础设施投资决策

互联网技术投资是网贷发展的基础，而这一基本条件的建设需要较大的投入。在翼龙贷网络平台基础设施的建设上，公司高层出现过不一致的意见。在 2007 年 12 月举行的一次项目投资讨论会上，公司副总 A 认为，互联网技术还不成熟，通过网络处理非结构化数据难度比较大，公司还是把经营重点放在线下店面建设上。王思聪却坚持认为，技术是基础，业务必须阳关化，通过互联网解决借贷双方信息不对称问题，可以通过网络舆情调查监控风险。最终，公司选择了技术投资项目。经过 4 年时间的建设，到 2011 年翼龙贷已经建立起规范、高效的互联网借贷技术数据平台和 P2P + P2C 的运营技术模式。

（二）专家助力，获得温州金融改革政策支持

翼龙贷从事的业务本质上是民间借贷的网络化、信息化业务。民间借贷如果管理不慎就会触碰“非法集资”、“非法吸收公众存款”的法律底线。民间借贷性质的公司也没有金融许可证，多以投资咨询公司的名义进行工商注册。王思聪知道，民间借贷必须正规化、阳光化经营，要获得政府部门的认可。2011 年 9 月某日，王思聪到中央财经大学与金融学院副院长李建军教授、培训学院李溦院长进行交流，谈到网贷平台的前景时，心中很惘然，觉得前景很不明朗。李建军教授建议，应抓住国家金融改革创新的有利时机，将网络借贷做大做强，形成一个范式，这样就可以获得金融监管部门的认可。王思聪听了很激动，并于当年 11 月在温州金融办领导来北京调研时，邀请李建军教授共同座谈，探讨民间金融信息化与互联网借贷的发展思路。

2012 年国务院批准了温州金融综合改革方案，翼龙贷获得了转型的时机。当年 3 月初，王思聪再次去温州调研，与当地政府金融主管部门协商，最终温州市人民政府确定翼龙贷为首批入驻金融综合改革试验区的互联网金融企业和唯一可以开展 P2P 撮合服务的企业。入驻温州金融综合改革实

验区成为翼龙贷转型升级的关键点，其业务规模实现快速增长。

（三）“黑海”向“红海”嬗变的网贷环境

可以说，中国民间借贷借力互联网技术，逐步走向了阳光化、规范化，过去的“黑海”正在向“红海”转变。2012 年以来，互联网金融概念出现，P2P 网贷、电商小贷、网络众筹等新型业态快速发展。其业务规模很快从 2 亿元扩张到 10 亿元。在 2013 年的互联网金融快速发展大潮中，翼龙贷成为 P2P 网贷行业的引领者之一，王思聪董事长接受中央电视台的专访，介绍了翼龙贷网的同城 O2O 模式，再引起社会的关注。2014 年，翼龙贷网的加盟商突破 500 家，业务规模再上新台阶。中国 P2P 网贷领域正处于自由竞争的“红海”期，风险与发展相伴，截至 2014 年 10 月，出现风险事件的网贷平台已经超过 150 家。风险源主要是道德风险，缺乏有效约束和规范的平台，以资金池、虚假项目、自融等手段，骗取投资者的资金。因此，完善治理结构，加强规制建设是 P2P 行业急需解决的问题。

二、联想关注翼龙贷网的独特营运模式：异地加盟 + 同城尽调

联想控股翼龙贷网是其金融布局的重要组成部分。在过去的 10 年时间里，联想投资了 10 家金融领域公司。君联资本是联想旗下专业的风险投资公司。2014 年 8 月，君联资本开始投资互联网金融领域。铜板街获得君联资本领投 5 000 万美元 B 轮融资；9 月 2 日，联想宣布旗下的联想之星投资 P2P 平台银豆网；9 月 19 日联想投资向深圳诚正小额贷款有限公司注资 5 亿元；10 月 15 日，君联资本投资网贷天眼，完成千万美元级别 A 轮融资。11 月 3 日，联想投资翼龙贷网，与前面的投资不同的是，联想看重翼龙贷服务三农的业务特色，以及翼龙贷有别于其他网贷平台的运营模式。

翼龙贷的主要目标是推动普惠金融建设，可持续发展是根本，风险控制是核心。王思聪董事长在总结多年开展民间借贷经验的基础上，提出了“同城网贷”概念，即：借款人只能在当地的翼龙贷平台上申请借款，不能跨区域申请，这样对于尽职调查是可行的。异地加盟商可以获得翼龙贷网络平台的使用权，在线上进行常规业务管理，线下开展尽职调查，逐步形成“异地加盟 + 同城尽调”，即线上加线下（O2O）运营模式。

（一）异地加盟，流程管理

2005 ~ 2007 年，王思聪领导的翼龙贷公司下大力气进行了互联网平台

的投资开发建设。王思聪的理念是：宁可前5年不赚钱，也要把平台技术基础做好。翼龙贷在平台建设方面走在同行的前列，公司通过与公安部、大银行、第三方支付公司合作，建立起顺畅的信息查询、资金划转和资金监管机制。随着翼龙贷网络借贷平台的日趋完善，在同行中影响力的提升，各地区希望加入翼龙贷平台的民间借贷经纪人不断增多。王思聪觉得，要规范民间借贷，就必须使之阳光化，通过吸纳加盟商，构建起责权利一体的商业模式。

1. 异地加盟机制助力业务布局

翼龙贷网络平台为各地加盟商提供基础服务，各地加盟商负责所在地区的P2P网贷运营和风险控制，加盟商需要向翼龙贷总部缴纳加盟费和风险金。加盟商制度在实践中逐步完善，如除了加盟费外，需要缴纳一定比例的风险准备金，将加盟商的利益与风险管控职责挂钩，实现了合作各方责权利的匹配，同时构建起了有效的风险防控机制。

经过7年时间的建设，翼龙贷的加盟商制度形成了三级管理体系。公司在全国20个省开设运营中心，覆盖了全国120多个城市，加盟商超过500家。为提升企业价值和社会公信力，翼龙贷以乡镇、社区为单位开设借贷、理财体验店，贴近百姓生活，贴近小微企业、农户、个体工商户等最基本经济单位，真正开展普惠金融服务。

2. 平台贷款发放流程管理

在贷款发放过程中，翼龙贷为分支机构提供整个后台支持，同时要求分支机构非常熟悉后台操作，并且按照贷款流程来完成。翼龙贷平台与相关加盟商公司约定，一旦借款人出现违约风险，则完全由相关加盟公司承担。翼龙贷平台对自身声誉和相关加盟公司对损失的谨慎态度使得翼龙贷平台和相关加盟公司对筹资项目的审核形成了多层次的结构，有效降低了风险。

借款人从申请提出到审核成功大约需要3~5个工作日，其中翼龙贷总部风控部门在审核一笔贷款上所用的时间大约只需要40分钟，主要用于打电话核实信息和资料认证。在借款人到期还款期前3日，风控人员会通过短信和电话的方式对借款人进行还款提醒；在借款人逾期后将由借款人当地的运营商上门催收；将借款人的多项信息公布于平台之上，投资人可通过平台上的联系方式而与借款人进行沟通。

3. 平台与加盟商之间的收益分配

在收益分配方面，对于每一笔成交借贷，翼龙贷平台收取 4% 的中介费，其中 1% 交给注册地政府相关部门作为风险储备金，0.9% 归翼龙贷平台所有，2.1% 归相关加盟公司所有。此分账过程全部在第三方支付平台的分账功能中自动完成，剩余贷款金额由借款人直接提现到自己的银行卡中。而当加盟公司获得平台中介费之后，还可以收取最高不超过 3% 的手续费。也就是说，对于每一成交的借贷业务，翼龙贷平台都可以在不利用自有资金的条件下收取所涉及金额的 0.9% 作为中介费，而相关的借贷加盟公司则可以获得所贷金额 2.1% 的作为相关收入。

（二）线下尽职调查与基于大数据信用评估

加盟商主要负责同城的尽职调查。王思聪首创同城 O2O 的借贷模式，将“线上信息撮合”与“线下风险防控”完美结合。同城 O2O 借贷是指，借款人只可在设有翼龙贷网运营中心的城市才可申请借贷，且要求借款人在该地长期居住、拥有固定资产；该地运营中心会对借款人进行贷前尽职调查，入户家访，以家庭为单位全面评估其借款用途、信用情况、经济状况以及还款能力等，并按需要完成贷后管理工作；借款人与放款人之间的交易则完全在线上进行。

入户调查对网贷企业而言无疑增加了一笔不小的成本支出。对此，王思聪给出这样的解释：“对大部分平台而言，损贷赔付是运营成本中最大的部分，我们通过家访能够将损贷率降低 70%，运营成本也会因此而降低很多。这样计算下来，入户家访的成本支出还是值得的。”

1. 风控基础：依托大数据线上评估信用风险

在当地加盟公司的审核环节，加盟公司按照自身传统的审核方式和方法对借款人进行评价。将审核通过的借贷需求提交到翼龙贷平台。翼龙贷平台收到经过加盟公司审核通过的借贷申请后，为防止地方加盟公司的道德风险，会根据提交上来的人民银行征信报告、非工资卡的银行卡资金流水、收入情况、资金用途等相关财务信息进行常规的初审，并对有条件的借款人进行视频认证。

翼龙贷平台经过多年的摸索形成了一套根据非财务信息评价借款人信用的大数据系统，该系统需要借贷人近 3 个月的电话详单、与直系亲属的近期合影照、婚姻状况、教育程度及年龄等多个方面信息。在通过了上述审核之后，翼龙贷平台根据初审和复审的结果，利用公司开发的信用模型进行终审，得出最终的放贷评审意见。

在这个系统中，一笔借款需求会经过至少四次审核，才会最终决定是否投放，所以风险较大的借款需求很难通过这个系统。而在审核的过程中，平台也掌握了大量的贷款客户信息，其信用级别也相应得以评定，所以在后续的贷款过程中就省略了部分程序。这就意味着，借款人之前的还款记录越好，以后的借款程序越简单。

2. 风控保障：六维关系型信用担保

在借鉴国内外 P2P 网贷平台经验的基础上，翼龙贷结合中国人际关系型社会的特点，模仿格莱珉银行将社会关系嵌入金融服务的风险控制方式，建立了六维担保模式控制风险，通过父母、妻子、儿女、配偶、朋友、同事 6 个维度，根据借贷人社会关系网中重要的 6 个联系人，证明其身份、借款理由和还款能力，完成审查核实，并以家庭为单位进行借贷。在签订借贷合同时，需要家人共同签字确认，在贷款关联人之间遵循共同的“社区”规范代替抵押担保制度，通过各类大数据、软信息分析的使用，有效降低信息不对称与违约风险。

（三）在收益与风险之间实现平衡

翼龙贷网的客户群体主要来自小型城镇，借款人主要采取家庭模式经营，具有资金需求量小，难以提供资产担保的特点。在信贷市场结构中，单笔 2 ~6 万元的细分市场成为翼龙贷的主要目标。在翼龙贷网的放贷结构中，单笔 6 万元的贷款占比最高，超过了 60%。而投资方的起点也比较低，起投金额只需 50 元。翼龙贷网通过网络技术和财务运营机制创新，提高了投资人每月利息复投的可操作性，最大限度地保证投资者收益的实现。与国内同行业比较，翼龙贷网为投资者创造的年化平均收益在 15% ~ 20% 之间，属于较高的水平。翼龙贷网为投资人提供了风险保障机制，一旦出现逾期或坏账，翼龙贷网通过风险备用金优先垫付，保障投资者权益。在流动性方面，翼龙贷网为投资者提供了债权转让机制，期满前，投资者如果遇到急需使用资金的情况，可以在翼龙贷平台转让持有的债权，快速收回资金，不用担心较长的资金锁定期。这些机制创新，拓宽了翼龙贷的利基，实现了风险与收益的平衡。

三、翼龙贷网引入联想战略投资：治理结构与机制的变化

联想控股后，翼龙贷网的股权结构发生显著变化，由此带来了治理结构和公司治理机制的变化，更重要的是实现了翼龙贷的信用增级。拓展了翼龙贷的业务空间。

（一）翼龙贷网股权结构趋于合理，信用增级效果显著

联想控股通过旗下的风险投资——君联资本进行控股投资翼龙贷网。在联想投资之前，翼龙贷网的股东结构为：王思聪个人持股占46%，北京同城翼龙网络科技有限公司占持股占36%，法人代持员工股占18%。按照双方的协议，联想投资后处于绝对控股地位，股权占比为51%，注入资本在7~9亿元人民币，采用现金加债券等方式。按照这样的投资规模计算，联想投资后股权结构变化如表1所示，王思聪个人股份占比下降到22.54%，北京同城翼龙网络科技有限公司占比下降到17.64%，法人代员工持股比例下降到8.82%。

新的翼龙贷网控股权在联想，将国有企业的信用注入到翼龙贷网平台中，该平台事实上已经具有一定的政府公信力，这对于众多的社会投资者和融资人而言是具有吸引力的，实现了翼龙贷网的信用增级，将会大大拓展翼龙贷的业务空间。

表1　　联想投资前后翼龙贷股权结构变化

	联想战略投资前股权结构	联想战略投资后股权结构
联想控股（君联资本）	—	51%
王思聪	46%	22.54%
北京同城翼龙网	36%	17.64%
法人代持员工股	18%	8.82%

数据来源：通过对翼龙贷的相关人员调研访谈获取。

（二）公司治理在保持原有优势的同时，效率得以提升

联想投资以后，翼龙贷的治理结构将发生重大变化。联想控股必将派出一名高管出任董事长或总裁一职，将国有企业管理经验注入了原民营网贷平台，提升平台运营的规范性和绩效。同时，按照双方的约定，翼龙贷

网创始人及其团队，依旧保留占多数的决策权力，依托其原有的行业经验，继续就平台运营进行日常管理。这种组合模式类似于阿里巴巴在美国上市后的治理结构。翼龙贷的经理层和原有股东，依旧拥有公司经营的控制权，与股东大会等现代治理模式相结合，可以有效提升公司的运营效率。这种相互制衡的机制，无疑有助于翼龙贷的可持续发展，也将为中国信息化普惠金融实践提供新的样本。

（三）翼龙贷网的经营地域布局借力联想，城市社区普惠金融业务空间扩展

联想投资之后，翼龙贷网的业务与资产将被作为联想控股核心资产业务进行运营。新的翼龙贷网将突破原有地域布局的瓶颈，借助联想的原有优势，在上海、深圳、广州等一线城市进行布局，拓展城市社区的金融服务业务。翼龙贷网与联想控股战略合作后，首先布局的城市就是中国最大金融中心——上海。王思聪说，翼龙贷网进驻上海，将布局大量的线下社区财富体验店服务周边居民，帮助那些有财富增值意愿但缺乏信息和渠道的线下人群实现财富增值。另外，翼龙贷还将设计更适合大城市的信贷产品，为“三农”信用贷款、小微企业贷款等的补充产品来拓展新的客户群。财富体验店的布局将为城市社区银行新模式探讨提供经验。

四、联想控股注资翼龙贷网后“蓝海”愿景

联想控股投资翼龙贷网是其金融战略的重要环节，对于翼龙贷网而言，获得 IT 业龙头国企联想的青睐，无疑是十分理想的结果。因为，大型国有 IT 企业联想集团，具有极高的社会公信力和品牌价值。P2P 网贷平台需要的就是信用的背书，翼龙贷网在这一点上可以说是最大的赢家。这是继 2012 年翼龙贷获得温州市政府的认可，成为国内唯一具有“经营民间借贷撮合服务业务”合法身份的互联网借贷平台公司之后，翼龙贷网发展进程中的又一转折型事件，翼龙贷网也迎来了 P2P 网贷发展的春天。

（一）国家发展普惠金融政策为互联网借贷带来契机

党的十八届三中全会决议提出：政府鼓励金融创新，发展普惠金融。这为互联网金融发展提供了契机。2014 年全国人大会议上，促进互联网金融发展写进了政府工作报告。从 2012 年年底到 2014 年年初，互联网金融

快速发展，网络借贷成为重要业态，网络借贷平台如雨后春笋般快速成长。可以说，经历2007～2012年的摸索“黑海”区，2013年开始，互联网借贷、特别是P2P网贷进入了“红海”区，行业规则与商业模式已经初步形成，竞争加剧，风险也随之出现。2014年以来，随着风险资本快速布局P2P等互联网金融行业，以及银监会监管职责的明晰，互联网借贷正在出现一片前景光明的“蓝海”。随着翼龙贷网引入联想战投，它正在实现“红海”突破，驶入P2P网贷的“蓝海”区域，很可能成为行业的引领平台之一。

（二）翼龙贷网扩大金融服务群体，不断拓宽互联网借贷的利基

在普惠金融发展进程中，新的翼龙贷网发展方向之一是供应链金融。随着电子商务的迅猛发展，以都市消费群体为业务对象的小微企业在经营过程中产生了大量的数据，一定程度上解决了信息不对称、采信成本高的问题。互联网借贷较之于传统银行信贷业务，能够更好地服务于中小企业，重点服务于资金规模50万～200万这一区间的借款客户。翼龙贷后续要在电子商务与供应链金融中推进业务创新。翼龙贷网还专注于小微实体经济的金融服务，这类经济体具有较好的抗风险性和较高的收益率。这是翼龙贷能够实现20%的回报，维持0.51%的低损贷率的重要基础。

当然，互联网借贷行业的发展不可能使一帆风顺的，联想控股的战略投资不能解决翼龙贷网所有的问题，如何合理布局中国农村普惠金融网点，作好城市社区便民理财与金融服务，是翼龙贷网长期关注的课题。

案例使用说明

在互联网金融领域，风险资本的布局引人注目。2014年11月初，联想控股投资翼龙贷网终于尘埃落定，成为P2P网贷与风险投资领域的重大事件，该案例是否预示着互联网金融发展的某种趋势和方向呢？

（一）教学目的与用途

1. 适用课程：《金融管理》、《战略管理》、《金融理论与政策》等。

2. 使用对象：本案例主要为MBA、EMBA、金融硕士（MF）专业学位研究生学习，也适合具有一定工作经验的金融管理者阅读。

3. 教学目标：本案例描述联想投资翼龙贷的过程和翼龙贷网运营模式及公司价值，旨在为互联网金融创业者提供一定的借鉴和启示。本案例教学的具体目标如下：

（1）可以使学生掌握互联网借贷平台运营模式的内涵与风控机制，对互联网金融企业的商业模式进行比较总结；

（2）可以使学生把握风险资本布局互联网金融行业的路线图，把握风险投资对 P2P 公司价值的影响机理；

（3）可以培养学生的普惠金融与互联网思维，掌握金融行业发展趋势，训练其解决互联网金融创业中遇到不同问题的能力。

（二）启发思考题

1. 风险资本、互联网金融、P2P 网贷、普惠金融的内涵是什么？P2P 网贷行业的风险有哪些？

2. 联想投资翼龙贷网如何提升翼龙贷的企业价值？

3. 如果你是王思聪董事长的团队智囊，你会为翼龙贷后续发展提供什么样的规划建议方案？

4. 翼龙贷网在实现普惠金融发展目标方面如何借力联想的优势？

5. 中国的 P2P 网贷行业正在从“红海”走向了“蓝海”，翼龙贷如何进一步扩大利基，实现其普惠金融的商业可持续发展？

“药都乐”，乐药都

——亳州药都农村商业银行“药都乐”中药材产业链系列贷款分析①

[案例摘要]“渠道金融”是在产业链中寻找出一个大的核心企业，以核心企业为出发点，为产业链提供金融支持。亳州中药材产业链，由药农、药商、药市、药行和药厂几个主体构成，形成了以中药饮片厂为核心的完整中药材产业链。亳州药都农村商业银行着力建设以中药饮片厂为核心的渠道金融服务体系，自2014年以来推出了“药都乐”系列产品，尤其是以应收账款质押产品为主的金融创新业务，对亳州中药材产业链发展起到了助推作用，收到了明显的经济和社会效益，被亳州人民称赞为：“药都乐，乐药都”。

一、药都之情——中药材产业及药都银行情况

（一）亳州药都中药材产业发展情况

在皖西北有一座历史文化名城——亳州，她曾是商部落和商朝建立的都城，在这片广袤的平原上，不仅产生了悠久的商业文化，而且诞生过老子、庄子等古代先哲，还是战国时曹操、华佗的故乡。亳州是中国著名的四大药都之首，中药材种植、加工、流通是这里的主要产业。

亳州市多年来始终坚持“以药立市”的发展战略，大力培育中药产业，加快现代化中华药都建设，初步形成了比较完整的现代中药产业体系。亳州市现拥有百万药农、十万药商、数百家药企、数十家药行和一个国家级中药材交易大市场。亳州中药材大产业格局已基本形成，上下游产

① 本案例由中央财经大学商学院张云起老师、研究生冯漪、研究生孙军锋、商学院耿勇老师撰写。本案例只供课堂讨论之用，并无意暗示或说明某种管理行为是否有效。

业链比较完善，基本形成了现代中药特色产业集群，成为国家中药材商贸流通中心。2015 年，亳州市现代中药产业产值规模达到 300 亿元。目前，亳州市中药材产业正处于二次产业升级阶段，亳州正在为打造“种植之都、交易之都、加工之都、制药之都”而努力。而这一目标的实现需要金融行业的大力支持。

（二）亳州药都农村商业银行的市场定位

亳州药都农村商业银行（简称药都银行），作为亳州人民自己的银行，药都银行实行差异化和专业化定位，以地方银行的资源优势和快速反应市场的特点，在目标市场选择中把药材这一产业作为重要业务，在推进亳州中药材产业的有机融合、实现二次产业升级方面积极探索，以独特的视角和突出的优势，在服务“三农”、服务中小企业、服务地方经济过程中扮演着重要角色。经过产业环境的分析，药都银行具有顺天时（国家扶植“三农”发展，金融政策相对宽松）、占地利（地处中国四大药都之首的亳州市）、贵人和（超值服务、为客户着想，有良好的客户关系）等三大优势。药都银行可以通过创新金融服务产品，以支持中药材产业链的核心企业发展、扶持上下游产业的整体协同发展，从而实现自身更长远的发展。

药都银行前身是亳州市谯城区农村信用联社，先后于 2005 年实行一级法人制度，2010 年成立药都农合行，2012 年顺利完成农商行组建。通过不断的探索，药都银行经营机制更加灵活、业务品种日趋丰富、网点建设覆盖城乡。特别是近年来，药都银行以改革、创新、发展、控险为发展主线，加强金融服务和金融产品创新、强化合规建设和企业文化塑造，审时度势、顺应潮流，取得了令人鼓舞的成绩，走出了一条具有鲜明地方银行特色的经营之路。截至 2015 年，药都银行注册资本 8.32 亿元，总资产规模 175.6 亿，存款达 170 余亿元，贷款规模达到 140 余亿元，总部设有 13 个职能部门，下辖 50 个分支机构（含营业部），全辖员工 609 人。近年来，先后荣获了安徽省政府颁发的“全省金融创新先进单位”、安徽省农村信用联社颁发的资产质量和经营效益“双十佳”单位等多项荣誉称号，并以良好的经营业绩和社会反响，获得了市政府唯一授予的“市民最信赖的银行”称号。

为更好地服务于当地中药材产业链的发展，2013 年亳州药都银行与中央财经大学联合进行了亳州中药材产业链金融服务产品研发设计，开发了适宜于当地特色和自身特点的“药都乐”系列产品，自2014年发行以来，以小微金融为主，在支持核心企业发展的同时，扶持上下游产业的整体协同发展，支持了亳州中药材产业的良性发展，给亳州当地的药农、药商、药企、药行、药市等中药材种植、加工、流通等环节带来明显的效益。被当地民众赞为“亳州人民自己的银行”！

二、药都之愁——亳州中药材产业链金融需求

亳州中药材产业链，由药农、药商、药市、药行和药厂几个主体构成，形成了以中药饮片厂为核心的完整中药材产业链。但这一产业链的发展近年来受到资金紧张影响，各环节都出现了发展受阻的情况，成了药都的愁事。为了解决这一难题，药都银行配合地方政府和行业协会，建立了中药材产业链渠道金融服务体系。“渠道金融”是近年来金融企业探索的一种创新型金融服务。它的最大特点就是在产业链中寻找出一个大的核心企业，以核心企业为出发点，为产业链提供金融支持。一方面，将资金有效注入处于相对弱势的上下游配套中小企业，解决中小企业融资难和产业链失衡的问题；另一方面，将银行信用融入上下游企业的购销行为，增强其商业信用，促进中小企业与核心企业建立长期战略协同关系，提升产业链的竞争能力。

药都银行通过与中央财经大学联合研究，着力建设以当地中药饮片厂为核心的营销渠道金融服务体系。在这一体系中涉及中药材种植、加工、流通的各个环节。

（一）药商

亳州有数万药商，这些药商是药都银行客户群中的中坚力量。药商可以分为给饮片厂供货的中药材原料药商（俗称原药供货商）和从事中药饮片销售的药商（俗称药材经销商）。药商资金需求季节性强，不仅有大量的临时资金需求，也有频率很高的金融服务要求，还有药材淡季闲置资金的投资理财需求。这类客户在亳州数量众多，是中药材产业链的两个重点环节。他们不仅活跃在当地中药材市场上，而且行走在全国甚至海外中药材市场中，因而药都银行将这部分业务作为增长点，争取通过资金扶持的方式，吸引他们在药都银行开户，并将其往来业务流量作为贷款额度评估和利率优惠的基础。对于原药供货商，可以用其给当地饮片厂供货的应收

账款作质押担保，给予一定额度的流动资金贷款。而对于药材经销商，当他们资金紧缺时，可以申请指定采购贷款，将资金以货款形式支付给本地中药饮片厂。如果本地的药材经销商向本地制药企业或外地知名大型制药企业供货，也可以把对制药企业的应收账款作为质押进行流动资金贷款。

（二）药农

亳州有数十万药农，他们对小额金融服务需求急切，但以往很难得到满足。药都银行推出全民授信业务，无疑是对亳州人民的最大信赖和支持。但这种全民性授信额度一般不大，在此基础上，针对药农在种植及生活上急需的资金，探索了以饮片厂为担保的药农（限种植基地）小额贷款服务。特别是根据新的政策，创新探索以药农的土地承包权、宅基地所有权、集体财产收益权和“种植在生的中药材”等为抵押的小额贷款服务，切实解决药农贷款难的问题。

（三）药市

亳州现有一座中药材交易大市场（简称药市），并新建一座中药材交易大市场。规划中还将建一座中药饮片交易大市场和一座中成药交易大市场。药市的集中交易大厅需要有金融结算服务，药材市场中的独立商铺不仅有金融结算需求，还有存贷款的金融服务需求。药都银行新建办公大楼位于新建交易市场对面，具有独特的地理优势，通过为客户提供多层次增值服务，不仅可以争取交易大厅的金融结算服务，还尽力争取市场中优质商铺资源。药都银行积极与药市管理机构协商，建立了以结算为主依托的各项服务项目。对市场中的商户，根据业务流量的监测给予一定规模的流动资金贷款支持和利率优惠。由于对市场中商户的支持，间接地支持了药市的发展。

（四）药行

亳州有全民种植药材的传统，所以在谯城区的主要乡镇有相对集中的原产地药材交易行（简称药行）。分布在乡镇的药行有很高的金融服务要求，如统一结算等，也有市场发展的资金需求，更有繁荣市场、帮助客户的金融服务需求。药都银行利用自身网点的优势，为这些药行提供发展资金的扶持和必要的基础服务设施等，争取到在这些药行统一布置交易结算系统，抓住这些药行的业务。同时探索药行佣金收益权质押的方式进行发展建设性贷款，实行一次性贷款，按月（或日）从佣金收益中偿还，创新了农村农产品交易市场融资新模式。

（五）药厂

中药饮片厂（生产饮片和中成药的企业）在亳州中药材产业中是核心力量。由于规模相对较大，其资金需求量较大，金融服务要求也较高。因而选择其中具有一定规模、实力较强、信用较好的骨干企业为主体，通过这些核心骨干企业的营销渠道，将其上下游的企业和农户构建成一个商圈，以中药材市场的产业链贯通药都银行的金融服务链。对饮片厂实行产业链整体授信，除对饮片厂自身所需资金支持外，还对其原药供货商和饮片经销商、种植基地的药农提供金融服务。将其商圈的资金流量整体纳入饮片厂的资信管理体系，并作为审核信用额度和利率优惠的依据。

我国对中药材种植、加工、流通都有严格的要求，特别是近年来国家加大了对食品、药品质量的监管力度，对生产加工企业的 GMP 认证、对流通企业的 GSP 认证及日常监管都更加严格。同时推行中药材种植业的 GAP 认证，这也将大大提高对中药材种植户的监管。而这些企业和种植户的资质是重要的无形资产，过去很少有银行给予确认，所以借产业链金融服务设计的契机，充分利用 GMP、GSP 和 GAP 认证的行业价值，对这些认证给予一定无形资产评估，并以认证为质押给予一定比例的贷款，争取了一批认证企业和种植户来药都银行开户，并进行资金往来活动。药都银行中药材产业链金融结构如图 1 所示。

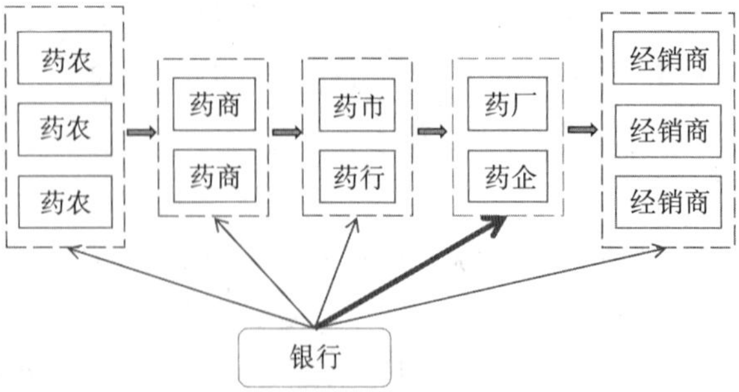

图 1　中药材产业链金融结构图

三、药都之乐——“药都乐”金融服务产品设计

（一）产品设计的主导思想

药都银行在探索金融服务产品创新的同时，利用原有的优良客户关系和优质的客户服务，建立与客户更加便利的沟通渠道，实施客户关怀，为客户创造更高的价值，提高客户的满意度和忠诚度，从而实现自身更长远的发展。

“药都乐”系列产品主要是为中药材加工企业及其上下游客户提供药材供应链金融服务，主要产品有中药材存货动产质押贷款、核心企业法人账户透支、应收账款质押、保理融资和POS贷等，满足中小微企业“短、频、快”的融资需求。本案例重点介绍应收账款质押融资模式。

（二）药都乐主产品——应收账款质押

中药材企业的应收账款是指药商（权利人）与饮片厂（债务人）或饮片厂（权利人）与药企（债务人）通过中药材产品业务往来而形成的应收账款。中药材应收账款质押贷款是指债权人（药商或饮片厂）以其合法拥有的、债务企业（饮片厂或药企）承诺支付的应收账款债权向药都银行设定质押担保，以获得贷款满足其资金需要的行为。应收账款质押贷款是亳州药都银行推出的“药都乐”系列产品之一，主要是为中药材加工企业及其上下游客户提供中药材供应链金融服务，满足中小微企业“短、频、快”的融资需求。

1. 产业链融资链图

药都银行应收账款质押贷款模式如图2所示：

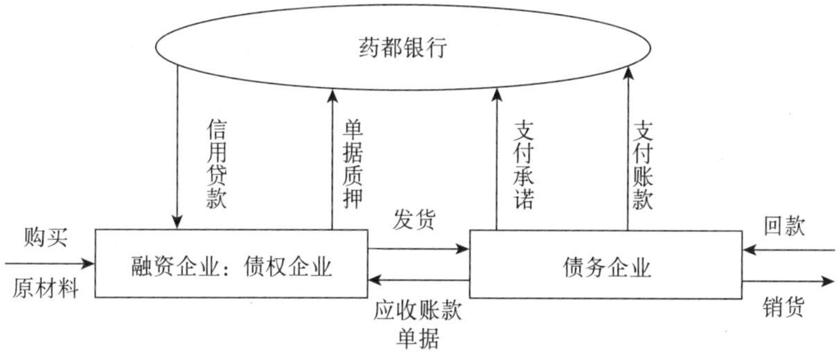

图2　药都银行应收账款质押贷款模式

药都银行应收账款质押贷款流程如图 3 所示：

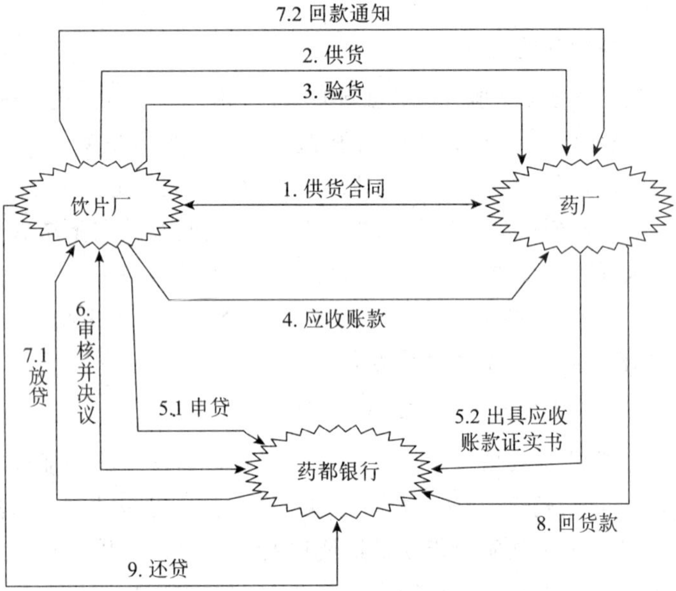

图 3　药都银行应收账款质押贷款流程

注：贷款经最终审批通过后→逐一落实审批附加意见，并签订《应收账款质押三方协议》→签订有关借款合同、质押担保合同→签订《应收账款质押登记协议书》→就应收账款的如约支付购买保险（按审批要求）→应收账款质押登记操作员在质押登记公示系统办妥质押登记→发放贷款。

2. 具体业务模式

（1）适合对象

主要是持有中药材应收账款的企业或个人，即与药都银行有较稳定业务往来关系、实力雄厚、生产经营稳定、有发展潜力、还款能力强的本地中药材生产企业、经销商、商户等。应收账款质押贷款主要用于本地中药材生产企业、经销商、商户补充流动资金需要。

（2）产品特色

担保灵活、方便快捷、注重实效、手续简便。

（3）申请条件

①生产经营正常，符合国家产业、环保政策要求；

②债权的产权明确，无悬而未决的争议和债务纠纷；

③资信状况良好，无商业不良信誉风险记录，贸易双方无逾期或违约记录；

④在药都银行开立结算账户，与药都银行有良好的合作关系；

⑤有稳定的购销渠道，与应收账款付款人有1年以上完整的交易记录。

（4）贷款期限

应收账款质押贷款的期限最长不得超过应收账款付款人承诺的付款期限，到期后不得办理展期。原则上不超过1年。

（5）贷款额度

根据应收账款价值确定，即依据被质押应收账款的质量及借款申请人的经营、财务和资信状况等因素予以确定。

（6）贷款利率

应收账款质押贷款的利率根据贷款种类、期限、风险程度、项目收益率、借款人诚信度等，实行差别利率。贷款逾期或被挪用的，须计收罚息及复利。企业贷款利率上浮50%，个人贷款利率上浮80%。

（7）还款方式

应收账款质押贷款根据贷款的用途、期限、额度等情况合理确定还款方式。贷款执行利随本清或按季结息、到期还本的偿还方式。

（8）贷款办理流程

①应收账款质押担保贷款业务受理后，贷前调查人员除应按照一般的调查方式和内容对贷款申请人、应收账款债务人的主体资格、经营状况等进行调查外，还应特别针对应收账款的真实性、有效性、付款计划和获得支付的可能性等进行深入调查，通过人民银行“应收账款质押登记公示系统”和在其他主管部门进行其他目的质押登记对拟进行质押的应收账款质押信息进行查询，避免重复质押的风险，并提供相关凭据附入贷款审批资料；

②贷款经最终审批通过后，客户经理应逐一落实贷款审批附加意见和有关要求，并与出质人、应收账款债务人签订《应收账款质押三方协议》，以明确应收账款债务人必须按照有关债务合同的约定履行合同，并且支付的应收账款只能划入约定的受药都银行监管的账户中；

③《应收账款质押三方协议》签订后，经与借款人、出质人签订有关

的借款合同、质押合同后，再与出质人签订《应收账款质押登记协议书》，以明确由质权人办理有关应收账款质押登记；

④贷款审批附加意见明确要求对应收账款按约支付购买保险的，应当要求借款人或出质人向药都银行认可的保险公司购买以药都银行作为第一收益人的保险；

⑤由应收账款质押登记操作员按照人民银行《应收账款质押登记办法》、《中国人民银行征信中心应收账款质押登记操作规则》等相关规定的要求在中国人民银行应收账款质押登记公示系统办理质押登记手续。质押登记手续办妥后即可按照有关规定和相关约定发放贷款。

简言之，此过程可表述为：通过贷款直通车或柜面申请→客户经理上门调查→应收账款登记→审查审批→签订借款合同→贷款发放。

（9）需提供的材料清单

借款人须提供以下资料（个人申请贷款按照其他管理规定提供资料）：

①借款申请书；

②经年检的借款人营业执照复印件、组织机构代码证复印件、信用等级复印件及有效的贷款卡；

③经审计的近三年的财务报表和近期财务报表；

④表明真实贸易背景的合同、发货单、发票（存根）、付款人收货验收单等相关凭证；

⑤借款人为有限责任公司或股份有限公司的应提供公司董事会（股东会）同意质押意见书；

⑥开户证明书等。

应收账款付款人需提供以下资料：

①经年检的营业执照复印件、企业代码证书复印件、资信等级证书复印件及贷款卡；应收账款人为股份有限公司或有限责任公司的应提供公司章程；

②近期财务报表；

③出具明确付款金额、方式与期限的应收账款证实书；

④药都银行要求的其他资料。

（10）风险控制

①应收账款质押设定后，由专职的监管信贷员定期跟踪监督应收账款

的增减变化情况。

②对应收账款的管理必须坚持“及时核对、锁定余额、定向支付”的原则。应收账款质押期间，根据应收账款付款人承诺的应收账款付款时间定期催收，用支付的应收账款归还贷款。

③借款人短期贷款到期前15天、中长期贷款到期前30天，管户人员采取电话通知或发送《到期贷款催收通知书》的方式进行催收；应收账款质押担保贷款逾期后20日内，管户人员要逐笔发送《逾期贷款催收通知书》，对逾期1个月仍不能还款的应申请所在地人民法院予以强制执行；

④借款人与应收账款付款人相互串通、逃避监督，致使应收账款未汇入指定账户导致贷款无法偿还的，药都银行除申请所在地人民法院强制执行外，应继续保留对借款人、应收账款付款人的追索权利，直至贷款本息清偿为止。

需要说明的是，监管的重点是当地核心企业应收账款总额度和每一笔应收账款的真实性，外地核心企业的知名度和每一笔应收账款的真实性。

自2014年开始，药都银行开展“药都乐”系列金融服务2年来，共给各类中药材加工和流通企业及个人提供了10亿多元的业务贷款，坏账率为零。不仅帮助数千家企业解决了资金需求问题，也促进了亳州中药材产业的健康发展。不仅让药都的药商乐了，也让整个药都乐了。

四、药都之新——创新与完善

药都银行的“药都乐”系列金融服务产品设计，虽然单个产品在金融领域前已有之，但作为一个系列产品在中药材这一完整产业链上还是创新应用，当然这些产品在开展过程中也要不断总结完善，以求产品的完美。

（一）“药都乐”金融创新

药都银行利用供应链金融理论、金融产品创新理论和全面风险管理理论对亳州中药材产业链进行系统分析和产品设计，既实现了业务的增长，也有效控制了风险，同时争取了更多新的客户和业务。其创新性体现在：

1. 实现了业务风险的有效控制

针对中药材产业链上下游之间形成的应收账款进行质押贷款，通过对应收账款形成的过程及回款跟踪、账户监控等风险控制手段，实现了对业务风险的有效控制。并且做到了零风险，这是很值得肯定的。

2. 拓展了业务范围，提升了业务量

亳州药都银行首次开展应收账款质押贷款业务，拓展了业务范围，吸引了一批企业在该行开设基本账户，提升了业务量，而且通过优质的服务把这些客户留住，为后期业务的拓展奠定了基础。

3. 解决了亳州中药材产业发展中的资金限制问题

应收账款是中药材流通和加工企业的常规和主要资产，长期以来这种资产很难进行融资。药都银行通过这一创新业务的开展，满足了亳州中药材产业链上主要客户的融资需求，打开了制约中药材产业发展的瓶颈。

（二）“药都乐”产品需要完善之处

中药材产业链是亳州的支柱产业，涉及中药材种植、加工和流通，是当地经济发展的重要支撑。支撑中药材产业链发展的是众多中小企业，其经营过程中的主要瓶颈是资金问题，其资金需求具有季节性。地方政府虽然出台了政策措施，如专项扶持基金等，金融机构也进行了金融产品的创新服务，但中小企业发展中的资金问题仍然没有得到实质性地解决，究其原因，主要有以下几个方面。

1. 资金规模不足

亳州药都银行的存贷比达到银监会规定的最高标准，但仍然满足不了当地中药材产业链发展的融资需求。在银监会放开存贷比、利率市场化和鼓励金融机构产品创新的背景下，药都银行可以进行一些再创新。

2. 区域经营局限

药都银行受地方性商业银行经营区域的限制，其经营范围本来只局限于谯城区，目前在地方政府和银监会的支持下，已经扩展到亳州的一区三县，但亳州是全国四大药都之一，其中药材产业链金融业务遍布全国，尤其是其他三大药都。在金融体制改革的背景下，药都银行作为地方性商业银行如何进行创新，以突破业务经营区域的限制值得进一步研究。

3. 金融工具有限

药都银行是地方性商业银行，当地中药材产业链上的企业在这里开户很普遍，但其业务对象大部分是外地的客户，他们的开户行一般为工、农、中、建、交等国有商业银行。药都银行在进行应收账款质押的过程中，存在着跨行交易的限制。在互联网发展背景下，如何通过金融工具的创新，实现金融工具的通畅性也是需要进一步探索的问题。

4. 风险控制问题

药都银行对融资风险的控制仍然采用传统的控制方式，虽然控制效果较好，但效率不高，成本不低，如何利用互联网技术对风险控制方法和模式进行创新需要坚持不懈的努力。

五、药都之思——对“药都乐”产品的思考

（一）启发思考

1. 本案例中的“药都乐”产品系列，适合当地中药材市场的特点，但是否也可以推广到其他类似产业链？可以结合本案例的产业链金融模式加以进一步探讨。

2. 中药材产业链是一个跨区域的产业链，但亳州药都银行是一家地方性商业银行，存在着经营区域限制，如何通过创新业务解决这一问题？

3. 金融产品的创新除了商业模式的创新之外，还依赖于先进的金融工具。针对地方性商业银行，在人员、资金等条件的限制下，地方性金融机构服务于产业链发展的金融产品创新，有哪些可以创新的模式？

4. “互联网+”背景下，产业链金融风险控制与传统的点对点风险控制差异在哪里？在技术手段和方法上有哪些创新举措？

（二）政策建议

1. 地方政府应加大对农业产业发展的资金扶持力度

虽然国家一直重视“三农”问题，各级政府也都有相应的政策扶持。但我国“三农”问题要真正解决，尤其是“三生”问题，即农民的生活问题、农业的生产问题、农村的生态问题，还要政府有更强力的支持。

2. 加大对地方性商业银行技术创新的支持

近年来各地农村信用社积极进行股份制改造，成立起农村商业银行。但目前绝大多数农村商业银行规模有限，人才吸引力不强，造成技术相对落后。虽然各地农村商业银行努力提升技术水平，但受人力和财力的限制，其自身技术创新能力不足，因而国家和地方政府应该加大对农村商业银行的技术创新支持，增强其技术创新的能力。

3. 金融监管部门应加强对农村商业银行的业务指导

由于农村商业银行的在人才储备上不占优势，新业务开展的智力支持

不够，因而业务创新能力不足，国家和地方金融监管机构不仅要对农村商业银行进行监管，还要在业务上给予指导。

案例使用说明

（一）教学目的与用途

1. 本案例主要适用于企业管理、金融管理、供应链管理、服务营销、运营管理等课程。

2. 本案例是一篇描述亳州药都农村商业银行中药材产业链金融产品创新的教学案例，其教学目的在于使学生对金融与产业链结合进行金融服务创新具有感性的认识及深入的思考，从企业创新的角度分析问题。

（二）启发思考题

1. 如何理解中药材产业链？如何围绕中药材产业链的特点进行金融产品创新？

2. 中药材产业链是一个跨区域的产业链，但亳州药都银行是一个地方性商业银行，存在着经营区域限制，如何通过创新业务解决这一问题？

3. 金融产品的创新除了商业模式的创新之外，还依赖于先进的金融工具。针对地方性商业银行，在人员、资金等条件的限制下，有哪些办法可供选择？

4. 药都乐系列产品适合于当地中药材产业发展的独特性，是否对其他产业也有借鉴价值？

5. 产业链上的应收账款质押是银行业务创新的产品，其风险如何控制？

对赌协议的鲜花与陷阱

——俏江南鼎晖投资案例分析①

[案例摘要] 俏江南曾是一家国内领先的中高端连锁餐饮公司，但是引进资本时由于创、投双方的博弈，签订了对赌协议，在市场的寒冬下，最终导致了俏江南改旗易主。本案例描述了俏江南在引进鼎晖投资及其合作的金融资本之后，如何一环一环触发多个引资时的协议，最终引起俏江南的一系列巨震，最终导致改旗易帜的过程。

2013 年 10 月，秋风吹走了夏季的炎热，清凉的气息弥漫在整个北京城，然而俏江南的管理者张兰却急得像热锅上的蚂蚁。自从 2008 年通过对赌协议引进了战略投资者鼎晖，对赌协议就像一把剑一样始终悬在张兰和她的俏江南上方。如今，新出台的"八项规定"使得俏江南的经营每况愈下，而且张兰的俏江南也没有达到当初和鼎晖签订对赌协议时的标准——在 2012 年年底之前上市。如今张兰必须从俏江南集团中拿出 4 亿元人民币给鼎晖，这无异于给经营困难的俏江南雪上加霜。更为严重的是，鼎晖并没有同情昔日的战友，意图利用之前签订的"领售权条款"，将俏江南变价出售给欧洲的私募公司，眼看着半生的心血要拱手让人，张兰的心怎样也平静不下来。

对赌条款既能给公司带来鲜花，同时也很大概率会成为公司的陷阱。牛根生创办蒙牛集团后为了企业能够迅速发展，曾与摩根士丹利在投资协议中签订对赌条款，最终蒙牛完成复合增长率 50% 的目标，成功从摩根士丹利手里拿回部分"可换股文据"，以 0.74 港元/股的价格取得了当时的价格为 6 港元/股的公司股票，同时，投资者也获得了股票的大幅增值。摩

---

① 本案例由中央财经大学金融学院韩复龄老师、研究生陈强编写。本案例只供课堂讨论之用，并无意暗示或说明某种管理行为是否有效。

根士丹利与蒙牛集团达成的对赌条款，让双方都成为获利者。雨润食品也曾与高盛达成了对赌条款，并且在2005年成功达到约2.6亿元的盈利目标，顺利登陆港交所。然而，并不是所有企业收获的都是鲜花，俏江南正是因为对赌协议深陷资本泥潭。

创业企业与风投资本的博弈，令俏江南创业者离开了自己一手创办的企业，张兰不得不离开俏江南，与自己的心血说再见。

但是张兰与其他的对赌失败的创业者不同，对赌协议中并没有出现对赌失败创业者就要离开的相关条款，而是由于俏江南与自己的风险投资签订了一系列的条款，包括对赌协议中的股份回购条款、领售权条款、清算优先权条款等一系列环环相扣的条款，由于市场以及俏江南自身经营原因，使得俏江南与风险资本签订的协议条款被连环触发，引起了多米诺骨牌效应，最终使得张兰不得不从俏江南管理层中退出，落得一个孑然一身的下场。但是这一系列被触发条款的背后，反映出的是风险资本投资创业企业时为了保护自身的利益而设立的或明显或隐形的陷阱。

一、俏江南及其餐饮品牌的蓬勃发展

（一）俏江南的创立及发展

1992年年初，从加拿大回国的张兰，靠着自己在加拿大打黑工、刷盘子挣的2万美元，在国内创办了以自己名字命名的餐厅——阿兰餐厅，随后餐厅的生意越来越好，于是就又继续投资创办了两家大排档形式的餐厅。一直到2000年，怀揣着提升品牌层次、建立高档品牌梦想的张兰，卖掉了自己经营的三家大排档饭店，利用这笔资金和自己的积蓄总共6 000万元，创立了俏江南品牌。截至2007年，张兰名下的餐饮企业营业额达到10亿元左右。

俏江南建立之初，目的就是建设高档品牌，所以张兰对俏江南从装修到服务都下了大功夫。直到2006年，张兰抓准了北京奥运会的机遇，斥资3亿元，创建了“兰会所”，兰会所是一个比俏江南更高档的餐厅，张兰还请来法国的设计师对会所作了设计。之后兰会所在2008年北京奥运会中餐服务商的竞标中成功竞标，为奥运会的八个场馆提供餐饮。就在2008年当年，尝到甜头的张兰进军上海，创建“兰上海”，并有四家分店进驻上海世博会场馆。经过一系列的运作和发展，俏江南成为具有高端品牌特征的连锁餐饮企业了。

适逢中国正餐餐饮发展迅速，俏江南尝到了高端连锁企业的甜头，便急着找资金，开新店；2008 年，寻求发展的俏江南找到风险资本，开始实行疯狂的门店扩张计划。张兰对于俏江南的希望不言而喻，从 2010 年开始，张兰希望通过并购的方式以及从各种渠道融资的方式，在 5 年之内开设 300～500 家俏江南餐厅，按照这个速度，俏江南每年需要增加餐厅数量 100 家。俏江南发展情况如图 1 所示。

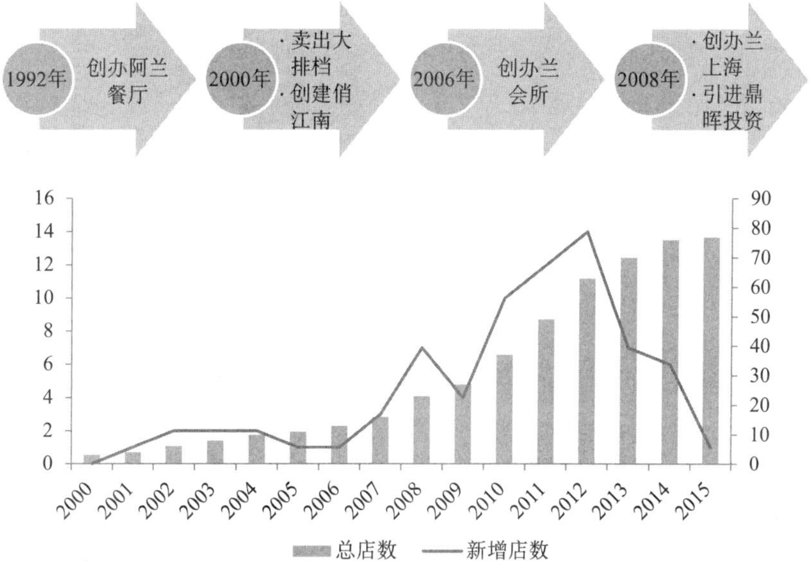

图 1　俏江南发展概况

（二）餐饮行业引来了投资巨头

中国的餐饮行业企业数量众多，差异较大，具有明显的“大市场、小企业”的特点，餐厅的空间分布和规模分布都很分散。行业集中度很低，标准化程度不足。我国餐饮企业 90% 以上来源于小企业。因此很少出现大型的正餐连锁企业，通常是以快餐连锁企业为主，分散的小规模企业和餐厅数量众多使整个行业难以整合和管理。所以很长一段时间内，资本并不愿意涉足餐饮市场。

随着中国餐饮市场不断发展，餐饮的营业收入快速增长，市场越来越大（如图2所示），所以资本逐渐对餐饮行业产生了兴趣。直到2008年，金融危机爆发，资本逐渐寻找行业周期波动小，受到金融危机影响小的行业，具有强现金流的餐饮行业成了资本的宠儿，2007年年末到2008年年末，百盛入股小肥羊、快乐蜂收购永和大王、红杉资本投资乡村基、IDG入股一茶一坐，在这样的行业背景下，急于扩张的俏江南开始寻找投资方。

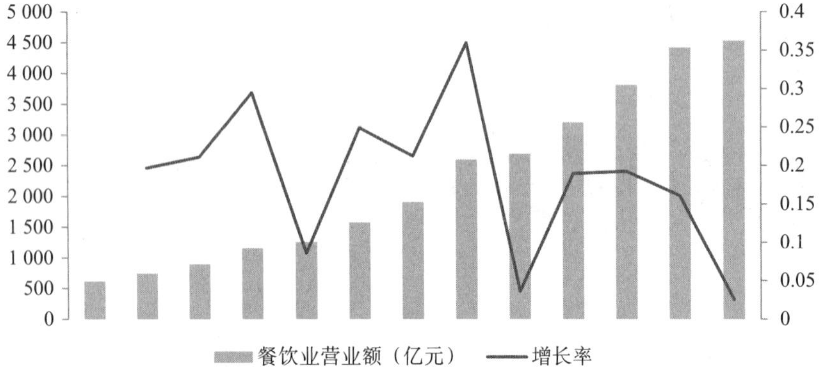

图2　餐饮业发展情况

（三）俏江南与鼎晖投资的亲密接触——对赌协议

张兰原本并没有想过与资本有什么瓜葛。俏江南作为知名餐饮企业，稳定的单店业绩可提供稳定的现金流，没有更多资金需求。张兰曾在某行业论坛上发表过针对风险资本的观点："我有钱，干吗要基金投资啊？我不用钱，为什么要上市啊？"口气强硬。另外，中式餐厅虽然现金流很充足，并且利润很大，但是由于很难进行复制，从而难以大规模扩张，同时餐饮业工作人员普遍文化水平不高，餐厅的营业风险较高，因此鲜有资金愿意投资餐饮业。

转机始于2008年金融危机，很多金融机构和实业纷纷倒下，而餐饮业成了抗风险能力较强的行业之一。然后，全聚德集团与小肥羊集团都顺利的挂牌资本市场进行融资，这使得餐饮行业进入上市风口。金融危机带来的另一个影响，是房价与租金都大幅下降。俏江南通过与地产出租人商定出租协议，成功使俏江南店铺的租赁费用降低了三成左右；同时，俏江南的上游企业，原产品供应商、农业等产业因为行业不景气纷纷降低售价，使得俏江南的原产品供应成本也降低了两成左右。由于成本的降低，俏江南的现金流动性十分充足，账户上的现金最高时达到了1.5亿元人民币。同时，由于俏江南奥运会场馆餐饮服务打出了俏江南的品牌，因此俏江南在国内的名气越来越大。

俏江南的经营最辉煌的时候，也是张兰个人传奇达到巅峰的时候。随着俏江南飞速发展，张兰的梦想也在升级。张兰在2006年参加了当年的保利拍卖会，并且花费了2 200万元成功拍得当代的绘画大师刘小东的《三峡新移民》，创下中国当代艺术品拍卖纪录。这并不是张兰爆发之后的任性行为，而是由于张兰与俏江南的深度绑定，二者的名气相互依存着，同时在国内声名鹊起。2009年时，张兰登上了内地的财富排行榜，并在胡润餐饮富豪榜中排名第三，当时估算她的身家大约为25亿元人民币。

就是在这“巅峰时刻”，张兰改变了对资本的态度。

一方面，俏江南开始实施多品牌战略，资金消耗量巨大；另一方面，随着企业规模扩大，张兰的管理遭遇了瓶颈。但是，根据一位当时想要投资俏江南的风投人士透露，张兰“完全讲不清大举扩张之下的盈利来源，其财务报表也一塌糊涂。”即使是这样，在风口上的俏江南也不乏资本的青睐。

2008年9月，俏江南收到了20多家投资公司抛出的橄榄枝。然而俏江南方面给出的企业估值为不低于20亿元，高估值的要求之下，张兰最终与国内知名投资方鼎晖投资携手，实现了俏江南与资本方的第一次接触。鼎晖投资3 000余万美元，约合2亿元人民币的资金，得到了俏江南大约10.53%的股权，根据这个数据我们可以获得俏江南的估值，约为19亿元人民币。同时，鼎晖与张兰签订的投资合同中约定了对赌条款[①]——如果俏江南在2012年不能够顺利登陆资本市场挂牌上市，并且不是由于鼎晖的因素而导致的话，鼎晖可以选择让俏江南回购鼎晖手中的股份，也就是以回购的方式退出俏江南，并且回购后鼎晖的年复合收益不得低于20%。鼎晖入资俏江南4年，按照20%来计算的话，张兰须以不低于4亿元人民币的价格从鼎晖投资手中回购股份。同时，如果俏江南如期完成要求，鼎晖也会拿出自己的部分股权作为对赌的条件，回馈给俏江南管理层。

---

① 对赌协议是指如果公司的经营业绩能够达到协议所规定的某一额度，投资方将向被投资方转让一定数量的股份，反之，如果被投资方无法完成协议规定的业绩指标，则必须向投资方支付一定数量的股份，以弥补其投资收益的不足。

这个对赌协议是鼎晖和俏江南出于对企业未来前景的不确定性，为确保各自利益而达成的一系列条款，并非赌博合同。对赌协议一方面为鼎晖的投资安全性提供了保障，另一方面对俏江南的经营者张兰具有激励作用。

二、俏江南的艰难上市之路

（一）梦断 A 股 IPO

在与鼎晖对赌协议的约束下，俏江南踏上了上市之路。2011 年 3 月，俏江南将上市申请书递交到了证监会，申请在 A 股市场挂牌，考虑到当时排队等待上市，所以这个时间点上报，到 2012 年年末完成挂牌，时间是非常紧张的。但是俏江南的上市申请递交上去以后，一直没有得到回复，现在看来，是由于那时基本上所有申请上市的餐饮企业的申请基本都被搁置，处于冻结状态，这是因为餐饮企业与上下游的交易全部使用现金结算，因此企业的流水不可能精准地确认，餐饮企业的会计报表也极有可能不准确，缺乏可信度。

2012 年 1 月 30 日，证监会例行披露了终止 IPO 的在审企业名单，俏江南包括在内。从 2011 年 3 月报材料到 2012 年 1 月终止审核，俏江南浪费了 1 年的时间在 A 股上市，却没有得到结果，距离对赌约定的上市日期更近了。

（二）进军港股多坎坷

因为在国内的 A 股上市上浪费了 1 年的时间，可以说上市的问题刻不容缓，所以 2012 年 4 月，张兰寻求在香港登陆 H 股市场的机会，预计融资规模为 3 ~ 4 亿美元。

但是民营企业想要在境外上市是很难的，因为当时有《关于外国投资者并购境内企业的规定》，俗称“十号文”。该文件中规定，中国的公民如果要将自己的名下资产转到境外公司去持有，必须经过商务部、外管局等部门审核和登记，但是办理这些手续难度极大，可以说是几乎不可能。比如，其中第十一条规定：境内公司、企业或自然人以其在境外合法设立或控制的公司名义并购与其有关联关系的境内的公司，应报商务部审批。这句话的意思是说，中国公民如果想要在国外建立一个境外公司，然后由境外的公司通过并购重组的方式控制境内公司必须要经过商务部审核批准，但是这种方式很难通过商务部的批准。证监会也对此列出了详细的申请程序，然而该程序在实践中几乎没有启动过。因而“十号文”可以说是堵住了境内民营企业去境外上市的通道，在十号文的监管下想要直接赴境外启动 IPO 难度极大。

当时张兰身为境内公民受到了“十号文”的束缚，张兰就想了一个变更国籍的方法来规避十号文的管制，不料在执行过程中，因俏江南有一名元老离职补偿协议产生了官司，法院递传票时发现了张兰已经移民到加勒比的小岛上。

虽然成功移民规避了“十号文”，但是由于市场的原因俏江南的经营进入寒冬。当时中央出台了“八项规定”，奢侈品、高档餐饮等行业的营业情况急转直下。由于俏江南没有上市，我们可以通过湘鄂情来分析一下。湘鄂情与俏江南的目标客户以及市场环境差不多，是定位于高端和中端的餐饮企业。从收入和净利润看来，2012 年以来，企业经营惨淡。具体情况如图 3 所示。

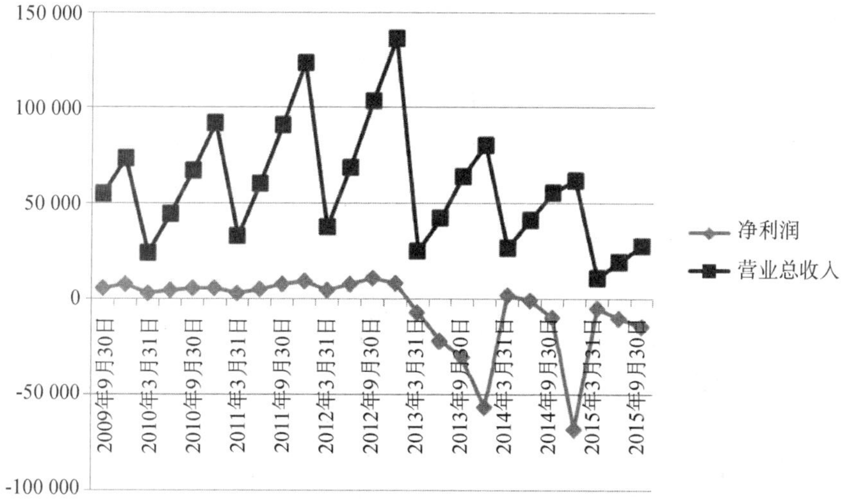

图 3　湘鄂情营业总收入和净利润

数据来源：同花顺。

2012 年，正是高端餐饮行业受到“八项规定”冲击的时候，就在这个时候俏江南开始谋求在 H 股挂牌。那时张兰曾经透露他们已经接触过了港交所的聆讯，并且也找到了保荐机构，进行了路演，找到了一些潜在投资人。然而潜在投资人出于对市场的判断，并不愿意给俏江南一个好的估值，张兰的预期目标没有办法得到满足，因此俏江南也没有在H股进行上市。

三、鼎晖的“背叛”——对赌协议三个条款皆触发

（一）俏江南经营步入惨淡期

融资之后，张兰一直构想着自己的高档餐饮之梦，然而从现实看，俏江南经营惨淡。2001～2008年，俏江南在门店数量与营业收入上都经历了快速的增长，然而2008～2011年，根据俏江南CEO、张兰之子汪小菲表述，2011年俏江南一共有7 000多名雇员，每天有20 000多顾客来到俏江南就餐，如果每个人消费150元的话，可以算出俏江南在2011年销售额是大约11亿元人民币；俏江南新开门店十余家，在规模不断扩张的同时，销售额却与2008年相差无几，说明当时的俏江南急于扩张，管理和经营上已经出现了颓势，直到2012年，中央政府新的领导班子颁布了一系列新的反腐措施，出台了“八项规定”，公务消费受到大程度抑制，俏江南定位的高端正餐市场受到了不小的打击，如图4所示，2011～2014年，客单价与客流量甚至同时出现了负增长，俏江南也出现了缩减门店的情况，可见俏江南进入了高端餐饮的寒冬，现金流紧张，面临进退维谷的情况。

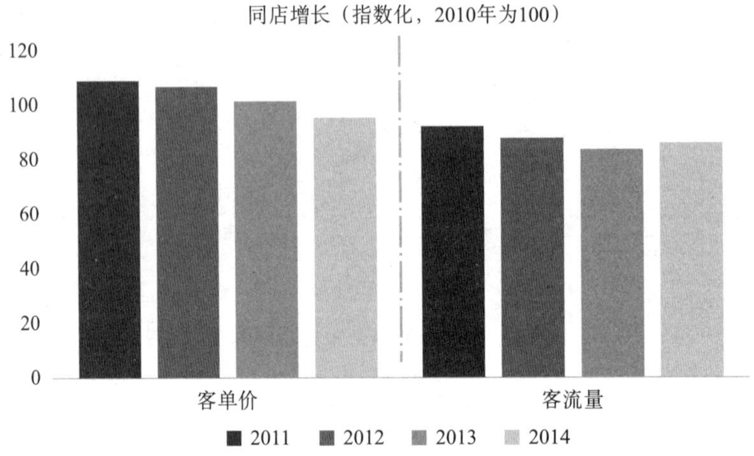

图4　俏江南客单价与客流量

数据来源：大众点评网。

正是在后续的不良发展情况下，事件达到了高潮阶段，俏江南接连触

发了三个条款：股份回购条款①、领售权条款②和清算优先权③条款。

（二）条款的触发

按照风险资本的运作方式，投资基金募集来资金为他们的投资者去投资，因此他们投资后必须要谋求退出的渠道。最典型的退出渠道有两个：IPO 上市；或者并购，即被第三方收购，投资人顺势套现退出。按照与鼎晖的对赌协议，俏江南必须在 2012 年年底上市，也就是 4 年之内就必须上市。假如说一切顺利，有限合伙制基金的存续期一般在 10 年左右，从现金投出去到收回现金的循环大概要 6 ~ 7 年，鼎晖设置这个回购条款也是为了保障自己能顺利退出。

由于餐饮企业收入和成本以及会计报表的真实性没法保证，因此所有该行业企业在 A 股的 IPO 申请都被冻结，俏江南也未能幸免。俏江南没能实现对赌条款的约定如期上市，因此需要履行“股份回购条款”。鼎晖在对赌条款中要求 20% 的年复合收益率，据此计算，在 2013 年俏江南至少需要 4 亿元人民币回购鼎晖持有的俏江南的 10% 的股份。

但是，就像刚刚提到的由于市场原因俏江南的经营进入寒冬，因此，俏江南要拿出 4 亿元人民币来购买鼎晖的股份，是极其困难的。虽然对赌条款没法执行，但是鼎晖之前在协议中早已规定了所谓的“领售权条款”。拥有领售权的股东可以不计较他的股份的多少，只要其行使领售权，其他的股东即使不同意也必须按照合约将股份出售。按照标准条款，如果鼎晖表达了出售公司的意愿，张兰根据约定是必须要和鼎晖一起出售的。鼎晖

---

① 典型的股份回购条款，如果大多数 A 类优先股股东同意，公司应该从第 5 年开始分 3 年回购已经发行在外的 A 类优先股，回购价格等于原始发行价格加上已宣布但尚未支付的红利。当然，股份回购的触发方式，除了优先股股东投票表决，还可以由条款约定具体的某一时间性事件触发，比如 4 年或者 5 年之内企业未能实现 IPO，则触发股份回购条款。

② 典型的领售权（强制随售权）条款，领售，就是领衔出售，也叫强制随售权，也就是这个条款一旦触发的话会强制创始人股东随拥有领售权的股东一起出卖股份。这在公司符合 IPO 之前，如果多数 A 类优先股股东同意出售或者清算公司，剩余的 A 类优先股股东及普通股股东应该同意此交易，并以同样的价格和条件出售他们的股份。

③ 典型的清算优先权条款，是指如果公司触发清算事件，A 类优先股股东（即投资人）有权优先于普通股股东（即创业股东）每股获得初始购买价格 2 倍的回报。这个清算不单指我们所理解的企业资不抵债无法经营下去的破产清算。如果说公司因为合并、被收购，或者出售控股权，以及出售主要资产，从而导致公司现有的股东在存续公司的股权比例低于 50%，同样也被视作清算事件。

当时找到了欧洲最大的股权 PE 机构 CVC 来做俏江南的“接盘侠”。

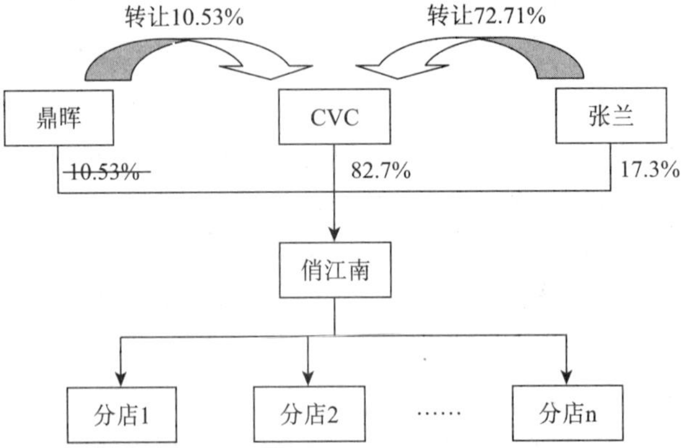

图 5　鼎晖领先出售俏江南

如图 5 所示，鼎晖向 CVC 出售自己拥有的 10.53% 的股份，张兰跟随出售 72.17% 的股份，但是这个出售的股份数量已经超过了总股本的 50%，达到了公司清算的标准。于是，又触发当时在投资时所签订的“清算优先权条款”。根据条款内容，一旦发生清算事件，股份清算的收益要优先满足 A 类投资者（鼎晖）的两倍收益，然后普通股股东分享剩余收益。根据这个条款，鼎晖和张兰出售俏江南的收益中，要先把鼎晖的那份蛋糕拿出来，剩下的才是张兰的。所幸张兰并非颗粒无收，这个交易的估值是 22 亿元人民币，此前鼎晖入股时俏江南估值是 19 亿元人民币，所以这个交易对于鼎晖来讲并没有占什么便宜，根据条款中的规定，鼎晖要求 2 倍的回报，但是按照 22 亿元的估值鼎晖只能得到 2.3 亿元左右，剩下的自然要由张兰的收益来补足。根据 22 亿元人民币的估值，张兰售出的 72% 的俏江南股份，大概能够获得 16 亿元，其中拿出 2 ~ 4 亿元补偿鼎晖，她自己套现值大约是 12 亿元人民币。

所以，如图 6 所示，俏江南因为没能成功上市所以要履行对赌协议中的股份回购条款；又因为市场原因导致了企业经营进入泥淖，没有足够资金去履行回购条款买回鼎晖的股份，促使鼎晖选择领售权条款；而领售权条款使俏江南股东大换血，成为清算事件，又触发了清算优先权条款。

四、CVC 和银行的后续操作

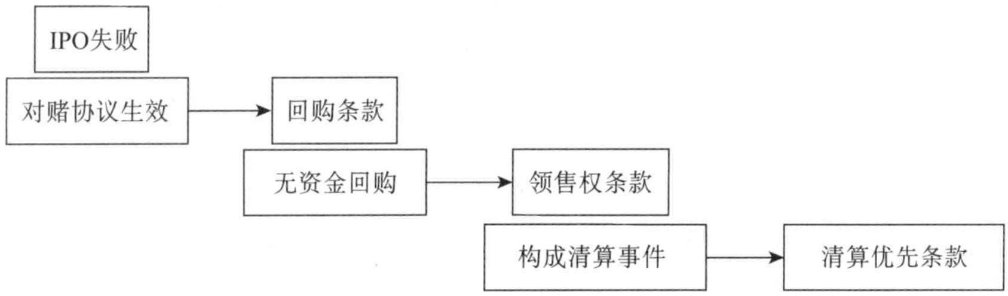

图6　三个条款的触发

（一）CVC的介入——杠杆收购

CVC以3亿美元获得了82.7%的股权，作为欧洲最大的私募股权基金，CVC怎么会愿意接过一个“烫手山芋”，CVC自然也打着自己的如意算盘：一方面，设置一个安全阀，压低交易价格；另一方面，CVC采取的是杠杆收购的方式。CVC只需要支付少量的现金，利用杠杆进行资金量大的收购，就是说CVC向银行和市场大量借债来购买俏江南，反过头来再利用俏江南经营产生的利润来偿还因为收购所产生的债务。

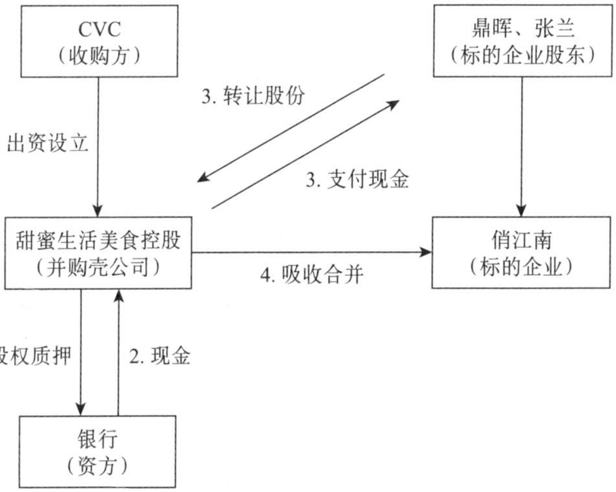

图7　CVC杠杆收购俏江南示意图

如图7所示，CVC为了收购俏江南，设了一个公司叫“甜蜜生活美食控股”，这个公司将收购来俏江南股份抵押给银行，从银行获得贷款，同时拿到股东 CVC 提供的注册资本，这样公司就将获得的资金支付给鼎晖和俏江南完成交易。此时甜蜜生活美食控股是俏江南的母公司，然后甜蜜生活公司注销俏江南的企业名称，同时自己改名叫俏江南，这样就完成了整个杠杆收购的全过程。

CVC 收购俏江南所使用的 3 亿美元，包括了银行的贷款 1.4 亿美元、发行债券获得的债务资金 1 亿美元以及自有资金 6 000 万美元，CVC 相当于只使用了6 000 万美元就收购了估值三亿美元的俏江南股份。

（二）对赌梦断——创始人张兰“被踢出局”

CVC 收购俏江南之后，原本的计划是俏江南经营良好，能够为 CVC 偿还债务。然而完成收购后，市场环境依旧寒冷，俏江南的经营业绩没有产生拐点日益向上，CVC 的美好设想也落空了，无法依靠俏江南自身的现金流去偿还贷款，所以就干脆放弃了俏江南的股权。俏江南是被 CVC 吸收合并的，当时张兰的股份等于被拿去银行作了抵押。当 CVC 放弃了股权，企业所有的股权都被银行接管了，此时包括 CVC 和张兰都从董事会出局了。

2015 年 3 月，CVC 向中国香港法院申请冻结资产令，要求冻结张兰名下的相关资产，俏江南创始人张兰因涉嫌转移公司资产而被香港法院查封个人财产。2015 年 6 月，银行委派了香港保华顾问进驻了俏江南，并被委任成俏江南集团董事会成员，这是一家专门负责企业重组与咨询业务的公司，业务重组经验丰富。

五、结尾

张兰对自己一手创立的俏江南充满了信心，所以才愿意与鼎晖投资签订对赌协议以获得资本的垂青。然而只有实体经济才是支撑资本市场的基础，对俏江南发展情况和发展环境的盲目乐观导致了对赌协议以及一系列严苛条件的签订；对对赌协议可能产生的后果的严重性估计不足又导致了上市失败后张兰被迫出售股份，离开了俏江南的核心管理层。最后，个人财产与公司财务划分不清，使得张兰落得个净身出户的下场。

对赌协议本质上就像一份期货合约，张兰成了俏江南这份期货的多头，而鼎晖成了这份期货的空头。期货期满，俏江南并未如预计的一样上市增值，投机者张兰在巨大的利益面前也承担了一份巨大的风险。从俏江南净身出户，正是张兰为这份对赌协议付出的代价。

24年艰苦创业，最终落得从企业“净身出户”的下场，这便是俏江南创始人张兰的全部故事。如果没有和资本联姻，张兰和俏江南也许只是北京城里一家名不见经传或者仅是小有名气的一家餐厅，但至少俏江南还是张兰的。俏江南陨落的案例，映衬着张兰作为创业者与资本打交道时对游戏规则认知的不足，同时还夹杂着高估值预期下的进退维谷。

附录：

一、中国餐饮业营业额及增长率发展情况

表1　　2001～2013年中国餐饮业营业额及增长率

年份	餐饮业营业额（亿元）	增长率
2001	618.7	—
2002	740.3	19.65%
2003	896.2	21.06%
2004	1 160.5	29.49%
2005	1 260.2	8.59%
2006	1 573.6	24.87%
2007	1 907.22	21.20%
2008	2 592.82	35.95%
2009	2 686.36	3.61%
2010	3 195.14	18.94%
2011	3 809.05	19.21%
2012	4 419.85	16.00%
2013	4 533.33	2.57%

二、湘鄂情净利润和收入情况

表 2　　2009～2015 年湘鄂情净利润和收入

时间	净利润（万元）	营业总收入（万元）
2009 年 12 月 31 日	7 673.07	73 780.75
2010 年 3 月 31 日	3 053.39	24 234.12
2010 年 6 月 30 日	4 499.53	44 375.56
2010 年 9 月 30 日	5 810.91	67 317.46
2010 年 12 月 31 日	5 802.22	92 317.42
2011 年 3 月 31 日	3 108.26	32 760.12
2011 年 6 月 30 日	5 060.09	60 532.04
2011 年 9 月 30 日	7 591.08	90 850.83
2011 年 12 月 31 日	9 312.87	123 474.06
2012 年 3 月 31 日	4 623.63	37 667.69
2012 年 6 月 30 日	7 648.07	68 811.01
2012 年 9 月 30 日	11 040.99	103 507.19
2012 年 12 月 31 日	8 192.99	136 397.24
2013 年 3 月 31 日	-6 840.09	25 119.07
2013 年 6 月 30 日	-22 032.53	42 662.39
2013 年 9 月 30 日	-30 307.17	63 975.76
2013 年 12 月 31 日	-56 438.39	80 212.82
2014 年 3 月 31 日	1 954.62	26 661.88
2014 年 6 月 30 日	-658.87	41 477.4
2014 年 9 月 30 日	-9 562.6	55 852.1
2014 年 12 月 31 日	-68 374.05	62 120.58
2015 年 3 月 31 日	-5 239.77	10 589.06
2015 年 6 月 30 日	-10 433.14	19 418.57
2015 年 9 月 30 日	-14 652.53	27 768.04

案例使用说明

（一）教学目的与用途

适用课程：公司并购与重组、私募股权投资、投资银行学。

适用对象：金融学专业硕士学生，MBA 学员。

教学目的：近年来随着我国私募股权投融资业务的迅猛发展，对赌协议在企业私募股权融资中的应用越来越广泛。本案例通过对俏江南对赌协议的描述分析，重点分析了俏江南与私募股权投资鼎晖投资签署对赌协议的背景、内容、过程和结果，为学生展示了一个现实中的“对赌协议”的应用过程，注重理论与实践的结合，有助于加深学生对于“对赌协议”及其实践过程的认识和理解。

（二）启发思考题

1. 其他私募股权融资方式与对赌协议的比较。

2. 如果你是俏江南的张兰，2008 年你是否会引入私募股权投资？是否会与投资公司签订对赌协议？为什么？

3. 分析俏江南的对赌协议中的三个条款和触发条件，并分析是否有可行措施防止俏江南的步步“落难”。

4. 如果你是鼎晖投资，在 2012 年年底俏江南上市失败，同时股权回购无法实现的情况下，你会触发领售权条款吗？为什么？

天使还是魔鬼？

——雷士照明创业股东的融资之殇[①]

［**案例摘要**］本案例描述了雷士照明创业股东吴长江经历资本磨难的具体过程。2005～2012年，吴长江不断引入软银赛富和美国高盛等风投资本，以及法国施耐德电气和德豪润达等国内外龙头企业的产业资本，雷士照明获得了快速发展，并一举成为国内最大的照明企业。然而，作为创始人吴长江在几轮融资后，却逐步失去了对雷士照明的控制权，最终被赶出企业。吴长江一直试图重新夺回控制权，但是，结果却令人失望，进入人们视野的是2014年9月30日针对吴长江的股份冻结令[②]和2015年1月5日因挪用资金罪的逮捕令[③]。一场股权争夺战暂时画了一个句号，留下的是各界人士对该事件的各种反思。本案例按照时间顺序依次描述了吴长江经历资本磨难的具体过程，力求寻找到吴长江被清除出管理层的原因，从而引导人们对企业融资、引入私募和产业资本、对赌、上市的深入思考。

2015年1月5日，各大主流媒体的头版头条都用醒目的标题刊登一爆炸性的新闻："雷士照明创始人吴长江因涉嫌挪用资金罪（涉案金额逾一亿元），已于今天下午正式被广东省惠州市公安局移送至惠州市人民检察院提请批准逮捕"。翻看吴长江的微博，最后一则显示是发布于2014年12月2日："这两天上海实在太冷，不过见到华东几个经销商兄弟，心里却很温暖！特别是你们那句无论我干什么都愿誓死相随的话，让我感动落

---

① 本案例由中央财经大学商学院赵铁柏老师、MBA研究生刘畅、商学院王玉霞老师撰写。本案例只供课堂讨论之用，并无意暗示或说明某种管理行为是否有效。

② 2014年9月30日，德豪润达发布公告，因借款纠纷，公司第二大股东吴长江所持公司的1.3亿股份已被法院冻结。

③ 2015年1月5日，金融界网站综合："雷士照明创始人吴长江因涉嫌挪用资金罪被正式批捕"。

泪，感谢大家的信任和支持，我不会放弃的！明天一定会更好！”

吴长江不会放弃什么？为什么他说华东的几个经销商会誓死相随？最后他又为什么会走到“挪用资金”这一步？作为雷士照明的创始人，在他身上这些年到底都发生了什么事？就让时光倒流，镜头回放到他开始创业的 1998 年。

一、“三剑客”从合伙创业到分家决裂

（一）“三剑客”合伙创业

1988 年，学航空出身的吴长江从西北大学毕业后被分配到陕西汉中航空公司，有了在乡亲们看来是别人想得而得不到的“金饭碗”。但有着很多想法并想自己做一番事业的吴长江在 1992 年毅然放弃陕西汉中航空公司的“金饭碗”，选择南下广东创业。他在广州先后从事过保安、灯饰厂技工和工厂管理等工作。到了 1998 年年底，吴长江拿出自己多年打拼的全部积蓄联合其高中同学杜刚（惠州德赛公司下属二级公司的副总）和胡永宏（成都彩虹电器集团从事小家电营销管理工作），在广东惠州市以 100 万元的注册资本创办了雷士照明公司，其中吴长江出资 45 万元，另外两人各出资 27.5 万元，持股比例分别为 45%、27.5%、27.5%[①]。从股权结构看，吴长江为持股 45% 的第一大股东，而相对两位同学的合计持股，他又是小股东。

企业创立之初，三位股东进行了明确的分工：吴长江负责工厂管理，胡永宏（毕业于华南理工大学）主管市场营销，杜刚（毕业于四川大学）负责财务管理及对外公关。始创初期的雷士照明公司，厂区面积仅 4 000 平方米，员工不到 100 人，实力很弱小。但是，创业初期，由于三位合伙人是高中同学，多年的友谊加上三位各自的专业优势，三人合力很快就将企业做大做强，第一年的销售额即达到 3 000 万元[②]。到 2000 年年末，雷士照明的销售额就达到了 7 000 万元。[③]

① 苏飞龙：“雷士照明股权连环局”，《证券时报网》，2012 年 07 月 12 日，http：//yq. stcn. comcontent2012 －0712content_ 6233170. htm。

② 苏飞龙：“雷士照明股权连环局”，《证券时报网》，2012 年 07 月 12 日，http：//yq. stcn. comcontent2012 －0712content_ 6233170. htm。

③ 李红梅：“吴长江：8 年‘光明’之路”，《民营经济报》，2007 年 10 月 25 日第 5 版。

（二）渠道改革、股东决裂

吴长江虽然名义上是公司的第一大股东，但是实际上却受到两位股东的联合牵制，相对他们二者而言，吴长江只是持股45%的小股东，这种“有控制权但又被制约”的股权结构，导致雷士照明内部的产生矛盾。随着企业的做大做强，股东之间的利益之争也日益明显。有传言说，因吴长江从账上拿钱太多，致使其他两位股东也开始干预企业经营，当他们之间意见不一致时，下属常无所适从①。胡永宏与杜刚担心这种情况持续下去，公司将无法持久经营，于是提出只要公司有收入就马上分红。而分红之时，由于吴长江的股份较多，其所分得的现金也较其他两位股东多，这令其他两位股东心理不平衡，要求分红也必须一致。2002年吴长江把自己的股份向其他两位股东分别转让5.83%，于是三人的股份形成33.4%、33.3%、33.3%的“三三制”均衡状态，三位股东在企业的工资和分红也完全均等。② 然而，股份均等了，三位股东的关系却并未因此而改善。

2005年，吴长江提出“销量翻倍”的口号，并筹划当年7月在美国挂牌上市。为此，吴长江计划对营销渠道进行整合，即从全国数百家经销商中，选择规模较大的数十家，并把他们整合成35个运营中心，其角色不再是单纯的销售，而是当地的物流、资金和出货平台。这些运营中心肩负区域内的服务与管理工作，其他规模较小的经销商，直接与各省的运营中心联系，不再由雷士照明直接统一管理。随着雷士照明的销售渠道改革，三位股东的矛盾全面爆发，其他两位股东激烈反对吴长江的改革方案，他们担心这样的渠道变革会增强经销商的势力，容易导致雷士照明失去渠道控制权。因为渠道变革的导火索，2005年11月，股东之间的分歧上升到了企业分家与否的层面，吴长江采取了“以退为进”的策略，吴长江自信离开了他，另外两个股东是“玩不转”这家企业的。他先向胡、杜两位股东提出，以8 000万元出让全部股份，彻底离开企业。胡、杜欣然同意，随即签署协议。然而，吴长江离开不到一周，雷士照明全体经销商集体“倒戈”，要求吴长江重掌企业。于是，其余两股东被迫各拿走8 000万元，彻底离开企业。

---

① 陈润：“吴长江从赌徒到斗士”，《企业观察家》，2014年第9期。

② 苏龙飞：“资本博弈雷士照明”，《经理人》，2010年第12期。

这一“赌局”吴长江最终赢了，且代价低于预期。不过，股东问题是妥善解决了，但是公司账上并没有足够支付这一股权转让款的现金。最终达成的折中方案是，两位股东先各拿 5 000 万元，剩余款项半年内付清。[①]

二、大规模资本融资和股权变更

第一次股东纷争，兑现了一个亿的股东款后，雷士照明账上几乎变成“空壳”。从 2005 年年底到 2006 年的下半年，吴长江唯一做的事情就是“找钱”，为此他进行了多轮融资，自己的股权也不断被稀释。

（一）账上空壳，急需资金，引入外来资本

自 2005 年年底，财务顾问毛区健丽开始与吴长江接触。2006 年 6 月 27 日，毛区健丽以从他处募集的 400 万美元，加上自有资金 494 万美元，再加上应收取的融资顾问费折算成 100 万美元，合计 994 万美元入股雷士照明，占比 30%。入股交易达成后的第二天，2006 年 6 月 28 日，毛区健丽随即把雷士照明 10% 的股份转手兑现给了出资 400 万美元的“涌金系”掌门人魏东的妻子陈金霞、优势资本总裁吴克忠、个人投资者姜丽萍。

（二）寻求风险投资、与软银赛富签订对赌协议

虽然吴长江得到了近 900 万美元的现金，但是雷士照明的资金缺口依然巨大。2006 年 8 月，在毛区健丽的牵线搭桥下，软银赛富（2009 年更名为赛富亚洲）首席合伙人的阎焱出手相救，正式决定投资雷士照明。软银赛富向雷士照明注入资金 2 200 万美元，作为回报，软银赛富获得雷士照明约 55.5 万股股票，市盈率估值约为 8.8 倍，占雷士照明股权比例为 35.71%。8 月 14 日，软银赛富投入的 2 200 万美元到账，雷士照明得以解决资金难题。

软银赛富阎焱表示，2006 年时，其基金平均给出的照明行业市盈率是 6.5 倍，他们投资雷士照明为 8.8 倍，这不仅高出平均价，而且自己没有还价[②]。但是为了保证投资稳妥，软银赛富与雷士照明签订了一系列的投资协议，包括对每年的绩效、奖金、转让限制、优先购买权、赎回权等等都作了明确地要求。其中最为重要的是有两条，一是如果 2011 年 8 月 1 日

① ② 苏龙飞：“资本博弈雷士照明”，《经理人》，2010 年第 12 期。

雷士照明还未上市，则需要回购赛富手中的股份；二是赛富要获得二个董事会席位，并且在重大项目及公司战略决策方面，赛富拥有优先否决权。在雷士照明董事会中，作为创始人兼大股东，吴长江拥有两个席位，而赛富亦要有两席且在重大项目及公司战略决策方面，赛富拥有优先否决权，也就是说如果阎焱不同意的事，吴长江很难做成。

随着资金的先后进入，雷士照明总共募得资金折合人民币约2.6亿元，除去支付股东杜刚、胡永宏的1.6亿元，还有余款补充运营资金。然而，对吴长江来说，这次融资后其持股比例降至41.7%，重新陷入“有控制权但又被制约”的局面，并为其最后出局埋下了第一个隐患。

（三）再次寻求私募融资，与高盛签订对赌协议

2008年8月，雷士照明为了增强其制造节能灯的能力，以“现金+股票”的方式收购了世通投资有限公司，其中现金部分须支付4 900余万美元。当时雷士照明并没有足够的现金来支付这笔收购款，账上现金及存款仅有3 000万美元。为了完成此次收购，雷士照明不得不再次寻求私募融资。

2008年8月，吴长江与高盛签订了融资协议：雷士照明获得了3 656万美元的投资，高盛占股为11.02%。作为交换，吴长江也同意高盛取得董事会席位，拥有投票权，并和赛富一样，获得了优先否决权。同时，吴长江还与高盛签订了严格的业绩对赌协议，主要包括：如果雷士照明未能在2011年8月1日前上市，软银赛富有权要求公司（吴长江）赎回投资股份，一旦软银赛富进行赎回，高盛也有权要求赎回，并支付投资累计利息。然而，由于此次融资，吴长江的持股比例被稀释为34.4%，因而失去了第一大股东地位；而软银赛富不愿股权被稀释，果断跟进投资了1 000万美元，且因先后两次投资，持股比例超越吴长江达到36.05%，成为第一大股东；高盛以11.02%的持股比例成为第三大股东。当以“现金+换股”方式完成对世通的收购以后，吴长江的持股比例再度被稀释至29.33%，[①] 依然低于软银赛富30.73%的持股比例，高盛占股为9.39%，排在第三位。此持股比例一直保持到雷士照明IPO上市之时。

① 林默：“吴长江十年魔咒”，《中国企业家》，2014年第17期。

（四）香港IPO上市融资

连续几次引进资本，雷士照明的经营规模迅速扩大，产品的市场占有率大大提高，至2010年，雷士照明已经成为中国最大的节能灯制造商、T4/T5支架制造商以及电子镇流器制造商。然而，虽然目前雷士照明的产品涉及灯具、光源、照明电器三大类，但其在备受外界关注和推崇的LED领域实际产量只占1%，明显偏低。雷士照明准备到香港市场上市融资，计划将1.6亿左右港元用于研发LED照明产品；将投资4.9亿港元用于国内外的市场扩张，包括并购及其他策略性投资；在品牌战略及销售网络上投资4.1亿港元，计划2010年底前开设3 000家雷士专卖店，并将业务范围扩大至欧洲、北美及南美洲；此外，还将斥资4.1亿港元扩充雷士灯具产能①。

2010年5月20日，雷士照明终于如愿以偿，在香港联交所上市。发行6.94亿股新股，占发行后总股本的23.85%，发行价2.1港元/股，募资14.57亿港元。吴长江提前一年完成了上市，避免启动对赌协议的赎回条款。不过，吴长江的股权由于上市被进一步稀释到了22.33%②。

三、与产业资本联姻

（一）引进法国施耐德电气

2011年7月21日，在软银赛富合伙人阎焱的引荐和推动下，雷士引进法国施耐德电气作为策略性股东，由软银赛富、高盛联合吴长江等六大股东，以4.42港元/股（较当日收盘价溢价11.9%）的价格，共同向施耐德转让2.88亿股股票。施耐德耗资12.75亿港元，占股9.22%，成为雷士照明第三大股东。此次入股，雷士照明估值为18.4亿美元，以2010年净利润7 400万美元计算，PE约为25倍。同时双方公司签订了为期十年的“销售网络战略合作协议”，据此施耐德的电气产品可以通过雷士照明旗下的3 000家门店渠道进行销售。其后施耐德电气委派中国区总裁朱海担任雷士照明非执行董事一职，在董事会9个席位中占有一个席位，同时委派李新宇担任雷士照明副总裁，负责公司战略业务开发工作。吴长江的

① 雷士照明《招股说明书》。

② 苏龙飞：“资本博弈雷士照明”，《经理人》，2010年第12期。

股份再次被稀释，持股比例已经不足20%，此时股权结构如表1所示。①

表1　　雷士照明和施耐德联姻后股权结构②

股东名称	转让前		转让量		转让后	
	持股数	持股比例	股份数量	股份比例	持股数	持股比例
吴长江(NVC)	576 734 000	18.42%	96 608 000	3.09%	480 126 000	15.33%
软银赛富	681 152 000	21.75%	102 441 000	3.27%	578 711 000	18.48%
世纪集团	333 321 000	10.64%	50 130 000	1.60%	283 191 000	9.04%
高盛	208 157 000	6.65%	31 306 000	1.00%	176 851 000	5.65%
阎焱	13 108 500	0.42%	3 394 000	0.13%	9 165 500	0.29%
林和平	13 108 500	0.42%	3 394 000	0.13%	9 165 500	0.29%
合计	1 825 581 000	58.30%	288 371 000	9.22%	1 537 210 000	49.08%

在吴长江的设想中，与施耐德达成战略合作关系，非常有利于原本就是靠商业照明起家的雷士在大型商业照明工程领域的项目推进。因为，施耐德作为电气领域的全球500强企业，其楼宇以及住宅电力解决方案是其五大核心业务之一，施耐德每接一个电气工程项目，雷士照明就可以配套相应的照明解决方案，协同效应非常明显。而施耐德最为中意的是雷士照明3 000家销售门店，因为其在中国并未自建零售渠道，雷士照明现有的渠道正好可以“为我所用”。

（二）亡羊补牢，与汇丰银行签订对赌协议

从雷士照明的股权结构看，创始人吴长江早已失去第一大股东地位，而软银赛富在雷士上市前就已成为相对控股的第一大股东。事实上，在施耐德入股后不久吴长江就意识到自己所处局势的危险性。

于是，吴长江与汇丰银行签订对赌协议，开始在二级市场持续增持股份，试图重新夺回控股权。根据香港交易所披露的信息，吴长江通过两种杠杆的方式，用少量的资金增持雷士照明股票。

第一种：吴长江与汇丰银行于2011年8月31日签订一份“看涨股权衍生品交易合约”。吴长江未来6~12个月最多可购买5 000万股股票，行

① 苏龙飞：“资本博弈雷士照明”，《经理人》，2010年第12期。

② 苏龙飞：“资本主导股权连环局 雷士照明创始人三振出局”，《新财富》，2012年第7期。

使价格为3.7港元/股。吴长江为签订此合约向汇丰支付了3 000余万港元。然而，天不遂人愿，雷士股价不涨反跌，吴长江输掉赌局。[①]

第二种：通过孖展（即向券商贷款买股票）的方式直接在二级市场买入股票。按照香港股市孖展的通常模式，一般只需交30%的保证金即可进行股票买卖操作，剩余70%的资金由券商垫付。通过孖展的模式，吴长江自2011年9月起累计增持了近5 000万股雷士照明股票。[②]

吴长江2011年9月至2012年5月通过二级市场共买入雷士照明股票35次，越跌越买，持股比例最终达到21.31%，一度超过最大股东软银赛富18.50%的比例，如愿成为第一大股东。[③] 如表2所示。

表2　2012年年底雷士照明主要股东

2012年12月31日

股东名称	直接持股数量（股）	持股总数	占已发行普通股比例（%）	持股比例变动（%）	股份性质
SB Asia Investment Fund II L. P.	578 711 000	578 711 000	18.5000	0.1800	普通股
Schneider Electric Asia Pacific Limited	288 371 000	288 371 000	9.2200	0.0900	普通股
GS Direct，L. L. C.	176 851 000	176 851 000	5.6500	0.0500	普通股
林和平	22 274 000	22 274 000	0.7100	0.0000	普通股
吴长江	78 889 000	666 737 992	21.3121	2.7421	普通股
穆宇	1 250 000	1 250 000	0.0400	0.0000	普通股
阎焱	22 274 000	22 274 000	0.7100	0.0000	普通股

资料来源：雷士照明（02222. HK）公告（东方财富通软件F10）。

（三）吴长江被“辞职”与回归

2012年5月初，吴长江被中纪委约谈以协助调查重庆南岸区官员的案件。2012年5月25日，雷士照明突然发出公告：年近“知天命”的吴长

① 陈润：“吴长江从赌徒到斗士”，《企业观察家》，2014年第9期。

② 苏龙飞：“资本主导股权连环局 雷士照明创始人三振出局”，《新财富》，2012年第7期。

③ 陈润：“吴长江从赌徒到斗士”，《企业观察家》，2014年第9期。

江辞去雷士照明董事长、CEO职位，大股东软银赛富首席合伙人阎焱接任董事长，CEO职位则由第三大股东施耐德高管张开鹏替代。

5月25日，雷士照明股价跌逾20%，2012年雷士照明股价最高时为3.62港元，但5月25日最低价跌至1.46港元，吴长江在市场上融资买入的雷士股票，被两次强行平仓，合计4 826万股，损失近8 000万港元。[①]

5月28日，雷士照明新任首席执行官张开鹏正式上任，宣告雷士照明进入新时代。当天，张开鹏飞抵重庆雷士照明总部与中高层管理人员见面。

6月22日，吴长江接受采访，他说："我是雷士的一个创始人，如果我不想下这个船，谁也赶不走我"。

7月9日，阎焱在接受媒体采访时称，吴长江要回归，必须满足三个条件：第一，必须跟股东和董事会解释清楚被调查事件；第二，处理好所有上市公司监管规则下不允许的关联交易；第三，是必须严格遵守董事会决议。但吴长江连表示，称阎焱开出的三个条件是"三条罪证"，他"绝不接受"。

7月13日起，雷士照明员工举行全国罢工、经销商将开始停止下订单、供应商将停止向雷士照明供货。以上三方表示，如果吴长江不回来重掌雷士照明，员工、经销商和供应商将另创品牌，请吴长江出山，供应商将全力支持，并将免费供货半年支持新品牌。

2012年9月4日，雷士照明发表公告，称公司决定设立一个临时委员会以管理公司日常运营，由吴长江任临时委员会负责人。

（四）闪电联姻，德豪润达收购雷士照明

为了尽快回到董事会，吴长江将德豪润达引入雷士照明。2012年12月27日，吴长江和国内最大的LED芯片生产企业之一德豪润达双双公告：德豪润达拟通过全资子公司德豪润达国际（香港）以总价13.4亿元获得雷士照明合共20.05%股份，成为雷士照明第一大股东，吴长江则通过定增成为德豪润达第二大股东。这次联姻后，吴长江持有雷士照明的股份仅剩2.14亿股，约占公司已发行股本的6.79%，而赛富亚洲及施耐德电气

① 张敏："雷士照明复牌无期，吴长江伦敦'休假'等审判"，《证券日报》，2012年8月8日。

则仍为雷士照明第二及第三大股东，持股比例分别为 18.48% 和 9.21%。[①]

2013 年 1 月 11 日，雷士照明在深圳举行董事会及运营商见面会，雷士照明董事会正式任命吴长江为 CEO，王冬雷为非执行董事。

2013 年 4 月 5 日，雷士照明公布，阎焱辞任公司董事长、非执行董事及薪酬委员会成员职务，公司委任非执董王冬雷为董事长。

（五）吴长江被“罢免”、雷士照明风波又起

2013 年 8 月 8 日晚间，雷士照明在港交所发布公告，宣布了当日下午董事会的决议，罢免吴长江 CEO 职务，以及吴长勇（吴长江胞弟）、穆宇、王明华副总裁职务，任命王冬雷担任临时 CEO。事情起因是吴长江私下进行雷士照明品牌授权。公告称，吴长江最近告知董事会多数成员，他于 2012 年代表惠州雷士光电科技有限公司与山东雷士照明发展有限公司、重庆恩维西实业有限公司和中山圣地爱司照明有限责任公司，各签署一份许可协议，授予这三家公司使用雷士照明品牌，为期 20 年。董事会多数成员之前不知此事，也并未给予批准。而吴长江的弟弟吴长勇、相关高管穆宇和王明华，也有不当的行为。[②]

2013 年 8 月 29 日，雷士照明在香港举行临时股东大会，就“罢免吴长江的董事职位及其在公司任何董事会下属委员会的职务”进行投票，最终结果以 95.84% 赞成票通过罢免，这标志着其创始人吴长江彻底从雷士照明出局。

2014 年 4 月，德豪润达再次斥资 5 亿元人民币收购雷士照明 6.86% 的股份，持股比例由此增加到 27.1%，成为雷士照明的最大单一股东[③]。

2014 年 9 月 30 日晚，德豪润达发布公告，称公司第二大股东、雷士照明创始人吴长江所持公司股份全部被司法冻结。公告称，由于吴长江涉及与西藏林芝汇福投资有限公司和新世界策略（北京）投资顾问有限公司的欠款纠纷，广东省珠海市中级人民法院已冻结吴长江所持德豪润达的全部股份，冻结期为 2 年。同时，吴长江所持的公司全部股份还被重庆市高

① 张敏：“吴长江重任雷士照明 CEO”，《证券日报》，2013 年 1 月 15 日。

② 王珍：“王冬雷与吴长江‘争权’”，《第一财经日报》，2014 年 8 月 11 日。

③ 宁平：“德豪润达对雷士照明控制力再加码”，《中国经营报》，2014 年 7 月 21 日。

级人民法院司法轮候冻结，冻结期同样也是 2 年。[①]

德豪润达的公告显示，吴长江持有德豪润达股票 1.3 亿股，占公司总股本的 9.31%。以德豪润达停牌时的价格 8.15 元/股计算，吴长江所持德豪润达股权的市值约为 10 亿元。吴长江因筹资需求，于 2014 年 6 月 17 日将其持有的公司 1.3 亿的股份分别质押给了西藏林芝汇福投资有限公司和新世界策略（北京）投资顾问有限公司。[②]

四、尾声

2015 年 1 月 5 日下午，吴长江的名字再次进入人们的视野，各大主流媒体的头版头条刊登的新闻都是“吴长江因涉嫌挪用资金罪被广东省惠州市公安局移送至惠州市人民检察院提请批准逮捕”。一心要夺回雷士照明控制权的吴长江，如今不仅要吞下失去控制权而出局的苦果，还要接受法律的审判。从法律角度来说，吴长江虽然因违法犯罪失去了人身自由，但是他在雷士照明的股东权益并没有被剥夺。吴长江还能回来吗？他的明天在哪里呢？

附录：

一、截至 2015 年 9 月 30 日德润豪达主要股东

德豪润达（002005）　主要股东	
截止日期	2015 年 9 月 30 日
公告日期	2015 年 10 月 31 日
股东说明	
股东总数	75 573
平均持股数	18 480 股（按总股本计算）查看变化趋势

① 2014 年 9 月 30 日德润豪达（002005）公告。

② 宁平：“吴、王互控刑责，雷士照明内斗走向‘鱼死网破’”，《中国经营报》，2014 年 9 月 15 日。

续表

编号	股东名称	持股数量（股）	持股比例（%）	股本性质
1	芜湖德豪投资有限公司	315 357 000	22. 58	流通 A 股
2	吴长江	130 000 000	9. 31	流通 A 股
3	王晟	34 406 400	2. 46	流通 A 股
4	中央汇金投资有限责任公司	15 824 000	1. 13	流通 A 股
5	全国社保基金一一零组合	15 298 300↓	1. 1↓	流通 A 股
6	张红	13 195 700↑	0. 94↑	流通 A 股
7	杨君	12 340 900↓	0. 88↓	流通 A 股
8	中国银行股份有限公司－招商丰庆灵活配置混合型发起式证券投资基金	7 214 960	0. 52	流通 A 股
9	海通证券股份有限公司	6 580 500	0. 47	流通 A 股
10	宫冰	5 431 190↑	0. 39↑	流通 A 股

资料来源：http：//vip. stock. finance. sina. com. cn。

二、截至 2015 年 6 月 30 日雷士照明主要股东

股东名称	直接持股数量（股）	持股总数	占已发行普通股比例（%）	持股比例变动（%）	股份性质
德豪润达国际（香港）有限公司	845 746 000	845 746 000	27. 0340	0. 0000	普通股
SB Asia Investment Fund II L. P.	578 711 000	578 711 000	18. 4983	－0. 0017	普通股
Schneider Electric Asia Pacific Limited	288 371 000	288 371 000	9. 2177	－0. 0023	普通股
GS Direct，L. L. C.	177 351 000	177 351 000	5. 6690	－0. 0010	普通股
林和平	22 274 000	22 274 000	0. 7120	0. 0020	普通股

资料来源：东方财富通股票软件。

案例使用说明

（一）教学目的与用途

1. 本案例主要适用于《资本运营》《私募股权基金》课程中“风险投资与私募股权投资”“企业上市”“收购兼并”章节的相关学习。也可以用于《公司治理》相关章节。

案例适用对象：工商管理硕士（MBA）、硕士生、本科生。

2. 本案例的教学目的：

通过本案例的学习和讨论，可以达到以下目的：

（1）了解创业股东吴长江自2005年开始的一系列的资本运营，探讨吴长江在雷士照明公司资本运营的得与失；

（2）提高学生对教材上公司控制权、风险投资与私募股权投资、对赌协议、企业上市、兼并与收购、股权稀释等相应知识和理论的理解，深刻体会风险、私募股权融资与企业上市的关系，了解私募投资（财务公司）与产业资本大鳄投资的区别和注意事项；

（3）对类似创业股东的资本运营提供一定的借鉴作用。

（二）启发思考题

1. 什么是私募股权投资？什么是对赌协议？2006年吴长江为什么要引入私募股权投资？两轮融资后吴长江对雷士照明的持股比例是多少？他和软银赛富、高盛签订了怎样的对赌协议？对于吴长江签订的对赌协议你有何感想？

2. 企业为什么要上市？2010年5月雷士照明为什么会选择在香港上市？在香港交易所上市筹集了多少资金？吴长江持股比例下降了多少？

3. 什么是换股收购？吴长江和德豪润达是如何换股的？德豪润达最终是如何成为雷士照明最大股东的？

4. 为了夺回控制权吴长江采用了哪两种杠杆收购方式？其收益和风险如何衡量？

5. 从吴长江经历的资本磨难中，你得到什么启示？

创业缘何梦断？

——基于创业融资与风险投资的分析[①]

[案例摘要] 风险投资以其独特的魅力风靡世界，那么，目前在中国，风险企业家如何寻找风险投资家？风险企业家如何运营一个风险企业？风险企业家应具备什么样的基本素质？本文通过一个风险投资案例对以上问题进行探讨，揭示激情创业背后应有的理性与原则。本案例以客观公正的态度，白描了邱飞归国创业的历程，以求对案例使用者有较为深刻的启迪。

在海外学子归国创业的浪潮中，邱飞于2012年12月辞去了在美国生物制药公司的工作，来到D市创新产业园区，注册了留学生创业公司，拟用蛋白－P技术，吸引风险投资开始归国创业。在2013年2月与风险投资家沙先生签订种子资金注入合同。由于本项目具有重要的战略意义，D市予以了高度重视，20万元的启动资金借款已拨付邱飞公司的账户。并且市里有关部门明确表示，请邱飞公司尽快拿出项目进展计划，市里将协助融资3 000万元，这部分资金将按邱飞公司的项目进展计划到位。资金问题得到了解决，项目的前景一片光明。但事与愿违，就在2013年5月，邱飞坐在自己冷清的办公室内，整个人瘦了一圈。资金没了着落，园区拨付的20万元借款也成了他心中的包袱，邱飞陷入深深的思考之中。

一、邱飞其人及创业背景

（一）邱飞其人

邱飞，1996年毕业于美国肯塔基大学并取得化学博士学位，他参与创

① 本案例由中央财经大学商学院MBA研究生邱理想、中国建筑集团蔡洪涛先生撰写，本案例只供课堂讨论之用，并无意暗示或说明某种管理行为是否有效。由于企业保密的要求，在本案例中对有关名称、数据等作了必要的掩饰性处理。

建了美国第二大生物制药公司 MAXGEN 及另一家生物制药公司 SETGEN，是美国生物制药界的资深科学家。有13年从小试到临床各期的药物研究经验，并获得重要研制成果和两项专利，邱飞的研制成果在很多国际级杂志及学术会议上发表。除了学术研究之外他还积极参与社会活动，曾任美国肯塔基大学学生学者联谊会主席。现任美中医药开发协会波士顿分会第三届年会主席，他是亚太高科合作协会的主要发起人之一，多次发起并组织美中之间的技术交流、项目合作活动。2010年8月邱飞应邀参加了D市举行的海外学子创业周活动。

（二）D市创新产业园区及D市海外学子创业周

2010年D市高新技术企业产值共400亿元，占全市工业总产值的20%。2010年创新产业园区实现合同外资2.29亿美元，实际使用外资8 079万美元。引进三资企业72家，引进内资21亿元，引进内资企业229家，产业园区规模居全国第五位。2010年启动高科技产业化项目20项，正在孵化企业210家，其中海外留学人员和博士创办企业96家。另外D市已上市的20家公司中有11家介入高新技术产业，准备上市的80家企业中，高新技术企业有23家。

D市领导非常重视高新技术企业的发展。D市的海外学子创业周已连续举办13届了，每次举办前D市领导都与邱飞所在的亚太高科合作协会联系，希望他们帮助介绍一些真正有水平、手中有项目的海外学子来D市对接。邱飞作为亚太高科合作协会的理事长、美国生物制药界的知名科学家也曾连续三次被邀请到D市的海外学子创业周，每次市领导都会诚恳地对他说："邱飞，回来吧，就在我们的孵化器内创办自己的企业，有什么困难我们帮你解决。"D市领导还带他参观了创新园区内已孵化的一些留学生创办的企业，邱飞看着这些昔日一同在国外公司中打工的研发人员，现在已开公司当了老板，邱飞心中渐渐产生了一丝不平衡的感觉。

2010年8月，D市又举办了海外学子创业周活动，专门为邱飞等生物制药界的科学家举办了生命科技论坛。邱飞在生命科技论坛上介绍了蛋白-P项目、长效抗生素项目、抗关节炎等新型药物项目。其中蛋白-P项目是一个世界级的项目，这项技术可以高通量的折叠表达几乎人体全部的蛋白质（含不溶性蛋白与可溶性蛋白），其中它折叠表达人体不溶性蛋白的技术世界独有。会后许多企业界人士、投资公司的代表把邱飞团团围住，表示对他介绍的项目感兴趣。其中有一位叫张凡的先生也向邱飞索取了联系电话和地址。

张凡是一个自由职业者，在项目融资上有较丰富的经验，他意识到在海外学子之中很多人掌握世界上最先进的技术，若能与中国的资本市场结合，定会有许多商机。就在当天晚上，张凡找到了邱飞下榻的宾馆，由于邱飞与客人见面的时间安排得特别紧，两人只谈了 5 分钟，张凡向邱飞谈了自己的看法，他说："D 市一些项目的融资是由我协助解决的，我现在任 D 市嘉利中心房地产公司营销副总，听完你的报告后，我觉得你很优秀，留学生归国创业对国内情况不太熟悉，并且创业初期留学生身在美国，在中国不便开展业务，若你返回美国时我可以帮助你在国内联系融资业务。"邱飞表示他可以授权张凡帮助他在中国寻找投资商，如果张凡帮助他们在国内找到投资商，大家可以在一起合作。第二天，邱飞返回美国。

二、归国创业

（一）邱飞归国创业

邱飞回美国不到一周，张凡便从 D 市打来了电话，说他与 D 市的一些上市公司、投资公司进行了初步接触。这些公司都对邱飞带来的三个项目很感兴趣，表示希望能得到更多的关于项目技术、投资方面的资料，以便于进一步的分析研究。邱飞便将手中的一些基本技术原理、简单工艺流程方面的资料邮寄给了张凡。两周后张凡又打来电话，他告诉邱飞，两家已介入生物制药的 D 市上市公司对邱飞的资料进行了论证，认为这三个项目都很有价值，希望能与邱飞进行下一步的谈判与合作。在接下来的 3 个月里，邱飞与张凡一周至少通两次电话，张凡向邱飞汇报项目在 D 市的进展情况，许多投资商希望能与美国方面的专业人员进入实质性谈判，探讨技术的可行性与项目的盈利性。并且有两家公司发来传真，电邀邱飞来中国洽谈，现在国内的形势非常好。

这天，邱飞与张凡通完电话，屋外正是大雪纷飞、北风怒号，推开房门，户外银装素裹，整个波士顿成了一个白茫茫的世界。一阵冷风吹来，邱飞不禁打了一个寒战。他想起了今天在公司与研发部主任汤姆的谈话，汤姆说目前市场竞争很激烈，他们这家生物制药公司的规模较小，前景令人担忧。邱飞想，若重找一份工作对他来说不是什么难事，但是就这样一辈子打工吗？他向西望去，那里有他最爱的海，海面成了阴冷的灰色，急速地的掠过阵阵夹雪的风，海的那一头是祖国的海滨城市——D 市。他又想起了今年 8 月 D 市海外学子创业周的时候，海是蓝的、风是柔的、草地是绿色的，D 市领导、张凡的音容笑貌是暖色的，D 市创新产业园区孵化器内海外学子创建的事业是金色的，这一夜邱飞想了很多很多。

2010 年 12 月 15 日，邱飞正式向美国公司递交了辞呈，并向美国的亚太高科合作协会董事长赵刚等几个同事交代了一下，便毅然回国，他想利用自己手中的三个项目创出一番事业。回到中国后，张凡用自己最热情的方式表示了对邱飞的欢迎，二人也立即开始了工作。首先与 D 市的两家上市公司和几家房地产公司的投资商进行了谈判。邱飞受到了这些公司领导的盛情款待，在接下来的谈判中投资方代表都认为邱飞的这三个项目在技术上是比较成熟的，其中蛋白 - P 项目在美国实验室里已经有了小规模生产，另外两个项目是仿制一类新药，技术上风险不大。据邱飞称，这三项技术的发明人都是他们亚太高科合作协会的会员，只要利益分配合理，投资商资金到位，工厂建成后，这些美国的科学家都可以到中国来工作。投资方代表希望邱飞能做出一份具体的《项目可研报告》以供他们分析决策。邱飞应允尽快做出《项目可研报告》。

（二）赴 S 市寻找风险投资家

时光飞逝，转眼到了 2011 年 1 月，张凡又将邱飞介绍给了中国南方的 S 市政府。S 市政府有关领导立即组织了 S 市的风险投资公司、相关方面的上市公司与邱飞进行洽谈，洽谈几乎进行了三天三夜。在一次会议上邱飞这样介绍了蛋白 - P 项目："在人类基因组计划完成之后，生命科学和生物技术产业进入了一个全新的领域和时代——后基因组时代，一些新兴的学科正逐渐成型，其中蛋白质组学是其中一个重要方向。而如何在基因组水平上获得供科研生产用的蛋白质原料是人们进入这一领域的瓶颈。大量的纯化蛋白质原料具有不可限量的价值和商业应用前景。从人体组织直接提取并纯化这些蛋白质是十分困难的，对于整个基因组水平来说更近乎天方夜谭，因此世界各国现多用重组蛋白的形式来生产蛋白质。而在表达过程中经常过度表达形成变性蛋白——涵络体，对涵络体进行复性，在一般人看来是极其困难而不愿涉足的。这样供给市场只提供了 25% 的人体蛋白——可溶蛋白，而对其他75%形成涵络体的不溶性蛋白却束手无策。经过我们对形成涵络体的40余种蛋白进行了重折叠复性实验，绝大多数已经获得了具有天然结构和活性的蛋白质，并且我们的经验表明应用一种基本相同的操作程序，绝大多数的蛋白质（包括可溶、不溶）可以实现重折叠复性。这也否定了几乎所有科研人员的观点——对每一种蛋白质由于其理化性质不同，应当采用各不相同的方法来重折叠复性不同的蛋白质。并且，我们应用了一种普遍适用的方法FA－SIP技术来重折叠并纯化这些蛋白质原料，这证明该项技术可以被应用于以工业化形式生产大量的蛋白质。突破了蛋白质生产这一瓶颈，后续的蛋白制药、制备抗原、蛋白芯片、工业蛋白产业便可以迅速发展。依据美国Dorland医学杂志统计，1999年这一市场已达到600亿美元，美国为300亿美元，并且市场的年增长率为20%。”

会后，S市的一家生物制药上市公司的新药研发部主任这样评价："FA－SIP技术的价值不单单是几千万美元的问题。"S市的许多上市公司和风险投资公司对邱飞的项目表现出了强烈的兴趣，希望邱飞能做出《商业计划书》或《项目可研报告》。尤其是S市高新投、创新投两家风险投资公司明确表示，如果邱飞的《项目可研报告》通过风险投资公司的内部评审，邱飞可以入驻S市的风险投资公司的孵化器，孵化器免费提供办公场所、财务服务和办公室，并且风险投资公司将以一定资金入股支持邱飞、张凡项目的发展。

S市商界、政界人士思维超前，办公效率高，资金实力雄厚，使得邱飞、张凡决定把S市作为他们在中国发展重点考虑的城市之一。

（三）在D市争取创新基金

邱飞在美国期间，张凡在D市创新产业园区也做了大量的工作，张凡在D市已工作了将近10年，在D市有一张广泛的人际关系网。张凡了解到D市有创新基金。2010年，D市政府出资8 000万元，主要用于组建科技创业投资有限公司，积极吸引社会资金并通过创业投资和投资担保等形式促进高新技术成果转化，资助、扶持、创办各类创业服务机构，支持孵化新生科技型企业和促进高新技术成果转化。2011年以后，D市政府每年注入一定资金，用于补充创业投资和创业孵化资金。D市创新产业园区的汪主任听说邱飞归国创业了，立即把邱飞请到了自己的办公室内，两人进行了长谈，邱飞系统地向汪主任汇报了自己的项目，汪主任立即表示说，邱飞作为留学生归国创业人员，若入驻D市创新产业园区的孵化器，园区将免费为邱飞提供办公场所5年，若在园区内设厂可享受增值税“免三减二”的优惠政策。邱飞问到，留学生归国创业初期，经费较为困难的情况下，园区能不能先借一些启动经费，另外能否申请一部分创新基金，他们的蛋白-P项目具有重要的战略意义，他与张凡向有关市领导汇报过几次，市里非常重视。汪主任回答，等邱飞在园区内注册成立公司后，可以填报创新基金表格进行申报。关于暂借经费一事，园区要研究一下。

邱飞回国已经有一个多月了，这期间赴S市洽谈及工作生活费用，全是用邱飞的个人积蓄支付的，邱飞心里盘算着，照这样下去是不会长久的，怎么样才能更好地落实目前的启动费用呢？应该寻找到一个像当年投资YAHOO的风险投资家孙正义那样的人。

三、种子资金出现

（一）风险投资家沙先生

张凡运用他在国内的关系网，结识了D市天诚房地产公司的董事长沙先生。沙先生原来是某省党校的一名政治经济学讲师。2000年，他感到国内的经济形势非常好，是不可多得的致富好时机。于是他下海办了公司，炒地皮发家，曾一次转手地皮赚了6 000万元。目前沙先生在澳大利亚和中国D市均以开发房地产为主营业务。

（二）签定种子资金注入合同

关于邱飞手中的项目，沙先生与邱飞、张凡已洽谈过多次，沙先生为人很热情，每次谈判完，沙先生都请邱飞、张凡吃饭。邱飞回国的一个多月一直住在D市的白兰宾馆，为了方便工作，沙先生也在白兰宾馆内长期开了间房。沙先生看见邱飞用手提电脑办公，没有打印机不方便，便送来一台佳能打印机供邱飞使用。自从邱飞跟沙先生谈过蛋白-P项目后，沙先生每天晚上都在互联网上查阅有关纯化蛋白的信息。

邱飞提出让沙先生投入200万元的种子资金，公司将来的股本按2亿元构建，但无论股权如何稀释，沙先生始终占10%。沙先生说，D市的投资环境不如S市，要投资他考虑S市，不考虑D市。沙先生问起了这蛋

白 - P 项目的专利问题，邱飞说："本项目的专利技术发明人是我读博士期间的同学李强，李强是我们亚太高科合作协会的会员，本专利目前属于李强所在的机构，但是专利发明人本身要比专利重要的多，专利发明人在中国只能同我合作，我有办法避开专利的问题，在中国建厂，生产纯化人体蛋白，并且到那时，专利发明人李强作为协会一员，会到中国来担任首席技术官。"

沙先生说，专利问题及协会成员的合作问题应该有严格的书面文字依据，邱飞应在美国处理好这些问题。邱飞与张凡觉得最好先同沙先生签一个种子资金注入合同，这样可以让美国那边的专利技术发明人放心。沙先生最终被邱飞、张凡说服，于 2011 年 2 月 3 日与邱飞签订了种子资金注入合同。合同规定待专利问题解决后，由邱飞在 S 市注册公司，公司注册完毕后，由沙先生分两次注入种子资金共 200 万元，第二天，邱飞带着合同飞回了美国。

（三）专利问题

邱飞回美国后与李强通了电话，约李强来波士顿就专利一事进行洽谈。李强本科毕业于北京大学，随后考取了 Cusbmep 奖学金（中美生物化学及分子生物检测项目奖学金），与邱飞同在美国肯塔基大学获得博士学位。李强毕业后留在肯塔基大学从事纯化蛋白研究，有十四年蛋白纯化经验。在十几年的纯化蛋白实践中，李强总结出一套大量、高效率纯化人体蛋白技术，称为 FA - SIP 技术。关于李强研究的成果，有二篇文章在《Science》杂志上发表。目前许多公司都向李强购买产品，李强就在他自己的实验室里进行了小批量的生产，但毕竟在实验室里，许多事都得藏着掖着。李强希望将自己的技术转化为生产力，在项目盈利的同时能为人类造福。而且在美国的这个研究机构内，华人做到了像他这个位置就会遇见一层透明的屋顶，李强也想有自己的事业。在接到邱飞电话后，李强立刻赶到波士顿。两人首先畅谈了在学校时的苦与乐，邱飞向李强介绍了国内的投资环境，给李强看了邱飞与沙先生签订的种子资金注入合同，并且邱飞也告诉李强他已向 D 市递交了创新基金申报表，近期有望得到批复，并获得创新基金。这些都让李强感觉到邱飞是一个干实事的人，于是二人在当天深夜达成协议如下：

（1）专利问题由李强负责处理，或者将工艺稍加改进，重新申报专利，或者将专利买下来。

（2）李强解决专利问题后，本项目在中国的生产权授予邱飞在 D 市与 S 市组建的公司。

（3）若本项目在中国投资到位后，厂房建成之时，由李强担任首席技术官、全面负责设备调试和企业生产。

签订合同之后，东方天色微微发亮，这时二人才意识到，原来两人谈了整整一夜。第二天，邱飞乘飞机返回中国 D 市，就在美妙的天穹上，望着宽广的太平洋他忽然想起了一句诗“白日放歌须纵酒，青春做伴好还乡。即从巴峡穿巫峡，便下襄阳向洛阳。”

四、项目论证会

邱飞觉得最近一切都挺顺利，首先是与李强顺利签订合同，接着是回到中国后，他听张凡说，在 D 市注册公司已基本完成，D 市申请的创新基金最近可能获得批复，邱飞托朋友在 S 市注册公司也正在顺利进行。邱飞心中非常高兴，觉得回国创业总体还算顺利，邱飞在 D 市创新产业园区内注册的公司命名为“D 市生泰生物技术有限公司”，由邱飞出任董事长兼总经理，张凡出任副总经理主管人事。公司成立了，如何吸引风险投资，运营这个项目呢？在美国时邱飞听李强说，项目运转起来所需的生产建设资金大约为 3 000 万元。到哪去吸引这 3 000 万元资金呢？

这时园区汪主任打电话约邱飞面谈，邱飞到了汪主任办公室以后，汪主任告诉他，在向市里有关领导汇报之后，考虑到邱飞公司蛋白 - P 项目的特殊情况，园区可以暂时借给邱飞公司一部分启动经费，第一批 10 万元明天可拨至邱飞公司的账户上，关于他们申报的创新基金，有关方面会尽快批复。邱飞首先感谢了园区领导对他们公司的大力支持，接着邱飞又重申了一遍蛋白 - P 项目对 D 市的重要意义：“人类基因组测序中国完成了 1%，整个基因组框架建立起来，谁拥有知识产权并制成药物，谁就具有竞争优势。人类基因组计划由于美国的干扰使中国起步整整晚了 5 年。现在后基因组工程及蛋白质组工程美国又走在了前面，我们提出了一个口号‘先占领山头，再打扫战场’，即先开发自主知识产权的功能性蛋白，再处理后续工程。若在 D 市研发出大量我们有自主知识产权的功能性蛋白，中国在后基因组工程中的蛋白质组工程便能在世界上占据主动。如果有 3 000

万元的贷款，一年的时间我们便可以研发出 50～70 种新人体蛋白，第二年我们便可以研发出 400 种新人体蛋白，这将是中国有自主知识产权的蛋白，不但使 D 市乃至中国的蛋白质组工程跻身世界先进水平，而且从长远意义上讲，使得中国掌握了一项影响国家经济运行安全态势的战略资源。所以考虑到本项目的战略意义政府是否可以考虑协助本项目融资。”

汪主任听了邱飞的话以后，内心有些不平静，的确，这个项目自身的战略意义，以及带动 D 市后续产业的发展能力，值得认真考虑。汪主任随即说到，此事很重要，他会尽快向有关领导汇报。结果，不到一周，消息很快反馈回来，鉴于本项目重要的战略意义，是本市海外学子创业园招商的主要项目，市里有关部门要求邱飞尽快出具《项目可研报告》，由园区与邱飞公司共同召开由技术权威人士、银行代表参加的项目论证会，会议具体的安排情况，请园区与邱飞公司尽快报告呈递。若论证会通过，可以考虑协助解决融资问题。邱飞迅速把这激动人心的消息通知了李强、张凡和沙先生。

张凡在 D 市创新产业园区办理公司注册手续的时候，邱飞、张凡、李强、赵刚按入股比例出资注册，注册之后的第二天，张凡便从银行把自己投入公司注册的资金取了出来。

沙先生负责邱飞在 D 市办公室的装修，沙先生装修办公室很有经验，几天之内备齐了几台电脑、地毯、办公桌椅。沙先生还专门从福建订来了办公室隔断，另外冰箱、微波炉、电热锅、咖啡壶、饮水机也一应俱全，沙先生说国外的办公室就像家一样什么都有，很方便，他在澳洲的办公室就是这样，邱飞也称赞公司装修得有些档次。这样，一间先进、舒适、一流办公环境的办公室装修完毕，沙先生算账很精确，园区拨付的首批款项 10 万元刚好全部用完。

当邱飞把 D 市要求邱飞公司开一个项目论证会，用来考虑是否协助 3 000 万元生产资金融资时，张凡、沙先生都非常兴奋，表示一定与创新产业园区的领导配合好，保证项目论证会的圆满成功。

（一）项目论证会的前期准备工作

在经过与创新产业园区领导几次商谈之后，双方共同确定了会议的评审专家名单、会议的时间、程序，会议的地点选择在园区的国际会议厅。接着园区领导将论证会的初步意见申报 D 市政府有关部门，很快市里作出批示："基本同意，加紧组织"。会议时间定在2011年4月28日下午1点召开。创新产业园区暂借给邱飞公司的第二笔启动费用10万元又拨至邱飞公司账上。

由于距开会日期还有两周的时间，事关能否获得3 000万元生产资金，故邱飞、张凡、沙先生开了几次会议，初步落实了会议的部署，即将论证会的准备工作初步分为会议与会务部分，邱飞统管会议与会务工作，具体负责会议部分。沙先生出任公司常务副总经理，在本次会议筹备工作中，具体负责会务部分工作，张凡负责公司与创新产业园区的协调配合，以及会议评审专家的邀请。在此之前几个星期，邱飞与D市的一家投资咨询有限公司签订了《蛋白-P项目可研报告》制作合同。

沙先生的会务工作主要负责论证会召开时评审专家的交通、食宿（全部会务费用由邱飞公司承担），沙先生很有经验，他觉得应该让专家们住得好一些，反正只住两晚，邱飞也同意沙先生的观点，最后住宿地点选在了D市五星级宾馆香格里拉饭店。沙先生在论证会结束的第二天为各位专家安排了游览D市风光。另外，会议计划在论证会结束当天晚上安排有关市领导、园区领导、论证会专家出席的答谢晚宴，沙先生让香格里拉送来了菜单，事先传真给园区领导请他们确认菜单内容。沙先生算账很精确，园区拨付的第二笔款项10万元按预算基本用完。

（二）论证会顺利召开

2011年4月28日下午12点50分，沙先生开车把邱飞等人送到创新产业园区国际会议厅的入口处。国际会议厅在四楼，进入会议厅后，经张凡介绍，邱飞与先到场的嘉宾交换名片，接着邱飞开始把手提电脑与投影仪连线，准备做报告，现场的插线板有点问题，投影仪打不出来，邱飞心里着急了，会场比较乱。这时时钟已指向1点02分。市里有关领导和园区汪主任到了会场，市里领导看到会场有些乱，不太高兴。会议由园区汪主任宣布开始，先由市领导讲话，接着播放了D市投资环境的录像带，趁着这段时间，邱飞接好了投影仪。

接着由D市生泰公司邱飞做报告的第一部分；介绍公司创建情况、公司组织结构和战略计划，第二部分由李强介绍了蛋白-P项目技术发展的背景，技术原理和已取得的一些成果；报告的第三部分由亚太国际高科合作协会的董事长赵刚做项目的市场、投资情况介绍。

报告完毕后由各位专家和与会嘉宾进行质疑。首先是一位风险投资公司的代表询问本项目所用技术的专利归属问题，本项目的成本费用是否体现了专利费用?

邱飞回答："我公司对知识产权实行双向操作，该技术的专利现在属于李强在美国所在机构，但李强是本项目的发明人有获得该项目专利转让的优先权，我公司将通过在美国与我们有合作关系的另一家公司进行专利购买，再进行技术转让到D市的公司，以便于我们生产，产品专利费用，已计入成本费用。"

接着与会代表又质疑了有关蛋白的专利使用，FA－SIP技术中折叠与复性技术、折叠过程中还原剂的使用问题，项目投资规模、生产成本、市场中竞争者情况，整体纯化人体蛋白市场的情况，公司拟采用的销售渠道，公司长期发展战略等方面问题。论证会整整进行一个下午，专家们提出的问题很全面也很尖锐。

最后论证会专家小组单独进行了商议，综合得出评审意见如下：

(1) 蛋白质组工程是属于当前国际后基因组时代的前沿研究领域，是可以形成高科技产业的重要方向。

(2) 该项目用高通量方法生产蛋白质的技术是实用的、先进的，其中在某些蛋白质重折叠技术的运用具有一定的创造性。建议在使用大肠杆菌表达系统的基础上，进一步发展和丰富多种技术手段，以适应该项目能够持续性发展的需要。

(3) 鉴于后基因组研究是目前国际研究的前沿方向，因此市场前景看好。

(4) 建议该公司在初创阶段抓紧建设研发队伍，抓住时机，在国内外竞争中，尽快发展自己的优势，占领国内外更多的市场。

(5) D市生泰生物技术有限公司邱飞等海外学子回国创业，是发展我国高科技产业的积极行动，建议有关部门给予大力支持。

宣读完专家组评审意见后，专家组组长中国生化研究所孔所长接着说道："本报告肯定和评价了几件事情：

(1) 肯定本项目是高科技发展方向。

(2) 肯定本项目使用方法是先进的、实用的、经济的，也提出了自己的建议，可以进一步丰富表达系统，对功能蛋白提取和纯化有好处。

（3）本项目市场前景看好，希望能尽快付诸实施。

（4）海外学子回国创立高新技术企业，我们很高兴看到这一点，全国人民也很高兴，希望D市政府能给予支持。

（5）市场和资本运作不是我们的强项，所以在此只作简单论述。

（6）论证报告的落款为蛋白质组工程项目专家组。”

孔所长话音刚落，会场内响起了热烈而持久的掌声。

邱飞努力抑制住内心的激动，代表本公司发言：“首先我代表D市生泰生物技术有限公司感谢D市领导、创新产业园区、D市科委的各位领导对我们的无论是精神上的还是物质上的支持和帮助；感谢各位专家、各位嘉宾，能在百忙之中抽出时间来参加这次论证会；感谢生泰的创始人、股东及雇员，感谢他们兢兢业业地工作；感谢现场的服务员。我相信有这么多人的精诚合作，我们生泰人必定会在美丽的D市铸就辉煌。谢谢！”

创新产业园区汪主任也发言了：“我代表园区对与会各位专家的辛勤劳动表示感谢。我还要感谢交通银行的李行长、广发银行的林行长及各中介机构、担保公司的经理们来参加此次论证会。我们D市产业发展的重点是生命产业和电子产业。本项目与D市的重点产业扶持发展方向一致，市政府非常重视。但是市政府主要起服务和扶持作用，具体本项目能否在D市产业化，打好这一仗，还需要邱飞你们团队努力工作，既然要做，就要做到最好。我也预祝本项目能在我们D市成功的安家落户。刚才专家也表态要继续支持你们的项目，我想本项目团队有了、合作有了、服务有了、功能有了，本项目一定能成功！谢谢！”

论证会圆满结束！

就在当天的答谢晚宴上，园区汪主任告诉邱飞，鉴于论证会专家评审通过，市里有关领导明确表示，请邱飞公司尽快拿出项目进展计划，协助融资将按邱飞公司的项目进展计划进行。资金问题得到了解决，项目的前景一片光明。

五、董事会风波

（一）董事会无果而终

2011年4月29日，也就是论证会结束的第二天上午，邱飞、李强、赵刚、沙先生、张凡共五人在一起召开董事会。

会上，张凡和赵刚在董事会上对重新拟订公司章程中的一些条款，例如“任何一位董事在离开公司后，5 年之内不得以任何形式参与同业竞争”等等产生了意见分歧，会议无果而终。在董事会结束时，张凡与赵刚开玩笑似地对邱飞说：“邱飞，你当董事长得好好干，要是干不好的话，3 年以后我们换人。”

（二）D 市的 3 000 万贷款

邱飞对张凡在董事会上的表现非常不满，把原来张凡负责的与园区、市领导接洽的工作交给沙先生来做。沙先生做好蛋白 - P 项目进度计划表。在上次董事会开完二周的时间里，邱飞和沙先生多次找园区汪主任一起去市里汇报工作，落实资金问题。市里面也组织银行、风险投资公司代表跟邱飞他们一起开了几次会。

功夫不负有心人，最后资金问题大致落实如下：

1. 一国有银行为邱飞公司提供 3 000 万元的生产、建设资金贷款，按邱飞公司项目进度计划先拨付至产业园区财务处，再由财务处转拨至邱飞公司账上。

2. 一个国有风险投资公司为邱飞公司提供 3 000 万元的贷款担保。

3. 创新产业园区以其无形资产为国有风险投资公司的贷款担保提供再担保，但若出现坏账国有风险投资公司对这笔担保不履行追索权。

资金问题基本落实，邱飞心中踏实多了。自从论证会结束后，邱飞觉得沙先生给他提供了很多有价值的建议，从工作能力上讲沙先生要比张凡强。

（三）合同股权成了废纸，种子资金成了负债

自从上次董事会议无果而终后，每每想起那天开董事会时的情景，张凡、赵刚的话始终萦绕在邱飞心头。确实，没有张凡，归国创业不可能这么快的找到资金，并且很多时候，张凡都在关键性的时刻给出了方向性的建议，但两个人单独在一起讨论问题的时候，邱飞接受不了张凡的高傲。很多时候张凡总是拐弯抹角的先开个头，然后归到邱飞一些失误上来。邱飞曾经对张凡说过这样一句话：“张凡，你是一个难以驾驭的人。”尤其是公司注册时他与张凡勉强达成张凡的股份协议后，邱飞觉得张凡对自己态度越发不礼貌了。邱飞觉得自己已和半年以前刚回国创业时的邱飞已经有了很大的不同，现在自己是董事长兼总经理了。自己回国创业，放弃了在美国稳定的工资、福利，在所有的股东中，自己承担的风险最大。要是3年以后把自己踢掉，那么他在中国、美国就什么都没有了，而张凡、赵刚还可以继续他们的事业。这个项目没有邱飞，再好的技术也没有用，现在已能够融来大笔资金，即使不做蛋白－P项目，用3 000万元资金中的几百万元做长效抗生素项目，一样能把企业做大，公司一样能上市。有了资金就有了专利，有了资金就可以抢先用更好的价格去李强所在的机构购买专利。

想着张凡的事邱飞越想越气，他拿起电话拨通了张凡的手机，“张凡吗？我是邱飞，你前几天在董事会上的表现令我很失望，你居然和赵刚勾结起来，我说什么你们反对什么，我当初同意你的股份数额，一是因为你对本项目确有贡献，最重要的是我要你在董事会里和我一条心，没想到你会这样表现，我要减你的股份，你不是还要换董事长吗？在你得逞之前，我要把你开除出董事会。”

接着邱飞又拨通了赵刚的电话，赵刚这时已经飞到中国另一个城市忙自己的项目：“喂，赵刚吗？我是邱飞，我听说你在搞自己的项目，你到底想在中国搞几个公司，咱们董事会合同可有同业竞争的限制，你再这样搞，我要按董事会的规定开除你，你不是要换董事长吗？你要是再捣乱，我到你供职的美国公司告你，说你在中国开公司，包你被公司开除。”

开论证会之前的一段时间，邱飞跟沙先生谈了关于种子资金注入的事，邱飞希望沙先生在D市投资种子资金，因为D市领导非常重视本项目，若3 000万元资金到位，公司会得到迅速的发展，这使得本项目在D市的发展条件优于S市。另外，假如D市3 000万元的资金到位后，那时沙先生若想投资就不能再叫种子资金了。如果现在沙先生200万元的种子资金进来，公司增资由10万元到200万元，也有利于公司3 000万元资金的融资工作。并且本次论证会的《项目可研报告》中，沙先生与邱飞于1月份签订的种子资金注入合同，也是一个重要的附件，已经对外宣称公司注册资本为200万元了。

经过多次协商，迫于论证会日期临近，最后邱飞与沙先生达成了这样的协议：

（1）沙先生的200万资金借给公司作为短期借款，存入邱飞公司账户，这样邱飞公司可以对外宣称公司账面上有200万元了。

（2）沙先生加入公司任常务副总经理，协助邱飞进行公司管理，公司一切支出均由他签字认可，原来张凡的弟弟暂时帮助邱飞公司处理财务事宜的合同期中止，由沙先生外调来一名员工负责公司财务工作。

（3）待3 000万元资金到位后，这200万元资金还给沙先生。

（4）沙先生以管理经验入股D市公司，成为公司董事，其持股比例及其他权利与原来签署的种子资金注入合同中保持一致。

邱飞基本同意了以上协议，邱飞感觉沙先生几十年经营管理经验对公司、对自己确有价值，很多事原来他都听张凡的，自从沙先生介入公司管理之后，公司的许多决议都由沙先生拿意见，邱飞表态并布置大家执行。

（四）3 000万元资金没了着落、20万元借款成了包袱

上次董事会议无果而终，会议结束后第二天李强因工作原因飞回了美国，飞机早上9点从D市起飞，只有张凡到机场给他送行。

距董事会开完已三周的时间，邱飞作了一个重要决定，他拨通了李强的电话："李强，你好！我是邱飞，有一件事我想跟你说一下，最近赵刚和张凡的表现很令人担忧，损害到公司的利益。赵刚违反了我们的同业竞争的规定，张凡最近在创新产业园区口碑很不好，所有的领导都说他不好，危及到我公司的融资。他们两人留在公司里面对公司的发展不利，我正在考虑他们两人在公司的去留问题，如若他们两人离开公司，他们拥有的股份中的一部分我想转至你的名下。"

李强向邱飞表示张凡和赵刚已分别给他打来电话，他想除非回到原来的持股比例，大家一起做，否则他不愿意再与邱飞合作。令邱飞感到惊讶的是，D市有关领导很快听说专利发明人将不与邱飞合作，对邱飞资金方面的要求，也不在予以反应。邱飞一个人坐在冷清的办公室内，整个人瘦了一圈。资金没了着落，园区拨付的20万元借款也成了他心中的包袱，邱飞陷入深深的思考之中。

案例使用说明

（一）教学目的与用途

本案例是“风险投资”课程的一个综合案例，主要适用于风险企业家如何解决风险投资资金筹集渠道问题，及风险企业家素质等部分内容的教学，本案例可以作为一个完整的事实说明型案例使用。同时也可以在邱飞陷入困境的背景下，对邱飞公司未来发展作为决策型案例使用。

（二）思考问题

1. 如何评价邱飞回国创业寻找风险投资的方法？是否有可以改进的地方？

2. 如何看待邱飞作为一名风险企业家的基本素质？

3. 如果你是一位风险投资家在寻找风险企业时你看重的是项目因素，还是风险企业领导人的因素？你认为中国的风险企业面临的主要问题是什么？

4. 你认为本项目的专利问题解决得是否妥当？应如何解决？

5. 如何评价政府在本项目中所起的作用？如何才能更好地发挥政府在风险投资中的作用？

6. 如果你是邱飞将如何扭转现在的局面？

财务审计

独立董事视角下的民营企业内部控制①

[**案例摘要**] 朝阳公司是一家高新技术企业，具有自主研发和生产软启动等设备的能力，苏老师是公司聘任的独立董事，在履职过程中，苏老师对公司的情况有了更多的了解，也发现了很多现实存在的问题，这些问题看似不大却难以解决，反映了朝阳公司在方方面面存在的管理问题，苏老师需要找到公司问题的根源，理出清晰的思路来解决问题或作出辞职的决策。

苏老师担任朝阳公司的独立董事已经三年，在本届董事会即将结束时，公司的几位股东盛情邀请苏老师再担任下一届独立董事，苏老师却考虑不再担任。回首在朝阳公司任职的情况，苏老师有一肚子的话想说，却不知从何说起。

一、朝阳公司的情况

朝阳公司于1991年成立，专业从事大功率电力电子设备研发、设计与制造业务，产品包括高压电网无功补偿设备、滤波器、串联补偿器、变频器、变流器等。客户分布于石化、电力、冶金、化工、矿产、建材、煤炭、轻工、船舶等十多个行业。朝阳公司同时也是国家火炬计划重点高新技术企业、省级博士后产业基地、省级企业技术中心，是国家第一批节能服务公司。经过多年的努力，公司建立起以北京为营销中心、合肥为技术中心、安庆为制造中心的“三位一体”企业架构。

自2010年起，朝阳公司开始创业板上市的准备工作，聘请了证券公

① 本案例由中央财经大学会计学院赵雪媛老师编写。本案例以某民营企业的情况为蓝本，经过了必要的掩饰处理，使案例所反映的问题更加具有普遍性和代表性。本案例只供课堂讨论之用，不对相关管理行为进行道德评判。

司，对自公司成立起的情况进行梳理，聘请会计师事务所进行审计，聘任独立董事完善法人治理结构。

2010 年 10 月，苏老师通过一位朋友认识了公司的董事长，董事长不到五十岁的年纪，搞销售出身，非常热情坦率，董事长介绍了公司的发展历程：公司最初是由二十多名人员下海创业成立的，至今已有 20 多年的历史。公司所做的中小功率软启动在国内处于领先地位，比西门子的服务好、价格低，很有竞争优势；大功率的软启动目前处于研发阶段，有望不久后成功，这样在大功率产品上也能和西门子的产品去竞争。公司最大的问题是发展比较慢，经过 20 年的发展依然规模比较小，在发展过程中，公司错过了很多机会。公司的股东达成共识，想趁着目前上市准备工作，好好规划公司发展，迅速把公司做大做强，公司希望苏老师加入公司，为公司的发展出谋划策。

苏老师索取了公司的一些基本材料，对公司的情况作了些简单了解。

（一）股东和董事会构成

1. 股权情况

朝阳公司的股权情况如表 1 所示：

表 1　　股权情况表

股东名称	投资（万股）	持股比例（%）
李大胜	900	28.5
张伟	388	12
柴文龙	300	10
廖千里	200	7.6
崔向前	225	7.5
其他 22 人	987	32.9
合计　27 个自然人	3 168	100

2. 董事会构成

公司原董事会由前五位大股东组成，新的董事会将吸纳三名高校教师作为独立董事。公司同时吸纳了一家投资公司进入，由该投资公司派入一名董事，董事会成员将增至 9 人。

3. 高管人员

公司的主要高管由公司的大股东担任，李总是董事长兼任总经理，同时主管销售工作；柴总负责技术，包括新技术研究和开发，根据客户需求进行产品设计；张总主管财务工作，还有一些对外联系协调的工作；廖总和崔总都负责生产。

（二）公司的组织架构

经过证券公司的帮助，公司的架构有了一些调整，公司提交的组织架构如图1所示。苏老师到公司作了实地考察，发现董事会办公室及证券法务部实际上并没有单独设置，而是在由办公室人员兼任相关工作。公司的办公室只有两人，一位是王主任，负责各项工作，另外一个是个年轻人，进行具体操作。另外，在实地考察中，苏老师还发现，公司的两个主要车间由不同的仓库供货，即使是同样的物品也是由不同的车间分别采购，询问后才明白，公司的廖总和崔总负责不同部门的生产，因此两个部门的采购生产都是分别进行的。另外审计部和战略投资部还没有成立，人员配备和制度建设都需要考虑。

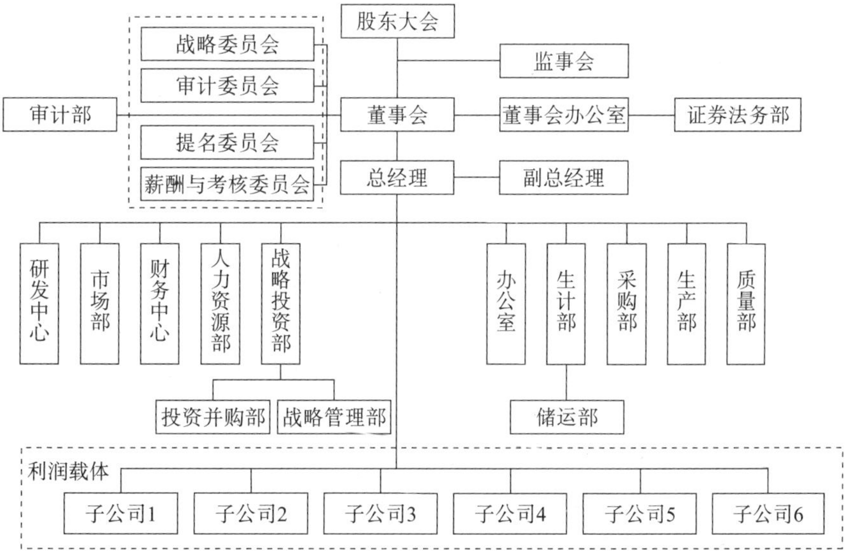

图1 公司组织架构图

（三）公司的财务状况和经营业绩

为了对公司有更多的了解，苏老师还查阅了公司提供的最近 3 年的财务报表、资产负债表和利润表简要数据如表 2、表 3 所示：

表 2　　简要资产负债表数据　　单位：万元

科　目	2010 年 10 月 31 日	2009 年	2008 年
流动资产	18 457	12 415	1 586
非流动性资产	9 248	8 416	645
资产总计	27 717	20 831	2 231
流动负债合计	18 457	12 162	1 134
负债合计	18 470	12 172	1 137
净资产	9 248	7 353	1 094

表 3　　简要利润表数据　　单位：万元

科　目	2010 年 10 月 31 日	2009 年	2008 年
主营业务收入	15 200	7 693	1 646
主营业务成本	8 958	5 023	1 146
营业利润	6 524	1 176	159
利润总额	2 307	1 167	159
净利润	2 005	965	116

经询问，报表数字已经经过事务所审计，基本已经定稿。苏老师和担任审计工作的某会计师事务所进行了沟通，了解了公司的一些重要的会计确认和计量问题，根据报表数字，苏老师看出公司最近两年的发展很迅速，公司产品的技术含量较高，潜力很大。公司也认为这几年的市场发展不错，是企业发展的重要原因。

经过一系列了解，苏老师对朝阳公司的印象比较好，尤其是公司的主要创业者的热情，让苏老师看到公司的诚意，也看到了公司发展的希望。苏老师同意担任公司的独立董事，并担任审计委员会的主任委员。苏老师也希望通过这次工作经历，对民营企业有一些了解，并能够发挥自己所长，为公司的发展贡献力量。

二、拔高的预算和规划

2010年年末，朝阳公司召开董事会。公司的董事会采用现场视频会议的形式，北京、安庆和合肥同时开会，董事长和几位外部董事在北京，负责技术的柴总在合肥，其余的董事在安庆。这次会议一项重要的议程是制定公司的发展规划，包括2011年的预算和未来5年的发展规划（见表4、表5）。苏老师看到这个议案内容吓了一跳，尽管预算资料有厚厚的一摞，每个数据看似都经过精确的计算，但是苏老师还是认为公司的估计太过乐观了，五年的规划显得更加不靠谱。苏老师委婉地问董事长这样预算和规划的依据是什么，是否对未来的估计过于乐观。董事长对此不以为然，一方面他认为预算就是应该定的高一些，让大家都有些压力；另一方面，前几天地方政府刚给他们开过会，提出2011年的目标是产值翻番，既然大家都能翻番，为什么我们不能？苏老师问主管销售的董事长是否有把握完成销售业务，董事长说完不成就罚他，他愿意认罚，企业的其他董事都没有说话，看起来是同意董事长的话，尽管几位独立董事不断质疑，这个议案还是通过了，在苏老师的心里一片阴影就这样留下了。

表4　　2011年利润预算表　　金额单位：万元

项　　目	年度目标	年度占比
一、营业收入	41 500	
二、营业成本	34 761	83.76%
附加税费	426	1.03%
销售费用	4 942	11.91%
管理费用	4 291	10.34%
其中：研发支出	2 006	4.83%
财务费用	761	1.83%
资产减值损失	440	1.06%
投资收益	0	0%
三、营业利润	6 299	15.18%
营业外收入	3 615	8.71%
营业外支出	229	0.55%
四、利润总额	9 685	23.34%
企业所得税	1 302	3.14%
五、净利润	8 383	20.20%

表 5　　3 年业务发展规划表　　单位：亿元

年度		2010（实际）	2011（预测）	2012（预测）	2013（预测）	合计
主营业务收入（含增值税）		3	5	12	18	38
主营业务收入构成	软起	2	2.8	4.5	8	17.3
	配套	1	2.2	7.5	10	20.7
	合计	3	5	12	18	38
	含出口	0.3	1	3	5	9.3
同比增长率（%）		33	60	140	50	—
净利润		0.36	0.58	1.5	2.5	3.6

时间过得很快，苏老师一直在关注公司的业绩情况。2011 年过去了，不出所料，公司的实际业绩离预算差得很远。2011 年年度报告的数字如表 6 所示，不仅如此，公司的现金流第一次成了负数，询问才知道，原来是董事长为了获得高现金折扣大批量采购原材料并提前付款造成的。董事长不懂现金流的重要意义，难道财务总监也不懂？当苏老师问到财务总监时发现财务总监不是不懂，而是无法说服董事长，苏老师心里又叹了口气，董事长太强势了，左右财务工作的能力太强了。

表 6　　2011 年利润表　　单位：万元

项　　目	2011 年
一、营业总收入	25 679.92
二、营业总成本	24 696.22
营业税金及附加	308.63
销售费用	3 748.55
管理费用	4 032.92
财务费用	163.10
资产减值损失	557.15
投资收益（损失以“-”号填列）	-44.97
三、营业利润（亏损以“-”号填列）	938.73
加：营业外收入	691.98

续表

项　　目	2011 年
减：营业外支出	90.18
四、利润总额	1 540.54
减：所得税费用	218.21
五、净利润	1 322.33
归属于母公司所有者的净利润	1 343.43
少数股东损益	-21.10
六、每股收益	0.22

三、财务负责人换人

朝阳公司创建于1991年，当时的11名股东都是从某研究所出来创业的，经过20年的调整，6人已经退出，董事长及几位内部董事坚持了下来，这几位领导都为这个企业的发展立下了汗马功劳，每个人说起来都是一肚子的辛酸创业史。苏老师第一次感受到几个创业者之间的矛盾是在担任独立董事不久，董事长就提出换个财务负责人的想法，因为张总一方面不是科班出身，对财务工作了解有限，不能适应上市准备的需要，另一方面，张总年龄也大了，财务工作强度高，工作量大，有时财务工作比较拖沓。苏老师觉得董事长说得对，公司要想上市，财务工作必须加强，财务负责人不仅要熟悉财务相关知识，还需要熟悉上市的信息披露规则和相关法律规范。苏老师答应帮助董事长物色一个合适的人选。

一个多月后的一天，张总突然给苏老师打电话，说他来北京出差，有些财务问题想和苏老师谈谈，苏老师欣然前往。张总的谈话从讲述自己在公司的贡献开始，讲到自己负责财务和对外联系工作多年，不知喝了多少酒、费了多大力，公司才有今天。在苏老师的提醒下，张总才想起自己要谈的主题。张总的想法是公司应该建立一套合理的费用考核机制，目前公司的费用管理存在很多问题，尤其是销售费用是公司费用中的大头，费用的开支必须和销售业绩挂钩，而且需要定期考核。苏老师认为费用管理体现了公司的基础管理水平，应该有一个全方位的统一的考核管理机制。希望张总和财务部的同志们把现有的问题归纳一下，提出一个方案，便于大家讨论。张总同意了，并且希望苏老师有空和董事长沟通一下。苏老师建议拿出方案再讨论。事情就这样过去了，方案一直没有拿出讨论，因为不久董事长找到了一位合适的财务总监人选，从知识背景和工作经历来看，都非常符合公司的需要。张总依然是副总，但不再负责财务工作。

四、没有基础材料的投资议案

2012 年 6 月，公司召开了临时董事会，会前发给大家三个议案，其中有两个议案引人注目，一个是与他人共同出资设立新公司的议案，另一个是购买蓄电电池项目相关资产、技术产权的议案。会前发到各位董事邮箱里的资料只是一页纸，上会讨论时几位独立董事才发现，这两个议案竟然只有这一页纸的资料。

会上，董事长对这两个议案作了一些说明。对成立新公司，董事长说明是一家香港上市公司的高管想找一家供货商，产品是朝阳公司的软启动配套产品，公司有符合条件产能和技术，因此公司希望能够拿下这个项目，成立新公司生产销售与这家公司相关的产品。按照双方商量的结果，香港上市公司高管出资 510 万元，占比 51%，朝阳公司出资 490 万元，占比 49%。至于蓄电电池项目，目前处于研发阶段，出售该项目的公司在这个研发项目上已经有多年的投入，有固定的研发人员和基础设备，但是一直没有实质性进展，还有很多关键问题没有解决，继续投入又太大，因此希望转让技术项目。李总认为这是个好项目，一是这个项目一旦研发成功，可以用在风能、太阳能的储存上，用途非常广泛。二是对方出价非常低，即使不能研发成功，公司的损失也不会太大。蓄电电池研发项目的购买大约需支付现金 400 万元，但是公司如果购买技术将同时接受相关的设备资产、研究人员。

作为投资项目，应该有足够的背景资料和可行性分析，尤其涉及大家都不熟悉的技术领域，应该有更多的可供决策的资料。在会上，对第一个议案，大家对合资方及产品需求进行了质疑，并讨论了产品的市场需求和供给。对第二个议案，大家都不熟悉这个领域，蓄电电池的研发一直是很多企业关注的课题，实现的技术路径也有很多种，如果有价值，为什么对方企业要低价出售，未来投入大约有多少。这些问题大家都不清楚。

苏老师提出由于相关议案的资料不全，不能决策，希望补足资料后再开会讨论。苏老师这样说是因为公司发生这样的事情不是第一次了，董事会开会经常事前不发资料或资料不全，资料经常有误，有些数据不恰当，内容不完整，表述不清楚。

苏老师等几位老师最初耐心指出问题并提出修改意见，但是这些问题一直没有改善。这次，大家认为与以往的问题性质不同，确实不能盲目决策，董事长同意了大家的要求，让办公室的同志们尽快准备资料，另找时间开会研究。这个事情没再提起，一个月后，在另一次董事会上，几位独立董事问起这两个议案，董事长说和香港公司的合作黄了，不用考虑这件事了。再问蓄电池项目，董事长说后续投资额太大，也不考虑了。

五、杯酒释兵权

在公司担任独立董事的两年中，苏老师切实感受到公司几位领导间的矛盾和这种矛盾对公司经营的影响。董事长经常抱怨几位内部董事跟不上形势，影响了公司的发展。2013 年年初，公司召开了董事会，会议的主要议程是公司成立战略信息部，由公司的几位元老构成，这个部门的主要工作是对外联络，和客户沟通，收集重要信息，提出战略建议。董事长解释说希望这些公司的元老作更多高层次的战略上的考量而不是去管具体的业务，并且事前已经和大家沟通过，大家都没有明确否定这个安排。会议的气氛明显有些紧张，但是只有任总表达了保留意见但服从分配的想法。几位独立董事私下总结为“杯酒释兵权”，但也未必不是一件好事，因为这个公司的内部治理结构始终理不顺，内耗太大确实是制约公司发展的一个原因。

两个月后，战略信息部的张总就传来喜讯，称他发现了一个新的市场，那就是企业的粉尘处理，调研中张总发现许多企业工作现场粉尘污染严重，工作环境恶劣。张总在一家企业作了试点，发现粉尘处理的技术要求并不高，成本收益也合理，认为这是一个重要的市场，建议公司成立环保事业部，专门负责这个市场。

六、拒绝通过年度报告

眨眼就到了 2013 年 3 月，公司的董事会审议 2012 年的年度报告，可以看出，由于公司的下游企业主要是钢铁、水泥等制造业，受经济不景气的影响，公司2012年的经营情况有所下滑。公司2012年的年度报告由会计师事务所出具了标准无保留意见的审计报告。总经理工作报告还显示公司人员流失较多。由于这些情况之前大家也有所了解，经济形势下滑也是事实，对公司的影响也显而易见，因此，董事会的几项议案很快就审议完毕。

就在大家认为会议就要结束的时候，很少说话的柴总突然发言了，柴总说为什么公司的一些大事，作为董事的我们都不知道？比如公司新成立了一个公司，听说连名字已经核准了，还有听说公司出借资金给其他单位，还是以应收票据为其他企业借款担保，这些事情为什么都瞒着大家？柴总的话让公司的几位外部董事非常震惊，其他几位内部董事都没有说话，很难判断他们是否了解这些事情。但是，不管怎么说，成立新公司需要董事会批准，出借资金给其他企业可能属于违法行为，以应收票据为他人担保涉及报表附注的披露。这么多的事情为什么大家一点都不知道呢？

柴总的发言让各位外部董事非常震惊，大家纷纷将目光投向董事长，希望董事长作出解释。在大家的要求下董事长吞吞吐吐地说明了情况。董事长说，准备成立的新公司是和另外一家企业合作的，准备生产的产品是企业的常规产品，合作企业能够负责销售，所以要求有一定股权，因为事情比较紧急，所以没有通过董事会讨论。

关于出借资金这件事，董事长没有说明出借资金的方式、金额、期限以及是否有担保等情况，只说是做这件事的目的是为了给企业赚取利息，如果这些借款有风险，风险由借出款项的个人承担。在没有获取明确的说明后，苏老师提出不通过公司年报，请事务所重新审计，对该事项单独出具审计意见。其他两位独立董事一致同意苏老师意见。看到这种情况，董事长才对如实说明了情况。原来，2012年8月，董事长看到公司2012年业绩太差，而资金情况尚可，正好有朋友来商量借钱，便想出了这个生财之道。董事长和办公室主任将公司资金1 500万借给了当地的三家企业，签订的协议中利息为9%，借款期限为6个月，截至会议当天有1 000万已经到期，但是资金尚未收回，因为对方计划获取的银行借款没有到位，董事长和周主任正在催款，另外的500万也即将在半个月内到期，是否能够到时收回还不清楚。苏老师再三追问财务总监这几笔业务的会计处理，财务总监语焉不详。至于为什么审计没有查出来，就更是说不清了。根据这些情况，苏老师认为这几笔借款的会计处理需要调整，因此，苏老师要求重新编制财务报表并重新进行审计。2012 年已审计的利润表情况如表 7 所示。

表 7　　利　润　表　　单位：万元

项　　目	2012 年	2011 年	同比增长（%）
一、营业总收入	22 208.73	25 679.92	-13.52%
其中：营业收入	22 208.73	25 679.92	-13.52%
二、营业总成本	22 163.27	24 696.22	-10.26%
其中：营业成本	14 339.89	15 885.86	-9.73%
营业税金及附加	210.02	308.63	-31.95%
销售费用	3 069.31	3 748.55	-18.12%
管理费用	3 487.44	4 032.92	-13.53%
财务费用	617.45	163.10	278.57%
资产减值损失	439.16	557.15	-21.18%
投资收益	—	-44.97	-100.00%
三、营业利润	45.46	938.73	-95.16%
加：营业外收入	1 292.28	691.98	86.75%
减：营业外支出	142.06	90.18	57.54%
四、利润总额	1 195.68	1 540.54	-22.39%
减：所得税费用	135.64	218.21	-37.84%
五、净利润	1 060.04	1 322.33	-19.84%
归属于母公司所有者的净利润	1 076.10	1 343.43	-19.90%
少数股东损益	-16.07	-21.10	-23.85%
六、每股收益	0.18	0.22	-19.84%

七、思考

回想在朝阳公司任职的三年，苏老师认为自己积极履行了职责。除了参加董事会外，苏老师去公司现场考察，对公司的产品线进行了了解。苏老师还给公司的财务人员授课，培训企业会计制度。苏老师还着手建立了审计部门，进行审计制度的建设，并培训审计人员，推动内部审计工作的开展。苏老师还兴致勃勃地建议董事长推动内部控制的建设，理顺企业方方面面的关系，明确各项工作的要求，减少不必要的作业环节，适度信息化。然而，这些建议三年来都没有实施，甚至连辛辛苦苦培训的审计人员也离开了企业，建立起来的审计部门成了空架子，而那些审计制度也都成了一纸空文……

面对董事会其他成员的挽留，苏老师也很苦恼，这个独立董事是否要继续做下去，如果继续做下去又该如何才能做好呢？

案例使用说明

（一）教学目的与用途

本案例适用于内部控制与审计课程，由于本案例所反映问题的普遍性和代表性，本案例也适用于企业管理的其他课程，可用于 MBA、MPAcc 等学员的教学研讨。

本案例描述了民营企业内部管理的诸多问题，反映了公司的内部人事斗争、决策信息不足、决策程序不合理、合规意识不足等现象，需要学员透过现象发现本质，提出解决问题的方案。

（二）启发思考题

1. 你认为朝阳公司的问题有哪些？
2. 请把朝阳公司的问题进行归类和整理，并按照一定的逻辑框架（如内部控制理论框架）进行描述。
3. 你遇到过朝阳公司类似的情况吗？你认为问题的根源在哪里？
4. 请提出朝阳公司的管理改善方案。
5. 如何看待民营企业的内部控制建设的特点？
6. 如何评价苏老师作为独立董事的履职情况？

京东商城的物流成本管理①

[案例摘要]本案例以大型电商京东商城为背景，描写了京东商城在面临业务量快速增长，订单配送需求不断增加的情况下，学习研究世界成功零售企业物流管理经验，通过与第三方物流公司合作、投入大量资金于自身物流体系建设，逐步形成自身高效高质的物流配送服务体系，为公司供应链管理和成本管理奠定了坚实的基础。一方面可以启发人们对于企业成本管理的思考，分析如何建立有效的成本管理体系、降低成本；另一方面可以从供应链或者流程再造的角度来分析企业的核心竞争力。

“11·11”来临，各大电商纷纷摩拳擦掌、推陈出新，准备在商品销售上进行一场残酷的厮杀。客户购物狂欢后，物流公司纷纷进入了急速派送的节奏，激增的大量订单，有限的派送人手，使得网购的物流速度和服务质量再一次被人们诟病。而此时，京东商城自有的配送体系却依然保持着高效高质，默默地强化人们对于他的好感。

一、背景

京东商城由L总于1998年6月18日在中关村创立，代理销售光磁产品并在两年时间内初具规模，而后由于刻录机毛利润的下滑，京东商城将目光转向IT产品，开始了从代理商向零售商的转变。

L总的生意做得风生水起，京东商城的零售连锁店数量不断增加。然而，始料未及的是2003年非典打破了公司的经营计划，非典期间恐慌情绪弥漫，人们不敢上街购物，零售业务大受影响，库存严重积压；为了快速

① 本案例由中央财经大学会计学院的余应敏老师、研究生陈崇有、黄东芳、王丹丹、王宁撰写，本案例只供课堂讨论之用，并无意暗示或说明某种管理行为是否有效。由于企业保密的要求，在本案例中对有关名称、数据等作了必要的掩饰性处理。

消化库存，减少损失，京东商城不得不向互联网寻求帮助，将线下业务搬到了线上，试图通过新的销售渠道拓展销量，并最终成功度过了困难期。

然而这非常时期的非常之举却给京东商城带来了意想不到的商机，公司的线上生意越做越好，订单越来越多，增速甚至超过了实体连锁店，L总此时作了一个大胆而又冒险的决定，放弃连锁门店，主攻线上销售。

2005~2007年，京东商城的规模迅速扩张，但公司长期坚持的低价策略使公司遭遇资金困难，生死边缘时刻，京东商城在风投支持下度过危机，销售额也由2006年的0.8亿元上升至2007年的3.6亿元。而后，京东商城不断提升自身物流服务质量及用户体验满意度，提供移动POS上门刷卡服务、推出“211限时达”极速配送、作出“售后100分”服务承诺、上线包裹跟踪GIS系统，上线IOS、Android客户端，启用移动互联网战略。

2008年，京东商城在3C产品和家电的基础上，拓展日用百货领域，向多元化网上商城转变。与此同时，L总通过研究学习世界一流零售商的成功经验，发现物流领域的投资能为零售业务的发展奠定坚实的基础，公司结合自身情况也开始投入巨资强化自身的物流体系。2009年，京东商城再次将70%的B轮融资款项投入物流行业，开始建设大型物流仓储基地和二级配送点，配备运输车。

2009年，京东商城取得了国家商务部发放的“家电下乡”零售商牌照，并将北京总部搬迁至江苏宿迁。2010年3月，京东商城西南分公司在成都成立，同时收购了韩国的千寻网，形成了以华北、华东、华南、西南四大物流中心为基础、覆盖全国的销售网络。2014年和2015年，先后与腾讯、韩国乐天购物网站签署战略合作协议，共同发展，实现共赢。

2014年5月，京东商城在美国纳斯达克证券交易所正式挂牌上市，是中国第一个成功赴美上市的大型综合型电商平台。迄今为止，京东商城已经成为中国最大的自营式电商企业，根据第三方市场研究公司艾瑞咨询的数据，2015年第一季度，京东商城在中国自营式B2C电商市场的占有率为56.3%。

二、京东商城发展的瓶颈

起初，京东商城的物流一直外包给第三方物流公司，京东商城70%以上的投诉都来自物流配送，随着订单量的增加，关于物流方面的投诉也越来越多。而且遇到节假日，公司的日订单量会超额增加，第三方物流已经无力保证正常的配送。

L总一直想建立自己的物流团队，但是当时主流观点认为做物流是很低端的事情，而且自建物流配送队伍将面临着一次性的巨额投入，因此公司内部也有很多反对的声音。

但L总算了一笔账，2 000单是京东商城在一个城市是否需要自建物流的平衡点，如果没有达到该订单数，自建物流运输成本就远远高于第三方公司；若超过5 000单，自建物流的成本能够比外包低20%。比如在北京，当时京东商城每单的物流成本只略高于5元，而外包至少8元。

此外，另一个重要的原因是京东商城物流的发展特点和其自身的成长也有很大关系。在电商中，京东商城的竞争对手占据着全面领先的地位，这会让京东商城在品牌知名度、信息技术、人才优势等方面没有太多的竞争机会。京东商城的战略就是剑走偏锋，全力发展物流服务，把物流服务作到极致，以此来作为它的核心竞争点。所以京东商城需要规划物流规模，并逐渐分配公司资源强化自己在电商平台经营中的短板。

商品从电商送到客户手中这一链条主要包括以下几个环节：采购环节—库存环节—销售环节—配送环节—支付环节—反馈环节。京东商城在其发展的过程中作出的重要改变是自建物流体系。

从2007年8月开始，京东商城开始在北京、上海、广州三地建立自己的配送队伍，其余地方仍然继续采用第三方快递。随后，在2009年，京东商城陆续在天津、苏州、杭州、南京、深圳等23座重点城市建立了配送站，覆盖了全国200座城市，由自建快递公司提供物流配送、货到付款、POS机刷卡、上门取换件业务等服务。同年3月，京东商城投入2 000万元成立了上海圆迈速递公司。该公司主要承接华东地区的业务，因此在不借助三通一达的情况下，京东商城大大提升了其在华东地区乃至全国的配送效率和服务质量。

但是，京东商城并不满足于此，2010年其在北京等城市率先推出“211限时送达”配送服务，2013年“211限时达”已覆盖全国40座城市；随后，京东商城又推出“全国上门取件”、“先行赔付”、“7×24小时客户服务电话”等专业服务；同时京东商城开放平台也开始上线，并进行了大规模投资仓储物流建设。

京东商城在2010年下半年陆续在北京、上海、成都三个城市兴建单体面积超过10万平方米的超大型物流中心，加上广州原有的物流中心，其在全国拥有4个一级库房。同时，京东商城将在全国范围内建立15~20个二级库房，实现每隔600公里都将有一座仓储中心或库房的目标，同时城市配送站也将增加至50个城市以上，以期实现对所有全国发达、重要城市的覆盖。2011年，京东商城在其主要客户相对集中的城市开工建设7个一级物流中心和25个二级物流中心。

2014年，京东商城已经在北京、上海、广州、成都、武汉、沈阳、西安7个城市建成了大型的物流中心，在西安、杭州等城市设立了二级库房，在上海建设了“亚洲一号”现代化仓库设施，形成覆盖全国超过1 800多个区县的自有送货体系，建成了中国电商自建物流最大的一张网，可以向全国各地提供物流服务。截至2014年9月，京东商城配送站数量达2 045个，自提点及自提柜数量达到1 045个，仓库数量达118座，仓库面积达到230万平方米，拥有近5万名配送员，配送系统已优化至第三代，同时签约便利店、超市布局O2O。

京东商城在改变物流模式的同时也大量升级物流设备，提高物流配送效率。比如为仓储配置RF条码扫描器，为快递员配置移动POS机，并增加GPS功能。在系统自动接受完成支付信息的同时可以利用GPS了解快递员的配送情况。另外，京东商城首批投入干线运营的车辆达300余辆，成为电商行业中首家采用“高铁电商专列”的企业，组合形成快递铁路骨干运输网络，实现物流干线提速。

三、公司的物流建设

目前，京东商城采取自建物流体系服务，逐渐从完全外包物流转化到自营物流，物流系统开发、仓储、配送等电子商务的环节都慢慢地从外包转为自营。此外，京东商城已在北京、上海、广州、成都、武汉建立物流中心，各地物流中心均采用租用库房的方式建立。出于成本的考虑，京东商城的物流队伍只做“最后一公里”的配送，城市之间的物流还是交给第三方物流公司。

同时，京东商城加大对大数据及云计算等现金信息技术的投入，利益数据分析、数据挖掘、平台开放等手段，根据电商点击率来判断分析客户的潜在消费需求，预计未来数天每个产品在各地的销量。在京东商城的仓库中，按照销量分区摆放商品，最畅销的商品往往放置在通道的附近。此外，商品按与捡货人拣货汇总单的顺序依次拣货。拣货员将拣出的商品放在推车上以后，分拣人员按订单分拣，之后完成校验、开票、包装等一系列后续工作。目前，公司的平均库存周转天数仅为15~18天。但是，在公司的仓库中，待处理的售后退换的库存很多，2013年待处理的存货大约占整个公司仓储的30%。

由此，京东商城形成的物流模式主要有两种："自建物流体系"与"自建体系+第三方物流"相结合。在北京、上海、广州之外的其他城市，京东商城和当地的快递公司合作，完成产品的配送。而在配送大件商品时，京东商城选择与厂商合作。因为厂商在各个城市均建有自己的售后服务网点，并且有自己的物流配送合作伙伴。比如海尔在太原就有自己的仓库和合作的物流公司。京东商城与海尔合作，不仅能利用海尔在当地的知名度扩大宣传，也较好地解决了资金流和信息流的问题。其主要的第三方物流公司有宅急送、中国邮政等。

此外，京东商城还设置自提点，该模式主要针对上班族在工作时间不方便接收快递以及保安或门卫代收快递无法验货的问题。同时，京东商城采用逆向物流，与快递公司合作，对顾客所需要退换的商品提供免费上门取件的服务。

目前京东商城在全国的省会城市和一些较发达的地市级城市都设有城市配送站点和自提点，物流布局如图1所示。

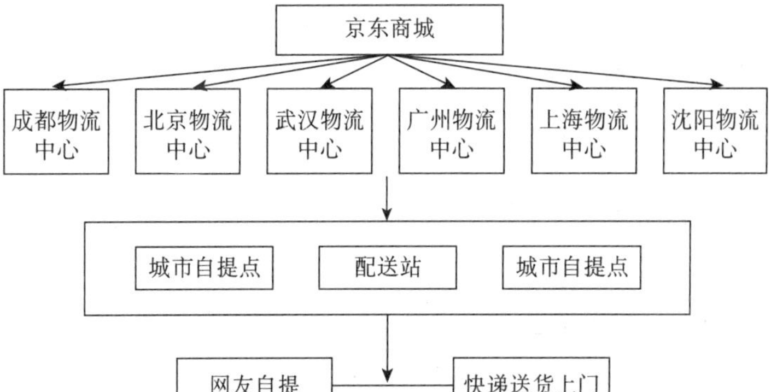

图1　京东商城物流布局图

虽然京东商城自建物流与第三方物流合作的物流模式取得了一定的成果，但是由于国内物流环境的不理想，物流公司层次不一，良莠不齐，第三方公司仓储空间和订单处理能力有限，京东商城对第三方物流公司的服务质量难以控制，在与第三方物流公司合作的问题上，面临很大的挑战。

四、京东商城目标的实现

京东商城借助供应链效率和成本控制两条曲线，以强大的信息系统消化每天发生的巨量订单；在线销售的产品品类超过 3 万种，产品价格比线下零售店便宜 10% ~20%；库存周转率为 12 天，与供货商现货现结。国美、苏宁的库存周转率为 47 ~60 天，账期为 112 天；费用率比国美、苏宁低 7%，毛利率维持在 5% 左右，向产业链上的供货商、终端客户提供更多价值。根据第三方市场研究公司艾瑞咨询的数据，京东商城是中国最大的自营式电商企业，2014 年其在中国自营式电商市场的占有率为 49%。京东商城 2011 ~2014 年基本利润情况如表 1 所示。

表 1　京东商城 2011 ~2014 年各年利润表摘要　　单位：元

利润表	2011 年	2012 年	2013 年	2014 年
营业总收入	21 128 959	41 380 521	69 339 812	115 000 000
毛利润	1 152 431	3 482 134	6 844 274	13 370 874
营业利润	-1 404 043	-1 951 098	-578 827	-5 802 437
税前利润	-1 283 745	-1 723 346	-49 939	-4 977 034
净利润	-2 944 364	-3 316 927	-2 485 265	-13 000 000
母公司净利润	-2 944 364	-3 316 927	-2 485 265	-13 000 000
基本每股收益	-2.23	-2.18	-1.47	-5.35

案例使用说明

（一）教学目的和用途

1. 本案例主要适用于成本管理、运营管理与公司战略与风险管理等课程。

2. 本案例是一篇描述京东商城成本管理和供应链管理的教学案例，其教学目的在于使学生对企业成本控制和供应链及流程管理等运营管理问题具有感性的认识及深入的思考，从企业运营和战略的角度分析问题，评价企业的管理决策是否有效，引导学生思考企业对于成本管理还有哪些可以借鉴和运用的方法和经验。

（二）启发思考题

1. 你如何看待京东商城自身的仓储和物流体系建设？

2. 分析一下京东商城采用了哪些成本战略？并说明其优缺点及其对京东商城发展的影响。

3. 如果你是京东商城的CEO，在遇到公司的发展瓶颈时，你会怎么做？

4. 你认为成本管理和供应链管理对于企业来说重要吗？

5. 还有那些比较好的成本管理方法？

面对医疗改革，开滦总医院如何应对①

[案例摘要] 开滦总医院始建于1892年，是中国最早建立的十所医院之一，凭借自身的实力，首批跨入全国“三级甲等医院”行列，是一所为社会公众利益服务的公立医院。2015年，是经济形势十分严峻的一年，面临着时代变革带来的压力，医院管理者希望有效地管理好医院，创建良好的医院文化，建立和谐的医患关系，树立良好的医院形象，使医院踏上可持续发展的快车道。但愿望与现实之间总是横亘着一些问题，不解决这些问题，愿望永远无法变为现实。

2015年2月5日，刚刚立春，然而北方的春天似乎并未这么快就降临，乍暖还寒，忽冷忽热，长城内外的北国依然春寒料峭。办公室里，一位中年男子掐掉了手中的烟，叹了口气，他的心情也如这天气一样并不温暖。

这位中年男子就是开滦总医院的高院长，他有着主任医师、教授、硕士研究生导师、河北省科技成果评审专家等多个头衔，自担任开滦总医院院长以来，为推动医院的发展付出了不少的辛劳与汗水。眼看着就要过年了，本应该高高兴兴迎接新年的到来，但是想想年后的事情，不禁让他愁眉不展。

1月31日，开滦总医院召开了年度大会。会上，李副院长作了2015年行政工作报告。2015年，由于受宏观经济影响，集团公司面临的经济形势依然严峻，由此集团公司对开滦总医院的补贴减少近4 000万元；投入政策会进一步收紧，完成扭亏增盈工作任务、加快医院发展压力增大。另

① 本案例由中央财经大学商学院王瑞华老师、MBA研究生杜林越、商学院王俊杰老师撰写。本案例只供课堂讨论之用，并无意暗示或说明某种管理行为是否有效。由于企业保密的要求，在本案例中对有关名称、数据等作了必要的掩饰性处理。

外，医改也将给医疗经营工作带来冲击和影响。如果实施医改，取消药品加成，总医院系统按年收入8.3亿计算，基层医院药品比基本在50%以上，共有4亿元的药品收入，药品有15%的利润，将损失6 000多万元的利润。尽管挂号费、诊疗费、操作费、医生手术费等将上调，但是调整后这些项目增加的利润很难弥补取消药品加成损失的利润，这将给经营工作带来很大压力。实施医改损失的利润，再加上集团公司减少的补贴，那会有将近一个亿的利润压力，它给医疗经营工作带来的严峻性，是2015年经营的一大难题。准备年初从银行贷款1 000万元用于修建一栋小型的高级康复疗养中心的计划不知是否要搁浅。

一、医院背景

（一）悠久的历史

开滦总医院，始建于1892年，是我国最早建立的十所医院之一，是中国医院的摇篮，唐山现代医疗史的开端。20世纪40年代，曾以“京东小协和”而医冠中西，举世闻名。

（二）专业的医疗队伍

截至2014年12月，开滦总医院有主任医师、副主任医师279人，具有硕士、博士学历的118人，主治医师499人。拥有医学专科40余个，专科门诊50多个，日门诊量近千人，年完成各类大中型手术5 000余台。河北省中西医结合肝胆病研究所、国家安全生产救治中心河北分中心均设在该院。近年来，神经外科是河北省最先实现专科独立化的临床专业科室；神经内科最先在河北省开展了急性脑梗塞的动脉介入和静脉溶栓治疗；心血管内科最先在唐山市开展了心脏起搏器植入术；肝胆科室最先在唐山市独立开展了腹腔镜胆囊切除术。

（三）先进的医疗设备

开滦总医院在河北省首家引进了国际上最先进的双梯度1.5T磁共振、美国GE公司生产的64排CT机、ECT、数字平板血管造影系统、数字胃肠台、彩色多普勒、国际最先进的大型医用直线加速器等大型设备420多台。

二、行业现状

（一）整体概况

1997年1月，中共中央、国务院发布了《关于卫生改革与发展的决定》；2009年3月，中共中央、国务院根据《关于深化医药卫生体制改革的意见》，发布了《医药卫生体制改革近期重点实施方案》，提出2009～2011年重点抓好五项改革：一是加快推进基本医疗保障制度建设，二是初步建立国家基本药物制度，三是健全基层医疗卫生服务体系，四是促进基本公共卫生服务逐步均等化，五是推进公立医院改革试点。

改革以来，取得了很大成效，既有具体成果，又有观念突破。但是随着社会的发展和改革的逐步深入，就城镇医疗机构来讲其体制性、机制性的深层次矛盾更加凸显出来。这些矛盾主要体现在五个方面：一是公立医院的公益性和必须依靠自身发展的矛盾；二是医院员工和患者利益的矛盾；三是医院的药品销售与药品生产厂家的矛盾；四是公立医院与非公立医院之间的矛盾；五是在市场经济条件下，公立医院资源配置的矛盾。就医院的性质而言，其行为目标不是盈利的最大化，而是社会效益的最大化，但是政府对公立医院的财政支出逐渐减少，医院不可能再停留在过去的经营水平上，必须依靠自身的努力谋求发展。因为医院的软件和硬件建设都得靠经济基础支撑，这些费用的来源主要靠自我创收。尤其是在现有的医疗市场背景下，竞争日益激烈，从而使不少医院在投入上捉襟见肘，出现片面追求经济效益而忽视社会效益的倾向，最终导致置群众利益于不顾，导致医院与患者矛盾的局面。

（二）经典个例

江苏无锡市第一人民医院，是无锡市内规模最大的公立医院之一，前几年负债1亿元。通过科学管理、结构调整、资源优化等，增强经营管理模式，强化“经营”理念，在不到三年的时间内，经济效益明显提高，医院资产成倍增长。

浙江金华市广福医院，虽然是一所民营医院，但他们在经营模式上有了全新的思路。在创收的同时严格节支，严格把控采购关，精简行政人员，在经营管理上采取适度的负债经营，“借鸡下蛋”，以瞄准更大的医疗市场。

（三）当地情况

唐山市共有十家三级甲等医院，开滦总医院的综合实力虽然较强，但与很多专科医院和兄弟医院比较仍有一定差距。除了争夺患者带来的压力，一些大医院之间会凭借优厚的待遇挖走技术骨干，形成人才资源争夺的压力。

三、目前的措施

医院企业化管理的实施方案：

设计上，以病人为中心，市场为导向，从成本核算入手，实现改革和经济管理同步。

步骤上，转变观念，过渡管理模式，落实科主任经济目标责任制。

措施上，目标管理，过程控制。

国际上有实力的医院的成功经营典范表明，医院经营管理走企业道路，利用企业化管理的理论和思路对医院经营管理和成本核算实施宏观的管理和指导，逐步壮大医院规模和经济实力，是适应医疗改革和发展要求的一种战略性选择。高院长也深刻意识到了这一点，并把这种理念贯彻了下去。

（一）加强财务管理

财务管理工作是企业内部管理的重要内容，在市场化运营过程中，受到了越来越多医院的重视。科学的财务管理工作，对于加强医院的市场风险规避能力具有重要的意义。开滦总医院财务科王科长曾对医院的财务管理问题进行了总结：

1. 医院财务预算问题

受计划经济和国有企业财务管理方式的影响，医院片面重视对于资金应用的管理，轻视了财务预算的管理工作，导致医院在财务预算方面出现很多问题。主要表现为预算目标编制不够明确，财务人员没有严格地按照本单位的实际情况和发展规划进行科学的预算编制，没有对财务支出进行充分地论证和审核。为此，开滦总医院已成立专门的考核小组，对医院的各项财务收支进行检查监督，确认各项收支进度是否符合医院的计划，各项收支费用是否符合医院预算管理的规范程序，是否严格遵守医院的财务制度和纪律，并及时地将检查结果向医院领导进行汇报，提出他们需要解决的问题，并对预算执行过程中出现的新问题进行实时的监控，及时查出原因，提出改进方案，确保医院预算管理的合理执行，促进医院经营目标的顺利完成。

2. 医院成本核算问题

医院的财务核算主要是针对医疗设备以及基础建设等方面进行成本核算。曾经由于财务预算的不合理使医院缺乏合理的成本规划，致使医院将过多的资金用于基础建设以及扩大医院规模方面，从而使医疗设备方面资金短缺，出现医院医疗设备更新不及时，医疗技术提高慢，医疗研究进度慢的情况。由于财务部门涉及的工作比较多，为了让工作合理有序的进行，需要医院其他部门的积极配合，让每个员工都能积极地参与进来。如今，财务科已对成本核算的方法提出了新的要求，要根据成本核算的对象合理地进行分类，建立清晰的会计成本报表，将医院所有的医疗费用都纳入到成本核算的范围中去，准确地计算并分配到医院各个部门的成本费用中，进而建立健全的成本控制体系。并且结合各医院及总医院各科室实际，下达药品收入比例指标，强化对贵重药品、抗菌素、辅助用药的考核，有效地控制了药品收入比例。注重强化成本管理，严格控制办公费、总务费、招待费等成本支出，

3. 财务人员素质问题

新形势下，不能只是关注高素质治疗人员和先进设备的引进，而忽视了专业财务人员的吸收和培养。在医院看病高峰期时，财务部门的工作量会很大，如果财务人员的专业能力不是很强，就无法完成工作。针对这一情况，王科长对自己的下属也提出了更高的要求。

（二）充分发挥内部审计职能

要保障医院财务信息的可靠，使医院更加稳定地运行并创造社会效益，那么就必须充分发挥医院内部的审计职能。医院日常运行在许多方面都要依靠财务信息的支撑，包括门诊、住院、后勤采购、设备使用、各项检查等等，可以说，医院财务管理事务十分繁复，财务会计工作压力较大，审计工作难度较大。对此，应将内部审计按照医院的科室组织进行划分，做好各个环节的审计工作。

1. 对待门诊收费的审计

门诊收费十分繁杂，每笔金额不等，数量较大，但是却又是医院财务控制最基本的部分。因此，审计工作必须加强对各种票据、单据的核查，对于预收款、补款、退款等各项结算单据要与病患信息完整地衔接起来，作到查有实据。

2. 对后勤采购费用的审计

后勤采购包括医疗设备采购、办公设备采购和药品采购等几大方面，其中，药品采购是最重要的部分。对后勤采购费用的审计要对药库、不同门诊的药房以及下属药房等会计报表进行严格、细致地核对，对入库药品的账目进行分类核查，并且按期盘点库存数额。

3. 对基础建设的审核

医院根据地区病患数量以及经济实力适度地扩大医院建设规模，或者对医院部分建筑进行改建、修复等，这就涉及大笔的资金拨款。对于医院基础建设资金的审核，要严格核查基础建设账户的明细账目以及各二级账目、分账目等，对每一笔工程建设拨款以及资金筹集进行逐笔检查，并记录在案，以供核查。

四、如何决策

高院长决定召集院领导班子开个会，讨论下一步具体的经营规划以及是否还要执行修建康复疗养中心的计划。下午两点，各位领导准时来到会议室。

高院长开门见山：“我们今年面临着很大的经营压力，咱们修建康复疗养中心的计划还要不要执行，你们有什么意见?”

“我觉得这个计划需要叫停。”分管财务工作的刘副院长说道：“按照康复疗养中心的策划书，以目前银行贷款利率5.9%不变，每年该中心预计获得150万元的利润，从财务管理的角度，相对于投资额，这个中心的盈利能力偏弱，公益性也不像策划书中描绘的那样强。”

“我同意刘院长的说法，这两年支撑着唐山经济的煤炭钢铁行业不景气，唐钢等很多单位都开始每月给部分员工发放80%的工资，而在这个疗养中心入住的患者需要缴纳相对昂贵的食宿费，能真正承担得起康复疗养服务的患者并不多。”崔副院长也发表了自己的意见。

“但是我们今年面临的利润压力是空前的，如果仅像之前开源节流、降低成本所能达到的效果是有限的，这100万元的年利润并不是个确定值，如果我们这个疗养中心建立起来，将是唐山地区第一家专业化提供康复疗养的基地，这是我们强化市场开发，扩大市场占有率的一个重要途径，不过这也确实存在一定的风险。”院领导各抒己见，讨论得十分热烈。

“咱们今年经营的大方向应该是求稳，稳中谋发展。修建康复疗养中心，无疑会增加我们今年的运营压力，而且这个中心的回报价值也还有待商榷。面对着今年的经济形势，得制定出一个有效的发展战略。”高院长总结道。

“我觉得咱们今年经营的重点应是提高经济运行质量，立足于实施医改政策，药品实行零差率销售的实际，抓好收入结构调整，降低药品收入比例。加强对药品总量同比增加的科室、药比增长的科室和辅助用药多的科室的管理，切实把药比控制住，努力把医改取消药品加成带来的影响降到最低。”刘副院长娓娓道来。

“拓宽市场空间也是咱们的一项重要任务，可以以拓宽社区和农村医疗市场为重点，采取多种形式加强与各县区卫生局、乡镇卫生院和乡医的联系，形成市场开发网络。定期组织下乡义诊，提高市场宣传效率，以低投入获取高回报，不断扩大服务范围。”

“对于崔院长说的拓宽市场空间，我来补充一下。咱们医院先后与唐山三友矿山有限公司等十余家国有、民营企业建立了医疗合作关系，成为首钢矿山职工医保定点医院、唐山铁路职工医保定点医院，今年还应继续推进与国丰钢铁厂的医疗合作，扩大我院的市场占有率。”

“我觉得有效控制成本也是非常重要的。应该把耗材管理作为成本管控的重要任务，抓好低值易耗品、替代产品等医用耗材管理，减少一次性耗材使用，减少低值易耗品的数量。还应继续加强总务用品、办公用品、日常水电费用等可控成本管理，有效控制支出。另外，全面加强医院亏损科室管理，对完不成任务的医院、科室，长期亏损的科室进行调研分析，创新和借鉴先进的管理模式，实现全面减亏、扭亏。”

一眨眼，两个小时过去了，会议进入了尾声，对于2015年的经营发展战略，高院长心里已有了答案。

案例使用说明

（一）教学目的与用途

1. 本案例主要适用于管理学、财务管理和企业战略管理等课程。

2. 本案例是一篇描述开滦总医院战略管理问题的教学案例，其教学目的在于使学生对企业在财务、人力、开拓市场等方面的管理问题具有感性的认识及深入的思考，在出现问题的时候能够应对，并提出解决方案。

（二）启发思考题

1. 你如何看待医疗改革取消药品加成对医院的影响？
2. 你对修建康复疗养中心有何看法？
3. 分析开滦总医院实施企业化管理模式措施的优点与不足。
4. 如果你是高院长，面临以上局面你将如何决策？

华锐风电内部控制连续被否与前期会计差错更正①

[**案例摘要**] 2013~2014年，华锐风电被不同会计师事务所连续出具否定意见的内部控制审计报告，内部控制被否的具体原因不同；2011~2015年华锐风电数次发布前期会计差错更正公告。所以，本案例在素材选择、题目设计上都侧重于引导学员进一步关注上市公司内部控制被否与前期会计差错更正的关系及其背后的原因和经济含量。

华锐风电于2011年上市当年，净利润即下降50%，2012年则巨亏5.83亿元，股价也从发行价90元一路下滑到2014年12月31日的3.10元，且期间两次被中国证监会立案调查，数次发布前期会计差错更正，数次被监管者处罚，2013~2014年连续两年被不同的审计师出具了否定意见的内部控制审计报告。原因是什么？说明了什么？值得深思。

一、背景简介

（一）上市公司内部控制被否的情况

2011~2014年度，上市公司内部控制审计报告的披露比例每年都在稳步提升，平均增幅为24.76%。从内部控制审计非标意见的披露情况来看，上市公司内部控制被出具否定意见的户数分别为1家、3家、9家和20家（详见表1），连续2年内部控制被否的有5家，第一次接受内部控制审计就被否的有14家。

① 本案例由中央财经大学会计学院的李晓慧老师撰写。本案例只供课堂讨论之用，并无意暗示或说明某种管理行为是否有效。由于本案例采用的是中国证监会、上市公司官网上公开披露的信息，没有对有关名称、数据等作处理。

表1　2012～1014年内部控制存在重大缺陷的上市公司审计情况统计

序号	上市公司	内控审计意见类型与审计师			
		2014年（20家）	2013年（9家）	2012年（3家）	2011年（1家）
1	泰达股份（000652）	否定意见（普华永道中天）	否定意见（中审华寅）	标准无保留意见（华寅五洲）	—
2	华锐风电（6001558）	否定意见（中汇）	否定意见（瑞华）	—	—
3	大有能源（600403）	否定意见（中勤万信）	否定意见（中勤万信）	标准无保留意见（中勤万信）	—
4	天津磁卡（600800）	标准无保留意见（瑞华）	否定意见（中审华寅五洲）	否定意见（华寅五洲）	—
5	北大荒（600598）	标准无保留意见（瑞华）	否定意见（瑞华）	否定意见（中瑞岳华）	—
6	风神股份（600469）	标准无保留意见（立信）	否定意见（立信）	标准无保留意见（大信）	标准无保留意见（中审亚太）
7	五洲交通（600368）	标准无保留意见（瑞华）	否定意见（瑞华）	标准无保留意见（国富浩华）	—
8	西部矿业（601168）	标准无保留意见（安永华明）	否定意见（安永华明）	标准无保留意见（安永华明）	—
9	上海家化（600315）	标准无保留意见（普华永道）	否定意见（普华永道）	—	—
10	贵糖股份（000833）	标准无保留意见（中审亚太）	标准无保留意见（中审亚太）	否定意见（致同）	—
11	水井坊（600779）	否定意见（毕马威华振）	标准无保留意见（信永中和）	—	—
12	昆明机床（600806）	否定意见（毕马威华振）	标准无保留意见（毕马威华振）	—	—
13	*ST博元（600656）	否定意见（大华）	—	—	—
14	烯碳新材（000511）	否定意见（大信）	—	—	—

续表

序号	上市公司	内控审计意见类型与审计师			
		2014 年（20 家）	2013 年（9 家）	2012 年（3 家）	2011 年（1 家）
15	柳化股份（600423）	否定意见（大信）	标准无保留意见（大信）	—	—
16	安泰集团（600408）	否定意见（立信）	—	—	—
17	航天通信（600677）	否定意见（立信）	—	—	—
18	*ST 新都（000033）	否定意见（立信）	—	—	—
19	*ST 国创（600145）	否定意见（立信）	标准无保留意见（天职）	标准无保留意见（天职）	—
20	皖江物流（600575）	否定意见（天健）	标准无保留意见（华普天健）	标准无保留意见（华普天健）	—
21	ST 生化（000403）	否定意见（致同）	—	—	—
22	柳钢股份（601003）	否定意见（中审华寅五洲）	标准无保留意见（致同）	标准无保留意见（致同）	标准无保留意见（上海东华）
23	天目药业（600671）	否定意见（中审华寅五洲）	—	—	—
24	多伦股份（600696）	否定意见（中喜）	—	—	—
25	山水文化（600234）	否定意见（中喜）	—	—	—
26	上海新梅（600732）	否定意见（众华）	—	—	—
27	荣丰控股（000668）	否定意见（众环海华）	—	—	—
28	新华制药（000756）	标准无保留意见（信永中和）	标准无保留意见（信永中和）	标准无保留意见（信永中和）	否定意见（信永中和）

（二）上市公司财务报表重述

我国于1999年1月1日实施、2001年修订的企业会计准则，首次提出了“会计差错”的概念，但当时的企业会计准则只要求上市公司把对会计差错的更正信息在报表附注中进行披露，对会计差错信息披露不够突出的缺陷，给盈余管理带来了较大的空间。2003年12月1日证监会发布了《公开发行证券的公司信息披露编报规则第19号——财务信息的更正及相关披露》，要求上市公司以重大事项临时公告的方式及时对财务信息进行重述并披露，继而出现了人们常说的对财务报告进行补充、更正、补充及更正等形式的“补丁”公告，首次明确了对重大差错信息更正及披露制度。《企业会计准则第28号——会计政策、会计估计变更和差错更正》中，以“追溯重述法”取代了长期实行的“追溯调整法”，即要求重新编报以前年度的财务报表，并将修正后的报表和原报表一并列于官方信息披露平台，以便比较及避免信息误判。

十年来，我国证券市场上发生前期会计差错更正的A股上市公司的绝对数量不断攀升，相对数量也一直处于年平均14%左右的比例。也就是说，每7家上市公司中就有1家发生前期会计差错更正的行为。数据显示，我国前期会计差错更正内容主要集中在关联方交易披露、非经常性损益、股东情况说明、重大对外担保、会计方法会计数据调整、投资参股情况、笔误、募集配股资金使用、现金流量表结果调整、子公司情况、净利润/非经常性损益调整后的净利润、债务重组、审计报告等13项内容。

二、案例概况

（一）华锐风电及其审计师简介

1. 华锐风电

华锐风电科技（集团）股份有限公司（简称华锐风电，股票代码：6001558），前身系华锐风电科技有限公司（以下简称华锐有限），2011年1月13日在上交所上市。华锐风电上市时提供的招股书显示，2008～2010年，华锐风电净利润同比分别增长396.93%、200.16%、50.87%。较高的增长率，使得华锐风电上市时受到了众多机构的追捧，发行价达到每股90元，创沪市纪录。华锐风电所属行业为电机制造业，经营范围为生产风力发电设备；一般经营项目包括：开发、设计、销售风力发电设备；货物进出口、技术进出口、代理进出口；信息咨询。主要产品为风力发电机组。

2. 中汇会计师事务所

1992 年，中汇会计师事务所成立，经过近 20 年的探索和积累，成为具有财政部、证监会批准的从事证券、期货相关业务许可证资格，以及具有国家税务总局批准的从事税务鉴证、税务服务资格的大型综合性专业服务机构，由中汇会计师事务所有限公司、中汇税务师事务所有限公司、中汇工程咨询有限公司、中汇管理咨询有限公司等组成。中汇为国内外各行业客户提供资本市场财务鉴证、审计、税务、评估、工程咨询、内部控制与风险咨询、IT 审计与 IT 咨询、人力资源咨询、会计服务、专业培训、国际业务等全方面的专业服务。2011 ~2014 年全国百强排名中分别位列 15 位、14 位、14 位、14 位。

3. 瑞华会计师事务所

瑞华会计师事务所（特殊普通合伙）是由原中瑞岳华和原国富浩华在平等协商基础上于 2013 年 4 月联合成立的，是我国第一批被授予 A + H 股企业审计资格、第一批完成特殊普通合伙转制的专业服务机构，系美国 PCAOB 登记机构，业务涉及股票发行与上市、公司改制、企业重组、资本运作、财务咨询、管理咨询、税务咨询等领域。2011 ~2014 年全国百强排名中分别位列 6 位、6 位、3 位、4 位。

4. 利安达会计师事务所

1993 年，利安达会计师事务所成立，经历了 1999 年与外经贸部的脱钩改制和 2013 年向特殊普通合伙转制的重大发展转折。自 2009 年开始发起设立了国内首家具有中国本土品牌特色的国际会计机构——利安达国际。利安达国际于 2011 ~2013 年已连续 3 年在国际会计公司的排名中名列全球第 20 位，并在香港、日本、澳大利亚、俄罗斯、毛里求斯、塞浦路斯等国家或地区拥有了 15 家海外成员机构。2011 ~2014 年全国百强排名中分别位列 15 位、19 位、20 位、22 位。

（二）连续两年否定意见的审计报告

利安达会计师事务所担任华锐风电 IPO 审计机构，并在 2011 ~2012 年为华锐风电出具了标准无保留意见的审计报告，2013 年华锐风电的审计机构更换为瑞华会计师事务所，2014 年华锐风电的审计机构更换为中汇会计师事务所。2013 年起华锐风电聘请审计师审计内部控制，2013 ~ 2014 连续两年被不同的会计师事务所出具了否定意见的内部控制报告，其对比情况如表 2 所示。

表 2　　2013 ~ 2014 年华锐风电接受审计情况

项目	2014 年	2013 年
审计师	中汇会计师事务所	瑞华会计师事务所
年报审计意见类型	带强调事项段无保留意见	保留意见
内部控制审计意见类型	否定意见	否定意见
重大缺陷	*ST 锐电未对部分实物资产的出、入库实施有效控制，致使部分实物资产的出、入库信息与财务账簿记录不同步	华锐风电未对存货等实物资产实施有效控制，造成存货等实物资产与账面记录存在重大不一致

（三）华锐风电连续的会计差错更正

1. 2014 年年报更正前期会计差错的情况

2015 年 7 月 11 日，华锐风电对外公开发布关于前期会计差错更正的补充说明称，根据中国证券监督管理委员会北京监管局的监管要求，现对 2014 年年报中确认的重要前期差错的具体内容、原因、影响以及董事会拟采取的相关措施进行详细说明，并予以披露。华锐风电在 2015 年 4 月 28 日已对外披露了《关于前期会计差错更正的公告》（公告编号：临 2015 - 041），对更正原因及金额进行了说明；同时中汇会计师事务所出具了《关于华锐风电科技（集团）股份有限公司 2014 年度会计政策变更、重要前期差错更正的专项说明》（中汇会专［2015］1490 号）。在 2014 年度报表中需要更正的前期会计差错事项有：

（1）公司部分应收账款坏账准备计提不足，导致 2013 年末的应收账款和 2013 年度的资产减值损失存在差错，具体调整情况如表 3 所示。

表 3 单位：元

项　目	2012 年	2013 年
应收账款坏账准备	86 489 972.11	153 165 461.87
资产减值损失	86 489 972.11	66 675 489.76

（2）公司部分定期存单、承兑保证金未按照权责发生制计提利息收入，导致 2012 年度、2013 年度的应收利息和财务费用存在差错，具体调整情况如表 4 所示。

表 4 单位：元

项　目	2012 年	2013 年
应收利息	11 866 863.80	28 073 720.89
财务费用	-11 866 863.80	-16 206 857.09

（3）华锐风电公司存货账实不符的会计处理存在错误，导致 2013 年度销售费用、管理费用和营业外支出存在差错，具体调整情况如表 5 所示。

表 5 单位：元

项　目	2013 年
销售费用	-444 973 983.79
管理费用	-299 713 487.30
营业外支出	744 687 471.09

（4）华锐风电公司存货跌价准备计提方法错误，导致 2013 年年末的存货和 2013 年度的资产减值损失存在差错，具体调整情况如表 6 所示。

表 6 单位：元

项　目	2013 年
存　货	79 148 938.62
资产减值损失	-79 148 938.62

（5）华锐风电公司 2013 年年末确认的递延所得税资产的依据不充分，导致 2013 年年末的递延所得税资产和 2013 年度的所得税费用存在差错，

具体调整情况如表 7 所示。

表 7 单位：元

项目	2013 年
递延所得税资产	-336 727 561.93
所得税费用	348 921 504.29
未分配利润	12 193 942.36

（6）华锐风电公司部分应付账款暂估存在错误，导致 2013 年年末预付账款、存货、应付账款存在差错，具体调整情况如表 8 所示。

表 8 单位：元

项目	2013 年
存货	-159 240 949.97
应付账款	-133 797 724.68
预付款项	2 489 757.27
销售费用	22 953 468.02

（7）华锐风电公司部分收入确认日期和风力发电机组吊装报告日期不符，导致 2011 年度、2012 年度、2013 年度的销售收入及成本结转存在差错，具体调整情况如表 9 所示（未列出根据证监会《行政处罚及市场禁入事先告知书》处罚字［2014］48 号已更正的数据）。

表 9 单位：元

项目	2012 年	2013 年
应收账款	79 600 993.53	42 285 527.45
应交增值税	8 302 897.86	
存货	-67 472 686.02	5 924 984.73
其他应付款	7 621 470.78	
预收款项		26 714 875.11
营业收入	71 108 555.67	-55 932 575.83
营业成本	75 029 832.08	-81 065 552.45
外币报表折算差额		283 936.86

上述事项追溯调整，导致 2014 年营业利润减少 21 211 700.20 元。

2. 2012 年年报更正前期会计差错的情况

2013 年 3 月 7 日，华锐风电发布公告，经自查发现，2011 年度财务报表的有关账务处理存在会计差错：根据《企业会计准则》、证监会相关规定，将对 2011 年度财务报表的会计差错予以更正。华锐风电 2011 年营业收入为 1 043 552 万元，会计差错导致的差异为 -92 903 万元，差异比例为 -8.90%；营业成本 2011 年年报为 991 854 万元，会计差错导致的差异为 -66 171 万元，差异比例为 -6.67%；公司 2011 年净利润为 77 572 万元，会计差错导致减少 16 835 万元，差异比例为 -21.70%。

2013 年 3 月 11 日，原董事长韩俊良提交书面辞职书，称因个人原因辞去董事长职务，同时辞去除董事以外兼任的公司及各子公司其他职务。随后，尉文渊出任董事长。5 月 14 日，上任仅两个月的尉文渊“闪电离职”。5 月 30 日，华锐风电发布公告称，2013 年 5 月 29 日收到中国证券监督管理委员会《立案调查通知书》（稽查总队调查通字 131074 号）。因涉嫌违反证券法律法规，中国证监会根据《中华人民共和国证券法》有关规定，决定对华税风电进行立案调查。

对于“有关账务处理存在会计差错”，华锐风电解释为：“根据财务管理制度规定，公司关于收入确认的具体依据为同时满足以下三项条件：公司已与客户签订销售合同；货到现场后双方已签署设备验收手续；完成吊装并取得双方认可。不过，在 2011 年度，华锐风电确认收入的项目中部分项目设备并未到项目现场完成吊装，这导致 2011 年度的销售收入及成本结转存在差错。”但是对这一解释，市场并不认同。

证监会查明，华锐风电为粉饰上市首年（2011 年）的业绩，在时任董事长韩俊良安排下，财务、生产、销售、客服等 4 个部门通过伪造单据等方式提前确认收入，在 2011 年度提前确认风电机组收入 413 台，对 2011 年度财务报告的影响为：虚增营业收入 24.32 亿元、营业成本 20.04 亿元、多预提运费 3 135.07 万元，多计提坏账 1.19 亿元，虚增利润总额 2.78 亿元，占 2011 年利润总额的 37.58%。具体需要调整 2011 年年报的情况如下：

（1）2011 年年报提前确认，2012 年完成吊装华锐风电将实际未吊装完成的项目在 2011 年确认收入的有关情况（实际系在 2012 年完成吊装）：

涉及营业收入 1 507 712 813. 36 元，营业成本 1 351 487 509. 22 元，预提运费 22 438 170. 46 元，计提坏账 66 653 638. 29 元，虚增 2011 年度利润总额 67 133 495. 39 元，占 2011 年利润总额的 9. 08%。

（2）2011 年年报提前确认，至 2012 年仍未完成吊装华锐风电将实际未吊装完成的项目在 2011 年确认收入，涉及营业收入 929 026 312. 30 元，营业成本 657 113 039. 51 元，预提运费 8 945 810. 37 元，计提坏账 52 249 285. 48 元，虚增 2011 年度利润总额 210 718 176. 94 元，占 2011 年利润总额的 28. 50%。

（四）背后的故事

1. 公司董监高频繁变动

自 2011 年 1 月上市后，华锐风电董监高频繁辞职，其董事长更聘三任，韩俊良于 2006 年起任董事长、总裁，2012 年 8 月卸任总裁，2013 年 3 月卸任董事长；2013 年 5 月董事长、代理总裁尉文渊请辞，选举王原为公司董事长；2014 年 7 月王原请辞董事长后，直到 2015 年 2 月 15 日才选举出肖群为公司董事长，其具体情况如表 10 所示。

表 10　　2011 ~ 2015 年华锐风电董监高的变动情况

序号	时间	内　　容	公告原因
1	2011 年 6 月 29 日	副总裁常运东请辞	工作原因
2	2011 年 8 月 1 日	财务总监魏宇强请辞（由副总裁陶刚兼任）	个人原因
3	2013 年 3 月 11 日	董事长韩俊良请辞（选举尉文渊担任）	个人原因
4	2013 年 5 月 14 日	董事长、代理总裁尉文渊请辞（选举王原为公司董事长，聘任刘征奇为公司总裁）	未说明原因
5	2013 年 7 月 31 日	职工监事许玉生请辞	个人原因
6	2013 年 9 月 27 日	副总裁李乐成请辞	身体原因
7	2014 年 5 月 16 日	独立董事张宁请辞	个人原因
8	2014 年 7 月 7 日	董事长王原请辞（直到 2015 年 2 月 15 日选举肖群为公司董事长）	个人原因
9	2014 年 8 月 4 日	监事会主席徐成请辞	个人原因
10	2015 年 1 月 15 日	副总裁陈党慧请辞	个人原因
11	2015 年 1 月 22 日	副总裁江戚殿请辞	个人原因

续表

序号	时间	内　　容	公告原因
12	2015 年 3 月 3 日	副总裁宿子鹏请辞	个人原因
13	2015 年 3 月 20 日	财务总监苏鸣请辞	个人原因
14	2015 年 4 月 13 日	副总裁陶刚、汪晓、于建军请辞；董事会秘书魏晓静请辞	个人原因
15	2015 年 7 月 23 日	董事贾炜晶请辞	因工作安排原因

2. 频繁变更会计师事务所

自 2011 年 1 月上市后，华锐风电频繁变更会计师事务所，其会计师事务所变更情况如表 11 所示。

表 11　　华锐风电的审计师聘任情况

时间	内　　容	公告原因
上市	IPO 审计以及 2010 ~ 2012 年报都由利安达会计师事务所承办	
2013 年 1 月 21 日	由利安达会计师事务所改聘为国富浩华会计师事务所	审计团队加入国富浩华会计师事务所
2013 年 4 月 2 日	取消变更，仍由利安达会计师事务所审计 2012 年年报	工作转移难度大，为了保持工作的一贯性
2013 年 12 月 16 日	由利安达会计师事务所改聘为瑞华会计师事务所	审计团队加入瑞华会计师事务所（国富浩华与瑞华合并）
2014 年 1 月 27 日	由瑞华会计师事务所改聘为中汇会计师事务所	未说明原因

3. 公司上市后业绩和股价急剧下滑

由表 12 和图 1 可以看出，2011 年，华锐风电的净利润由上年的 28.55 亿元迅速下降至 5.98 亿元，扣除会计差错 1.68 亿元，当年实际净利润只有 4.3 亿元，2013 年年末净利润直接变为 -34.47 亿元。股价也从上市发行价 90 元、上市首日 81.37 元直线下滑至个位数，2013 年 12 月 31 日的股价仅为 4.11 元，直到 2015 年，净利润为 -44 亿元，股价为 4.27 元。华锐风电各项财务指标如表 12 所示。华锐风电股价变动如图 1 所示。

表 12　　2011～2015 年华锐风电主要财务指标

项目	2015 年 12 月 31 日	2014 年 12 月 31 日	2013 年 12 月 31 日	2012 年 12 月 31 日	2011 年 12 月 31 日
主营业务收入（万元）	139 271	361 988	366 187	401 815	950 649
净利润（万元）	-445 227	8 073.28	-344 621	-58 267.10	59 879.8
基本每股收益（元）	-0.74	0.01	-0.86	-0.14	0.3
每股净资产（元）	0.71	1.46	2.27	3.06	6.81
净资产收益率（摊薄）（%）	-68.18	0.93	-37.82	-4.73	4.38
股价	4.27	3.10	4.11	5.26	15.64

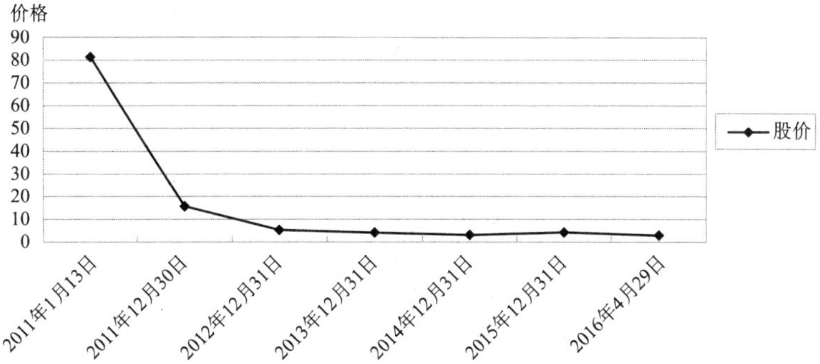

图 1　2011～2015 年华锐风电主要时点的股价变动

4. 公司频繁受到相关处罚

自 2011 年 1 月上市后，华锐风电频繁受到监管部门的关注和处罚，其具体情况如表 13 所示。

表 13　　2011～2015 年华锐风电受到监管者关注和处罚情况

序号	时间	内　　容	处罚机构
1	2011 年 12 月 27 日	因甘肃华锐“10·10”安全事故，受到 30 万元人民币的行政处罚	酒泉市安全生产监督管理局
2	2013 年 4 月 13 日	北京证监局经查，公司部分业务单据、相关数据、财务记录失实，导致 2011 年度利润虚增，违反了《上市公司信息披露管理办法》第二条的规定。要求公司按照《上市公司信息披露管理办法》的相关规定，在 2013 年 4 月 20 日前披露经具有执行证券期货相关业务资格的会计师事务所审计的更正后的 2011 年财务报告，同时披露对 2012 年相关定期报告的调整。此外，公司应当在披露上述更正公告后 5 个工作日内向北京证监局报送书面整改报告	中国证券监督管理委员会北京监管局

续表

序号	时间	内　容	处罚机构
3	2013 年 5 月 30 日	因涉嫌违反证券法律法规，中国证券监督管理委员会根据《中华人民共和国证券法》有关规定，决定对公司进行立案调查	中国证券监督管理委员会
4	2013 年 8 月 2 日	公司部分业务单据、相关数据、财务记录失实，导致 2011 年度利润虚增，违反了《上市公司信息披露管理办法》第二条的规定。北京证监局对公司采取责令改正措施	中国证券监督管理委员会北京监管局
5	2013 年 9 月 14 日	2013 年 4 月 20 日，公司发布《华锐风电科技（集团）股份有限公司关于前期会计差错更正的公告》，披露对 2011 年年报进行追溯调整，其中资产总额调减 6.9 亿元，降幅达 2.0%；负债总额调减 5.11 亿元，降幅达 2.4%；所有者权益调减 1.77 亿元，降幅达 1.3%；净利润调减 1.77 亿元，降幅达 22.8%。以上追溯调整的主要原因系公司 2011 年度销售收入相关数据存在虚报、造假情形。公司关于收入确认的具体依据须同时满足以下三项条件：一是公司已与客户签订销售合同；二是货到现场后双方已签署设备验收手续；三是完成吊装并取得双方认可。由于部分生产人员进行了虚假的出库、入库操作，部分客服人员提供了虚假的吊装报告，部分财务人员依据虚假报告进行了账务处理，导致部分项目在未满足第二、第三项收入确认条件的情况下确认了收入。以上事实表明，公司涉嫌制造和披露虚假信息，年度报告未能以客观事实为依据，未能如实反映财务数据及经营情况 鉴于上述事实和情形，上交所作出如下纪律处分决定：对华锐风电科技（集团）股份有限公司予以通报批评；对公司前副总裁兼财务总监陶刚、副总裁于建军、副总裁汪晓予以通报批评。对于上述惩戒，本所将记入上市公司诚信档案。公司应当引以为戒，严格按照法律、法规和《股票上市规则》的规定，规范运作，认真履行信息披露义务；董事、监事、高级管理人员应当履行忠实勤勉义务，促使公司规范运作，并保证公司及时、公平、真实、准确和完整地披露所有重大信息	上海证券交易所

续表

序号	时间	内　　容	处罚机构
6	2013 年 9 月 17 日	同上违规事实和情节，上交所作出以下纪律处分决定：对华锐风电科技（集团）股份有限公司前董事长兼总裁韩俊良予以公开谴责。对于上述惩戒，本所将抄报北京市人民政府，并记入上市公司诚信档案	上海证券交易所
7	2014 年 1 月 13 日	因涉嫌违反证券法律法规，中国证券监督管理委员会根据《中华人民共和国证券法》有关规定，决定对公司进行立案调查	中国证券监督管理委员会
8	2014 年 5 月 27 日	由于公司 2013 年年报中相关事项披露存在问题，上交所要求公司就 2013 年年报事后审核意见进行相关回复并予以公告	上海证券交易所
9	2014 年 11 月 28 日	公司已预计 2014 年度亏损，股票存在暂停上市风险，且对“锐 01 暂停”公司债的投资者在 2014 年 12 月行使回售选择权时能否按期足额兑付难以判断。上交所公司监管一部现要求公司对既往披露信息作进一步梳理，确保对投资者相关决策有用信息已及时充分披露，股票暂停上市风险和债券兑付风险已充分揭示 公司收到上海证券交易所《监管工作函》	上海证券交易所
10	2014 年 12 月 11 日	根据公司定期报告及临时公告披露的内容，结合日常监管情况，北京证监局现提醒公司关注以下几方面问题：（1）公司发行的 26 亿元“锐 01 暂停”债券于年末将面临债券投资人可能行使回售选择权的压力。截至 2014 年 10 月 28 日，公司货币资金余额仅为 12.76 亿元，且缺乏有效的资金来源和融资渠道，公司债券的本息兑付存在很大的不确定性。（2）公司股票已于 2014 年 5 月 5 日被实施了退市风险警示。截至目前，公司的日常生产经营及资产状况未得到根本好转，公司三季报预测 2014 年度净利润可能为亏损，公司股票很可能被暂停上市。（3）公司应收款回收困难，逾期货款规模大、占比高，部分客户已就货款支付事宜向法院提起了诉讼。存货规模大，去库存化效果不明显。（4）公司现有董事会结构不符合《公司章程》的要求，董事会决策能力不能充分发挥，对公司经营管理及后续风险应对工作产生了不利影响 收到北京证监局《监管关注函》	中国证券监督管理委员会北京监管局

续表

序号	时间	内　容	处罚机构
11	2014 年 12 月 13 日	同上原因收到上海证券交易所《监管工作函》	上海证券交易所
12	2014 年 12 月 15 日	稽查总队调查通字 131074 号指出公司涉嫌违反证券法律法规。稽查总队调查通字 140084 号指出公司存在其他涉嫌违反证券法律法规的行为。公司股票存在暂停上市风险	中国证券监督管理委员会
13	2014 年 12 月 20 日	公司偿债举措进展情况及相关风险提示	中国证券监督管理委员会
14	2015 年 1 月 9 日	华锐风电虚假信息披露与相关中介机构违法案已由中国证监会调查完毕，中国证监会依法拟对公司及相关人员作出行政处罚及证券市场禁入措施。根据当事人违法行为的事实、性质、情节与社会危害程度，依据《证券法》第一百九十三条第一款的规定，中国证监会拟决定：对华锐风电给予警告处分，责令改正，并处以 60 万元罚款；对华锐风电时任相关董事、监事和高级管理人员以及其他相关人员给予警告、罚款处罚。此外，依据《证券市场禁入规定》相关规定，中国证监会拟对部分人员采取证券市场禁入措施	中国证券监督管理委员会
15	2015 年 3 月 13 日	收到上海证券交易所《关于对华锐风电科技（集团）股份有限公司股票价格异动事项的问询函》	上海证券交易所
16	2015 年 11 月 11 日	收到中国证监会《行政处罚决定书》及《市场禁入决定书》，华锐风电虚假信息披露与相关中介机构违法案已由中国证监会调查完毕，中国证监会依法责令华锐风电改正，给予警告处分，并处以 60 万元罚款；对董事长韩俊良给予警告处分，并处以 30 万元罚款；对副总裁、财务总监陶刚、副总裁于建军、刘征奇、汪晓给予警告处分，并分别处以 30 万元罚款；对副董事长常运东、副董事长刘会、董事陆朝昌、董事长王原、董事于国庆、独立董事张宁、独立董事张勇、独立董事赵鲁平、董事会秘书方红松给予警告处分，并分别处以 10 万元罚款。同时，对韩俊良采取终身证券市场禁入措施；对陶刚采取 10 年证券市场禁入措施；对于建军、刘征奇、汪晓采取 5 年证券市场禁入措施	中国证券监督管理委员会

案例使用说明

（一）教学目的与用途

1. 本案例主要适用于《高级审计理论与实务》、《内部控制与风险管理》的教学，也适用于《会计与资本市场案例研究》、《上市公司会计信息披露》的教学。

2. 本案例要实现的教学目标在于：一方面，学员可以讨论在资本市场下，上市公司内部控制被否与前期会计差错更正的关系及其背后的原因；另一方面，学员可以进一步思考上市公司内部控制被否与前期会计差错更正向人们传递的经济含义及其应对，拓展学员对上市公司内部控制及其前期会计差错更正的深度和广度的关注和研究。

（二）讨论题目

从会计师事务所更换到内部控制连续被否与数次前期会计差错更正，华锐风电带给人们太多的启示，引发人们太多的思考。针对华锐风电内部控制连续被否与前期会计差错更正的表象，重点思考如下问题：

1. 否定意见的内部控制审计报告与前期会计差错更正的关系？

2. 企业内部控制被否背后的原因是什么？

3. 企业前期会计差错更正的原因是什么？

4. 企业内部控制被否及其前期会计差错更正向人们传递什么信息？如何应对？

税 务

上海蓝岛钻石商贸公司税收筹划①

［案例摘要］本案例以上海蓝岛钻石商贸有限公司的珠宝零售网购业务为主线，以其“网络+体验店的经营模式进行直销”和“O2O模式完成线上与线下的衔接”为商业模式，考察了该公司的税务风险点，并提出税务风险控制策略，在此基础上分析设计了消费税、企业所得税筹划操作方案。

一、蓝岛钻石的财务背景

上海蓝岛钻石商贸有限公司（以下简称“蓝岛钻石”）于2006年在上海成立。蓝岛钻石主打珠宝零售网购品牌，主营婚嫁钻饰及珠宝饰品。针对城市的普通消费者，它主要采用了网络+体验店的经营模式进行直销，也通过O2O模式完成线上与线下的衔接。

蓝岛钻石采用了“网络营销+快速供应链+线下体验服务”的商业模式，以价格低廉质量上乘的商品服务于目标客户群。网络销售以其独有的低成本优势吸引了大批的网络消费者，体验店则承担了丰富用户消费体验、大额支付、仓储及售后服务等多项任务，为顾客提供了全方位的服务以满足不同的需求。由于在同等品质下蓝岛钻石比传统品牌便宜近40%，加上可以满足顾客的个性化定制需求，蓝岛钻石的经营模式越来越得到消费者的认可。

经过五年的成长与发展，蓝岛钻石连续四年保持157%的复合增长，截至2012年底，线下体验店已达到40家，落地覆盖30多个一线及二线城

① 本案例由中央财经大学税务学院的蔡昌老师，研究生白茜、黄颖超撰写，本案例只供课堂讨论之用，不对企业的管理模式进行任何评价。由于企业保密的要求，在本案例中对有关名称、数据等作了必要的掩饰性处理。

市。线上服务除了蓝岛主站，目前已覆盖多数的主流网购平台，在消费者群体中有着一定的声誉和知名度。蓝岛钻石 2011 年销售收入达到 6 亿元，约有 80% 客户来自于线上，线上与线下收入的比大致为 4∶6。最新的数据显示，2012 年第 3 季度蓝岛钻石新增订单达 1.9 亿元，同比增长了 151%，销售额达 1.58 亿元，未来有着较为强劲的增长潜力。

尽管蓝岛钻石有着一定的低成本优势，但是钻石电子商务市场的竞争也是非常激烈，为了保持一定的份额并在竞争中占据一定的市场地位，蓝岛钻石的盈利空间十分狭窄。线上线下的业务综合而言，平均毛利率为 20% 左右，而在销售额中占据一半份额的裸钻销售业务，其毛利率仅为 10% 左右。另外，蓝岛钻石零售与批发业务之比大致为 85∶15，即在零售环节销售的 85% 的产品将要被征收消费税，税率为 5%。可见，蓝岛钻石不仅本身的盈利空间小，还因承担了较高的消费税税负而使得盈利水平更低。这对于处于成长期的企业来说是极为不利的。

与传统的钻石珠宝销售商如老凤祥、潮宏基、明牌珠宝等相比，蓝岛钻石的主营业务收入要小得多，市场份额的占有量不具有可比性。另外，蓝岛钻石的消费税负担率却比这些大型的珠宝公司要高。因此，蓝岛钻石在税务处理方面存在着一定的不合理性。对于蓝岛钻石而言，进行财务规划及税收筹划，优化商业模式、减轻消费税税负是冲破企业发展桎梏的关键。在优化商业模式的基础上对促销模式以及工资薪金进行税收筹划将会更加有利于企业未来的 IPO 上市。

二、税务风险评估

下面我们将对目前存在的税务风险作出明示，并给出风险化解方案；同时我们也对以后为上市作准备的过程中可能遇到或可能产生的税务风险作出提示，以供蓝岛钻石在实际经营中借鉴参考。

（一）目前存在的税务风险

1. 销售业务开票问题

【税务风险】我们在查看会计凭证及财务报表时发现，公司的销售业务约有一半甚至一半以上未开具发票，40% 开具的是普通发票，开具增值税专用发票的销售业务不到 10%。《中华人民共和国发票管理办法》规定：销售商品、提供服务以及从事其他经营活动的单位和个人，对外发生经营业务收取款项，收款方应向付款方开具发票。未按照规定开具发票的，由税务机关责令限期改正，没收非法所得，可以并处1万元以下的罚款。

结合公司进项税额较大的实际情况，若销售业务不开具发票，税务机关在检查时可能会提出疑问，与相应的销售业务对应的成本和进项税额可能会被调整，或者不允许税前扣除，也可能面临税务处罚。

【方案建议】由于蓝岛钻石正在计划上市，故建议在销售时能开发票尽量开发票，避免因发生的业务没有凭证，引起税务机关的质疑，影响公司的成本扣除和进项税额的抵扣。

2. 白条抵发票问题

【税务风险】在查看公司凭证时我们还发现，部分管理费用、销售费用存在以白条抵发票的情况，还有一部分发票与实际发生的业务在事项或金额上不符。譬如，发生了购买办公用品的事项，却用服装发票来代替；发生100元的业务，但发票上却为其他金额。工资薪金、奖金提成的发放也没有相应的原始凭证，只附有一张电子打印的表格，且没有主管人员的签字确认。按照税法规定，白条是不能够作为扣税凭证的。会计做账的原则之一是账证相符，存在此种情况时，税务机关不允许此类费用在税前扣除，即有权调增应纳税所得额。

【方案建议】建议企业会计人员在发票报销时严格审查报销凭证与实际业务的一致性，确保每一项费用都可以实现税前扣除，避免账证不符的情况出现。另外尽量避免白条抵发票的情况出现。

3. 迟缴消费税问题

【税务风险】凭证中有消费税滞纳金缴款单，说明贵公司存在推迟缴纳消费税的情况，可能是由于办税人员的失误造成的。根据《消费税暂行条例》第十四条规定，消费税的纳税期限分别为1日、3日、5日、10日、15日、1个月或者1个季度。纳税人的具体纳税期限，由主管税务机关根据纳税人应纳税额的大小分别核定；不能按照固定期限纳税的，可以按次纳税。纳税人以1个月或者1个季度为1个纳税期的，自期满之日起15日内申报纳税；以1日、3日、5日、10日或者15日为1个纳税期的，自期满之日起5日内预缴税款，于次月1日起15日内申报纳税并结清上月应纳税款。按期纳税是每个纳税人的义务，若公司无法按期缴税，应提前向税务机关说明原因，避免由此而产生的税务处罚风险。

【方案建议】公司办税人员应熟悉税法中与公司业务相关的各税种的纳税期限，明确公司应当报税和缴税的时间，减少不必要的税收滞纳金支出。

4. 销售、物流与财务核算一致性问题

【税务风险】蓝岛钻石的销售业务遍及全国各省，但目前公司的财务集中由北京和上海两个分部办理。公司总部在上海，仓库在深圳，网络销售主要由上海总公司负责，货物是从深圳仓库发出的，但发货单却由上海总部开出，销售方在全国各省，存在销售混乱情况。另外北京分公司有许多工作人员负责的是上海的工作。财务的集中办理和业务的分散性可能会引起财务上的收入和成本费用不匹配的情况，导致税负与实际经营状况不相符。

【方案建议】健全公司的财务核算机制，设置专人负责某一个或某几个地区的财务核算，避免发生各地业务混淆、收入费用不匹配的情况。就公司目前销售地点、发货地点和发票开具地点不一致的情况与税务机关进行商讨，达成共识，获得税务机关认可后确认缴税方式，减少财务风险。

（二）基于 IPO 上市的税务风险分析

根据蓝岛钻石的战略规划，公司准备在国内外证券交易所的主板上市交易。《中华人民共和国公司法》和《中华人民共和国证券法》中对证券上市交易作了相应的规定，公司应当建立严密的信息披露制度，做到信息披露的公开、公平、公正。更进一步地，公司也会成为税务机关的重点稽查对象。因此，针对公司目前的税务状况，我们提示蓝岛钻石未来注意控制以下方面的税务风险。

1. 设立分子公司的税务风险分析

【税务风险提示】目前，蓝岛钻石已有 40 家门市体验店，随着公司规模和业务的拓展，其在各地的分支机构必将不断增加。在这一过程中，蓝岛钻石将会面临设立分支机构所带来的纳税问题，如设立分公司或子公司的选择、权益比例、投资资产类别以及注册所在地等。分支机构设立阶段将会面临的纳税问题具体如图 1 所示。

2. 流转税的税务风险分析

蓝岛钻石定位为商贸企业，原材料的购买以及蓝岛产品（商品）的销售是公司的主要业务，涉及大量的增值税以及消费税等流转税税种，随之

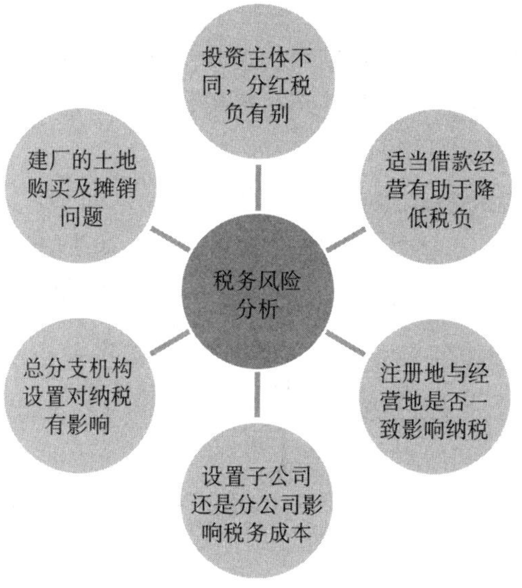

图 1　分支机构设立阶段纳税问题

而来的流转税纳税风险成为公司主要的税务风险来源。

（1）在接受个性化定制的业务中，先预收一笔定金，等结清全部款项后再确认收入，会产生根据定金收入确认增值税销项税额从而少缴纳增值税的可能。

（2）在购进原材料时，应当仔细核查取得的相应凭证是否合法与有效，从而避免多缴或者少缴增值税。

（3）由于蓝岛产品（商品）属于消费税的应税范围，凡是向终端客户销售，必须缴纳消费税，而通过批发途径出售的蓝岛产品（商品）则不用缴纳消费税。若是将相应的业务凭据混淆，可能会引起消费税的涉税风险。

3. 所得税的税务风险分析

蓝岛钻石目前拥有 40 家分支机构，公司的规模较大，企业所得税也是公司所面临的一大主要的税种。由于蓝岛钻石有着分布在全国各地的分支机构，可以预见到的企业所得税的涉税风险更应当引起关注。

（1）总分机构之间未按规定在当地预缴企业所得税，在所得税汇算清缴时就会给公司带来税务风险，极有可能引起税务机关的关注和调整。

（2）在收取顾客定金时没有正确进行核算而计入了“应付账款”等往

来账项或存入个人账户，不按规定申报缴纳企业所得税。

（3）在收到客户全额付款以后不使用电子系统进行销售的确认，从而不及时确认销售收入以及相应的成本费用，便于公司选择销售收入确认时机，以此来实现拖延纳税的目的。

（4）由于一些原因而导致公司在销售时一方面销售了相关商品，另一方面取得了销售收入但未按规定进行账务记录，这时企业有可能隐瞒收入从而少缴纳企业所得税。但是企业会面临较大的税务风险，通过对存货的核查，税务机关很容易发现企业存在偷漏税现象。

（5）在一些促销活动中，公司以低价销售了蓝岛产品（商品），但是在税务处理上并未按照规定来调整应税收入，从而引起的所得税风险。

（6）处理销售退回业务的过程中，在冲减了收入的同时未相应冲减成本，从而引起应纳税所得额的核算不准确。

4. 其他相关的税务风险分析

（1）取得土地使用权的相关税务风险。无论是分公司还是加工厂的设立，蓝岛钻石都有可能会面临如何取得土地使用权的问题。不同的土地取得方式不仅会影响土地购置成本，而且会影响契税、营业税、企业所得税以及土地增值税等的缴纳。从而会出现如下相关问题：第一，取得土地后进行建设的，不按规定申报缴纳土地使用税；第二，印花税、土地转让契税等出现涉税风险。

（2）收取价外费用不计收入。以各种理由收取加工修理、包装等代办费，在往来账款科目按代收代付核算，没有将其并入营业收入申报纳税。

（3）公司将产品（商品）用于捐赠、赞助、职工福利、奖励、对外投资、分配给股东或投资人、抵偿债务、换取其他企事业单位和个人的非货币性资产等行为的，未按规定确认收入申报纳税。

（4）涉及贴花的合同未按规定申报缴纳印花税。

（5）公司分多地发放高管工资、奖金、分解个人收入，少扣个人所得税；以发票报销形式，发放年终奖、过节费、奖金、补贴以及支付董事费、发放劳务费报酬等未按规定代扣代缴个人所得税；公司以实物形式发放的福利等未代扣代缴个人所得税。

（6）利用蓝岛产品（商品）多，且跨地域销售的特点，不按规定进行成本、费用归集，将未销售商品的成本、费用提前结转，达到推延纳税的目的。

以上是对蓝岛钻石在未来的业务处理中可能出现的涉税问题进行的分析，也作了相应的税负风险提示，公司应当在日常以及重大的财税事项处理上尽可能地避免出现上述问题，从而达到降低税务风险的目的。

（三）案例讨论之一：如何设计税务风险的控制策略？

面对上海蓝岛钻石的税务背景情况，您认为应该从哪些角度控制税务风险，有何控制策略？

三、商业模式优化框架下的税收筹划

商业模式是企业的核心运作模式，不同的商业模式会导致不同的税负率与税费结构。在现有商业模式下，蓝岛钻石承担着较高的税负，尤其是消费税税负，在同行业中居于中偏高水平。过重的税负率不利于企业的生存与发展。因此，有必要改变现有的商业模式，构建战略导向的新型商业模式，减轻企业所承担的税负率，为未来的上市之路奠定基础。当然，一家企业的商业模式必须服从其战略规划，在企业发展战略的框架下，优化商业模式，减轻企业税负，这是企业开展税收筹划运作的必然方向。

（一）现有商业模式及缺陷分析

1. 现有商业模式及流程分析

蓝岛钻石现有商业模式及流程，如图 2 所示。

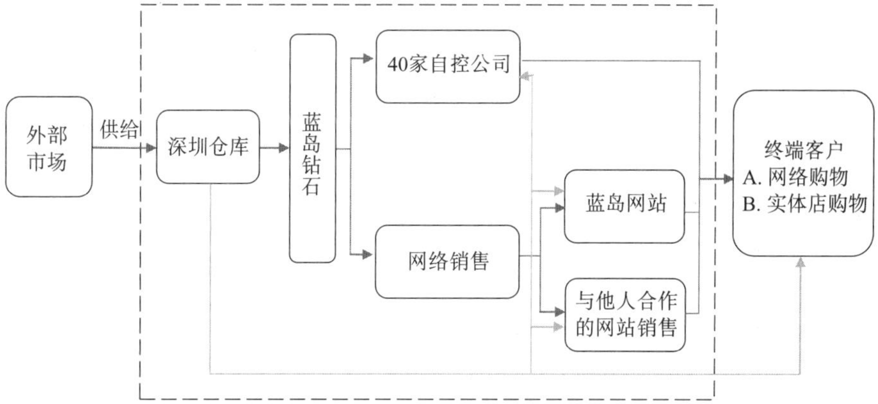

图 2　蓝岛钻石现有商业模式及流程图

从图 2 可以看出，蓝岛钻石当前采用线上线下相结合的商业模式来进行经营。一方面，在线下，蓝岛钻石在全国各地的一线及主要的二线城市都设有自己的门市体验店，现场接受终端客户的订单，这一部分业务由分布在各地的分子公司承担。另一方面，在线上，蓝岛钻石有着自己的销售主站，也就是蓝岛钻石的官方网站，该网站由蓝岛钻石上海总公司进行管理和运作，终端消费者可直接通过该主站进行钻石及珠宝饰品的选购，并通过网上交易平台进行付款和交易；同时，蓝岛钻石也与国内一些大型的电子商务平台进行合作，如京东商城、一号店、拍拍网等，将蓝岛钻石的品牌入驻到这些商城，签订协议，以入驻的方式向这些电子平台提供货品，这一部分业务也是由上海总公司负责和控制的。

分析可知，蓝岛钻石主要采取三种销售渠道：线下体验店销售、线上主站销售以及与线上第三方平台合作销售。

渠道一：线下体验店

在线下的体验店中，蓝岛钻石的主要业务涉及直接向消费者提供钻石及黄金珠宝饰品的销售服务，接受消费者的个性化定制，提供线上客户线下提货服务以及线下体验服务。

渠道二：线上蓝岛主站

通过网络主站，蓝岛钻石向终端消费者提供了众多实时更新的产品及优惠信息，主要涉及以下业务：

（1）针对现有商品，直接接受客户在线订购，同时有专业的客服人员提供选购咨询服务。

（2）接受客户的个性化定制，客户只需先在主站进行定制单的下单并支付一笔定金，在商品制作完成后，蓝岛钻石会通知客户到适宜的体验店提货。

渠道三：与线上第三方平台合作

蓝岛钻石已与国内众多大型的电子商务平台建立合作关系，如京东商城、1 号店、YMALL 商城等等，在这些平台上不仅向客户销售已有的产品，也接受客户的裸钻定制。

（1）京东商城合作模式：视同买断式代销。由京东商城负责销售和配送蓝岛钻石产品，并统一以京东商城的名义向消费者开具发票，终端销售价格由京东商城自行确定。京东商城各所属分公司分别按照实际销售数量和约定的成本与蓝岛钻石进行结算，并由蓝岛钻石向京东商城开具增值税专用发票。

（2）1号店合作模式：仅提供销售平台。1号店向蓝岛钻石提供独立的网上店铺，以及后台支持蓝岛方进行商品销售、促销、结算、配送等操作的软件系统；而蓝岛方则具体负责网上店铺的管理、销售、发货与开具普通发票。蓝岛钻石在1号店的销售收入均由1号店统一收取，并由1号店每月给蓝岛钻石统一结算。

（3）YMALL的合作模式：品牌合作协议。蓝岛向YMALL提供品牌商品并负责统一提供仓储配送、客户服务以及由商品质量或合法性等问题导致的退换货服务，并授权YMALL商城在一定期限与范围内使用蓝岛的品牌，双方共同进行市场活动，共同分享利润。YMALL商城为蓝岛商品的销售提供电子商务平台，包括商品销售系统、网上支付系统以及对蓝岛商品专卖页面的制作与维护。由蓝岛方来决定价格，并得到双方的共同认可。交易完成后蓝岛方与YMALL商城按月进行商品货款的结算。

2. 现有商业模式的缺陷

蓝岛钻石目前的商业模式及销售渠道主要存在以下缺陷：

（1）蓝岛钻石销售渠道较为狭窄，利润来源方式极为单一。从图2以及销售渠道分析可知，蓝岛钻石目前的销售渠道主要分为线下实体销售与线上网络销售两种方式。其中线下销售主要集中于由母公司所控制的分布在各地的40家实体店，并没有与其他公司或者个体工商户进行合作。线上销售虽然依托与其他电子商务平台合作的渠道，但线上销售营业额仅占到了企业营业收入的15%～20%，对利润的贡献较为微薄。

（2）终端销售价格较难筹划，导致消费税税负率居高不下。相比于通过大型商场或者个体工商户间接与终端客户进行交易的销售渠道，蓝岛钻石由于其销售渠道的单一，在其大部分钻石交易中直接扮演卖家的角色，交易价格直接计入企业的主营业务收入，并以此为基础计征5%的消费税。蓝岛钻石的营业收入主要来源于销售钻石收入，为了保证营业收入总额及利润额，蓝岛钻石在与终端客户的交易中必须维持一定的价格水平，这也直接导致蓝岛钻石的消费税税负率偏重。

（3）成本、利润集中于母公司，子公司出现成本、利润不均衡现象，存在较高经营风险，不利于企业未来上市。

蓝岛钻石目前仅有一个母公司为利润主体，辅以深圳的货物仓库（批发公司）以及下属几十家分公司或子公司，线下销售以及网络销售得到的收入合并汇集于母公司，成本则多发生于深圳仓库，但由于其并非独立机构最终也计入母公司账簿中，这样导致母公司集中了成本、利润，存在较高的经营风险，可能给企业未来发展造成不良的影响。同时深圳仓库没有得到合理利用来分散利润、获得稳定的收入，子公司也易出现成本利润不均衡的现象，无法实际反映其真实的经营状况。

（二）案例讨论之二：如何优化商业模式和设计税收筹划策略?

如何优化蓝岛钻石公司的商业模式，如何设计短期及长期的税收筹划策略?

案例使用说明

（一）教学目的与用途

适用的课程：税收筹划

对象：MBA 研究生

教学目标：掌握税务风险分析方法和设计实践性税收筹划方案

（二）启发思考题

1. 电商企业的税务风险来自哪些方面，如何控制?
2. 珠宝钻石零售业消费税如何进行筹划?
3. 如何结合商业模式设计税收筹划方案，根据本案例谈谈你的理解。

企业伦理与社会责任

肯德基食品安全事件与百胜中国的社会责任披露[①]

[案例摘要] 负有盛名的百盛集团旗下全球知名的食品连锁餐厅之一肯德基最近几年频繁被媒体曝光食品安全问题，由此我们关注到与其在发达国家母公司相比，其在华的子公司社会责任信息披露水平较低，如何改善这种局面呢？媒体曝光能否改善跨国公司子公司的社会责任信息披露呢？通过本案例的讨论，让学员认识到跨国公司在发达国家和发展中国家的社会责任信息披露具有选择性，法律制度不健全会加重这种选择。为此，除了持续性长期改善制度环境外，应当充分发挥新闻媒体的舆论监督作用，加大跨国公司子公司管理层履行社会责任的动力和压力，促使其改善社会责任信息披露。

一、肯德基及其百胜集团简介

百胜餐饮集团（以下简称“百胜集团”）作为一家大型的餐饮集团，在全球 120 多个国家和地区拥有超过 40 000 家连锁餐厅，于 1998 年在纽约交易所上市，其旗下包括肯德基、必胜客、塔可钟三个世界著名餐饮品牌，分别在烹鸡、比萨、墨西哥风味食品领域名列全球第一。2013 年，百胜集团荣获美国《企业责任杂志》评选的“100 家最佳企业公民”。

百胜餐饮集团中国事业部（以下简称“百胜中国”）于 1993 年在上海成立，在华发展非常迅速，截至 2014 年 5 月底，百胜中国已在 900 多个城镇设立了 5 000 多家餐厅，员工人数超过 41 万，成为百胜集团业务发展最快、增长最迅速的市场。百胜中国积极参加社会公益活动，曾多次荣获各

① 本案例由中央财经大学会计学院李晓慧老师编写。本案例只供课堂讨论之用，并无意暗示或说明某种管理行为是否有效。资料均来源于公司官网。

种公益奖章：2012年荣获第五届公益中国“最佳公益项目社会爱心大奖”和联合国“年度人道主义大奖”；2013年荣获第八届“中华慈善奖最具影响力慈善项目奖”，被中华英才网评为“最佳雇主”，同时获《公益时报》颁发的“2013中国企业社会责任‘卓越奖’”；2014年在第三届中国公益节上同时获得“2013年度最佳公益项目奖”和“2013年度最佳公益传播奖”。

肯德基是百胜餐饮集团旗下全球知名的食品连锁餐厅之一，肯德基总部位于肯塔基州路易斯维尔市，自1952年第一家肯德基餐厅在美国犹他州开张以来，在世界上105个国家和地区开设有15 000多家肯德基餐厅。1987年，肯德基进入中国，在北京前门开设了中国第一家西式快餐连锁餐厅，至今已经在中国开设立3 000家餐厅。

二、媒体曝光的肯德基食品安全事件

2005年以来，从肯德基食品中被爆含有苏丹红事件到最近曝光的使用过期肉事件，肯德基食品安全问题一再受到媒体和公众的质疑。表1列示了最近3年肯德基被媒体报道的食品安全事件和肯德基事后的回应。从该表可以看到，短短3年时间肯德基五次被曝光食品安全隐患，肯德基的回应往往是诸多辩解、停止供应问题产品或者推卸责任，对于食品质量检测过程和结果、对消费者的赔偿等问题并未进行说明。

表1　　近年媒体曝光的肯德基食品安全事件

时间	事件内容	肯德基回应
2012年11月	产品抗生素残留不合格	声称相关被采访人员说法不完整，误导公众；已停止与问题供应商的合作
2012年12月	产品多为保质期内冷冻食品	未回应
2013年7月	冰块细菌超标	声明检查未发现异样，系偶发污染事件
2014年2月	转基因豆浆事件	声明未使用转基因大豆
2014年7月	使用过期肉	暂时停供部分问题产品

资料来源：《中国青年报》、《北京日报》、《新京报》。

我们从百胜中国官网上披露的社会责任信息可以看到，百胜中国官网上披露的社会责任主要是与社区有关，例如，百胜中国主办的“捐一元、献爱心、送营养”，号召消费者参与募捐；为贫困山区小学生提供营养加餐和厨房设备；创立“中国肯德基曙光基金”，资助家境贫困但品学兼优的在校大学生等，表2列示了百胜中国截至2014年9月的各年度捐赠情况。由表2可以看到，百胜中国经常对中国社区给予捐赠，特别是2008年汶川地震和2013年雅安地震中，更是有大额的捐赠，这也是其获得上述诸多荣誉的一个主要原因。与百胜中国对社区责任的定量化、货币化、经常性的披露相比，百胜中国对与产品有关的社会责任信息的披露，尤其是媒体曝光其食品质量问题前的披露显得寥寥可数，而且主要是定性化的信息，难以检验和评价。

表2　　百胜中国披露的捐款时间和金额　　金额：万元

时间	捐款金额
1992～1997年	250
1998年	265
2000年	20
2003年	400
2004年	30
2005年	73.5
2006年	20
2007年	87
2008年	2 220
2010年	200
2013年	500
2014年	210

资料来源：百胜中国官方网站。

三、百胜集团和百胜中国社会责任信息披露的对比

我们从百胜集团和百胜中国的官方网站、百胜集团2013年年报和2013年社会责任报告中搜集了百胜集团母公司和中国子公司披露的社会责任信息，并进行对比，如表3所示。百胜集团较为详细地披露了各项社会责任，包括与产品有关的社会责任、与员工有关的社会责任、与社区有关的社会责任以及与环境有关的社会责任。而百胜中国仅仅披露了对产品的责任和对社区的责任。

表 3　　百胜全球和百胜中国 2013 年社会责任信息披露内容对比

类别	详细说明	百胜全球	百胜中国
对于产品的责任	提供营养均衡、多样化的产品	√	√
	提高产品信息透明度	√	√
	审慎选择供应商，加强检测，确保原材料的安全	√	√
	建立食品安全咨询委员会，提升产品质量	√	√
	改善与政府的关系，积极参与政府改革举措	√	√
	提升危机管理意识，加强管理人员危机处理能力的培训	√	
	保护动物权利，与专家一起确保科学、人道地对待动物	√	
	强化供应链管理，削减成本，提升采购效率	√	
	成立农产品咨询委员会，从土壤勘察、种植、收割各环节加强监控，确保农产品原料新鲜、安全	√	
	根据各国法律规定选择是否采用转基因食品	√	√
对于员工的责任	为员工提供安全、平等的工作环境，消除歧视	√	
	制定最高的职业道德准则和行为准则	√	
	严格审核供应商，要求供应商不存在雇佣童工、种族歧视等现象	√	
	注重企业文化建设，为顾客提供优质满意服务	√	
	鼓励员工参与，提供培训，为员工提供良好的职业发展路径	√	
	招聘多元化的员工和供应商	√	
对于社区的责任	积极参加社区公益活动	√	√
	鼓励员工参与志愿者活动	√	√
对于环境的责任	新设子公司绿色节能要求	√	
	节约能源资源，减少碳排放	√	
	增加碳排放的信息披露	√	
	对供应商实施环境审计	√	
	废弃物循环利用，采用可降解的包装材料	√	
	积极宣传环保知识		√

资料来源：百胜全球 2013 年社会责任报告和百胜中国的官方网站。

百胜中国之所以披露与社区有关的社会责任，原因可能在于母公司的战略要求即内部合法性的威胁。百胜集团的母公司在美国，长久以来受美国文化熏陶，促使百胜集团树立起较高的社会责任意识尤其是对慈善捐赠的重视。出于母公司的战略要求，百胜中国的社会责任信息披露也偏好与社区有关的社会责任履行情况。

百胜中国之所以披露与产品有关的社会责任信息，可能因为近年来新闻媒体对百胜中国旗下的肯德基、必胜客食品质量问题的负面报道的增加。通过阅读百胜中国在官方网站披露的社会责任信息，我们发现大量的篇幅是在说明百胜中国在强化食品安全方面的举措，而这些都是针对媒体曝光的食品质量问题的解决措施。例如，在媒体曝光肯德基食品中含有苏丹红、豆浆使用转基因大豆之后不久，百胜中国发布了《百胜中国食品安全政策白皮书》（第二版），旨在说明百胜中国为确保食品安全采用的质量管理措施，如：根据星级评估体系选择和跟踪审核供应商，加强对原材料的抽查，严格供货标准；加强对供应商和员工的培训；严格执行统一的食品安全管理制度；完善物流配送；收集和分析有关食品安全方面的信息和资料，及早预防；积极参加国家法律法规和行业标准的制定和修订，成立百胜中国食品安全专家咨询委员会，提供食品安全指导和建议；增加食品安全信息披露。这些举措尤其是加强对供应商的跟踪审核和评估完全是针对媒体曝光的肯德基原材料方面存在的问题而言的。在前不久媒体报道的肯德基使用过期肉事件，百胜中国更在官网中发布了《致广大消费者的公开信》，并详细说明为保证产品质量采取的措施。由此可见，百胜中国与产品有关的社会责任信息的披露与媒体的负面报道直接相关。

四、媒体曝光前后百胜中国的业绩和社会责任信息披露改善

我们从百胜集团的年报中收集了百胜中国最近两年的财务数据，考虑数据的可获得性，我们以销售收入增长率来衡量百胜中国的业绩，如图 1 所示，百胜中国 2012 年前两季度的销售收入增长率都超过了 25%，成为百胜集团销售和利润增长最快的分支机构。但第四季度，在媒体曝光肯德基产品中抗生素残留不合格之后，肯德基产品的销售收入大幅下滑，加上国内出现的禽流感，导致肯德基所属的百胜中国的销售收入增长率猛降到 11%。2013 年 7 月，中央电视台、中国财经信息网等多家媒体报道肯德基

冰块中细菌数量超标，一时间肯德基的食品安全再次引起了公众广泛质疑，百胜中国第三季度的销售收入增长率持续下跌。2014 年 7 月份媒体曝光肯德基、麦当劳等快餐连锁企业使用上海福喜食品有限公司的过期肉作为原材料，导致百胜集团股价下跌 4.25%，市值蒸发近 15 亿美元。肯德基食品安全事件给百胜集团股东造成了巨大损失，百胜集团的全球股东势必给百胜中国的管理层施加压力，要求其改善产品质量，增加与产品有关的社会责任信息披露。另外，肯德基食品安全事件严重损害了中国消费者的身体健康，部分消费者拒绝购买肯德基的产品导致百胜中国的业绩迅速下滑，消费者给百胜中国施加的压力也会促使其提高产品质量，改善与产品有关的社会责任信息披露。肯德基食品安全事件促使监管部门介入调查，例如，在 2014 年 7 月的肯德基过期肉事件中，上海市食品药品监管局和上海市公安局等多部门组成了联合调查组对肯德基的原料供应商上海福喜公司进行调查。监管部门的介入也会迫使百胜中国提高信息透明度，增加与产品有关的社会责任信息披露。

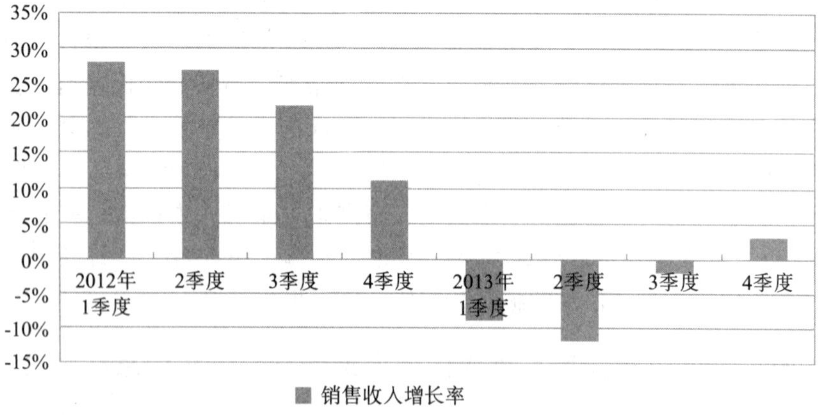

图 1　百胜中国 2012～2013 年销售收入增长率

资料来源：百胜全球 2012 和 2013 年年报。

通过对比分析百胜中国在媒体报道前后的社会责任信息披露，我们发现：百胜中国在媒体曝光其产品质量问题之前，官方网站上很少披露与产品有关的社会责任信息，披露的内容主要是与捐赠、设立基金等有关的社会公益活动。而在媒体曝光之后，百胜中国增加了大量的与产品有关的社会责任信息的披露，例如，建立食品安全和质量管理体系：根据星级评估体系选择和跟踪审核供应商，加强对原材料的抽查，严格供货标准；加强对供应商和员工的培训；严格执行统一的食品安全管理制度；完善物流配送；收集和分析有关食品安全方面的信息和资料，及早预防；积极参加国家法律法规和行业标准的制定和修订，成立百胜中国食品安全专家咨询委员会，提供食品安全指导和建议等等。

案例使用说明

（一）教学目的与用途

适用课程：《企业伦理与社会责任》、《会计与资本市场案例分析》、《证券市场会计信息披露》。

适用的对象：管理类普通研究生以及专业硕士，拓展适用于所有企事业单位高级管理人才。

教学目标：通过阅读负有盛名的百盛集团旗下全球知名的食品连锁餐厅之一肯德基最近几年频繁被媒体曝光食品安全问题，由此关注到与其在发达国家母公司相比，其在华的子公司社会责任信息披露水平较低，媒体的曝光可以明显改善跨国公司子公司的社会责任信息披露，让学员认识到跨国公司在发达国家和发展中国家的社会责任信息披露具有选择性，法律制度不健全会加重这种选择。为此，除了持续性长期改善制度环境外，应当充分发挥新闻媒体的舆论监督作用，加大跨国公司子公司管理层履行社会责任的动力和压力，促使其改善社会责任信息披露。

（二）启发思考题

1. 结合本案例分析为什么跨国公司在发达国家和发展中国家的社会责任信息披露具有选择性？

2. 讨论肯德基食品安全曝光及其肯德基对该事件的披露说明什么？

3. 跨国公司子公司的社会责任信息披露应当包括哪些内容？应当如何完善其社会责任信息披露？

4. 媒体曝光是否能够改善跨国公司子公司的社会责任信息披露？媒体曝光如何才能发挥其舆论监督作用？